International Financial Management

国家级教学团队

东北财经大学
国家级一流本科专业建设系列教材 · 财务管理专业

# 国际财务管理

罗菲 编著

东北财经大学出版社
Dongbei University of Finance & Economics Press
大连

图书在版编目（CIP）数据

国际财务管理 / 罗菲编著. —大连 ：东北财经大学出版社，2023.2
（东北财经大学国家级一流本科专业建设系列教材 · 财务管理专业）
ISBN 978-7-5654-4674-0

Ⅰ. 国… Ⅱ. 罗… Ⅲ. 国际财务管理 Ⅳ. F811.2

中国版本图书馆CIP数据核字（2022）第212064号

东北财经大学出版社出版
（大连市黑石礁尖山街217号 邮政编码 116025）
网 址：http://www.dufep.cn
读者信箱：dufep@dufe.edu.cn
大连雪莲彩印有限公司印刷 东北财经大学出版社发行

幅面尺寸：185mm×260mm 字数：422千字 印张：17.75 插页：1
2023年2月第1版 2023年2月第1次印刷
责任编辑：王 丽 王芃南 责任校对：珉 琪
封面设计：冀贵收 版式设计：原 皓

定价：38.00元

教学支持 售后服务 联系电话：（0411）84710309

如有印装质量问题，请联系营销部：（0411）84710711

# 东北财经大学国家级一流本科专业建设系列教材编审委员会

# 总 序

近年来，“人工智能”、“大数据”和不断变化的国际政治经济格局，都对财务管理理论、财务管理实践和财务管理人才培养提出了更高的要求。“人工智能”和“大数据”的引入，从根本上改变了企业财务环境，对财务管理实践产生了根本性的影响，也对财务管理人才培养提出了更高要求。经济社会环境的剧烈变化，既向财务管理人才培养提出挑战，又提供了前所未有的机遇。

东北财经大学首套财务管理系列教材出版于2005年，由东北财经大学会计学院财务管理系组织骨干师资力量，由本团队资深教授担纲，包括《财务管理基础》《企业财务管理》《高级财务管理》《投资管理》《资产评估》等五部教材，并多次进行修订再版。财务管理专业首套系列教材自第一版以来，得到了广大读者的厚爱，为许多高等院校所广泛选用，并针对本套教材的体系结构、知识组合和内容界定提出了许多富有建设性的意见。这也促进了我们进一步完善财务管理专业系列教材的信心与决心。同时，根据学科发展的需要和专业设置调整的要求，“财务管理”专业下设的“资产评估专门化”方向已经于2013年独立成为“资产评估”专业。对财务管理系列教材进行全面修订，及时吸纳最新的学术研究成果，充分体现财务管理实践的中国特色，已经成为财务管理人才培养亟待解决的问题。

基于此，我们对原有的财务管理专业系列教材进行了全面修订，并以新版的形式呈现在读者面前，包括《财务管理基础》《财务管理》《公司理财》《高级财务管理》《证券投资》等五部教材；同时，新编了《国际财务管理》和《风险管理》两部教材，并将《财务分析》吸纳入教材体系。

与现有财务管理专业系列教材相比，本套教材呈现以下几个特点：

1.强化课程思政对于人才培养的引领。“坚定学生理想信念，教育学生爱党、爱国、爱社会主义、爱人民、爱集体”是本次教材修订的主线，每部教材都设置了“课程思政”教学资源，注重价值塑造、知识传授与能力培养相统一，将思政教育有机融入课程教学，通过教材内容引导学生建立核心价值取向，以达到润物无声的育人效果，确保学生既能掌握专业技能，又能树立看待问题的正确角度。

2.体现新技术对于财务管理教学的影响。为了适应教学环境的变化，本次修订过程通过“二维码”等新技术，丰富教材资源的使用手段，从而拓展教材的应用场景。利用新技术能够摆脱传统的课堂教学对于教学空间和教学条件的约束，在更为广阔的空间内开展教学活动。同时，新技术的引入也提升了教材资源体系的更新速度和更新频率，通过及时更新配套的网络教学资源，避免教材与实务的脱节，实现教学与实践更为紧密的结合。

3.更加突出财务管理实践的中国特色。财务管理专业的实践性较强，大部分本科生均走向社会从事实务工作。本次修订继承了原有教材重视案例的传统，进一步加大了本土案例的比重，以增强财务管理专业学生对于中国国情和实践的了解，从而更为有效地利用专业技能解决中国问题。

4.教材体系更加合理。一方面，本套教材根据专业方向的调整，将《资产评估》《企业价值评估》《资产评估原理》《房地产评估》等教材剥离，作为"资产评估专业系列教材"单独出版；另一方面，根据财务管理人才培养的需求，增加《国际财务管理》和《风险管理》，并吸纳引入《财务分析》，从而提升财务管理系列教材的完整性和针对性。

5.体例更加完善。每一部教材不仅列出了本章学习目标、关键概念，归纳和总结了主要知识点之间的相互联系，而且大幅度地更新习题与案例，供教师教学和学生自学使用。

东北财经大学财务管理专业系列教材是国家级教学团队——东北财经大学会计学院财务管理系全体教师共同劳动的结晶，尤其凝聚了众多资深教授和专家多年的经验和心血。当然，由于我们的经验与人力有限，教材中难免存在不足乃至缺陷，恳请广大读者批评指正。

我们的工作尚处于一个开端处，本次推出的教材仅仅是一个新的起点，而不是终点。随着社会的进步、经济的发展和环境的变化，我们将不断修订，使东北财经大学财务管理专业系列教材与时俱进，及时跟踪反映学科的最新进展。

**东北财经大学国家级一流本科专业建设系列教材编审委员会**

# 前　言

2021年3月14日，十三届全国人大四次会议通过的《中华人民共和国国民经济和社会发展第十四个五年规划和2035年远景目标纲要》中明确指出："必须强化国内大循环的主导作用，以国际循环提升国内大循环效率和水平，实现国内国际双循环互促共进。"近年来，我国"走出去""引进来"国策持续推进，取得了瞩目的进展。"走出去"方面，2022年上半年，我国对外投资合作平稳发展，对外非金融类直接投资达3 516.7亿元，同比增长0.8%（折合542.4亿美元，增长0.6%），"一带一路"投资合作不断深化；"引进来"方面，2022年上半年，全国实际使用外资7 233.1亿元，按可比口径增长17.4%，引资结构更加优化。[①]无论是"引进来"还是"走出去"，都离不开跨国公司的发展和壮大。国际财务管理学科的发展正是基于跨国公司经营管理的需要，而跨国公司的迅速发展也对国际财务管理提出了更高的要求。

国际财务管理是以企业跨国的财务活动和财务关系为研究对象，以国际金融市场为背景，探讨国际财务管理的基本规律和方法。本书共分十章，前两章介绍国际财务管理的基本概况及环境，从第三章开始论述国际财务管理的四大内容：外汇风险管理、国际筹资管理、国际投资管理及国际营运资金管理。具体内容如下：

第一章和第二章，国际财务管理概述及环境。首先阐述国际财务管理的发展历程、定义、内容、特点、目标和模式，然后详细探讨国际财务管理的环境及经济全球化的主要趋势与进展。

第三章和第四章，外汇风险管理。首先介绍外汇、外汇汇率的基本内容，外汇汇率的预测，然后引出外汇风险的基本含义和类别，最后详细论述几种不同类别的外汇风险管理策略和方法。

第五章至第七章，国际筹资管理。首先是对利用国际信贷方式筹资进行的管理，然后是利用在国际证券市场上发行证券方式筹资进行的管理，最后介绍对利用国际补偿贸易、国际租赁、外资并购及项目融资等其他国际筹资方式进行的管理。

第八章和第九章，国际投资管理。首先阐述对国际直接投资进行的管理，包括国际投资的环境分析、纳税因素分析、财务可行性分析及风险分析，然后论述国际证券投资管理，包括国际证券投资及国际证券组合投资。

第十章，国际营运资金管理。首先阐述国际营运资金的存量管理，包括国际现金管

---

① 商务部.商务部召开"2022年上半年商务工作及运行情况"专题新闻发布会［EB/OL］.［2022-07-29］..http://www.mofcom.gov.cn/xwfbh/20220729.shtml.

理、国际应收账款管理、国际存货管理及国际流动负债管理，然后探讨国际营运资金的流量管理，包括国际企业内部资金转移的类型、作用、方式以及资本冻结条件下的资金转移策略。

本书结构清晰，内容富有特色。以国际财务管理的基本内容为主线安排章节，各部分之间既相互独立，又有必要的联系，系统性较强；增加了教材的功能性栏目。为满足学生学习基础理论知识的要求，在撰写的过程中强调实用性和适用性，通过二维码增加了“小资料”“小案例”“延伸阅读”“案例分析”等功能性栏目，活化教材的版面设计，丰富教材的内容，同时为学生学习、思考等提供了足够的空间；同时每章增加了“思政专栏”，将思政教育融入课程教学，通过课程的学习引导学生建立正确的价值观，端正分析问题、解决问题的态度。本书可以作为经济与管理类本科生和研究生“国际财务管理”专业课程的教材，也希望能为实务界涉外经济、管理、外汇、金融及会计等从业人员提供相应的帮助。

本书由东北财经大学会计学院罗菲副教授编著。在写作过程中，作者参阅了国内外相关领域众多专家学者们的著作，在此，对他们表示衷心的感谢。要特别感谢东北财经大学会计学院夏乐书教授，作者第一次接触国际财务管理就是在夏教授的课堂上，并且在作者从事国际财务管理课程教学的20多年中，一直接受着夏教授专业知识方面的无私帮助和指导。

感谢东北财经大学出版社在本书出版过程中给予的大力支持和帮助。

尽管作者广泛收集了该领域最新的研究成果和资料，并在写作过程中反复推敲，几易其稿，但限于水平和时间，书中难免有疏漏和不当之处，恳请各位专家、学者、同仁、读者不吝赐教，你们的批评和建议将是本书再次修订的重要依据。

罗　菲

2022年8月

# 目 录

第一章 国际财务管理导论 / 1

【学习目标】 / 1
第一节 财务管理的国际化 / 1
第二节 国际财务管理概述 / 5
第三节 企业国际业务的基本理论和方式 / 12

第二章 国际财务管理环境 / 18

【学习目标】 / 18
第一节 国际财务管理环境概述 / 18
第二节 国际财务管理环境的内容 / 20
第三节 经济全球化的主要趋势与进展 / 23

第三章 外汇汇率与外汇风险 / 31

【学习目标】 / 31
第一节 外汇及外汇汇率 / 31
第二节 外汇汇率预测 / 44
第三节 外汇风险及其类型 / 54

第四章 外汇风险管理的策略与方法 / 66

【学习目标】 / 66
第一节 外汇风险管理策略 / 66
第二节 交易风险的管理 / 69
第三节 折算风险的管理 / 81
第四节 经济风险的管理 / 84

第五章　国际信贷筹资管理 / 90

【学习目标】 / 90
第一节　国际信贷筹资的分类 / 90
第二节　国际信贷筹资的成本和风险 / 107
第三节　国际信贷筹资决策 / 115

第六章　国际证券筹资管理 / 127

【学习目标】 / 127
第一节　国际证券市场 / 127
第二节　国际债券筹资 / 133
第三节　国际股票筹资 / 147

第七章　其他方式国际筹资管理 / 160

【学习目标】 / 160
第一节　国际补偿贸易筹资 / 160
第二节　国际租赁筹资 / 168
第三节　外资并购 / 177
第四节　国际项目融资 / 181

第八章　国际直接投资管理 / 189

【学习目标】 / 189
第一节　国际直接投资概述 / 189
第二节　国际直接投资财务决策 / 195
第三节　国际直接投资业绩评价 / 223

第九章　国际证券投资管理 / 234

【学习目标】 / 234
第一节　国际证券投资概述 / 234
第二节　国际证券投资的收益与风险 / 238
第三节　国际证券组合投资 / 242

第十章　国际营运资金管理 / 253

【学习目标】 / 253
第一节　国际营运资金的存量管理 / 253
第二节　国际营运资金的流量管理 / 266

主要参考文献 / 276

# 第一章
# 国际财务管理导论

**【学习目标】**

本章主要阐述了财务管理国际化的发展，通过对本章内容的学习，应达到以下目标：

1. 了解经济全球化对国际财务管理的推动作用；了解企业的国际化需求和财务管理国际化的进程。

2. 熟悉国际财务管理的基本理论；熟悉企业进行国际业务的方式。

3. 掌握国际财务管理的定义、内容、特点、目标和模式。

## 第一节 财务管理的国际化

经济全球化已经成为世界经济发展的必然趋势，也是各国经济发展所依赖的外部环境。经济全球化发展增加了各国之间的贸易联系，增大了企业的国际化需求，客观上为财务管理的国际化创造了条件。

### 一、经济全球化的推动

经济全球化最早是在1985年提出的，但至今仍没有公认的准确定义和权威理论。国际货币基金组织（IMF）认为："经济全球化是指跨国商品与服务贸易及资本流动规模和形式的增加，以及技术的广泛迅速传播，使世界各国经济的相互依赖性增强。"而经济合作与发展组织（OECD）认为："可以把经济全球化看作一种过程，在这个过程中，经济、市场、技术与通信形式都越来越具有全球特征，而民族性和地方性在减少。"综上所述，可以从三个方面探讨经济全球化的含义：首先，经济全球化是世界各国经济联系的加强和相互依赖程度的日益提高；其次，经济全球化是各国国内经济规则不断趋于一致；最后，经济全球化是国际经济协调机制的强化，也就是各种多边区域组织对世界经济的协调和约束作用越来越强。

经济全球化对世界经济发展的推动力主要有以下几个方面[①]

#### （一）贸易投资自由化

随着冷战的结束和社会主义国家改革的不断深入，各国纷纷实行对外开放政策，

① 王建英，支晓强，许艳芳，等.国际财务管理学［M］. 5版.北京：中国人民大学出版社，2019：2.作者有更改。

全球性的合作和交流进一步加强。为了削减关税，达成一致的技术和经济标准，各国之间开始签订区域贸易协定（regional trade agreements，RTA），这些区域贸易协定的签订减少了国与国之间阻碍贸易发展的壁垒，使得协议国家之间的贸易实现了自由化和便利化。

目前主要的区域性组织有欧洲联盟、北美自由贸易区以及亚洲太平洋地区的亚太经济合作组织。截至2020年7月19日，向WTO通报的已生效区域贸易协定达305个①。但是最近几年，贸易和投资自由化的势头有所减弱，原有的多边贸易规则正受到反全球化和贸易保护主义的冲击，国家间限制性贸易政策增加，给企业和消费者带来了很大的不确定性。主要国家的货币紧缩政策也引发了汇率和资本流动的波动，全球主要经济体之间的贸易摩擦升级对全球贸易造成了损害。据彭博社网站2020年2月25日的报道，2019年全球贸易量下跌了0.4%，仅在12月初有所好转。②

**（二）产品、技术标准全球化**

企业生产的产品或提供的服务要想在全球范围内竞争，就必须按照国际统一的技术标准进行生产。如果世界范围内的商品和服务的技术标准保持一致，那么不仅可以提高生产者的效率，而且可以让世界范围内的消费者购买其他国家生产的产品、使用其他国家提供的服务更加便利。产品和技术的标准全球化能够极大地促进产品在全球范围内的生产和销售。

**（三）国际竞争加剧**

世界上绝大多数的国家已经形成共识，只有选择市场经济体制才能加快本国经济发展的速度，提高本国经济的运转效率和国际竞争力。因此，20世纪90年代以来，实行计划经济体制的国家不约而同地走上了向市场经济转型的道路。

经济体制的转型主要是通过对国有企业进行改组，或国家出售政府拥有的企业实现的。其中，发达国家通过出售政府拥有的企业，减少了这些企业对政府贸易保护的依赖，促使它们迈向市场，特别是进入国际市场参与竞争，刺激它们在经济全球化的环境中增强自己的竞争力；而发展中国家出售政府拥有的企业则给外国公司提供了低成本投资的途径，有机会吸引国外大公司跨国购买。即使是未被购买的企业，为了在全球化的环境下生存和发展，有时也不得不在国外市场寻找获取利润的机会。这些使国际市场的竞争更加激烈。

**（四）信息技术革命迅速发展**

信息技术，尤其是网络技术的高速发展促成了计算机技术与通信技术的一体化，为经济全球化提供了技术条件。网络技术增强了企业跨国经营的能力，降低了远距离沟通的成本，扩大了企业的业务半径。计算机技术的应用使得总部与全球范围内地处不同国家和地区的子公司可以通过覆盖全球的信息系统，实时交换生产、销售等信息，接受或传达总部的指令，因此企业可以在世界各地从事研究开发、生产或销售活动，企业经营的全球化程度得到了提升。

当前，计算机在大部分国家已经普及，即使比较贫穷国家的企业也可以享受信息技术

---

① WTO：http://rtais.wto.org/UI/PublicMaintainRTAHome.aspx.

② 据WTO在2020年4月8日的预测，受新冠肺炎疫情的影响，2020年全球贸易将缩水13%到32%，可能超过2008年国际金融危机时的水平（https://www.wto.org/english/res_e/statis_e/merch_trade_stat_e.htm）。

带来的便利，也能够参与国际竞争。竞争者数量的增加和竞争力的增强都加剧了全球化的市场竞争。同时，发达的全球通信技术也促进了金融和资本的全球化，投资者能够在世界范围内方便快捷地进行证券投资，这使得企业也能够以较低的成本进入国际金融市场，向世界范围内的投资者筹集资金。

## 二、企业的国际化需求和进程

### （一）企业的国际化需求

世界范围内产品和生产要素市场的不完善性和各国经济优势的差异促使企业开始在国际范围内寻找产品和要素存在差价的机会。企业走向国际市场的需求可以从两个方面进行分析。

#### 1.传统需求

（1）获得关键要素的供给

一些关键要素，尤其是矿物、能源或者稀缺原材料等，其自身的特点导致了这些要素生产不能转移，因此要想获得这些要素，就必须要与对方国家发生贸易往来。而为了尽可能地避免受制于供应商，到当地建立子公司或者分公司就成为自行控制这些关键要素的最便捷的方法。例如，生产轮胎的公司到海外发展橡胶种植园，石油公司到中东开发新油田等。

（2）获取低成本的生产要素

与上述关键要素不同，有些生产要素是可以转移的，但是必须负担昂贵的转移成本。为了获取低成本的生产要素，最好的解决办法就是直接到生产要素所在国建立企业，或者直接进入低成本国家进行筹资。例如，为了利用发展中国家廉价的劳动力，许多发达国家将传统的制造业生产地点转移到了发展中国家。

（3）寻找必要的市场

与传统农业化生产的产品市场相比，工业化生产的需求市场和供应市场要大得多，而这也是欧洲国家进行对外扩张的重要原因。欧洲市场容量较小，而像食品、烟草、化工制品、汽车等行业需要大规模的制造加工能力，因此大批欧洲国家企业从很早就开始跨越国界，在世界范围内寻找新的市场。例如，瑞士的雀巢等的消费者已经遍布全球。

（4）发挥企业自身优势

比较优势理论认为，每个国家都不应该生产全部所需产品，而应该集中生产优势最大或劣势最小的产品，然后进行国际贸易。一些国家的企业具有生产成本低、区域分工和专业化生产等竞争优势，因此利用这种竞争优势进入国际市场获取利润的可能性较大。例如，我国江浙、广东一带中小企业大规模的来料加工等出口业务的发展正是这一需求的最好体现。

#### 2.高阶需求

经济全球化推动了企业以更快的速度、更低的成本进行国际扩张，而这种扩张对企业走向国际市场提出了更高的需求，具体体现在：

（1）企业规模经济的需要

随着科学技术的发展，许多产业达到规模经济时的产量会远远大于众多单个企业销售水平的总和，例如精细化工、汽车和炼油等，而单一国家的消费市场规模太小，因此它们必须在全球范围内争夺市场，销售产品。向国际市场的这种迈进也是降低成本、提高利润的基本途径。

（2）企业研发激增的要求

随着高科技的发展，研究与开发成本增加，产品生命周期缩短，使得产品成本上升，但同时产品的更新速度加快。企业要想维持在特定领域的经营，就必须在世界范围内寻求新的市场，例如通过在其他国家建立销售组织，或与当地公司创办合资企业等方式被当地市场接纳，一方面可以加快已发生的研发支出的回收，另一方面可以进行更新的研究开发工作。

（3）金融危机提供的机会

发达国家市场拥有大量的优质战略资产。但近年来，金融危机造成了这些国家的资产贬值。而这为高成长的发展中国家企业尤其是中国的企业提供了机会。发展中国家的企业可以通过海外并购迅速获取短缺的技术、品牌、分销渠道以及其他重要资源，顺利进入国际市场。

### （二）企业的国际化进程

企业的国际化进程是一个逐步进化的过程，虽然不同行业、不同规模的企业国际化的步骤和具体进程可能会有差别，但其大体过程是基本一致的。一般是企业的生产经营在国内取得相当成就后，再向国际市场开拓进军，先由进出口贸易开始，然后从国外筹资、向国外投资，在国外建立分公司或子公司，直至最后发展成为跨国公司。

下面以生产加工企业为例概括其国际化进程的几个阶段：

#### 1.出口产品

在这一阶段，首先是国外对某种产品有了需求，于是企业可以从国外进口原材料、零部件和机器设备，或者从国外引进技术，生产出国际市场需要的质高价廉的产品。但此时企业只是完成产品的生产，而产品出口要由外贸公司进行收购出口或代理出口。

随着出口数量的增加，以及企业对出口业务的熟悉，企业可以设立自己的出口部门与国外市场上的客户进行直接联系，并加大对出口产品的各项资源投入，完成企业的自营出口。

#### 2.国外设立分支机构

随着时间的推移，进口国或地区对产品的需求增加，同时国外市场上可能出现了同类产品的竞争者，此时，企业必须寻求降低产品成本的途径，维持产品的竞争优势。其中一个重要方法就是利用国家间的比较优势，将生产转移到低成本的国家，同时在国外设立分销机构，逐步建立销售网。另外，由于企业出口产品可能会受到进口国政府关税壁垒的影响，出于这方面的考虑企业也可以采用在当地设立生产机构，或向进口国企业输出技术等方式避免出口产品可能会遇到的障碍。

#### 3.实现跨国经营

当企业发展到在海外拥有大量直接投资时，就需要采取统筹、连贯的政策使母公司与分散在各国的子公司、分公司的业务形成一个整体，这时该企业就构成了跨国公司。在跨国经营阶段，企业的管理思维不再受国界的限制，世界各地的业务都要被当作企业业务的一个组成部分，所有的分、子公司要推行总公司的全球战略，并且共担风险、共享资源，实现全球业务范围的整体利益。

但20世纪90年代以来，欧盟各国、加拿大、澳大利亚、新加坡和韩国等的新型中小企业的国际化进程完全不同于上述传统的阶段式发展过程。由于刚成立或成立不久就快速进入国际化轨道，因此这些企业被称为“天生全球化企业”。与传统企业相比，天生全球化企业具有鲜明的特点：第一，在成立之初就将世界视为一个完整的市场，而不仅仅是国内市场的简单延伸；第二，在成立不到两年的时间里就出口一种以上产品，出口额超过总销售额的25%；第三，由活跃的企业家成立，往往是过程或技术获得重大突破的结果；第四，能够发展独特的产品创意，或使用新的方式开展业务；第五，产品中包含了较多的价值增值，一般是工业用品。

研究发现，这些天生全球化企业之所以出现，与企业家精神、企业家的国际化经历和经验、企业家的国际化关系网络、具有国际竞争力的产品或服务，以及全球范围存在的被大企业忽视的小众市场有关。得益于互联网、信息技术的发展以及国际人才的普及，具有以上特征的企业能够从一开始就在全球范围内开展业务，并迅速获取利润①。

## 第二节 国际财务管理概述

国际财务管理是财务管理的一个新领域。本节将概括国际财务管理的定义、内容、特点、目标和模式。

### 一、国际财务管理的定义

目前对于国际财务管理的定义，国内外财务管理专家、学者有着不同的看法，主要有以下几种观点：第一，认为国际财务管理是对企业跨国的财务活动进行的管理；第二，认为国际财务管理就是跨国公司财务管理；第三，认为国际财务管理就是世界财务管理。本书采用的观点是第一种观点。

按是否跨越本国国界，可以将企业的财务活动分为国内财务活动和国际财务活动两大类。国内财务活动是指企业在本国范围内筹集资金、资金在国内使用、收支在国内结算、收益在国内分配，财务活动不跨越国界，因此企业与外国的企业、单位、个人等不发生财务关系。对企业的国内财务活动所进行的管理称为国内财务管理。而国际财务活动是指企业从国外筹集资金，向国外进行投资，与外国的企业、单位、个人等发生资金往来结算，将企业的收益分配给外国投资者，或从国外投资获取收益等，企业的财务活动跨越了本国国界，企业与其他国家的企业、单位、个人等发生了财务关系。国际财务管理就是对企业的国际财务活动所进行的管理。也就是说，国际财务管理的对象是企业的国际财务活动，也就是跨越国界的财务活动。

还有的学者认为，国际财务管理就是世界财务管理。实际上，这二者是不同的概念。

① 2019年破产的江西赛维LDK太阳能高科技有限公司就是一家比较典型的“天生全球化企业”。该企业于2005年7月成立，2006年4月投产，2007年6月在美国纽约证券交易所上市，2009年全球市场份额接近20%，成为世界上最大的太阳能硅片生产商。但自2012年起，由于欧洲债务危机和欧盟委员会启动对欧盟从中国进口的太阳能电池板的反倾销和反补贴调查，以及对中国太阳能电池板征收惩罚性关税，赛维LDK陷入了严重的债务危机，并于2019年破产，被禾禾能源等两家民企收购。

世界财务管理是指在世界范围内，所有的国家和地区都使用相同的财务管理原则和方法。但至少在目前的情况下，由于各国的社会、政治、经济、法律等制度和经济发展水平等方面都有很多不同，所以在财务管理的原则、制度、内容和方法等方面必然会存在很多差异，不可能实现统一。因此我们可以说，世界财务管理是国际财务管理的理想阶段，在这一阶段，世界各国的财务管理将趋于统一。

## 二、国际财务管理的内容

由于国际财务管理和国际金融有着密切的关系，因此在美国的很多国际财务管理著作中一般都会介绍国际金融的一些知识。例如2018年由麦格劳-希尔教育出版公司（McGraw-Hill Education）出版的《国际财务管理》（第八版）（International Financial Management, $8^{th}$ Edition）中就包含了国际货币体系、国际收支、外汇市场、国际平价关系与汇率预测等国际金融的内容。但我们认为，这些并不是国际财务管理的内容，而是学习国际财务管理应该具备的基础知识，是为了更好地进行国际财务管理工作应当了解并掌握的国际财务管理的金融环境知识。

财务管理是对企业发生的财务活动以及财务关系所进行的组织、指挥、协调、计划、控制等一系列管理工作。而根据国际财务管理的定义，国际财务管理的对象就是企业与国外的企业、单位、个人等发生的财务活动及财务关系。根据国内财务管理的内容，以及国际财务管理对象的特殊性，可以将国际财务管理的内容归纳如下：

### 1.外汇风险管理

外汇风险管理包括外汇市场与外汇交易、外汇汇率的基本知识、外汇风险的含义与种类，以及各种外汇风险的管理策略和方法等。这部分内容将在本书第三章和第四章进行讲解。

在外汇风险管理方面，需要决策的主要问题是：在汇率预测和外汇风险分类的基础上，对外汇风险的管理办法作出决策。例如在商品进出口交易中，为了防范外汇风险，事前可以采取哪些防范措施，事后可以采取哪些补救措施等，要对各种方法的成本和效果进行预计，选择净收益较大、风险较小的方法。

### 2.国际筹资管理

国际筹资管理包括对国际信贷筹资、国际证券筹资以及其他方式的国际筹资进行的管理。这部分内容将在本书第五章至第七章进行论述。

从国际金融市场上进行筹资时，需要决策的主要问题是：采用何种方式、从哪个国家筹资？是从国外金融机构借款，还是发行外币有价证券？是发行国际股票，还是发行国际债券？采用哪种货币发行等。不同来源的筹资方案其成本和风险是不同的。国际筹资管理的决策要关注的就是筹资的成本和风险，因此要对不同的筹资方案进行比较，尽量选择筹资成本和风险都较小的方案。

### 3.国际投资管理

国际投资管理包括国际直接投资管理和国际证券投资管理。这部分内容将在本书第八章和第九章进行阐述。

在向国外投资时，需要决策的主要问题是：是进行国际直接投资，还是证券投资？是进行单个证券投资，还是进行国际证券组合投资？在向国外投资之前要进行哪些可行性研究？要对投资的收益和风险进行预测、分析，选择投资效益高、风险小的方案。

4.国际营运资金管理

国际营运资金管理包括国际营运资金的存量管理和国际营运资金的流量管理。这部分内容将在本书第十章进行探讨。

在国际营运资金管理方面，从“存量”的角度看，需要决策的主要问题是：如何处理好各种资产的组合关系，使总公司及其各分公司在流动资产上的占用实现最优配置？从“流量”的角度看，需要决策的主要问题是：从公司整体来看，如何根据多变的经济环境，合理调度资金，使之达到最适当的流量、流向和时机，以最大限度地提高公司的整体效益。

其中，外汇风险管理可被视为国际财务管理的基本内容，是国际财务管理和国内财务管理的根本区别所在，也是国际财务管理其他内容的基础；而国际筹资管理、国际投资管理和国际营运资金管理可被视为国际财务管理的主体内容，其管理的对象与国内财务管理相同，均包括筹资、投资、营运资金三大块。

## 三、国际财务管理的特点

国际财务管理的特点可以归纳为以下三点：

1.新的环境因素

国内财务管理的环境通常就是国内环境，国内财务管理的工作只需要按照本国的政治、经济、财政、金融法规和法律处理业务，使用本国货币办理收支业务，用本国的语言和文字，与本国的财政机关、税务机关、银行、证券市场，以及不同的单位或个人发生财务关系。国内财务管理人员对本国的环境是比较熟悉的，也容易掌握。

而国际财务管理所处的环境是国际环境，国际财务管理的工作需要与其他国家的企业、银行、证券市场、税务机关或个人等发生财务关系。不同国家的环境是千差万别的，包括政治环境、经济环境、法律环境以及文化教育环境等。例如政治环境，各国的社会制度不同，思想政治观念不同，实行的政策不同，法律制度也有所差别；又如经济环境，各国的经济制度不同，经济发展水平不同，使用的货币币种不同，外汇管制、银行信贷、证券市场、税法和会计制度等也都有很大差别；而从文化教育环境看，各国的语言、文字不同，风俗习惯不同，通识教育和会计专业教育的水平也不同。与国内财务管理相比，国际财务管理面临的范围更加广阔，环境更加复杂。因此在国际财务管理中，要遵循国际惯例，执行相关国家的法律法规和政策制度，要使用外国货币办理收支业务，要了解相关国家的利率、汇率、通货膨胀率等的变化，还要分析汇率等因素对财务收益的影响；要非常熟悉相关国家的政治、经济、文化等环境，在决策时必须要有国际眼光，学会正确地在国际环境中、在全球范围内作出筹资、投资、外汇风险管理等决策。

2.新的经济机会

新的环境因素带来了新的经济机会。企业的财务活动如果跨越本国国界，放眼世界，就会发现很多新的经济机会。例如从筹资方面看，国际金融市场中的筹资渠道比国内市场上多得多，筹资的方式也更灵活多样，尤其是货币和资本市场全球一体化进程的进一步加快，为企业在国际金融市场上进行筹资风险和成本的组合提供了更多选择，从总体上讲，从国际金融市场上进行筹资可以达到在筹资额相同的情况下资本成本更低，或资本成本相同的情况下筹资额更大的效果。而从投资方面看，国际范围内的投资活动涉及全球，各国税制不同，利率有高有低，劳动力、生产材料价格存在明显的差异，商品的价格也不相同，再加上各国产品和劳务市场需求的多样性，这些都为在国际市场上进行投资的企业提供了比在国内市场上进行投资更具优势的投资获利机会。

3.新的风险来源

风险总是和机会同时存在的，新的环境因素给企业带来了新的经济机会，但同时也引发了新的风险，例如外汇风险、政治风险等。

首先，浮动汇率制度的引入增加了国际财务管理环境的不稳定性。从世界经济的实际来看，汇率的变化对所有从事国际业务的公司都有着广泛的影响，使它们面临着各种程度不同的、有时甚至是生死攸关的外汇风险。外汇风险不仅存在于企业商品进出口外汇收支的过程中，而且存在于国际筹资、国际投资等国际财务活动的各个方面。另外，由于政治方面的原因还会使企业遭受政治风险，主要包括国有化风险、战争风险、转移风险等。国有化风险是指在某国投资办企业，该国发生政变，政策发生变动，对外资企业加以没收或国有化使投资者遭受损失的风险；又如，某企业在某国设立了子公司或分公司，但该国发生战争或暴动，使在该国的子公司或分公司被破坏或烧毁而遭受人身财产损失，这种叫作战争风险；转移风险是指企业在外国投资办企业，但其投资本金、利润和其他合法收益由于东道国的各种限制而无法自由汇出的风险。

以上三个特点是相互依存的，由于国际财务管理面临着新的环境，因而出现了新的经济机会和新的风险来源。机会和风险是一枚硬币的两面，这就要求在进行国际财务管理工作时，不仅要熟悉和考虑本国的环境因素，而且要深入了解所涉及国家的有关情况，并充分考虑和关注国际形势及有关国家政治、经济、文化和法律等政策和制度方面的重大变化，如各国利率的高低、汇率的变化、外汇管制政策等，有针对性地采取相应的防范措施，达到发展企业经营和提高经济效益的目的。

## 四、国际财务管理的目标

在不同的经济发展阶段和不同的经济环境中，企业的财务管理目标是不同的，总体来说经历了四种演变：利润最大化、净现值最大化、资本成本最小化以及企业价值最大化。目前被普遍认可的财务管理目标是企业价值最大化。

企业价值最大化是指通过企业的合理经营，采取最优的财务政策，实现企业的总价值最大化。企业的价值可以用一定期间归属于企业投资者的现金流量，按照资本成本或投资的机会成本折现得到的现值来表示。企业价值不等于企业利润，利润只是企业新创造价值的一部分，而企业价值不仅包含新创造的价值，还包含企业潜在的或预期的获利能力。企业价值的评价一般是通过投资者的市场评价进行的，投资者对企业潜在的获利能力预期越高，表明企业的价值越大。在股份公司的负债水平一定的情况下，公司价值主要体现在公司的股票价格上，股票投资报酬的现值越大，股票的市场价格就越高，公司的价值就越大。因此在股份公司中，公司的总价值可以用股票的总市场价值来表示，也就是说，企业价值最大化目标也可以表述为股东财富最大化。

国际财务管理的目标与国内财务管理的目标基本相同，都可以表述为企业价值最大化，在股份公司表述为股东财富最大化。但国际财务管理目标还具有全球战略性的特征，例如，在财务管理决策权的配置上，必须考虑加强总部的集权管理，以利于总部对全球生产经营的控制；在资金管理上，必须从全球战略出发，建立国家间的资本调拨机制，使企业能在世界范围内及时融通资金，充分利用国际资本市场中条件优惠、成本低廉的资金，并建立统一的现金管理制度；在财务控制系统的建立上，要求控制系统能使总部获取必要的信息，进行全球性协调工作，确保各部门和子公司的生产经营符合公司的整体利益；在财务策略上，采取与全球经营战略相配合的策略，例如所有权策略和转移价格策略等。

企业价值最大化是很多国家理论和实践的基础，但由于各国财务管理的具体环境不同，对财务管理目标的选择和具体表述也不尽相同。例如，法国企业的财务管理目标侧重于税后收益最大化，并重视资金的流动性，为保持资金的流动性，常常会限制公司分发股息和红利；由于日本企业的资产负债率较高，因此在日本比较重视企业的偿债能力，除了几家大公司以价值最大化为企业目标外，大部分企业都以税后收益最大化作为企业目标；荷兰企业以税后收益的增长作为第一位的目标，股东收益最大化和企业资金的流动性为第二位的目标；挪威企业的财务管理目标侧重于股东权益最大化，并将资金的流动性、偿债能力和总体盈利能力三个方面放在同等重要的地位；美国的企业则将每股收益的增长作为首要的财务管理目标，它们认为股票的市场价值是企业无法控制的，把企业能控制的收益指标及其他非市场指标作为工作业绩的评价标准更加科学，同时它们把资产及销售的增长当作重要的参考目标。由此可见，不同的政治、经济、文化背景，不同的国情，就会有不同的财务管理目标与之相适应。[①]

### 【思政专栏】 国际财务管理同样应关注社会责任

我们通常认为，国内财务管理的目标应该是关注所有利益关系人的利益，包括股东、债权人、员工、供应商等。虽然在短期内我们可以仅注重股东的权益，但只有将所有利益关系人都考虑在内，才能使企业健康地生存下去，并得到长久的发展。

国际财务管理当然也是一样，但其特殊之处在于：不仅需要关注本国利益关系人的权益，同时还要考虑对东道国及当地居民的影响。例如，在进行国际投资时，不能对当地的环境造成污染、不能破坏当地的生态环境、不能违背当地的社会风俗习惯等，否则国际投资不可能获得成功，国际财务管理的目标也不可能实现。

## 五、国际财务管理的模式

企业国际财务管理的模式主要分为集权模式和分权模式两大类。

**1.集权模式**

集权模式的财务管理是将国际企业的财务决策权集中在企业的总部，子公司或分公司的财务机构只负责日常的财务事务，具体如图1-1所示。

① 刘胜军，陈旭.国际财务管理［M］.2版.北京：科学出版社，2018：6.

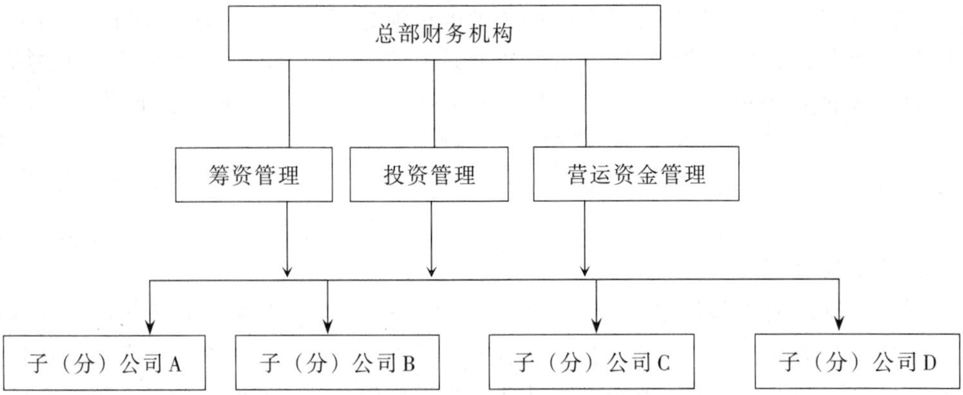


图1-1 国际财务管理集权模式示意图

在这种模式下，企业总部的管理者可以有效地控制和管理下属机构的财务活动，保证下属机构的财务活动更好地符合企业的总体目标，有利于在整个公司范围内统一调度和合理使用资金。但是，这种模式的缺点也十分明显，就是在信息不畅的情况下，随着企业全球化程度的提高，总部的管理者不能及时了解下属单位环境和经营的变化，不能及时作出反应，有可能决策不当；而下属单位的每一项财务决策都需要层层上报和审批，会产生大量的成本和时滞，影响管理的效率，影响下属单位应变的主动性和灵活性；同时，这种集权模式将所有权力都集中在总部，会降低下属单位的士气。

当前信息技术和互联网的快速发展使母公司和子公司之间的信息交流更加快捷，集权模式下可能出现的应变能力不足等问题更加容易解决，为跨国公司总部实行集权模式财务管理提供了强有力的技术支撑。尤其是资金管理以及投资决策和实施方面，很多跨国公司更倾向于集权化管理，直接设立全球会计中心、筹资中心、资金管理中心、财务共享中心等进行财务的集中管理，财务部门的人员直接由总部管理，不再对部门经理负责。

## 2.分权模式

分权模式是将财务管理决策的一部分，甚至是大部分权限下放给各下属单位，有利于调动各下属单位的积极性，及时因地制宜地作出决策。分权模式如图1-2所示。

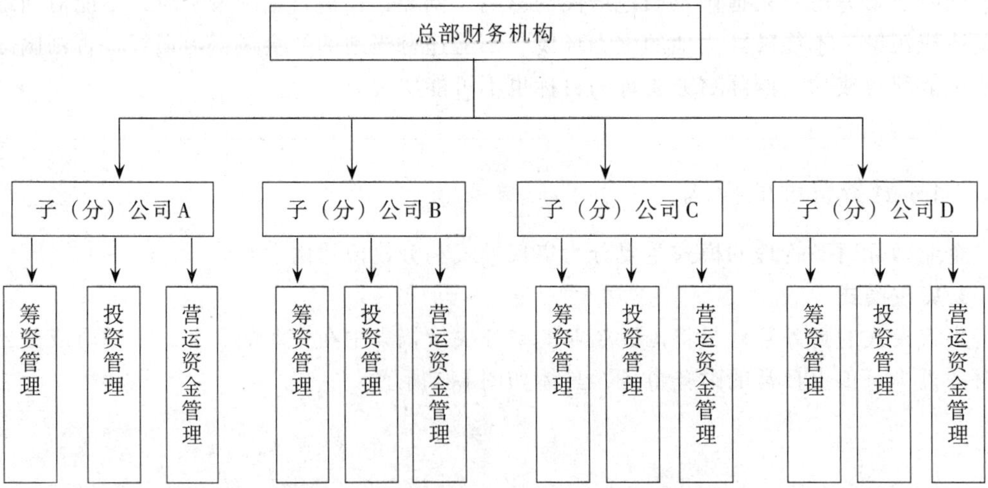


图1-2 国际财务管理分权模式示意图

分权没有确定的标准，但一般而言，各组织层次的财务负责人拥有本层次业务范围内的财务决策权。例如，总部（母公司）集中了与企业整体利益和全球战略有关的财务决策权，包括海外市场开发与投资、从海外某地撤资或转移、在海外建立子公司的股权安排、企业在全球市场信誉的建立等；各下属单位（各地区分部或产品部、子公司、分公司等）主要负责与地区或产品战略有关的财务决策，如地区或产品市场开发的投资、生产和技术的投资或撤资等。

分权模式的最大优点是各下属单位可以根据所在国或地区、产品市场的经营环境、资本市场供求等发生的变化，及时调整财务战略、捕捉机遇、规避风险，进而提高企业的整体应变能力和总体利益。分权模式的缺点是下属单位分散在世界各地，它们拥有各自的利益，因此可能会在决策时只考虑本单位的财务目标，而忽视企业整体的财务目标，甚至与公司整体目标相背离，会出现局部与全局的矛盾。

国际企业在确定选择集权模式还是分权模式时，应主要考虑以下因素：

（1）企业的规模

大规模和小规模的国际企业，其总部通常没有足够的人员和精力对下属单位的每项财务活动进行决策和监督，因此通常采用代理成本较高的分权模式进行财务管理；而中等规模的国际企业大多采用代理成本较低的集权模式进行财务管理。有学者曾经对美国187家跨国公司进行调查①，发现小型跨国公司因为总部缺乏足够的资金和财务专家，往往较多地把财务管理决策权授予子公司经理，实行分散化的财务管理；中型跨国公司拥有较强的经济实力和较多财务专家，大多实行集权模式的财务管理；大型跨国公司因为产品品种多、分布广、所处环境复杂，因此倾向于分权模式的财务管理。

（2）企业的组织结构和股权结构

通常情况下，在职能式组织结构中，组织中的各个部门履行独立的企业职能，如生产、销售、财务管理、研究开发等，因此绝大多数的财务管理决策由总部的财务管理部门作出；而在分部式组织结构中，根据不同产品或地区建立部门或安排下属单位，每一个产品或地区分部都是一个利润中心，都设置各职能机构，因此有关地区或产品的决策权主要授予分部的财务负责人，分部的财务自主权非常大。另外从股权结构上看，如果在跨国公司中，国外子公司大多是独资经营的，其财务管理权会相对集中；如果子公司大多是合资经营的，那么其财务管理权就会相对比较分散。

（3）公司的生产技术水平

一般情况下，公司的生产技术水平会对财务管理的地位产生影响。例如，如果一家跨国公司在技术方面要求比较高，那么公司总部大多会把主要精力放在技术开发方面，而不是财务管理，因此财务管理模式会倾向于分权模式；而如果一家跨国公司在技术方面要求比较低，那么公司总部大多会重视财务管理，因此财务管理模式会倾向于集权模式。

（4）不同国家的传统

不同文化下形成的跨国公司对采用集权模式还是分权模式进行财务管理有不同的偏好。容易接受权力不平等、愿意接受统一思想、尊重专家或权威的国家及地区，例如欧洲和日本，比较倾向于采用集权模式；而在需要对权力的不平等进行明确解释、人们努力争

① 夏乐书，李琳.国际财务管理［M］. 4版.大连：东北财经大学出版社，2017：32.

取权利平等、在管理上强调子公司的积极性的国家，例如美国等，企业更倾向于采取分权模式进行财务管理。

## 第三节 企业国际业务的基本理论和方式

企业为什么要进行国际贸易？为什么要从国外筹资？为什么要去国外投资？总之，企业为什么会积极拓展国际业务呢？要回答这一问题，就要对支撑企业进行国际业务的相关理论进行介绍，例如比较优势理论、不完全市场理论以及产品生命周期理论等。另外，企业从事国际业务主要采取什么样的方式呢？每种方式有什么特点？本节将对以上两个问题进行论述。

### 一、企业国际业务的基本理论

企业之所以积极开展国际业务主要是基于以下理论：

**(一) 比较优势理论**

比较优势理论最早是由19世纪经济学家大卫·李嘉图提出的，用来解释为什么国家之间要进行贸易。该理论指出，如果各国居民都来生产比其他国家具有比较优势的产品并进行贸易，那么贸易利益就会增加。比较优势理论的前提是国际之间存在自由贸易，而且生产要素，如土地、劳动力、技术、资本等具有相对不可流动性。

从国际范围来看，一些国家的企业技术先进、管理科学，因此生产效率高、产量高、质量高、成本低，由于其在技术上的优势，因此可以适当降低产品售价，并因此在市场竞争中获胜。而在许多发展中国家，它们没有技术方面的优势，其优势是劳动力成本较低。但不同国家的优势是不能轻易转移的，因此各国都应该充分发挥自己的相对优势，进行专业化生产。这样做的结果是，一方面，这种产品的产量可能会大大超过本国的需要，那么除了一部分用于满足本国需要之外，其他的大部分就可以卖给其他国家；另一方面，其他某些产品可能短缺，此时就需要从其他国家购买，这就形成了贸易。例如20世纪90年代，美国的某些企业在计算机和飞机等产品的生产方面具有技术、质量、成本等方面的优势；日本的某些企业在彩色电视机、录像机、摄像机和照相机等产品的生产方面具有上述优势；德国和日本的某些企业在轿车的生产方面具有上述优势；而中国，除了在某些产品的生产方面具有相对优势以外，还具有劳动力成本低的优势。由于不同国家在不同产品上具有各自的优势，因此它们专业化生产的产品就可以相互交换，进行国际贸易。例如，美国企业的计算机、飞机等产品卖给日本和中国，日本企业的彩色电视机等产品卖给美国和中国，德国和日本企业的轿车卖给美国和中国，而中国企业的服装等产品卖给美国和日本等。按比较优势原则进行的贸易，对贸易双方都是有利的。

比较优势理论还指出，即使与其他国家相比，一国在每种产品的生产上都更有效率（或效率更低），该国也可以从国际贸易中受益。例如某国各种产品的生产效率都比其他国家要高，其中，高科技产品的劳动生产率比其他国家高50%，手工制品的劳动生产率比其他国家高30%，那么在这种情况下，该国就可以出口其相对生产效率更高的产品（即高科技产品），进口其相对生产效率较低的产品（即手工制品），也可以从贸易中获利。

比较优势理论是国际贸易的基础。但如果在其产品出口过程中遇到了贸易壁垒，那么具有比较优势的企业可以选择到商品销售市场占比较大的国家进行直接投资，通过建立企业，就地生产、就地销售，这样不仅可以维护和扩大国外销售市场，而且可以利用当地丰富的原材料和廉价的劳动力，减少商品运输费用，从而获得更多的利润。

【延伸阅读】

比较优势理论

（二）不完全市场理论

市场是各方参与交换的多种系统，是社会分工和商品生产的产物，由买方和卖方相互作用，并共同决定商品或劳务的价格和交易数量。按照产品或服务供给方的状况，即市场上的竞争状况，市场可以分为完全市场和不完全市场。完全市场是完全竞争条件下的市场，在这种市场里，任何企业或个人都无法影响、操纵或左右商品或劳务的价格。而当买方或卖方能够左右一种商品的价格时，就出现了不完全竞争。其中，不完全竞争的极端情况就是垄断，也就是由唯一的卖方独自决定某种商品或劳务的价格。如果市场是完全的，商品可以自由、公平地进行交易，没有垄断、也没有壁垒，成本与收益就会均等。在完全市场中，由于市场是完全竞争的，市场能够有效配置资源，促进社会生产和消费的迅速发展，因此完全市场又被称为“有效市场”。

不完全市场是在不完全竞争条件下的市场。在不完全市场中，由于存在垄断或限制，即贸易壁垒，商品不能自由、公平交易，企业从国外购买商品要花费很高的成本，因此交易双方的收益与成本不均等。由于不完全市场是不完全竞争的，不能提供有效的资源配置，因此价格过高、消费缩减、产出过低，导致生产和消费非效率，这种情况被称为“市场失灵”。

如果企业的某种商品进出口处于不完全市场中，就不能自由、公平地进行交易，企业就不会愿意采用贸易方式，而更倾向于采用直接投资的方式。例如，某企业的生产需要铁矿石，但国内的资源不足。从国外获得铁矿石有两种方式：一是通过贸易方式进口铁矿石；二是直接投资，直接到铁矿资源丰富的国家投资开采、加工，获得铁矿石。如果市场是完全的，没有垄断、价格合理，也没有贸易壁垒，在这种情况下采取第一种方式进口铁矿石是合适的。但如果市场不完全，价格过高，又有贸易壁垒，进口成本过高，这时就应采取直接投资方式。对此，企业应比较是从外国进口铁矿石合适，还是直接到资源产地投资开采更经济。

市场的不完全性是指阻碍市场功能完美发挥的各种阻力和障碍。市场不完全性对跨国公司赴海外从事生产有着重要的推动作用。例如，日本的本田汽车公司在美国的俄亥俄州建立生产线的主要目的就是要避开贸易壁垒。有人甚至说，跨国公司是市场不完全性带来的礼物。

（三）产品生命周期理论

1966年，美国哈佛大学教授雷蒙德·弗农（Raymond Vernon）在其《产品周期中的国际投资与国际贸易》一文中首次提出了产品生命周期理论，这一理论把产品生命周期分为开发期、成长前期、成长后期、成熟期和衰退期等五个时期。雷蒙德·弗农认为，产品的生命周期不仅存在于国内市场，而且存在于国际市场，企业可根据其产品生命周期的具体情况在国内外选择生产基地。

根据产品生命周期理论，企业国际业务的发展大体可以分为以下三个阶段：

1.在国内生产阶段

企业一般首先在国内生产新产品，因为国内市场的需求和竞争信息更容易获得，企业比其他竞争者有更大的优势。在国内生产阶段包括产品开发期和成长前期。从成长前期开始，企业生产技术逐渐完善，零部件开始标准化，产品性能与质量基本稳定，国内外尚未出现相同的产品或类似的替代品，价高利大。在产品成长前期的末期，企业开始向国外出口产品，进入国际市场。

2.在发达国家设厂阶段

这一阶段包括成长后期和成熟期。在成长后期，国内生产同种产品的企业数量增多，市场上出现了替代产品，国内市场竞争加剧，价格下降，利润减少；同时，在产品出口方面，当进口国已有个别企业能够生产同种产品时，进口国为了保护本国企业必然会采取限制进口的各种措施。但此时企业的优势正充分显示，表现为产品已经开始标准化、大批量生产，生产成本降低，而这种产品在国外还处于开发期，因此与外国企业相比，本企业拥有生产技术方面的优势。

3.在发展中国家设厂阶段

这一阶段包括成熟期和衰退期。进入成熟期，一方面产品已经高度标准化、工艺流程规范化，生产技术易于操作，即使对于发展中国家的劳动者来说，虽然其文化技术水平不高，但也足以掌握这种产品的生产；另一方面，在发达国家，这种产品市场已趋于饱和，因为竞争厂家日益增多，价格和利润水平进一步下降。此时发展中国家的这种产品还处于开发期或成长前期，再加上发展中国家劳动力成本低、产品销售市场巨大的特征，因此可以将产品的生产基地从发达国家转移到发展中国家。这样既可以大大降低产品生产成本中的人工成本，避免利润下降，也便于将产品就地销售或销往其他国家。

## 二、企业进行国际业务的方式

企业进行国际业务的方式有很多，主要有国际贸易、对外经济合作、许可经营、特许经营、合资、跨国并购、建立境外子公司等。

### （一）国际贸易

公司可以利用国际贸易进入外国市场，进行产品出口或原材料进口。这是最简单、风险最小的国际经营方式。这种方式的初期投入少、见效快，而且相对于国外投资，由于其资金投入和使用都在国内，因此风险要小得多。特别是遇到进口国政治或经济环境发生变化而使产品出口量减少时，公司可以较低的成本减少或终止经营。很多大型的美国跨国公司，包括苹果、波音、英特尔、高通等，它们每年的产品出口收入数额均非常可观，尤其是面向中国市场的营业收入。从各公司公布的财务数据来看，2021年苹果公司在中国的营业收入总额达到728.05亿美元，基本相当于苹果全年营业收入总额（3 658.17亿美元）的20%；2020年波音公司营业收入总额为582亿美元，其中中国市场占比3.1%（2021年波音公司营业收入总额为623亿美元，但未公布2021年中国市场的份额）；英特尔公司2021年全年营业收入790亿美元，其中中国市场收入211.41亿美元，占比达到26.76%；芯片巨头高通，2021年全年营业收入为336亿美元，其中中国市场营业收入占比50%以上。[①]

---

① 根据新浪财经、澎湃新闻、财讯时评、腾讯网等数据整理。

**（二）对外经济合作**

对外经济合作是指向国外提供工程承包、物料采购、技术咨询以及提供劳务和技术服务等的经营方式，这种方式实际上是劳务和服务的出口。目前在国际市场上，这种方式已经成为各国非贸易交易的重要内容。这类业务一般通过在项目的国际招标中投标中标而取得。对外经济合作的风险因不同的业务而有所不同，例如对外工程承包，承包商要按照一定的条件承包某项工程建设项目，负责工程项目的设计，编制方案、技术文件、预算、购买设备和材料，承担工程项目的建筑、设备安装、调整和试车等，一般金额较大，利润较高，但风险也较大；而对外提供劳务合作，企业只提供劳务或服务，资金投入较少，风险也较低。

**（三）许可经营**

许可经营是许可方授权被许可方在一定的时间内、一定的地理范围内有偿使用许可方的专利、商标、版权或专有知识等的一种经营方式。当许可方企业和被许可方企业分别位于不同国家时，就形成了国际许可经营。实际上，这种方式也可以看成是技术出口。

2003年，香港科森药业有限公司（以下简称科森药业）通过其美国子公司宣布：科森药业和美国加利福尼亚州Octamer Inc.公司签订了独家许可该公司3种新药专利权的协议书。签订该协议后，科森药业将在中国（包括中国香港和中国台湾）、韩国、新加坡及东南亚其他国家和地区独家享有开发、生产、再许可以及销售上述3种专利药物的权利。独家受让专利权和在世界范围内的合作及联合开发，为科森药业进入国际市场创造了非常有利的机会。

技术许可使公司能够在外国市场中利用它们的技术而无须大量的投资，也避免了因出口产生的运输成本。但许可经营最大的缺点是公司很难对国外的生产过程进行质量控制。

**（四）特许经营**

特许经营最早起源于美国，1851年Singer缝纫机公司为了拓展其缝纫机业务，开始授予缝纫机的经销权，在美国各地设置加盟店，撰写了第一份标准的特许经营合同书，在业界被公认为是现代意义上的商业特许经营起源。

特许经营是一种特殊的许可经营方式，特许经营的许可方通过向被许可方提供全套专业化的企业经营手段，包括商标、销售或服务策略和培训等，定期取得特许权使用费，被许可方则必须同意遵守严格的规则和程序以实现经营的标准化。特许权使用费通常以被许可方的销售收入为基础收取。著名的国际特许经营商有麦当劳、必胜客、DQ冰淇淋、赛百味等。与许可经营一样，特许经营能够使公司不用大规模投资就能进入国外市场。

**（五）合资**

合资是指来自不同国家的两个或多个企业通过在一个独立企业中分别拥有所有权进行的合作经营。合资可以使两个企业在一个项目上发挥各自的优势。例如，中外合资企业一般中方提供廉价的劳动力和原材料，外方提供中方所需的技术、管理经验和资金。合资还可以使国际企业在进入一个陌生的国外市场时节约大量资金，降低进入市场的风险。因为企业可以充分利用合资方对当地市场的了解和对消费者习惯、偏好的熟悉以及在当地市场上已经建立的销售网络和知名品牌，减少了解市场的初期投入，降低投资成本。例如，1990年美国通用磨坊食品公司与瑞士雀巢集团合资成立全球谷物合作公司——全球谷物联盟有限公司（Cereal Partners Worldwide，CPW），可以在雀巢建立的海外销售网销售通用磨坊食品公司生产的谷类产品，截至2015年该公司在全球已拥有17家工厂，业务遍及130多个国家和地区。

有时合资还是国际企业进入某国市场的唯一方法，例如我国政府将外商在我国某些行业的投资比例定为49%以下，外商要在这些行业投资就只能通过合资的形式。合资的过程还是合资双方风险共担的过程，在项目投资金额巨大时，可以减少国际企业的风险。但是，合资的一个重要缺陷是合资双方容易因文化差异、管理方法差异等产生冲突，甚至最终导致合资失败。在合资过程中，国际企业由于持股比例的原因，很难完全运用自己的管理方法，例如质量管理、作业管理、信息管理等，因此也很难将合资企业的资金和利润在自己的子公司之间进行合理分配和转移。

**（六）跨国并购**

企业可以并购国外企业进入国外市场，并迅速形成生产力。在经济全球化的今天，速度和规模是企业获取竞争优势的关键，在这方面，跨国并购具有很大的优势。并购可以使国际企业迅速增强自身的竞争力，可以使企业规模迅速扩张，增强抵御单个市场风险的能力，可以使企业在全球范围内迅速抢占市场。

由于存在上述优势，跨国并购已经成为当今世界跨国公司直接投资的主要形式。根据联合国贸易与发展会议的统计资料，1998年跨国直接投资流入量达到6 440亿美元，其中跨国公司并购总额达到4 110亿美元；2010年，跨国直接投资流入量11 200亿美元，跨国并购金额为3 414亿美元；2017年，受到反全球化和贸易保护主义的影响，跨国直接投资和跨国并购的上升趋势受到遏制，呈现一定的下降趋势，但仍分别达到14 300亿美元和6 940亿美元。2021年，跨国直接投资金额为15 800亿美元，跨国并购金额达到72 800亿美元。[①]

**（七）建立境外子公司**

国际企业可以通过在其他国家新建任何类型的子公司从事研发、销售、生产等，进入国外市场。但这种方法需要大量的投资，从投入到取得收入的时间较长，而且要承担相当大的风险，在某些情况下可能会导致投资全部受损。这种方式的好处是，国际企业可以通过对子公司的部署和控制，实现企业的整体利益，例如利用国外廉价的资源、规避关税壁垒和其他贸易壁垒、实施市场渗透策略、分散企业的风险等。

## 【本章小结】

◇ 经济全球化的发展增加了各国之间的贸易联系，增大了企业的国际化需求，客观上为财务管理的国际化创造了条件。

◇ 国际财务管理是财务管理的一个新领域。国际财务管理是对企业跨国的财务活动进行的管理，其内容包括外汇风险管理、国际筹资管理、国际投资管理以及国际营运资金管理。

◇ 根据“国际财务管理活动要在国际范围内进行”这一基本特征，可以将国际财务管理的特点归纳为三个“新”字：新的环境因素、新的经济机会和新的风险来源。

---

① 节选自2022年6月份联合国贸易和发展组织发布的《2022年世界投资报告》，引自中华人民共和国国家发展和改革委员会网站。

◇ 国际财务管理的目标与国内财务管理的目标基本相同，都可以表述为企业价值最大化，在股份公司表述为股东财富最大化。

◇ 企业进行国际业务的基本理论包括比较优势理论、不完全市场理论、产品生命周期理论等；企业进行国际业务的方式有很多，主要有国际贸易、对外经济合作、许可经营、特许经营、合资、跨国并购、建立境外子公司等。

## 【关键概念】

经济全球化
国际财务管理
跨国公司财务管理
世界财务管理
国际财务管理内容
国际财务管理目标
国际财务管理特点
国际财务管理模式
企业国际业务理论
企业国际业务方式

## 【思考题】

1.为什么要学习国际财务管理？有什么必要性？

2.国际财务管理和国内财务管理有什么区别？

3.什么是跨国公司？目前跨国公司在我们的经济生活中起什么作用？

4.上网搜索跨国公司，列举有哪些跨国公司采用跨国并购方式？有哪些采用合资方式？有哪些采用特许经营方式？

5.1995年，法国全国雇主理事会（CNPF）和法国大型私有企业协会（AFEP）联合组织了一个由若干公司首席执行官组成的工作小组，专门研究法国的公司治理结构。该工作小组的报告中提到："我们的董事会不应该像英国、美国的那样，只关心公司股票价值的最大化。相反，董事会应该把服务于公司作为目标，董事会成员的利益与股东、雇员、债权人、供应商和客户的利益应该有明显的区别。不过，他们之间仍然有着共同利益，那就是保证公司的持续、稳定和繁荣发展。"请对该工作小组的上述建议作出评价。

【案例分析】

投资7亿元，
玛吉斯轮胎
扩大印度
市场

# 第二章

# 国际财务管理环境

**【学习目标】**

本章主要阐述了与国际财务管理环境相关的内容，通过对本章内容的学习，应达到以下目标：

1. 了解经济全球化的主要趋势与进展对国际财务管理的影响。
2. 熟悉国际财务管理的政治环境、法律环境、经济环境和社会文化环境。
3. 掌握企业在国际环境中经营应遵循的业务经营准则和应注意的问题。

## 第一节 国际财务管理环境概述

任何企业的经营都会受到环境的影响，分析和研究企业生存的环境特征，是经营者成功组织企业经营活动的前提。与仅在国内从事业务的企业相比，从事国际经营企业的环境研究更为重要。原因就在于国际财务管理环境的内容更复杂、构成因素更多、变化更频繁、不可控程度更高，所以环境的特点及变化也具有更大的不确定性，因而国际财务管理面临的风险总是要高于国内财务管理面临的风险。国际财务管理是在一个宏观环境中进行的，国际财务管理环境研究的目的，不仅在于根据环境的特点和变化为企业在国际市场上寻找到发展的机会，为企业国际经营战略的制定提供科学依据，提高对周围环境的适应能力，而且在于通过对国际财务管理环境的分析，尽可能从稳健理财的角度最大限度地降低企业进行国际业务经营的风险。

### 一、国际财务管理环境中的业务经营准则

一般而言，环境是指系统之外，与系统不断进行物质、能量和信息交换的一切空间，以及在空间中存在的所有因素的总和。财务管理是企业管理的一项重要内容，必然与企业生存和发展的外部环境密切相关。国际财务管理就其范围来看，其环境已经扩展到了世界领域，而这个国际性空间及空间内存在的各种因素的总和，便构成了国际财务管理的环境。这种环境的任何变化都有可能对国际财务管理产生重大的影响，因此企业在进行国际范围内的业务经营时应遵守如下准则：

第一，要把维护和发展良好的国际关系放在首要地位加以考虑，防止过度竞争带来国际纠纷。要根据自己企业在技术、新产品开发和服务方面的特点，找准市场定位，实现共

同繁荣。

第二，在组织和人事方面要考虑以东道国为主，使海外的子公司或分部成为从产品开发到制造、销售都能独立自主运行的当地法人，充分调动东道国管理人员的积极性。

第三，在人事管理方面要给当地员工以同等的教育训练机会，要以能力、贡献而不是以国籍、性别等作为评价员工的依据。

第四，要形成适合当地实际情况的规章、文件、报表制度，考虑当地的语言、文化、习惯及社会制度，并通过各种机会增进同当地员工的相互理解。

第五，要创建能容纳不同国度、不同地区的人的企业文化，避免按自己国家价值观念行事的封闭观念。

## 二、国际财务管理环境中企业应注意的问题

国际财务管理是在企业具有国际业务的基础上进行的，因此企业在考虑资源分配、经营环境、经营风险时都必须从全球的高度来考虑。①

### 1.要有全球化的战略构想

要想成为国际企业，首先要有全球性目标。日本御木本珠宝的创始人御木本幸吉，当他还在三重县鸟羽海边试验人工养殖珍珠时，就抱有“让全世界女人的头颈都能戴上珍珠项链”的目标，终于造就了世界上最大的跨国珍珠首饰公司，在世界各地都有生产和销售珍珠饰品的网点。全球化的战略构想当然不能只停留在远大的目标上，而是要有具体化、数字化的战略步骤和战略方针及相应的措施，对不同性质的产品、不同的地区还应有相应的全球战略和销售目标及投资计划。

### 2.要建立全球化的物流和信息系统

国际企业应在全球信息的基础上进行经营系统的空间设计。这一系统应包括最高决策管理、研究开发、物流设计、零部件生产和最终组装、资金的筹集和运营、人才培训等功能。为此要设计整体框架把这些功能有机地结合起来，并在此基础上进一步考虑经营活动的最优空间配置。例如，基础研究放在何处，研究开发放在何处，原材料、零部件生产放在何处，加工组装放在何处，资源调度如何进行等。考虑到各国的经济水平、技术水平、从业人员的受教育水平、工资水平、税收政策、流通体制等状况千差万别，通常要在进行大量调查分析的基础上利用比较优势原则来进行设计。

### 3.国际人力资源的管理

国际经营人才的不足常常成为国际经营中的瓶颈。人才的培养需要时间，企业的战略发生变化后，人才的结构也需要改变。为此，除了事先制订培训计划外，要尽量保持优秀人才的稳定。通过提高他们的能力，激发他们的创造和合作精神来保持人力资源的活力。在国际人力资源管理中要重视经营的本地化，要特别重视所在地的人力资源开发。

### 4.设计适应全球性经营的企业组织

一般企业同外国的联系，最多的是通过进出口贸易，而国际企业不但有进出口贸易，还有国外的生产和销售网点，因此有必要设立专门的国际经营部门，将有关人事、资金、中间产品、技术、信息等统一管理，并同国内部门进行协调。如果国际经营规模进一步扩

---

① 刘胜军，陈旭.国际财务管理［M］. 2版.北京：科学出版社，2018：19.

大，则有必要按国家、地区或产品设立相应的管理部门。

5.国际风险管理

企业在向国外扩张时，从开始就要考虑到风险。首先要通过各种资料，分析对方国家的政治、经济状况，交易伙伴的财务状况，对方希望进行投资、技术合作的真实意图等。所需的资料，可以通过向专业的咨询公司、会计师事务所、律师事务所等咨询，还可以在当地设立办事处，或通过访问记者、研究人员、调查机构提供的信息来获得。其次要采用各种定性定量的方法对投资环境进行评价，以此作为决策的依据。在对发展中国家投资时，要尤其关注政治风险。为了转移风险，在一些国家可以参与国外投资保险，一旦发生政治风险损失，可以得到适当的补偿。

## 第二节 国际财务管理环境的内容

国际财务管理环境是指决定和影响国际财务管理的自然因素、政治因素、经济因素、法律因素和社会因素等，这些因素相互依赖、相互制约，形成了一个矛盾统一体。根据国际财务管理环境包含的具体内容，我们可以把与国际财务管理密切相关的环境因素分为四大类，即政治环境、法律环境、经济环境和社会文化环境。

### 一、政治环境

政治环境是企业不可回避的环境因素之一，直接关系到国际财务管理“安全性”的问题。企业能否取得经营权、企业经营活动的范围有多大、企业资金能否顺利流动、企业可以支配多少利润等，这些都处在政府的管控之下。对于国际企业来说，政治环境更加重要，因为任何一个独立的国家都百分之百拥有允许或禁止国外企业在其政治边界内开展业务的正当权力。国际企业要在其他国家经营，进行财务管理，就必须认真考察东道国的政治环境。尽管目前许多国际企业纷纷采取战略全球化与经营本土化相结合的方针，尽量减少自身在文化、意识形态、利益等方面的本国色彩，把自己视为一个没有国籍的全球性企业，但是，国际企业在东道国仍被视为其本国的代表，而且国际企业在国外的发展也离不开本国政府的支持。

政治环境一般包括政治观念、政治体制、国防政策、外交政策、政治稳定性、对外国企业的政策、对进出口贸易的限制情况、对国际投资的鼓励与限制等。与国际财务管理联系最为密切的政治环境是东道国政府对国外企业的政策以及东道国的政治稳定性等。

【小案例】

中国铝业终止收购南戈壁

1.东道国政府对国外企业的政策

各国政府对待在本国领域内经营的国外企业可能采取不同的政策。有的国家政府认为，国外企业与国内企业的自由竞争会对国内企业产生促进作用，维护市场公平，因此对国外企业与国内企业一视同仁，不干涉国外企业的经营和资本运作。有的则认为国外企业在本国的经营会损害本国企业的利益，或者危害本国的文化和价值观念，因此采取禁止或严格限制的政策，例如进口管制、严格限定企业的形式和股权比例、限制借款、限制利润汇出等。东道国政府对国外企业的政策直接影响国际企业的经营和财务管理决策，尤其会对国际企业的现金流量、资本成本、资本结构等财务决策的重要指标产生直接的影响。

2.东道国的政治稳定性

政治稳定性包括政权的稳定、社会的稳定、政策的连续性和稳定性。东道国政治稳定可以使国际企业财务决策所需的变量变化较小，企业决策的准确性更高。但是，对国际企业的经营和财务管理来说，政治稳定到底是利还是弊不能一概而论。政治稳定不一定意味着国际企业经营的经济利益高，因为当前稳定的政府或政策并不一定是对国际企业有利的政府或政策。因此，预测、分析和判断东道国政治变化会给企业带来何种影响是国际企业经营和财务管理的一项非常重要的内容。

政治环境中其他的一些政治因素，如东道国的政治制度是公有制还是私有制、政府形式是民主还是专政等，也会给国际财务管理带来风险和机会，因此也要纳入考虑范围之内。另外，政治环境决定了法律环境和经济环境，因为政体和社会制度决定了一国法律的原则和内容，政府的政策都是通过各种法律法规、文件条例等形式颁布，并经执法和检察部门落实的，政治体制决定了经济体制和经济运行规则，决定了经济中各种关系的处理方式。因此，政治环境、法律环境和经济环境在很多方面是相互作用、相互影响的。

【小案例】

中国在利比亚损失了什么

## 二、法律环境

国际企业的经营和财务管理活动涉及多个国家和地区，其面临的法律问题不仅局限于本国，东道国、国际社会的法律也会对它的活动产生效力。实际上，东道国政府对待国外企业的很多政策措施都是通过法律形式颁布的。因此，国际企业的财务人员不仅需要了解东道国的法律，国际法和东道国法律对国际企业的法律管制内容，国际经营活动中的司法权、管辖权问题等，而且需要了解东道国的法律状况以及有关经营和财务管理方面的法律条文，因为遵循这些法律法规是国际企业在东道国取得经营资格和顺利经营的前提，同时，熟悉并利用这些法律法规可以保护国际企业在东道国的利益。

国际法包括所有影响国际交易的法律法规，其中调整涉外民事法律关系的法律称为国际私法，调整主权国家之间关系的法律称为国际公法。国际企业属于国际私法调整的范畴，因此这里所指的国际法主要是指国际私法。与国内法相比，国际法没有统一的立法机关和强制执行机构，因此一般通过国家之间的协议或认可来制定，并通过有关国家单独或集体采取强制措施来保证实行。目前，规范国际企业行为的国际法主要是联合国的有关文件和区域性国际组织的有关条约，例如，联合国通过的《建立新的国际经济秩序宣言》《各国经济权利和义务宪章》《全球契约》，《经济合作与发展组织关于国际投资与多国企业的宣言》等法律或文件；区域性的条约规定如《关税及贸易总协定》，欧共体（即现在的欧盟）的《罗马条约》等。这些法律或文件对国际企业尤其是跨国公司的活动，例如竞争、雇佣和劳资关系、内部交易、垄断、倾销、社会责任等各方面进行约束。尽管这些国际法对企业没有强制力，但是，违反这些契约的企业很可能受到东道国甚至国际组织的处罚、抵制或

【延伸阅读】

各国《反垄断法》的任务

被列入黑名单。因此，遵守国际公约逐渐成为企业全球化成功的重要因素。[①]

## 三、经济环境

与政治环境和法律环境相比，经济环境变化更快，对国际财务管理的影响也最直接。例如，东道国的经济制度往往会影响国际财务管理活动的灵活性；经济周期、经济发展水平和发展速度能够决定国际投资的规模；金融体系会影响企业在国际金融市场上筹措资金的渠道和方式；税收制度会对国际财务管理的资本成本、现金流量产生最直接的影响；东道国的通货膨胀、国际收支状况还可能导致国际企业现金流量汇率的改变等。

### 1.通货膨胀

通货膨胀或通货紧缩都可能会给国际企业的经营带来风险。东道国的通货膨胀主要会对国际企业的现金流量、国外子公司的财务状况产生影响，另外还会通过汇率和利率对国际财务管理产生综合影响。

### 2.经济状况

【小案例】
经济状况导致必和必拓毅然放弃收购力拓

东道国的经济状况包括其经济发展水平及发展速度，以及所处的经济周期的阶段。经济发展水平较高的国家或地区市场细分程度高，产品需求多样性好，人们的购买力也相对较高；经济发展速度快的国家，产品市场、投资需求会迅速扩大，给国际企业提供了更多的销售和投资机会。经济周期会对一国或一个地区甚至世界范围的产品需求规模和投资需求规模产生重要的影响。例如，在经济周期的繁荣阶段，产品市场的需求量增加，销售量上升，企业投资需求旺盛，那么企业在该国可以扩大收入、投资；在经济周期的衰退和萧条阶段，产品市场萎缩，销售量下降，企业投资需求减少，现金流量急剧减少可能会导致资金短缺，导致财务困难。

### 3.金融市场

国际企业在全球范围内进行资金的筹集和投放，如果某个国家金融市场具有优势则可以吸引外国公司在那里进行筹资和投资操作。例如是否具有丰富或特殊的金融工具可供外国公司选择，是否有足够大规模和高流动性的股票市场吸引外国公司筹集大额资金，投资者对收益率的要求等。国际企业的财务管理人员可以根据不同国家金融市场的特点设计筹资和投资战略。

### 4.税收制度

【延伸阅读】
美国税制改革对全球的影响

投资者最为关心的是税后收益的多少，因此，每个企业对税收制度的内容和变化都非常敏感。研究各国的税收制度对国际企业而言具有更加重要的意义，因为与纯粹的国内公司相比，国际企业的财务管理人员可以在世界范围内利用不同的税收制度，有更多的途径和方式进行纳税筹划，可以最大限度地减少税收支付。

---

① 王建英，支晓强，许艳芳，等.国际财务管理学［M］. 5版.北京：中国人民大学出版社，2019：39.

## 四、社会文化环境

各国、各地区的社会文化环境不同，这将直接影响东道国消费者的生活方式、消费倾向、购买动机和购买种类，从而影响企业对外投资的国别与项目的选择等。社会文化因素包括宗教制度、受教育程度和劳动力的素质、社会心理因素、国民感情和民族意识等。如果国际企业所处的文化环境与投资地的文化环境有很大冲突，就会给该公司带来很多不便，在投资过程中产生种种不协调的现象，而这必将会对投资的经济效益产生不良影响。

【小案例】

社会文化环境导致缅甸莱比塘铜矿项目波折

# 第三节　经济全球化的主要趋势与进展

在过去的几十年里，“全球化”这一术语成了描述企业经营环境的流行词汇，而且在整个21世纪，这一术语仍将继续对国际财务管理环境产生重大的影响。经济全球化的主要趋势与进展包括：

## 一、金融市场全球化的兴起

20世纪八九十年代，国际资本市场和金融市场迅速一体化，一些国家开始解除对外汇和资本市场的管制。例如，日本在1980年解除了对外汇市场的管制。1985年，东京股票交易所开始接纳外国经纪公司作为其会员。此外，1986年2月，伦敦证券交易所也开始接纳外国公司作为正式会员。

但最为著名的管制解除事件发生在1986年10月27日的伦敦，该行动被称为“大爆炸”。当日，伦敦证券交易所废除了固定的经纪人佣金制。1975年的“五一”国际劳动节，美国也发生了同样的一幕。此外，划分接单职能与做市职能的管制制度也被取消了。在伦敦的国外商业银行的分支机构具有了成为伦敦证券交易所会员的资格，这使得伦敦成为世界上最开放、最有活力的资本市场。在美国，为了进一步增强商业银行间的竞争，美国废除了《格拉斯-斯蒂格尔法案》(Glass-Steagall Act)，允许商业银行从事投资银行活动，如承销公司证券等。而一些发展中国家，例如智利、墨西哥等，也逐渐扩大开放，开始允许外国人直接参与其金融市场的投资。

金融市场管制的解除与金融服务业竞争水平的提高为金融创新提供了一个良好的环境。金融创新的结果是各种创新金融工具的引入。这些创新金融工具包括：外汇期货和期权、多种货币债券、国际互助基金、国家基金、交易所交易基金以及外国股票指数期权和期货等。企业通过海外上市在世界金融市场的一体化过程中扮演了一个重要角色。一些著名的非美国公司，如必和必拓（BHP Billiton）、巴西国家石油公司（Petrobras）、中国移动、诺华制药（Novartis）、本田汽车、墨西哥电信（Telmex）、英国石油、韩国电信与瑞银集团（UBS）等就直接在纽约证券交易所上市并交易。同时，美国公司，如IBM和通用汽车也在法兰克福、伦敦和巴黎股票交易所上市。这种跨国股票上市使投资者买卖外国股票就像买卖本国股票一样，从而使跨国投资更加容易。

计算机和通信技术的发展极大地促进了金融市场全球化的兴起。以网络信息技术为代表的新技术给全世界的投资者提供了一种快速获得最新信息的方式，并大大降低了获取信息的费用。此外，采用计算机的交易和结算过程也降低了国际交易的费用。得益于技术的发展和金融市场的不断自由化，近年来国际金融交易发展迅速。

## 二、欧元的诞生

1999年，欧元的诞生是世界金融制度史上对世界经济具有深远意义的一件大事。目前，使用欧元的国家有19个：德国、法国、意大利、荷兰、比利时、卢森堡、爱尔兰、西班牙、葡萄牙、奥地利、芬兰、立陶宛、拉脱维亚、爱沙尼亚、斯洛伐克、斯洛文尼亚、希腊、马耳他和塞浦路斯。非欧盟的6个国家（地区）也使用欧元（摩纳哥、圣马力诺、梵蒂冈、安道尔、黑山和科索沃地区）。

一旦某个国家选择欧元作为流通货币，很显然这个国家不能有独立的货币政策。目前，欧元区的共同货币政策由位于法兰克福的欧洲中央银行（European Central Bank，ECB）制定。有些方面，欧洲中央银行是依照德国中央银行——德意志银行的模式建立的。欧洲中央银行在法律上负有保障欧元区货币稳定的责任。考虑到欧元区的人口数量、经济产出水平、在世界贸易中所占的份额以及欧元的稳定程度，欧元是一种在国际贸易和金融领域内居于主导地位的货币。

自1999年诞生以来，欧元给欧洲金融业带来了革命性的变化。例如，通过将多种货币标价的公司及政府债券和股票统一采用欧元计价，欧元促成了一个覆盖整个欧洲大陆、在深度和广度上都可以和美元媲美的资本市场。由于在欧洲以优惠的价格筹集资本比较容易，所以全世界的公司都将从中受益。此外，正是由于欧元所带来的深远影响，近年来才在欧洲发生了大规模的收购及兼并活动、股票交易所的跨国联合以及对银行资本依赖程度下降。

## 三、欧洲主权债务危机

在欧洲主权债务危机（European sovereign debt crisis）期间，作为全球货币兴起的欧元陷入了严重的困境。欧洲主权债务危机开始于2009年12月，当时新上台的希腊政府披露称，当年的预算赤字将占到GDP的12.70%，远高于之前预计的3.70%，上届政府对国民账户数据做了假。虽然外界并不知情，但希腊事实上严重违反了欧洲稳定条约，该条约规定，欧元区国家的年度预算赤字最多不允许超过其GDP的3%。该消息震惊了金融市场，投资者担心发生主权债务违约，开始抛售希腊政府债券。希腊债务危机的起因在于过度借贷和消费，而且工资和物价上涨速度快于生产增长。但由于采用了欧元，所以希腊不能再采用传统的本币贬值措施来恢复竞争力。

主权债务危机引发的市场担忧迅速蔓延到其他经济薄弱的欧洲国家，特别是爱尔兰、葡萄牙和西班牙。2010年春，穆迪和标准普尔两家信用评级机构均下调了受危机影响的国家的政府债券评级，使得这些国家的借贷和筹资成本上升。特别是，希腊政府债券被降级为“垃圾”债券，不符合机构投资者的投资要求。

虽然希腊的国内生产总值仅占欧元区国家国内生产总值的2.50%，但希腊的主权债务危机迅速升级为全欧洲的债务危机，严重威胁到刚开始从2008—2009年全球金融危机中复苏的世界经济。面对危机的蔓延，以法国和德国为首的欧盟国家，联合国际货币基金组织（IMF），共同向希腊及其他经济薄弱的国家投放了7 500亿欧元的援助资金。但欧洲缺乏政治联盟，且决策结构分散，导致欧盟国家对救助计划存在争议，难以快速达成共识，从而使得救助成本更加高昂。

欧洲主权债务危机揭示了欧元作为共同货币的一个弱点：虽然欧元区国家通过采用欧元实现了货币一体化，但仍然缺乏财政政策的一体化，有关税收、消费与借贷的财政政策仍然由各国自己决定。因此，一旦某个欧元区国家的财政纪律失控，往往就会酿成全欧洲的危机，并威胁到共同货币的价值和可信度。因此，欧元的长期生存能力及其成为全球货币的潜力完全取决于如何对分散的财政政策与一体化的货币政策之间的矛盾进行处理。

## 四、英国“脱欧”

英国“脱欧”（Brexit，British Exit or Britain Existing from the EU），是指英国脱离欧洲联盟计划。2013年1月23日，英国首相卡梅伦首次提及“脱欧”公投。2016年6月23日，英国全民公投决定“脱欧”。2017年3月16日，英国女王伊丽莎白二世批准“脱欧”法案，授权特雷莎·梅正式启动“脱欧”程序。3月29日，“脱欧”程序正式启动。

在此过程中英国与欧盟就“分手”协议进行了多轮谈判，“分手”日期也一拖再拖。2020年1月，英国国会投票通过“脱欧”协议，欧洲议会于1月29日对“脱欧”协议进行了最后的审议和表决。1月30日，欧盟正式批准了英国“脱欧”。2020年1月31日，英国正式“脱欧”。

英国“脱欧”对股市、汇市、债市和大宗商品市场产生了不同程度的影响，对全球资产配置格局也产生了重大影响。英国“脱欧”全民公投当天，2016年6月23日，全球股市总市值一天内蒸发3.30万亿美元，德国股市开盘后暴跌9.89%、英国股市开盘后暴跌9.14%、法国股市开盘后暴跌11.13%、西班牙股市开盘后暴跌16.99%，亚太股市也应声下跌。同时，受此影响，英镑汇率持续走低，两个月内跌幅就超过10%，触及1985年以来最低点。欧元最大跌幅也超过了4%。对于长期市场，受英国“脱欧”影响，10年期美国国债收益率降至1.38%，10年期荷兰国债收益率跌为负值，10年期日本国债收益率跌至-0.30%，10年期丹麦国债收益率跌为负值，10年期澳大利亚国债收益率跌至1.85%，德国国债收益率连跌七周。发达国家国债收益率直线下降，受其影响，全球债券收益率持续走低，而且已经波及长期债券、新兴市场债券和风险更高的企业债。

国际货币基金组织第一副总裁戴维·利普顿曾说过：“英国‘脱欧’可能影响全球化进程，各国应采取集体行动支持多边合作，共同应对全球经济挑战。”

欧盟是英国最大的贸易伙伴，2013—2019年，每年英国对欧盟的进出口均占其总量的50%左右。英国从与欧盟的自由贸易协定中获得了许多好处，因此英国“脱欧”对本国贸易的影响是巨大的。同时，英国是重要的贸易实体、经济强国和金融中心，它和欧盟在经济贸易上是相互依存的，因此，英国“脱欧”不仅会使本国受损，欧盟其他成员国也将蒙受交易成本上升的巨大损失。欧盟许多成员国在经济发展水平、综合竞争力等方面差异较大，英国“脱欧”会在一定程度上破坏欧元区的经济结构，影响欧盟其他成员国的经济发展。

英国“脱欧”导致英镑与欧元汇率下跌，美元、日元以及黄金等避险资产都得到了实质性支撑，而这些会影响资本市场的稳定，也会影响各国的股市。英国和欧盟的对外关税相同，英国“脱欧”后不会过多影响关税，这对美国而言，基本不会影响美国和欧盟之间的贸易往来。然而日本却会因为日元汇率上升而导致贸易、旅游等行业持续低迷。各国在英国的投资有很多，对于已经合作的项目，一些国家会转而采取观望、消极的态度，投资者更加谨慎，给企业的效益带来一定的影响。此外，英国“脱欧”不仅影响欧洲经济一体化进程，其传达的“去全球化”思潮甚至会波及全球政治经济的格局。

## 五、贸易自由化与经济一体化

作为各国传统经济联系的国际贸易仍在不断扩大。根据世界贸易组织的一项调查，全世界商品出口额占GDP的比重从1950年的7%上升到了2014年的26.20%。这表明，在过去的一段时间里，国际贸易的增长速度几乎达到世界GDP增长速度的3倍。其中，某些国家的国际贸易增长更快。例如，德国商品出口额占GDP的比重从1950年的6.20%增长到2019年的66.70%，韩国从1950年的1%增长到2019年的63.60%。但是，阿根廷、巴西、墨西哥等拉美国家的国际贸易增长速度就相对低一些。例如，1973年，阿根廷的出口额占GDP的比重为2.10%，巴西为2.60%，墨西哥为2.20%，这反映了这些国家在过去一段时间里实行的是封闭或保护主义的经济政策。为了取得国际贸易利益，即便是这些一度实行保护主义政策的国家现在也越来越实行自由市场和开放的经济政策。2014年，阿根廷的出口额占GDP的比重达到了11%，巴西达到10.80%，墨西哥则达到32%。到2019年，墨西哥已经达到了惊人的71%。从总量上来看，按照2019年前11个月数据测算，2019年全面对外贸易总额排名前十位的国家是：美国，对外贸易总额达到5.10万亿美元，占美国GDP的23.80%；中国，对外贸易总额在4.40万亿美元左右；德国，2.40万亿欧元，占德国GDP的66.70%；以下分别是英国、日本、法国、韩国、意大利、加拿大和印度。

1978年，党的十一届三中全会开启了我国改革开放的大幕，自此，我国经济开始了令人震惊的快速增长，很多年份取得了10%以上的经济增长率，使无数的百姓脱离了贫穷。快速增长的国际贸易和外国直接投资推动了我国经济的飞速发展，而我国经济对自然资源、资本货物和技术的需求反过来也促进了世界上其他国家对我国的出口。近年来，印度也开始实行经济开放政策，吸引外国投资。自20世纪90年代初以来，印度开始进行市场经济改革，逐渐废除了各经济领域中的许可证制度或配额限制，并积极鼓励私人投资办企业。众所周知，印度已成为最重要的提供信息技术服务、办公设备支持和研发服务的中心。我国和印度拥有大量训练有素的技术劳动力，这必然会使世界经济结构发生重大变化。从购买力角度来看，我国已经成为仅次于美国的世界第二大经济体，而印度是仅次于日本的第四大经济体。我国和印度在世界经济中的重要性不断增加，这将极大地改变国际生产、贸易和投资的模式。

从区域范围来看，各国之间所签署的正式协议也促进了经济的一体化。欧盟就是一个例子。欧盟由欧共体演变而来，其宗旨就是促进西欧国家的经济一体化。欧盟现有27个成员国，相互之间取消了限制商品、资本和人员自由流动的壁垒。欧盟成员国希望借此增强其相对于美国、日本的经济地位。尤其是1999年作为全球货币的欧元兴起，极大地促进了欧洲公司寻求泛欧及全球联合的步伐。近年来，欧洲地区的并购交易额已经和美国的并购交易额大体相当了。

虽然欧盟设立的经济和货币联盟属于最先进的经济一体化形式，但从本质上讲仍然是一种自由贸易区。1994年，加拿大、美国和墨西哥签订了北美自由贸易协定（North American Free Trade Agreement，NAFTA）。加拿大是美国最大的贸易伙伴国，而墨西哥是美国的第三大贸易伙伴国。在自由贸易区内，成员国之间取消了所有诸如关税、进口配额之类的贸易壁垒。北美自由贸易协定规定，要在15年内逐步取消关税。北美自由贸易协定促进了成员国之间贸易的增长，而贸易的增长创造了更多的就业岗位，并提高了所有成员国人民的生活水平。前已述及，墨西哥的商品出口额占GDP比重从1973年的2.20%迅速上升到2019年的71%，其贸易的快速增长就是北美自由贸易协定创造的。

但具讽刺意味的是，一向推崇自由贸易和自由资本主义的英国，成了第一个自愿离开欧盟这一最具雄心的全球化计划的国家，而英国“脱欧”这一事件也对贸易自由化和经济一体化产生了负面影响。英国“脱欧”反映了一些困难，这些困难均与倡导商品、资本和人口自由流动的自由贸易和全球经济一体化相关。尽管国际贸易极大地促进了经济的增长，使全球数千万人口摆脱了贫困，但也产生了明确的赢家和输家。因此，除非输家能够通过转移支付和再培训得到补偿，否则自由贸易很可能遭遇来自政治上的反对。因此，各国应重视“共享增长”问题并抵制贸易保护主义，以便继续从自由贸易和经济一体化中受益。如果贸易保护主义胜过了自由贸易，那么每个人最终都将成为输家。

## 六、私有化浪潮

20世纪90年代，伴随着私有化浪潮（privatization），始于20世纪80年代的经济一体化和全球化迅猛发展。借助私有化形式，国家可以将企业推向自由市场，实现企业所有权和经营权的分离。东欧国家原有制度解体之后，私有化步伐加速，国有经济体制开始快速地向市场经济体制转轨。美国第30任总统约翰·卡尔文·柯立芝加（John Calvin Coolidge）曾经说过“美国的事业就是商业”。时至今日，可以说，世界的事业就是商业。

私有化问题可以从多种角度进行解读。从某种意义上讲，私有化就是非国有化的过程。如果新的所有者是外国人，那么该国同时还会受到之前未曾经历的外国文化的影响。私有化还可以达到某种特殊的目的。对于很多欠发达国家来说，私有化的好处之一就是可以通过出售国有企业来增加国家的硬通货外汇的储备。出售所得的收入还可以用来偿还对经济形成沉重压力的国家债务。最后，私有化还被当成根治政府部门工作效率低和浪费的手段。据一些经济学家估计，私有化带来的效率提升及经营成本下降，最高幅度可达20%。

国有企业私有化的方式是多种多样的。对于捷克来说，首要因素是速度，因此捷克政府将企业完全出让给捷克民众。捷克政府以象征性收费的形式将所有权凭证出售给捷克公民，并容许他们到拍卖所出售企业。1991—1995年4年间，捷克就有1 700多家公司实现了私有化，3/4的捷克公民成了这些新私有化企业的股东。

俄罗斯也一直在进行不可逆转的私有化改革。目前，该国80%以上的非农场工人在私有部门上班。被私有化的公寓达1 100万单元，涉及该国240 000家其他类型企业中的一半。另外，通过类似捷克的所有权凭证制度，目前大约有4 000万俄罗斯人拥有15 000多家大中型企业的股票，而这些企业正是通过大规模的国有企业拍卖活动来实现私有化的。

对一些国家而言，私有化就意味着全球化。例如，为了实现财政稳定，新西兰政府不得不向外国资本开放其经济，目前，澳大利亚投资者控制了新西兰的商业银行，美国公司则购买了新西兰的国家电话公司和木材经营公司。在外资拥有所有权并实行市场经济的背景下，新西兰成为市场环境最具竞争力的国家之一，并且实现了财政稳定的目标。1993年，新西兰的经济增长率达到6.39%，除2008—2009年全球金融危机期间，至2019年其经济增长率一直维持在3%左右，而且通货膨胀也得到了控制。从新西兰的经验可以看出，私有化大大促进了跨国投资的发展。

## 七、全球金融危机

2007年，美国发生次贷危机。次贷危机导致严重的信贷紧缩，致使家庭、公司和银行出现借款和筹资困难。2008—2009年，信贷紧缩升级为全球金融危机。2008年9月14日，金融危机正式形成。当天，美国的一家全球性大型投资银行雷曼兄弟申请破产。这家标志性大银行的突然破产触发了对全球金融市场和金融机构的巨大的信任危机，股票价格暴跌，企业产量直线下降，失业率急剧上升。众所周知的美国股市指数——道琼斯工业平均指数，从2007年10月9日的14 164最高点大幅下跌至2009年2月27日的7 062点，下跌幅度达50%，美国的失业率则从2007年5月的4.40%上升到2009年10月的10.10%。同期，国际贸易迅速萎缩。危机不仅影响到美国、日本和欧盟等发达国家和地区，而且影响到巴西、中国、俄罗斯等许多新兴经济体。世界经济出现了大萧条，成为继1929—1933年持续了43个月的大萧条以来最为严重的一次经济危机。

这里我们不再探讨导致全球金融危机的原因。但可以明确的是，在这种形势下，几乎每个经济实体都出现了经济下滑，金融危机对世界经济产生了深远的影响，进出口行业受到的冲击最直接，也最严重。面对严重的信贷紧缩和经济衰退，美国政府采取了强有力的措施以拯救银行系统并刺激经济。同时，在2008—2009年全球金融危机期间，由德国、日本、美国等发达国家和巴西、中国、印度、韩国、南非等发展中国家组成了二十国集团，成为讨论国际经济问题与协调金融法规和宏观经济政策的首要论坛。

### 【思政专栏】 中国的发展壮大将惠及全世界[①]

在世界聚焦中国共产党第二十次全国代表大会之际，本报记者（《中国社会科学报》记者——作者注）围绕国际秩序、世界经济、中国角色等话题采访了印度尼赫鲁大学教授、印度中国研究所副主席、荣誉研究员海孟德·阿德拉卡（Hemant Adlakha）。

《中国社会科学报》：中国共产党第二十次全国代表大会于10月16日在北京开幕。不知您是否观看了开幕式，对于大会的召开您有何评论？

海孟德·阿德拉卡：我通过CGTN频道观看了二十大开幕式，也聆听了习近平总书记为大会所作的报告。我认为开幕式非常成功，也由衷地热烈祝贺二十大的胜利召开。我对二十大召开的第一反应是，此次大会将成为中国乃至全球经济和整个世界的一个里程碑式的重大政治事件。关于二十大报告内容，我认为该报告为中国未来五年甚至更长时间在内经济、政治、社会、国际关系政策等方面描绘了一幅完整的蓝图。

① 佚名.中国的发展壮大将惠及全世界——访印度中国研究所副主席海孟德·阿德拉卡［EB/OL］.［2022-10-19］. http://news.cssn.cn/zx/bwyc/202210/t20221019_5550190.shtml.

《中国社会科学报》：您曾经说过，新冠肺炎疫情给世界带来了严重打击，金砖国家需要加强合作。事实表明，金砖国家的互信与合作非但没有受到影响，反而得到了加强。您认为中印同为金砖大国，在增进金砖国家互信与提升全球治理方面发挥了怎样的作用？

海孟德·阿德拉卡：印度和中国作为世界上最大的两个新兴经济体和金砖国家成员，扮演着“全球药房”和“抗疫硬件供应商”的积极角色。特别是中国，除了在国内成功控制疫情外，还向全球热点地区大量提供口罩、手套、鞋套、检测试剂盒和疫苗，帮助许多处在水深火热中的民众走出了困境。这一切都证明了中国作为“世界工厂”的重要性。

## 【本章小结】

◇ 国际财务管理环境的内容更复杂、构成因素更多、变化更频繁、不可控程度更高，所以环境的特点及其变化也具有更大的不确定性，因而国际财务管理面临的风险总是要高于国内财务管理面临的风险。

◇ 企业在进行国际业务经营时应遵守相关的准则。

◇ 企业在进行国际业务经营时应注意相应的问题。

◇ 根据环境包含的具体内容，可以把与国际财务管理密切相关的环境因素分为四大类，即政治环境、法律环境、经济环境和社会文化环境。

◇ 经济全球化的主要趋势与进展会对国际财务管理环境产生重大影响。

## 【关键概念】

国际财务管理环境
国际业务经营准则
全球化
国际人力资源管理
国际风险管理
政治环境
法律环境
经济环境
社会文化环境

## 【思考题】

1.为什么要研究国际财务管理的环境？

2.国际财务管理的环境共有几类？请上网搜索中国对外经营中由于这些环境因素导致投资风险巨大，甚至投资失败的案例。

3.经济全球化的现状对国际财务管理环境有什么影响？

4.2007年11月，中国平安以18.10亿欧元收购了富通4.18%的股份。中国平安因此成为富通的最大单一股东。中国平安随后追加投资，将在富通的股份提高到4.99%。两次投资合计约238.74亿元人民币，这是中国保险行业在海外的最大投资。但仅至投资后的第二年，2008年12月份，中国平安就整整亏损了226亿元人民币[①]。

请分析导致中国平安海外投资亏损的原因。

5. 受孟加拉国劳动力成本低廉的吸引，很多跨国公司都选择在孟加拉国进行生产，包括Zara品牌的母公司Inditex、Marks & Spencer以及Gap等。结果，服装行业成了孟加拉国就业和收入的支柱产业。但该行业在2012年遭遇了一系列严重灾难。2012年11月，该国首都达卡郊外的一个时装厂发生火灾，约有121名工人在火灾中丧生；2013年4月，达卡一建筑物倒塌，有超过1 100名工人在倒塌事故中死亡。

请问，造成灾难的原因是什么？后果是什么？跨国公司应该如何防止这种灾难？[②]

【案例分析】

安然公司在
印度的投资

① 根据新浪财经、经济观察网等报道整理。
② 佚名.他们为全世界生产便宜服装，一场大火让5万人无家可归［EB/OL］.［2019-08-19］. http://www.nbd.com.cn/articles/2019-08-19/1364099.html.

# 第三章
# 外汇汇率与外汇风险

**【学习目标】**

本章主要阐述了外汇汇率与外汇风险的基本内容，通过对本章内容的学习，应达到以下目标：

1. 了解外汇的内容和外汇市场的交易类型；了解汇率预测的作用；了解汇率预测的方法。

2. 熟悉外汇汇率及汇率的不同种类；熟悉汇率的影响因素和决定理论。

3. 掌握外汇风险的含义和外汇风险的类型。

## 第一节　外汇及外汇汇率

国际财务管理的基本特点是财务管理与外汇管理密切结合。从国外筹资、向国外投资、从事各项国际贸易等业务活动，都会涉及外币，发生外汇收支，企业都会面临外汇风险。因此，合格的国际财务管理人员必须要对外汇的有关知识具备相当的了解。

### 一、外汇及外汇市场

外汇是“国际汇兑”的简称，它有动态和静态两种形式。动态的外汇是指清偿国际债权债务的一种专门性的经营活动，是将一种货币换成另外一种货币的过程；静态的外汇是指可以用于国际清算的各种支付手段。我们平时所说的外汇指的是其静态含义。

#### （一）外汇的含义

根据《中华人民共和国外汇管理条例》第三条：

外汇是指下列以外币表示的可以用作国际清偿的支付手段和资产：

（1）外币现钞，包括纸币、铸币；

（2）外币支付凭证或者支付工具，包括票据、银行存款凭证、银行卡等；

（3）外币有价证券，包括债券、股票等；

（4）特别提款权；

（5）其他外汇资产。

应该说，在国际信用体系高度发达、信用工具和有价证券种类繁多的今天，国际经济交往中使用的外国货币仅占极小的比例，大部分都是借助信用工具。此外，就外币而言，一般也只有那些可以自由兑换的货币可称为外汇。国际货币基金组织曾对静态含义的外汇做过如下的定义：外汇是货币行政当局（中央银行、货币管理机构、外汇平准基金组织及财政部）以银行存款、财政部国库券、长短期政府证券等形式所保有的在国际收支逆差时可以使用的债权。可以看出，由于它强调了外汇是货币行政当局所拥有的债权，因此这里的外汇是从官方储备的角度去定义的。但无论从什么角度出发，总之在静态含义上，外汇就是一种国际支付手段，是可以自由兑换的外币或以这些外币表示的各种形式的支付凭证。

### （二）外汇市场及分类

外汇市场是从事外汇买卖的交易场所。世界各地的外汇市场形态各异，可以按不同的标准进行分类。

#### 1.按交易场所分类，可以分为有形外汇市场和无形外汇市场

有形外汇市场是指拥有固定交易场所的外汇市场，如巴黎、法兰克福、布鲁塞尔外汇交易市场等。这些外汇交易市场有固定的营业日和开盘、收盘时间，外汇交易的参与者于每个营业日规定的营业时间集中在交易所进行交易，因此有形外汇市场也称为定点交易市场。

无形外汇市场也称电信网络系统交易市场，是指在银行间通过先进的通信工具，如电话、电脑终端和自动处理系统等直接进行外汇交易的市场。例如，参与外汇交易的商业银行之间通过先进的通信网络保持联系，专业外汇交易商和经纪人在办公室的计算机终端上获取市场信息和汇率报价。从这个角度讲，外汇市场就是一个柜台（over-the-counter，OTC）市场，也叫场外交易市场。目前，随着现代化通信设备的使用，无形外汇市场已经成为外汇市场的主要组织形式。

#### 2.按地域范围分类，可以分为国际性外汇市场和地区性外汇市场

大宗外汇交易通常是在世界上最重要的几个金融中心完成的，俗称“五大外汇市场”（the big five），包括伦敦、纽约、东京、法兰克福和苏黎世。这种由世界各大金融中心组成，由多种货币参与，并由各地机构凭借现代化通信工具进行外汇买卖所构成的市场即为国际性外汇市场。

地区性外汇市场由某一国家或地区的外汇指定银行、外汇经纪人和客户等组成，仅限于当地居民参加交易，在市场上使用的货币仅限于本国货币以及少数几种外国货币。小规模的交易则可在地区性（regional）或地方性（local）的银行完成。全球外汇市场可以划分为三个地理区：亚澳（亚洲及澳大利亚）市场、欧洲市场和北美市场。亚澳市场包括悉尼、东京、中国香港、新加坡和巴林等交易中心；欧洲市场包括苏黎世、法兰克福、巴黎、布鲁塞尔、阿姆斯特丹和伦敦交易中心；北美市场包括纽约、蒙特利尔、多伦多、芝加哥、旧金山和洛杉矶交易中心。绝大多数的交易所每天营业9~12个小时，也有些银行实行8小时轮班制以保证全天候营业。由于三大地理区市场所处的地理位置，借助于发达的通信技术和电子清算系统，从全球范围看形成了24小时连续进行外汇交易的全球市场体系：亚澳市场收盘，欧洲市场开盘；欧洲市场收盘，北美市场开盘；而当北美市场收盘时又到了亚澳市场开盘的时间。外汇市场的交易量巨大，尤其是当亚澳市场和欧洲市场的营业时间重叠，以及欧洲市场和北美市场的营业时间重叠时，交易异常活跃。例如，美国超过半数的外汇交易是美国东部标准时间上午8点到中午之间（也就是格林尼治标准时间

的下午1点到5点之间）进行的，而此时欧洲市场正处于营业状态。据估计，全世界外汇市场每个营业日交易额高达上万亿美元，相当于世界贸易总额的70倍左右。

全球主要外汇市场开、收盘时间见表3-1①。

表3-1　　全球主要外汇市场开、收盘时间表

| 市场 | 当地时间 | 北京时间（11月到次年3月） | 北京时间（4月到10月） |
| --- | --- | --- | --- |
| 惠灵顿 | 09：00—17：00 | 04：00—12：00 | 05：00—13：00 |
| 悉尼 | 09：00—17：00 | 06：00—14：00 | 07：00—15：00 |
| 东京 | 09：00—15：30 | 08：00—14：30 | 08：00—14：30 |
| 中国香港 | 09：00—16：00 | 09：00—16：00 | 09：00—16：00 |
| 新加坡 | 09：30—16：30 | 09：30—16：30 | 09：30—16：30 |
| 法兰克福 | 09：00—16：00 | 15：00—22：00 | 14：00—21：00 |
| 伦敦 | 09：30—17：30 | 16：30—（次日）00：30 | 15：30—23：30 |
| 纽约 | 08：30—15：00 | 21：30—（次日）04：00 | 20：30—（次日）03：00 |

注：由于夏时制，部分主要外汇市场的开、收盘时间提前一个小时。具体的夏时制时间起始日期与结束日期请参照该国当地的具体规定。

### 3.按外汇买卖双方性质分类，可以分为外汇批发市场和外汇零售市场

外汇批发市场是指银行之间进行外汇交易的场所，也称为狭义的外汇市场。银行进行交易是为了弥补银行与客户交易出现的差额，包括银行为了避免由这些差额而引起的汇率变动风险，以及对银行自身的各种外汇进行自主性调整的交易需求等。

外汇零售市场是指银行同一般客户之间进行外汇交易的场所，一般客户包括企业和个人等，客户基于自身的需求进行外汇交易。例如公司要进口货物、个人出国旅游以及个人收到的外币收入等。外汇零售交易是外汇市场的一个重要组成部分，也称为广义的外汇市场。

### 4.按外汇受管制程度分类，可以分为自由外汇市场、官方外汇市场和外汇黑市

自由外汇市场是指政府、机构和个人可以买卖任何币种、任何数量外汇的外汇市场。这种市场主要出现在基本不实行外汇管制的发达国家，它们一般都实行自由浮动汇率制度。伦敦和纽约的外汇市场就是典型的自由外汇市场，其交易量非常庞大。

官方外汇市场是指按照政府的外汇管制法令来买卖外汇的市场。这种外汇市场对参与主体、汇价和交易过程都有具体的规定。官方外汇市场在发展中国家较为普遍。

外汇黑市是指在外汇管制比较严格的国家非法存在的外汇交易市场。外汇黑市的主要特点是：在政府限制或法律禁止外汇交易的条件下产生，交易过程具有非公开性。部分国家实行外汇管制政策，不允许自由外汇市场存在，因此这类国家的外汇黑市比较普遍。

### 5.按照交割时间的长短分类，可以分为即期外汇市场和远期外汇市场

即期外汇市场是指进行即期外汇交易的市场，又称现汇交易市场，涉及的是外汇买卖的现货交易。在即期外汇市场上进行的外汇买卖，通常是在交易完成的当日或两个营业日内进行交割的（去除买方或者卖方中任何一方的节假日）。例如，美元与墨西哥比索或加拿大元之间常规的即期外汇交易结算就是在一个营业日内完成的。即期外汇市场容量巨大，交易活跃，报价容易，易于捕捉市场行情，是最主要的外汇市场形式。

① 张碧琼.国际财务管理学［M］.北京：北京大学出版社，2020：89.

远期外汇市场是指进行远期外汇交易的市场，又称期汇交易市场，是为了在未来买入或卖出外汇而在现在签订合约。远期外汇交易的一般做法是，在外汇买卖时，双方先签订合约，规定交易货币的种类、数额及适用的汇率和交割时间，并于将来约定的时间进行交割。远期外汇合约的期限一般按月计算，从1个月到12个月不等，其中最常见的是3个月。远期外汇市场的主要功能是通过远期外汇合约避免即期外汇汇率波动所带来的风险。

### （三）外汇市场的功能

外汇市场是国际金融市场的重要组成部分，其主要作用在于为国家间的资金划拨、结算、资本流动提供场所，并能及时地反映国际金融动态和各国货币汇率的变化趋势，对国际经济、金融的发展具有重要作用。

外汇市场除具备国际清算这一基本功能以外，其作用还有以下几点：

#### 1.提供资金融通

外汇市场使国际借贷和国际投资活动中的货币兑换成为可能，它将各国的货币市场和资本市场连接起来。国际贸易中的时间差使贸易一方必须向另一方提供信用，因而产生了应收账款和应付账款。外汇市场的存在使得从事国际贸易的企业可以从事跨国界的赊销或赊购，将信用交易拓展到以外币计价的商业活动中。

#### 2.实现购买力的国际转移

国家间的一切政治、经济和文化往来以及国际资本流动，都必然会产生国家间的货币支付行为和外汇资金的转移。国家间的任何一项经济交易都涉及使用不同国家或地区的货币进行支付，也就是购买力的国际转移。这些不同种类货币之间的兑换和支付正是在外汇市场上进行的。如果不存在外汇市场，那么人们很难将购买力从一个国家转移到另一个国家。外汇市场便利了通货的转换，使人们可以将其购买力由本国延伸到别国，实现购买力的国家间转移。

#### 3.减少外汇风险

在国际外汇市场上，各种货币汇率受多种因素的影响，经常会发生变动。这种难以完全预测的变动必然会给国际支付和国际资本转移带来风险，可能会使各种活动主体蒙受损失，从而影响国际经济贸易的发展。外汇市场提供了各种避险的渠道，例如远期外汇交易、外汇期权交易等，使贸易商或投资人得以减少或消除所面临的外汇风险。

#### 4.提供投机机会

外汇市场参与者可以依据对汇率变动的预测而购买某种外汇，或抛出某种外汇。以外汇期货交易为例，假如预计某种外汇的汇价将上涨，投机者可以按当时价格买进，待远期交割时，如果汇价真的上涨，那么投机者就可以赚取汇价变动的差额。这种投机活动是利用同一市场上不同时间外汇汇率的波动进行的，还可以在同一时间利用不同市场上汇率的差别进行。

### （四）外汇市场的参与者

外汇市场的参与者主要包括以下几个方面：

#### 1.外汇银行和非银行外汇经营机构

它们是联系外汇供求双方的主要中介，通过提供中介服务取得外汇买卖差价。在很多国家，只有中央银行指定或授权的银行或机构才能经营外汇业务。外汇银行主要包括以经营外汇交易为主要业务的外汇专业银行、兼营外汇业务的商业银行、境内的外国银行分行或代理行等。非银行外汇经营机构主要包括可以经营外国票据贴现业务的贴现公司和以买卖外国汇票为主的汇票交易商。外汇银行和非银行外汇经营机构是外汇市场上最主要的参与者。

2.外汇经纪人

外汇经纪人是外汇买卖的中间人。在国外，很多经营外汇业务的银行之间买卖外汇都通过外汇经纪人完成，一方面是因为外汇经纪人与大量的外汇供求者保持着紧密的联系，另一方面很多大的交易者希望进行匿名交易。外汇经纪人就是在银行间或银行与客户之间进行外汇买卖业务的中间人，他们的主要任务是促成交易。外汇经纪人一般分为两类：一类是一般经纪人，他们持有一定资产，从事外汇买卖并自负盈亏；另一类是以收取佣金为目的、代替客户洽谈外汇买卖，自身不承担风险的经纪人，也称为“跑街经纪人”。但是随着自动交易系统（automated dealing system）的使用，经纪人的功能已经渐渐弱化。

3.外汇供需者

外汇最终的需求者和供给者是各国际企业、进出口商、国际证券投资者、旅游者、移民等，它们是外汇市场上的最终客户，为了转移购买力、获得资金融通或规避外汇风险等，通过外汇银行、非银行外汇经营机构、外汇经纪人等中介进行外汇买卖。

4.投机者和套汇者

投机者和套汇者进行外汇交易的目的既不同于外汇银行等中介，也不同于外汇最终的需求者和供给者，其目的是通过外汇汇率变动或不同市场同一时点的价格差异获取利润。实际上，外汇银行大多数都会参与外汇的投机和套汇。投机者和套汇者是外汇市场的润滑剂，由于其投机和套汇活动，外汇价格在各个市场趋于一致，也趋于合理。

5.中央银行

各国的中央银行一般不直接参与外汇市场活动，而是通过经纪人与外汇银行进行外汇交易。中央银行的交易不是以营利为目的的，而是为了体现本国的货币金融政策，控制本国汇率的变动，保护本国利益。例如中央银行可以运用外汇储备购买本国货币，达到本币升值的目的；或出售本币购买外汇，达到本币贬值的目的。必要时，多个国家的中央银行还会对外汇市场进行大规模的联合干预。

## 二、外汇汇率及种类

汇率是两种货币兑换的比率，也就是一国货币用另一国货币表示的价格。汇率又称为汇价或外汇行市。外汇买卖是通过银行用本国货币按汇率购买外汇，或将外汇按汇率兑换成本国货币，其中，汇率就是外汇买卖的兑换标准。

### （一）汇率及其标价方法

国际外汇市场上有两种不同的外汇汇率标价方法。

第一，直接标价法。直接标价法是指以一定单位（1个单位或100个单位）的外国货币为标准，折算成若干本国货币来表示其汇率的标价方法。在直接标价法下，外国货币的数额固定不变，汇率的涨跌都以相对的本国货币数额的变化来表示。如果一定单位外币折算的本国货币增多，说明外币汇率上涨或本币汇率下跌，即外国货币币值上升或本国货币币值下降；相反，如果一定单位外币折算的本国货币减少，说明外币汇率下跌或本币汇率上涨，即外国货币币值下降，或本国货币币值上升。

在直接标价法下，汇率的变化及其对本外币升贬值的影响见表3-2。

表3-2　　直接标价法下汇率的变化及其对本外币升贬值的影响

| 外币数量 | 兑换为本币数量 | 外汇汇率 | 外币币值 | 本币币值 |
|---|---|---|---|---|
| 固定 | 增加 | 上升 | 升值 | 贬值 |
| 固定 | 减少 | 下跌 | 贬值 | 升值 |

除英国和美国外，世界上绝大多数国家和地区都采用直接标价法。同国际上绝大多数国家一样，我国的人民币外汇牌价也采用直接标价法。

第二，间接标价法。间接标价法是指以一定单位的本国货币作为标准，折算成若干数额的外国货币来表示其汇率的标价方法。在间接标价法下，本国货币的数额是固定不变的，汇率的涨跌都以相对的外国货币数额的变化来表示。如果一定单位的本国货币折算的外币数量增多，说明本币汇率上涨或外币汇率下跌，即本国货币升值或外国货币贬值；相反，如果一定单位的本币折算的外币数量减少，说明本币汇率下跌或外币汇率上涨，即本币贬值或外币升值。

在间接标价法下，汇率的变化及其对本外币升贬值的影响见表3-3。

表3-3　　间接标价法下汇率的变化及其对本外币升贬值的影响

| 本币数量 | 兑换为外币数量 | 本币汇率 | 本币币值 | 外币币值 |
|---|---|---|---|---|
| 固定 | 增加 | 上升 | 升值 | 贬值 |
| 固定 | 减少 | 下跌 | 贬值 | 升值 |

英国一向采用间接标价法，美国在第二次世界大战之前长期使用直接标价法。第二次世界大战以后，美元在国际收付和国际储备中逐步取得统治地位，从1978年9月1日开始，除对英镑继续使用直接标价法外，对其他货币一律改用间接标价法公布美元汇率。英国和美国使用间接标价法的目的是与其他国家外汇市场上各国货币兑换英镑和美元的标价一致。

### （二）外汇汇率的种类

外汇汇率可以按照以下标准进行分类。

#### 1.按照从银行买卖外汇的角度划分，可以分为买入汇率、卖出汇率、中间汇率和现钞汇率

买入汇率（buying rate）又称为外汇买入价，是指银行向同业或客户买入外汇时所使用的汇率。在直接标价法下，外币折合本币数额较少的汇率是买入汇率，它表示银行买入一定数额的外汇需要付出多少本国货币；而在间接标价法下，本币折合外币较多的汇率是买入汇率，它表示银行付出一定数额的本国货币可以买入多少外汇。

卖出汇率（selling rate）又称为外汇卖出价，是指银行向同业或客户卖出外汇时所使用的汇率。在直接标价法下，外币折合本币较多的汇率是卖出汇率，它表示银行卖出一定数额的外汇可以收回多少本国货币；而在间接标价法下，本币折合外币较少的汇率是卖出汇率，它表示银行收回一定数额的本国货币应该卖出多少外汇。买入汇率与卖出汇率的差价就是银行买卖外汇的收益，一般为1‰～5‰。

中间汇率（middle rate）又称为中间价，是指外汇买入价和卖出价的平均数。在报刊电台上报道的汇率一般都是中间汇率，套算汇率有时也使用有关货币的中间汇率计算。

现钞汇率（bank notes rate）是指银行买入或卖出外币现钞时所使用的汇率。外币现钞是外币现金，包括纸币和铸币，或者存入银行的外币现金；外币现汇是从国外汇入的、没有取出就直接存入银行的外币，它包括从境外银行直接汇入的外币，居民委托银行代其将外国政府公债、国库券、公司债券、金融债券、外国银行存款凭证、商业汇票、银行汇票、外币私人支票等托收和贴现后所收到的外币。外币现钞在境内不能作为支付手段，只有在境外才能成为流通货币，而且银行收到或储备外币现钞需要支付包装、运输、保险等费用。而外币现汇是账面上的外汇，没有实物形态，转移只需要在账面上划拨，可以节省银行相关的保管、调运费用，因此通常情况下，银行在收兑外币现钞时使用的汇率，会稍低于其他外汇形式的买入汇率；而银行卖出外币现钞时使用的汇率则与外汇卖出价相同，或稍高一些。

在本书以后部分，为了说明方便，如果没有特别指出，将不考虑买入价和卖出价之间的差异，也不考虑现钞和现汇的区别。

【小资料】

中国银行外汇牌价和国家外汇管理局公布的人民币汇率中间价

**2.按照制定汇率的方法划分，可以分为基本汇率与套算汇率**

基本汇率（basic rate）指一国货币对某一关键货币的比率。关键货币是指在国际上普遍接受的可兑换货币或在国际收支中使用最多的货币，在一般情况下，各国都把美元当作制定汇率的主要货币，即常把本国货币兑换美元汇率作为基本汇率。

套算汇率（cross rate）又称交叉汇率，是指两种货币以第三种货币为中介推算出来的汇率。在实际中，第三种货币往往是关键货币。由于国际主要外汇市场只公布按美元标价计算的外汇汇率，人们要想知道美元以外的两种货币之间的比率时，就必须借助套算汇率来计算。

例如查阅新浪财经网站，2021年1月23日美元对人民币汇率为1美元=6.481元人民币，美元对英镑汇率为1美元=0.7308英镑，则可以套算出人民币和英镑间的汇率为1英镑=8.8684元人民币。

**3.按照外汇交易的期限划分，可以分为即期汇率与远期汇率**

即期汇率（spot rate）是指在即期外汇市场上进行即期外汇交易时使用的汇率，也就是外汇买卖成交以后，买卖双方在当天或在两个营业日内进行交割时所使用的汇率。交割是指外汇交易双方交钱、付汇的过程。

远期汇率（forward rate）是指银行在远期外汇市场上进行远期外汇交易时所使用的汇率。远期外汇交易是指外汇买卖成交后不在当天或两个营业日内进行交割，而是根据合同规定的到期日，按约定的汇率办理交割的外汇交易。远期交易的期限一般按月计算，从1个月到12个月不等。相应地，银行也制定1个月到12个月的远期汇率，与当日的即期汇率一起挂牌公布。

远期汇率和即期汇率的关系可以用升贴水来表示。如果某种货币的远期汇率高于即期汇率，该远期汇率被称为远期升水；如果远期汇率低于即期汇率，则被称为远期贴水。远期汇率的标价等于即期汇率加上升水或减去贴水。

【小资料】
中国银行公布的英镑和港币远期外汇牌价

### 4.按银行外汇汇兑的方式，可以划分为电汇汇率、信汇汇率与票汇汇率

电汇汇率（telegraphic transfer rate， T/T rate）是使用电汇付款时的汇率。电汇是指银行卖出外汇后，即以电报电传委托其国外分支机构或代理行将汇款付给收款人。由于电汇付款快，银行无法占用客户的资金，所以电汇汇率一般比其他汇率要高。目前，国家间的支付绝大多数使用的都是电汇，所以电汇汇率被称为基础汇率。一般外汇市场公布的外汇汇率都是电汇汇率。

信汇汇率（mail transfer rate，M/T rate）是使用信汇付款时的汇率。信汇是指银行卖出外汇后，开具付款委托书，用信函的方式邮寄给国外分支机构或代理行，委托其将汇款付给当地收款人。由于通过邮局传递付款委托书需要一定的时间，在这段时间里，售汇银行可以占用客户的资金，因此信汇汇率一般比电汇汇率要低。

票汇汇率（demand draft rate，D/D rate）是使用票汇付款时使用的汇率。票汇是指银行在卖出外汇时，开立一张由其国外分支机构或代理行付款的汇票交给汇款人，即买汇人，由其自带或者邮寄给国外的收款人。与信汇类似，由于银行可以在从卖出外汇到支付外汇的这一段时间间隔内占用客户的资金，所以一般情况下票汇汇率与信汇汇率大体相同，都比电汇汇率要低。

### 5.按外汇管制的宽严程度，可以划分为官方汇率和市场汇率

官方汇率（official rate）是外汇管制比较严格的国家授权其外汇管理当局制定并公布的，所有外汇交易所使用的汇率。这些国家一般没有外汇市场，外汇交易必须按官方汇率进行。官方汇率相对固定，缺乏灵活性。

市场汇率（market rate）是在外汇管制比较宽松的国家的自由外汇市场上进行外汇交易使用的汇率。在这些国家的外汇市场中，外汇交易不受国家限制，汇率受外汇供求关系的影响，会自发地、经常地变动。但官方不能规定市场汇率，只能通过参与外汇市场活动对汇率的变化进行干预，避免汇率出现频繁或者大幅度的波动。

在一些国家也可能会出现官方汇率与市场汇率并存的状况，通常这些国家正处于逐步放松外汇管制、建立外汇市场的阶段。在这些国家中，在政府规定的范围内使用官方汇率，在外汇市场上使用由供求关系形成的市场汇率。

### 6.按国际汇率制度，可以划分为固定汇率与浮动汇率

1）固定汇率

固定汇率（fixed rate）是指一国货币兑换别国货币的比率基本上是固定的，或者只允许在很小的范围内波动。如果汇率有剧烈波动的趋势，政府就会对其进行干预，以使其保持在一定的波动范围内。固定汇率制度可以分为以下两个阶段：

（1）金本位制下的固定汇率制

金本位制是指以世界货币——黄金，作为国际本位货币的一种货币制度。1821年，英国最早实行金本位制，从19世纪50年代开始，欧美各国和日本相继实行。金本位制的特点是，金币可以自由铸造、自由兑换和黄金自由输出输入。由于当时英国经济实力雄厚，英镑和黄金同时成了国际本位货币与重要的国际储备。

在金本位制下，国家规定金属货币的含金量，不同金属货币含金量之比是决定汇率的基础。黄金输送点是汇率波动的界限。黄金输送点为铸币平价±1个单位黄金运送费用。

第一次世界大战时期，随着英国经济的衰落和美国、德国、法国、俄罗斯等国经济实力的迅速强大，英镑的国际本位货币的地位受到挑战。同时，一些帝国主义国家为备战和应对经济危机拼命掠夺黄金，并严格限制黄金的自由兑换，禁止黄金输出，加上黄金生产供给量有限，导致黄金自由兑换、自由流通的原则遭到破坏，金本位制开始瓦解。20世纪30年代世界经济危机爆发后，英国、美国等相继宣布停止兑换黄金，脱离金本位制，从而使金本位制完全崩溃。随着金本位制的瓦解，这种固定汇率制已经不复存在。

（2）黄金-美元本位制下的固定汇率制

第二次世界大战后，为恢复和发展经济，以美国、英国为首的44个国家倡议重建国际货币制度，于1944年7月在美国新罕布什尔州的布雷顿森林举行了会议。会议商定成立国际货币基金组织，确定了以美元为中心的新的国际货币制度，其特点是美元与黄金挂钩，各国货币与美元挂钩，与美元维持固定平价；美元和黄金一起作为国际本位货币和通用的国际支付手段及重要的国际储备货币。

具体规定是，每盎司黄金官价为35美元，1美元纸币含金量为0.888671克，其他国家或地区也相应规定本国纸币的含金量，如英国1946年规定英镑纸币的含金量为3.58134克，因此两国纸币含金量之比就成为汇率决定的基础，即英镑对美元的汇率为1英镑=3.58134÷0.888671=4.03美元。此次会议还规定国际货币基金组织各成员方的汇率在外汇市场上的波动幅度不得超过其货币平价上下限的1%，为维持汇率的稳定，各成员方有责任进行干预。

1971年12月18日，世界主要贸易国在华盛顿集会，达成史密斯协定，最终决定调整主要国家汇率，美国被迫同意美元贬值7.89%，即将黄金每盎司官价由35美元上升到38美元。同时，其他成员方货币兑换美元的汇率作相应调整，并允许波动幅度从上下1%改为上下2.25%。1993年后，各国政府普遍停止为维持固定汇率而采取的干预活动，沿用多年的固定汇率制度退出历史舞台，黄金不再是国际货币制度的基础。

2）浮动汇率

浮动汇率（floating rate）是指一国货币的汇率在外汇市场上可以根据供求关系自由波动的一种汇率制度。在这种汇率制度下，各国汇率的波动幅度不限，也不承担维护浮动幅度的义务。国际收支的不平衡是通过汇率变动自动调节的。浮动汇率制已有很长的历史。在金本位制时代，英国、美国、法国及一些发展中国家都曾经实行过浮动汇率制度。进入20世纪70年代以来，随着全球性通货膨胀的发展，各国汇率浮动方式更加灵活和复杂。1971年8月，国际主要货币之间开始实行浮动汇率制，到1973年3月主要货币都实行了浮动汇率制度。

浮动汇率制度还可以从不同的角度进行区分：

（1）自由浮动汇率制度和管理浮动汇率制度

自由浮动汇率制度是指政府外汇管理当局对本币汇率的浮动不进行任何干预，汇率完全由市场决定。由于汇率对本国经济利益有影响，目前没有哪国政府能够真正采用自由浮动汇率制度，或多或少都会进行干预。

在管理浮动汇率制度下，汇率随市场供求波动，但是政府外汇管理当局会运用各种手段干预外汇市场，影响外汇市场的供求，达到管理本币汇率的目的。管理浮动汇率制度是目前很多国家政府采用的汇率制度。1994年1月1日汇率并轨以来，我国开始实行以市场供求为基础的、单一的、有管理的浮动汇率制度。这一汇率制度以银行结售汇制度为基础，机构和个人卖出或购买外汇通过外汇指定银行进行。外汇指定银行又根据结售汇周转头寸管理的规定，进入银行间外汇市场，卖出多余或补充不足的外汇头寸，进而生成人民币汇率。2005年起，我国对人民币汇率形成机制进行改革，人民币汇率不再钉住单一美元，而是选择若干种主要货币组成一个货币篮子，同时参考一篮子货币计算人民币多边汇率指数的变化；实行以市场供求为基础、参考一篮子货币进行调节、有管理的浮动汇率制度，人民币汇率波动区间增大。

（2）单独浮动汇率制度、钉住浮动汇率制度和弹性浮动汇率制度

单独浮动汇率制度是指一国货币不与其他国家货币发生固定的联系，汇率根据外汇市场供求关系浮动。英国、美国、瑞士、瑞典、新西兰等国家采用的是单独浮动汇率制度。

钉住浮动汇率制度是指一国货币与某种外币、某一记账单位保持固定比例关系，随着该种外币或记账单位的浮动而浮动。被钉住的一般都是与本国经济联系紧密的货币，也有国家为了避免本国货币受到一国货币的支配，采用与多种外国货币挂钩的制度，称为钉住一篮子货币。典型的采用钉住浮动汇率制度的国家是实行欧元之前的欧洲货币体系的各个成员国，钉住的是一种记账单位——欧洲货币单位。其他的，如我国，之前采用过钉住美元的汇率制度。

弹性浮动汇率制度是指为了避免实行钉住浮动汇率制度的呆板性和对本国的束缚，在本国货币与其他货币挂钩的基础上，根据自身需求对所钉住货币在一定弹性幅度内上下浮动。实行弹性浮动汇率制度的国家，包括与美元挂钩的巴林、沙特阿拉伯等。

## 三、外汇交易

外汇交易也就是外汇买卖。国际企业的产品出口、原材料进口、跨国筹资和投资、跨国资金转移等都需要进行外汇交易。利用不同的外汇交易形式，国际企业不仅可以满足贸易、投资、经营的需要，而且可以规避汇率风险，甚至投机获利。常见的外汇交易方式主要包括即期外汇交易、远期外汇交易、套汇交易、掉期交易、外汇期货交易和外汇期权交易等。以下将对这些外汇交易方式进行详细的介绍。

### （一）即期外汇交易

即期外汇交易（spot transaction）也称现汇交易或现汇买卖，是指外汇买卖双方以即期汇率，即当天的外汇市场价格成交，于当日或两个营业日内办理外汇交割的业务。外汇交割就是外汇的实际收付，即买卖双方一方交付一种货币，另一方交付外汇，进而完成该笔外汇交易。进行即期外汇交易的市场叫作即期外汇市场（也叫现汇市场），它是外汇市场最重要的组成部分，其基本功能是进行货币兑换，在最短的时间内，实现购买力的国际转移。

### （二）远期外汇交易

远期外汇交易（forward transaction）也称期汇交易或期汇买卖，是指外汇买卖成交后，买卖双方不在当日或两个营业日内进行交割，而是根据合同规定，在约定的到期日，按约定的汇率（成交日公布的远期汇率）和数额办理收付交割的外汇交易。远期外汇交易的期限一般介于1至52个星期之间，少数超过1年的称为超远期外汇交易，例如在过去的

几年中出现的期限长达10年的远期外汇交易。银行对不同期限的远期外汇交易规定不同的汇率。进行远期外汇交易的市场叫作远期外汇市场，又称为期汇市场，它是外汇市场的另一重要组成部分，其基本功能是避免汇率变动的风险，固定进出口贸易和国际借贷的成本。

以上两种外汇交易是外汇市场的基本交易活动。

### （三）套汇交易

套汇交易（arbitrage）是指交易者利用两个或两个以上外汇市场上某些货币的汇率差异，通过同时在这几个市场上贱买贵卖该种货币，从中获取汇率差价收益的行为。套汇交易按照出现汇率差异市场的多少，可以分为直接套汇和间接套汇两种形式。

#### 1.直接套汇

直接套汇（direct arbitrage）又称为两地套汇，它是利用两个外汇市场的汇率差异，在一个外汇市场上低价买入外汇，然后在另一个外汇市场上高价卖出外汇以获取收益的交易活动。直接套汇涉及两个外汇市场。例如，在某一时间伦敦市场上1英镑=1.3159美元，同时在纽约市场上1英镑=1.3163美元。很明显，伦敦市场上英镑的价格低于纽约市场上英镑的价格，交易者就可以在伦敦市场买入英镑，同时在纽约市场卖出英镑，每英镑可以赚取0.0004美元的收益。

#### 2.间接套汇

间接套汇（indirect arbitrage）又称为三地套汇或三角套汇，它是利用三个或三个以上不同地点的外汇市场中三种或多种不同货币之间汇率的差异，同时进行买卖获取汇率差价收益的交易活动。间接套汇至少涉及三个外汇市场。例如，某日伦敦、法兰克福和中国香港三地的外汇市场行情如下：伦敦市场1英镑=1.5432欧元；法兰克福市场1欧元=7.3372港元；中国香港市场1英镑=11.3103港元。根据这三个市场上的汇率，如果先在伦敦市场用1英镑买入1.5432欧元，同时在法兰克福市场卖出1.5432欧元，获得11.3228港元（1.5432欧元×7.3372港元/欧元），并在中国香港市场卖出11.3228港元，获得1.0011英镑（11.3228港元÷11.3103港元/英镑）。通过这一系列交易，每英镑可以获得0.0011英镑的收益。

判断是否存在套汇的机会，可以采用汇率套算的方法，即通过几个市场的汇率套算和比较，判断出市场中是否存在差价。例如在上述三地套汇的例子中，可以根据伦敦市场和法兰克福市场的汇率套算出英镑和港元之间的汇率，得到1英镑=11.3228港元，就可以发现与中国香港市场上英镑与港元之间的汇率存在差异，因此可以套汇。

当今世界，现代通信设备迅速发展，各大外汇市场已经由国际卫星通信网络紧密地连接起来，加上电脑和互联网的广泛应用，外汇市场信息传递异常迅速，货币在不同市场上出现汇率差异的幅度非常小。即使出现差异，其存在的时间也非常短暂，所以通过套汇行为获取差价收益的机会已大大减少。但是在一些新兴市场中，由于外汇管制造成国内外对该国汇率走势判断不一致，这种获利机会也可能产生并存在一段时间。

### （四）掉期交易

掉期交易（swap transaction）又称为时间套汇，是利用不同期限外汇汇率差异在买进或卖出即期外汇的同时，以卖出或买进远期外汇的方法谋取利润收益的外汇交易。与套汇交易的目的不同，掉期交易不是为了投机获利，而是常被用作防止汇率变动风险损失采取的一种货币保值手段。

例如，某国际企业借入10 000美元用于投资，3个月以后归还。但是投资时需要把美元兑换成日元使用。当时，美元对日元的即期汇率为1美元=113.25日元，3个月远期汇率为1美元=114.32日元。该企业为了防止还款时美元升值带来的损失，在将10 000美元兑换成日元的同时，与银行签订了用日元购买10 000美元的3个月远期合约。这样，该国际企业在归还美元时，不论市场上美元升值幅度如何，它都可以将1 143 200日元兑换成10 000美元。如果不考虑手续费，该国际企业承担的汇率差额损失只有10 700日元（1 143 200−1 132 500）。这种汇率损失及手续费被称为掉期交易成本。

国际企业是否需要利用掉期交易进行保值要看对未来汇率预测的情况，只有当预测的未来汇率变化给企业带来的损失超过掉期交易成本时，掉期交易才有意义。

**（五）外汇期货交易**

外汇期货交易（foreign exchange future）是在期货交易所内，交易双方通过公开竞价达成在将来规定的日期、地点、价格，买进或卖出规定数量外汇的合约交易。期货合约是在现货合同和现货远期合约的基础上发展起来的，但它们最本质的区别在于期货合约条款是标准化的。

在期货市场交易的期货合约，其标的物的数量、质量等级和交割等级及替代品升贴水标准、交割地点、交割月份等条款都是标准化的，这使期货合约具有普遍性特征。每个合约根据货币种类的不同都有标准（固定）的金额。例如，英镑期货每个合约的标准金额为62 500英镑，日元期货每个合约的标准金额为1 250万日元等。外汇期货交易的数量用合约个数来表示，最少是一个合约，可多达几十个合约、几百个合约。

期货合约的期限是外汇期货合约规定的交割月份，一般有3个月、6个月、9个月，12个月，12个月是最长的合约期限。由于绝大部分合约在到期前已经对冲，因此到期实际交割的合约只占很少的一部分。

期货市场包括两部分：一是交易所；二是清算所。凡是想做外汇期货交易的合格成员都要到交易所进行交易，一旦成交，买卖双方就立即向清算所登记成交的合约，并按规定交纳保证金，作为结算盈亏的存底。到期由清算所负责交割，买卖双方不用担心对方信誉。由此可以看出，外汇期货交易中，所有的交易都是由清算所进行的，而不是由买卖双方直接交易。清算所是买方和卖方的中介。

外汇期货交易与远期外汇交易的区别是：

第一，外汇期货交易是在期货交易所内成交，须交保证金，而远期外汇交易一般是通过银行进行的，不需要交保证金；

第二，外汇期货合约的金额是标准化的，而远期合约的金额是随意的；

第三，外汇期货合约只有几个固定的期限，而远期合约无固定到期日的规定；

第四，外汇期货交易可经常结算盈亏，而远期外汇交易只能在合约到期日结算；

第五，外汇期货交易可以采取对冲平仓方法进行差价结算，而远期外汇交易到了交割日必须按合约金额进行全额实际交割；

第六，远期外汇交易合约比较适用于大额交易，而外汇期货交易合约更适合规避较小金额交易的风险。

外汇期货交易的基本作用是套期保值，另外还可进行投机交易。国际财务管理中使用的外汇期货交易主要发挥的是其避险功能。

【小资料】

国际主要货币期货合约单位及国外期货交易所开设的人民币期货合约

### （六）外汇期权交易

外汇期权交易（foreign exchange option）是指交易双方在规定的期间，按商定的条件和商定的汇率，就将来是否购买或出售某种外汇的选择权进行买卖的交易。外汇期权交易也是一种远期的外汇交易，它与一般的远期外汇交易和外汇期货交易的不同之处在于，外汇期权交易中包括期权，即选择权的买卖。期权的买方购买期权后，在合约到期时（或到期前）对是否执行期权合约拥有选择权。如果认为对自己有利，期权买方可以选择执行期权合约买入或卖出外汇；相反，如果认为对自己不利，则可以选择不执行期权合约而到即期外汇市场按即期汇率买入或卖出外汇。当然，期权买方获得这种权利必须付出相应的代价，也就是要对期权卖方支付期权费。期权卖方收取期权费后应尽的义务是：当期权买方购买外汇时，期权卖方必须出售外汇；当期权买方出售外汇时，期权卖方必须买入外汇。不管期权买方是否执行期权合约，都不退还期权费。

外汇期权分为买入期权（call option，也称看涨期权）和卖出期权（put option，也称看跌期权）。买入期权拥有购买外汇的权利，买入期权的买方有权在未来一定时间内按约定的汇率向期权的卖方买进约定数量的某种外汇；卖出期权拥有卖出外汇的权利，卖出期权的买方有权在未来一定时间内按约定的汇率向期权的卖方卖出约定数量的某种外汇。

按行使期权合约的时间不同，期权还可以分为欧式期权（European option）和美式期权（American option）。欧式期权是指期权买方只能在合约到期日决定是否执行期权合约，美式期权是指期权买方可以在合约到期日之前任意时间决定是否执行期权合约。目前我国的外汇期权都是欧式期权。

【小资料】

人民币外汇期权

除上述几种外，外汇市场上还有套利交易，也称为利息套汇。它是利用在不同国家进行短期投资的利率差异，将资金由利率较低的国家转移到利率较高的国家进行投资，以赚取利率差额的外汇交易。套利交易的一个前提是两个市场存在利率差异，另一个重要前提是外汇市场上的即期汇率和远期汇率之间的差异与该利率差异不一致，否则套利交易将无利可图。与套汇交易一样，由于现代通信方式的运用，信息传播速度加快，交易更加便利，只要出现套利机会，就会有大量的套利者出现，资金的流动引发即期汇率和远期汇率的相应变化，最终使汇率差异与利率差异迅速达成一致，因此套利的机会转瞬即逝。

### 【思政专栏】　炒外汇是否合法？

炒外汇又叫“外汇保证金交易”①，是指客户投资一定数量的资金作为保证金，按一定杠杆倍数在扩大的投资金额范围内进行的外汇期货交易和外汇现货交易。从这个意义上来看，炒外汇是一种投资行为，所以是合法的。

① 此处的炒外汇仅指具有杠杆作用，可以以小博大、以投机为目的的外汇交易，不包括为商品交易进行收付款等不具有杠杆作用的外币实际兑换。

【小资料】

2020年上半年我国外汇市场交易概况

但目前国内对外汇投资交易还没有设立监管，属于监管空白，国家既没有允许也没有强行禁止，这也就说明在国内炒外汇是不受国家法律保护的。因此在大多数情况下，我们炒外汇基本上使用的都是国外的平台，资金汇到国外，然后再进行外汇交易。同时，根据《中华人民共和国外汇管理条例》第四十五条的规定：私自买卖外汇、变相买卖外汇、倒买倒卖外汇或非法介绍买卖外汇数额较大的，由外汇管理机关给予警告，没收违法所得，处违法金额30%以下的罚款。情节严重的，处违法金额30%以上等值以下的罚款；构成犯罪的，依法追究刑事责任。

## 第二节 外汇汇率预测

企业的各项财务活动都离不开外汇是国际财务管理与国内财务管理的重大区别之一，因此，对外汇汇率进行预测对国际财务管理具有十分重要的意义。本节主要讲授与外汇汇率相关的内容，包括汇率预测的作用、影响汇率的因素、汇率决定理论及汇率预测方法。

### 一、汇率预测的作用

在企业的国际财务管理中，无论是制订长、短期经营计划，编制预算，评价子公司业绩，还是进行长、短期筹资决策等，都必须依赖对未来汇率的预测。作为国际财务管理人员，必须对未来汇率的变动趋势有一定的预测能力，这样才能分析各种货币之间的财务交易是否对公司有利，才能比较各种不同的投资方案和筹资方案的优劣。如果预测结果与实际情况差距过大，就会给企业带来不可预计的损失，从而导致企业经营成果出现大的波动。

具体来说，汇率预测的作用体现在：

#### 1.外汇风险管理的需要

国际财务管理的一大特点就是由于环境的变化使企业面临更多的风险，其中最常见的就是外汇风险，而外汇风险是与外汇汇率变动直接相关的。为了识别和测量各种外汇风险，首先要了解汇率变动的趋势和幅度，因此必须进行汇率预测。企业可以根据汇率预测的结果确定是否需要采取防范外汇风险的措施，或者确定要在外汇市场中进行何种外汇交易以规避外汇风险带来的损失。这是外汇汇率预测最基本的作用。

#### 2.国际筹资、投资决策的需要

与国内筹资相同，国际筹资决策的目标是以尽可能低的成本取得外汇资金，而汇率的变化会对取得外汇资金的成本产生直接影响。以企业从外国银行取得外汇借款为例，企业不仅要考虑利率的高低，还要考虑汇率的变化。从汇率的角度出发，企业应借入软货币，即预计将要贬值的货币，这样在借款到期时可以用较少的本币获取外币用以还本付息，为此就需要进行汇率预测。

在国际投资方面，尤其是长期投资，进行财务可行性研究需要预测投资项目的现金流入量和现金流出量，并且要折合为本国货币，此时，汇率的变化必然会对投资项目的现金流量产生影响。如果外汇贬值，则外币表示的现金流入量折合为本国货币的数额减少，会遭受损失。显然，只有正确地预测汇率变动，才能正确地测算投资项目的现金流量，从而提高投资项目财务可行性研究和投资决策的准确性。

#### 3.制订企业经营计划的需要

跨国经营的企业既有本币收支，也有外币收支，对于外币收支，企业必须依据对未来汇率的预测，将其折合为本币收支，制订出企业未来一定时期的综合经营计划，并安排预算。企业的经营计划、预算是综合评价企业经营业绩的重要标准。

汇率预测是国际财务管理人员应负责的重要工作之一。要对汇率进行准确的预测是非常困难的，需要花费非常大的人力、物力和财力。为了防止汇率变动造成的损失，大型跨国公司往往重金聘请金融方面的专家，设立专门的研究机构，从事经济趋势和汇价变动的预测工作，然后根据专家对外汇汇率的预测结果安排企业各项具体的财务活动。企业也可以选择从外部专门的汇率预测机构购买汇率预测信息。目前，很多专业预测公司、一些大银行提供汇率预测的服务。各专业预测公司或银行的预测方法、收费标准、预测货币种类、预测期间长短均存在差异，企业可以根据自身的实际情况进行选择。

## 二、影响汇率的因素

汇率是一个国家的货币折算成另一个国家的货币的价格，换言之，就是用一个国家货币表现的另一个国家货币的价格。如果我们把货币看成特殊的商品，其价格的决定就和商品价格的决定相同，一国货币价格从直观上看取决于该货币的供求关系。在供求曲线上，对应货币的每个可能价格，都有相应的货币供应量和需求量，当市场上已经形成某一货币价格时，供应量应该正好等于需求量，此时的价格就是均衡价格。对于货币，这个均衡价格可以称为均衡汇率。货币供求曲线与均衡汇率如图3-1所示。[①]

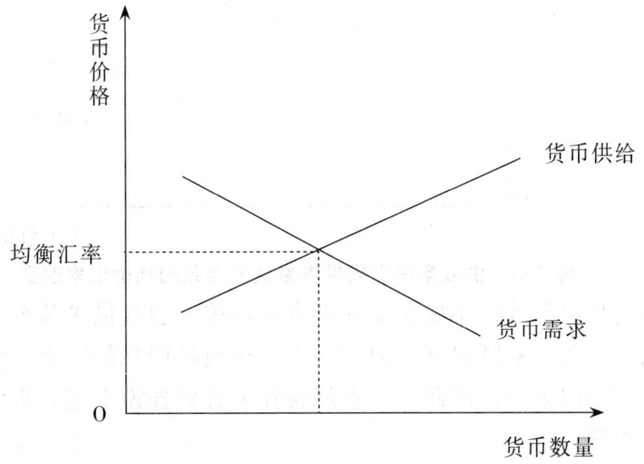


图3-1　货币供求曲线与均衡汇率

当影响供应量或需求量的因素发生变化时，供求曲线也会改变。在原有的均衡汇率下，当该货币的供应量增加时，供给曲线右移，或该货币的需求量减少，需求曲线左移。

① 王建英，支晓强，许艳芳，等.国际财务管理学［M］.5版.北京：中国人民大学出版社，2019：80.图3-2、图3-3出处与图3-1相同。

为了达到新的均衡，该货币的价格下跌，形成新的较低的均衡汇率，如图3-2所示。

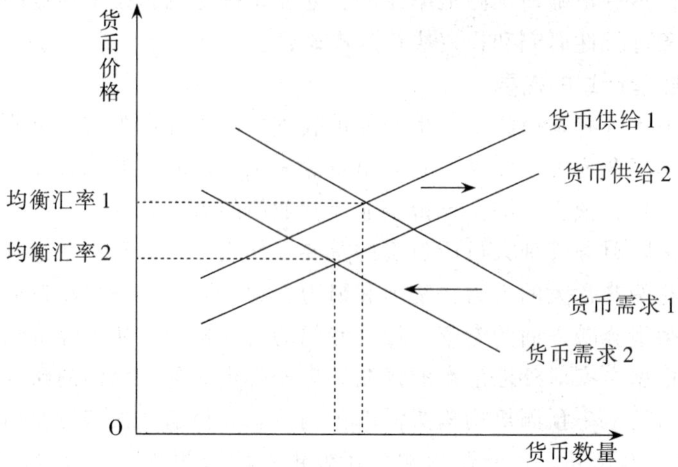


**图3-2 供应量增加或需求量减少导致的均衡汇率改变**

在原有的均衡汇率下，当该货币的供应量减少时，供给曲线左移，或该货币的需求量增加，需求曲线右移。为了达到新的均衡，该货币的价格上涨，形成新的较高的均衡汇率，如图3-3所示。

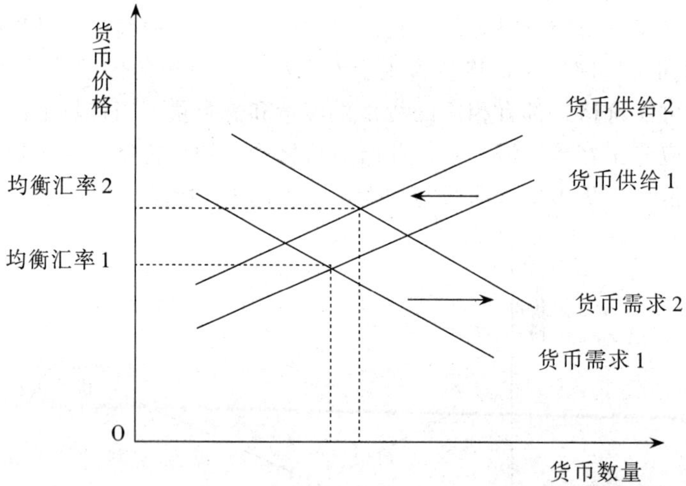


**图3-3 供应量减少或需求量增加导致的均衡汇率改变**

供求关系的变化是导致汇率发生变化的直接原因，引起供求关系变化的因素才是影响汇率的深层原因。这些因素既包括国内的因素，也包括国际的因素，既包括经济因素，也包括社会因素、政治因素等，因此，汇率经常让人感到捉摸不定、难以预测。

**1.国际收支情况**

国际收支指的是一个国家在一定时期内所有对外往来的系统性的货币记录。一个国家的国际收入大于支出时为国际收支顺差，其原因在于出口等的外汇收入大于进口等耗用的外汇支出。表现在外汇市场上就是外汇供给大于需求，同时外国对本国货币需求增加，引起本币升值、外币贬值。相反，当一个国家处于国际收支逆差时，其外汇支出大于外汇收入，对外汇的需求大于供给，因而本币贬值、外币升值。20世纪80年代，美国对日本长期持续的巨额逆差是导致美元对日元大幅贬值的主要原因。

### 2.通货膨胀率的差异

货币的对外价值是以其对内价值为基础的，而对内价值具体表现为货币发行国的国内购买力。如果一种货币代表的国内购买力发生了变化，势必引起汇率的相应变化。在发生通货膨胀的情况下，货币购买力下降、对内贬值，对外的汇率也会相应下跌。

通货膨胀几乎是不可避免的，各个国家在不同时期都可能发生通货膨胀。汇率是两国货币的比价，因此，决定汇率变动的不仅是一个国家的通货膨胀水平，而是两个国家通货膨胀率的比，也就是说，如果两个国家都发生了通货膨胀，那么低通货膨胀率国家的货币将会升值，高通货膨胀率国家的货币将贬值。

### 3.利率水平的差异

利率是货币资产的价格。对筹资者而言，利率是取得资金使用权必须支付的代价；对投资者而言，利率是放弃资金使用权获得的收益。利率上调时，本币价格升高，外汇市场上本币供应量减少，而流入的外币资本增加，从而对本币的需求增加，最终推动本币升值；利率下调则会引起资本外流，增加对外币的需求，推动外币升值。

对金融监管部门而言，利率很大程度上是一种政策工具。一个国家提高利率通常是为了紧缩银根，减少本国货币供应量，而在外汇市场上本币会因此在短期内升值；相反，一个国家调低利率主要是为了放松银根，增加货币供应量，而在外汇市场上就表现为本币在短期内贬值。另外，利率还会通过利率平价作用[①]对远期汇率产生影响。

与通货膨胀类似，各个国家都会根据自身经济的发展特点对本国货币的基准利率进行适时的调整，因此影响汇率变动的不是一个国家的利率变动情况，而是两个国家利率变动幅度的比。也就是说，如果两个国家都对本国货币的利率进行了调整，那么上调幅度大的货币将会升值，上调幅度小的货币将贬值。

### 4.经济发展实力

理论上讲，一个国家的经济实力是决定其货币汇率的基石。就长期来看，国家经济实力越强，其货币币值的物质基础就越坚实，因为持有该国货币可以购买到更多的商品。相反，国家经济发展不景气，货币走势就比较弱。

但应明确的是，汇率走势，尤其是短期汇率走势，并不完全取决于其经济发展水平，而是很多因素的综合反映。

### 5.政府管制与干预

为了避免汇率变动对本国经济造成不利影响，各国中央银行往往对汇率进行干预。干预的方法是在外汇市场上买进或抛出外汇，使本币汇率的剧烈变动趋于缓和，稳定在对本国有利的水平上。

一个国家掌握的国际储备是其进行政府干预的基本保障。国际储备越多，表明政府干预外汇市场、调节货币汇率的能力越强。因此，一个国家的外汇储备增加往往会增加外汇市场上对本国货币的信心，也有利于本币汇率的稳定。

### 6.国际投资资本

在1997年亚洲金融危机中，以泰国为代表的东南亚国际为了抵抗国际投资资本对泰

---

① 具体见本书“汇率决定理论”中的“利率平价理论”。

铢的冲击，试图动用高达300亿美元的外汇储备来稳定其汇率体系，结果在一个月左右的时间内，这笔外汇就花得所剩无几，而泰铢一路下跌的趋势没有丝毫改变。据此，学者们几乎一致认为，在动辄数千亿美元国际投资资本的冲击下，任何一个国家都难以抵挡，小国家货币的生存空间更加狭小。

在西方各国逐步放松外汇管制和资本流动管制的背景下，国际投资资本已经成为影响外汇市场、影响短期汇率变化的不可忽视的因素。

### 7.心理预期

对经济、政治和社会的心理预期有时也会影响外汇市场的汇率走势。例如，如果人们预期某个国家的通货膨胀率比其他国家要高，实际利率比其他国家低，国际收支将出现较大逆差，会在市场上抛售该国货币，该国货币将会贬值；反之，该国货币将会升值。

应该明确的是，影响外汇市场汇率变动的因素有很多，远不止上述列举的七种，而且其作用机理也相当复杂。它们对汇率的影响并非绝对的、孤立的，汇率是多种因素交叉和综合影响的结果。

## 三、汇率决定理论

以上介绍的是影响因素与汇率变化之间的定性联系，为了能够较为准确地预测汇率的变化，学者和研究人员提出了多种汇率理论，试图用定量的方法解释汇率变化与某些因素之间的联系，因此产生了一系列有助于预测汇率变化及变化幅度的汇率决定理论。这些理论包括购买力平价理论、费雪效应、国际费雪效应、利率平价理论和无偏差理论等。

### 1.购买力平价理论

购买力平价理论讨论的是汇率变化和货币购买力变化之间的关系。这一理论的基本思想是：某一种货币之所以被需要，是因为它具有购买力。一个国家的货币价值由其在该国国内所能购得商品及劳务的量，也就是购买力来决定，因此对本国和外国货币比价的衡量主要取决于两种货币的购买力。如果一国发生了通货膨胀（假设为中国），而另一国（假设为美国）的物价水平保持不变，那么，人民币的购买力就会相对降低。如果两国都发生通货膨胀，则两国的货币购买力都下降，此时人民币与美元的相对购买力的变化取决于两国物价上涨的幅度。如果美元物价上涨幅度小于人民币，则人民币的价值相对于美元下降；反之则上升。

以上原理可以用公式表示如下：

$$\frac{S_t}{S_0}=\frac{1+P_d}{1+P_f} \tag{3.1}$$

或 $$S_t=S_0\frac{1+P_d}{1+P_f} \tag{3.2}$$

其中：$S_0$表示以直接标价法表示的当前的即期汇率；$S_t$表示一段时间以后的即期汇率；$P_d$表示当前本国的通货膨胀率；$P_f$表示当前外国的通货膨胀率。

假设中国的通货膨胀率为3.60%，美国的通货膨胀率为2.30%，则公式（3.1）的右边等于1.013，即$S_t$=1.013$S_0$，这说明年末时一单位外币所能兑换的本币数将为年初时的1.013倍，这意味着年末时人民币相对于美元贬值了。也就是说，通货膨胀率提高导致货币购买力降低，从而导致了货币贬值。

如果将Δ定义为0～t期间汇率的预计变化率，则有：

$$\Delta=\frac{S_t-S_0}{S_0}=\frac{P_d-P_f}{1+P_f} \tag{3.3}$$

公式（3.3）左边是直接标价法下的汇率变动百分比，而公式右边的分子是两国通货膨胀率之差。这一公式就是购买力平价理论的基本公式。如果外国通货膨胀率很小，则可以忽略分母项。简化后，可以得到购买力平价理论的近似公式为：

$$\Delta=\frac{S_t-S_0}{S_0}=P_d-P_f \tag{3.4}$$

从公式（3.4）可以看出，汇率的预计变化率应等于两国通货膨胀率之差。

购买力平价理论能够很好地理解汇率的变动，各国的中央银行经常按照这一理论制定新的汇率平价，很多公司也常使用这种方法对未来的汇率进行预测。

### 2.费雪效应

费雪效应是以美国经济学家欧文·费雪（Irving Fisher）命名的。这一理论论述的是利率与通货膨胀率之间的关系。其基本思想是：各国的名义利率可以简单地分为投资获得的真实利率和预期通货膨胀率两个部分。在资本可以在国际市场上自由流动的条件下，两国名义利率的相对差别可以大体上反映两国一般价格水平的预期相对变动，也就是说，名义利率（i）与真实利率（r）和预期通货膨胀率（P）之间有如下的关系：

$$1+i=(1+r)(1+P) \tag{3.5}$$

费雪效应认为，世界上每个国家的真实利率都是相同的，即世界上只有一个真实利率，记作$r_w$。这是因为，如果一个国家货币的真实利率高于其他国家，那么大量的资本就会流入这个国家。只要政府不加干涉，这种套利活动就会持续进行，直到真实利率相等为止。因此根据公式（3.5），两国（本国记为d，外国记为f）之间就会存在下列关系：

$$1+r_w=\frac{1+i_d}{1+P_d}=\frac{1+i_f}{1+P_f}$$

也就是：$$\frac{1+i_d}{1+i_f}=\frac{1+P_d}{1+P_f} \tag{3.6}$$

公式（3.6）说明费雪效应所表明的两国名义利率与通货膨胀率之间的关系是成立的，也可以对费雪效应进一步简化。公式（3.5）也可以表示为：

$$i=r+P+rP \tag{3.7}$$

由于真实利率和通货膨胀率都小于1，两者相乘之积（rP）就更小，因此可以忽略公式（3.7）中的最后一项，则可以得到以下公式：

$$r=i-P \tag{3.8}$$

同样，由于各个国家的真实利率相等，因此可有：

$$r_w=i_d-P_d=i_f-P_f$$

即：$$r_w=i_d-i_f=P_d-P_f \tag{3.9}$$

公式（3.9）表明，两国名义利率之差等于两国通货膨胀率之差。

### 3.国际费雪效应

把购买力平价理论和费雪效应结合起来就可以得到一个新的平价理论：国际费雪效应。购买力平价理论建立了汇率与预期通货膨胀率之间的关系，而费雪效应反映的是名义利率与预期通货膨胀率之间的关系，它们之间存在着一个共同因素，即预期通货膨胀率。根据公式（3.1）和公式（3.6）则有：

$$\frac{S_t}{S_0}=\frac{1+P_d}{1+P_f}=\frac{1+i_d}{1+i_f}$$

如果上式中的中间项忽略不计，就可以得到国际费雪效应的公式：

$$\frac{S_t}{S_0}=\frac{1+i_d}{1+i_f} \tag{3.10}$$

还可以推导出：

$$\Delta=\frac{S_t-S_0}{S_0}=\frac{i_d-i_f}{1+i_f} \tag{3.11}$$

如果公式（3.11）中的$i_f$相对较小，则可以得到国际费雪效应的近似公式为：

$$\Delta=\frac{S_t-S_0}{S_0}=i_d-i_f \tag{3.12}$$

根据公式（3.12），国际费雪效应的含义是：即期汇率的变化率（直接标价法下的外币升值率或贬值率）应等于两国的利率之差。

### 4.利率平价理论

不同国家的利率差异必然引起利息套汇，大量的利息套汇者不断地进行利息套汇，就会出现利率平价。利率平价说明的是外汇市场与货币市场的平衡关系。根据利率平价理论，如果以证券代表金融资产，两国风险与期限相同的证券的利率差别（本国利率减去外国利率）在扣除交易成本后应等于外币的远期升水或贴水。[①]

如果$S_0$表示即期汇率，$F_0$表示一年期远期汇率，则利率平价理论可用公式表示如下[②]：

$$\frac{1+i_d}{1+i_f}=\frac{F_0}{S_0} \tag{3.13}$$

如果公式（3.13）两边都以分子减去分母，再除以分母，则可以得到：

$$\frac{i_d-i_f}{1+i_f}=\frac{F_0-S_0}{S_0} \tag{3.14}$$

公式（3.14）右边就是在直接标价法下外币的远期升水或贴水。如果该公式中的$i_f$相对较小，则可以忽略公式（3.14）左边的分母项，因而可以得到：

$$\frac{F_0-S_0}{S_0}=i_d-i_f \tag{3.15}$$

公式（3.15）就是利率平价理论的近似表达式，式中左边表示外币的远期升水或贴水，右边表示本国利率与外国利率之差。

### 5.无偏差理论

无偏差理论说明了远期汇率与未来即期汇率之间的关系。将国际费雪效应公式（3.10）和利率平价公式（3.13）结合起来，就可以得到：

$$\frac{F_0}{S_0}=\frac{1+i_d}{1+i_f}=\frac{S_t}{S_0} \tag{3.16}$$

---

① 远期升水是指一种货币的远期汇率高于即期汇率，在直接标价法下表现为远期汇率的具体数值大于即期汇率的具体数值；远期贴水反之。

② 具体推导过程略。

由上式可得：$F_0=S_t$　　(3.17)

公式（3.17）表明，目前的远期汇率等于一定时期（一年）后预计的即期汇率。上式也可以表示为：

$$\frac{F_0-S_0}{S_0}=\frac{S_t-S_0}{S_0} \tag{3.18}$$

公式（3.18）表明，外汇远期升水或贴水等于预计的外汇升值或贬值。无偏差理论说明，在没有干扰的情况下，当前的远期汇率应等于未来的即期汇率。也就是说，根据远期汇率可以无偏差地预测到期时的即期汇率。

上述5种汇率决定理论可用图3-4表示如下[①]。

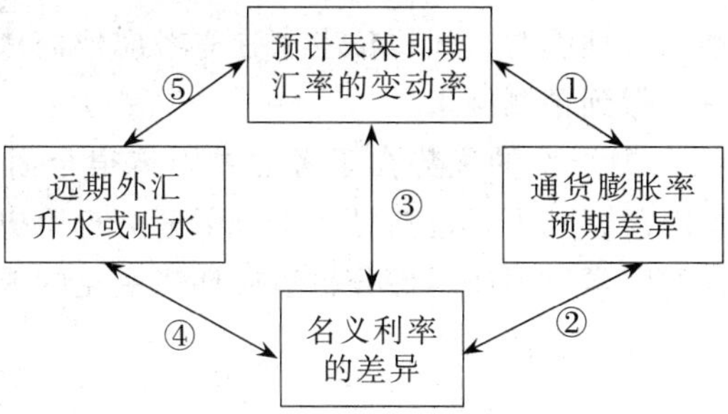


图3-4　汇率平价关系图

注：

①购买力平价理论 $\frac{S_t}{S_0}=\frac{1+P_d}{1+P_f}$　　公式（3.1）

②费雪效应 $\frac{1+i_d}{1+i_f}=\frac{1+P_d}{1+P_f}$　　公式（3.6）

③国际费雪效应 $\frac{S_t}{S_0}=\frac{1+i_d}{1+i_f}$　　公式（3.10）

④利率平价理论 $\frac{F_0}{S_0}=\frac{1+i_d}{1+i_f}$　　公式（3.13）

⑤无偏差理论 $F_0=S_t$　　公式（3.17）

在图3-4中，尽管每一种平衡关系强调的是某一对因素的相互关系，但实际上，它们之间是相互交叉相互影响的。例如，根据无偏差理论，可以利用当前的远期汇率预测未来的即期汇率，但名义利率差值率、通货膨胀率的差值率都会对即期汇率产生直接的影响。同时也应注意，上述这几种平价关系是在外汇市场充分发达和完全开放情况下外汇汇率变化的规律，这些平价关系完全由市场调剂完成，因此在实际中，外汇可自由买卖的程度对这些平价关系可以应用的程度起到决定性作用。

## 四、汇率预测方法

汇率预测的方法很多，大体上可以分为四类：基本分析法、技术分析法、市场预测法和混合预测法。

### （一）基本分析法

基本分析法又称基本因素分析预测法，是根据经济变量（因素）与汇率之间的基本关系来预测未来汇率的方法。主要的经济变量包括前面介绍过的通货膨胀率、利率等，它是

① 刘淑莲．公司理财［M］．北京：中国金融出版社，2005．

预测汇率最常用的方法。这种方法又可以分为以下两种：

### 1.定性分析法

定性分析的方法有很多，例如德尔菲法，也叫专家调查法，它是最常用的定性分析方法之一，1946年由美国兰德公司的研究小组首创，其本质上是一种反馈匿名函询法。该方法是由企业组成一个专门的预测机构，其中包括若干专家和企业预测组织者，按照规定的程序，背靠背地征询专家对未来市场的意见或者判断，然后进行预测的方法。其大致流程是在对所要预测的问题征得专家的意见之后，进行整理、归纳、统计，再匿名反馈给各专家，再次征求意见，再集中，再反馈，直至得到一致的意见。

定性分析的另外一种常用方法是专家判断法，它是根据每位专家的判断或一个专家小组的一致意见进行定性预测。预测时，让每位专家独立考虑他们认为会影响预测对象的信息，然后将这些结论汇总，得到预测结果。

利用定性分析的方法预测汇率的优势在于考虑的因素很全面，既可以包括可定量因素，也可以包括不可定量因素；既可以包括已经十分了解的有历史资料的因素，也可以包括缺乏历史资料的新出现的因素，因而定性分析适应环境变化的能力非常强。但其最大缺陷是判断结果具有较大的主观随意性。

### 2.定量分析法

定量分析法主要依赖于统计技术，考虑影响汇率的相关经济变量，在预测过程中结合特定的汇率决定理论，并利用特定的预测模型进行预测。主要的预测模型包括：

（1）传统流量模型

传统流量模型从外汇市场的供求关系分析入手，考察不同经济变量对国际收支水平的影响，并通过对国际收支不平衡（包括经常项目、资本和金融项目以及总收支的不平衡）的预估，来预测货币供求关系的变化，进而预测汇率的走势。

（2）资产市场模型

资产市场模型侧重于从中短期角度进行汇率决定和汇率变动的分析。该模型将不同国家的货币看成不同的金融资产，就像股票、债券等金融资产一样，汇率就是一种金融资产对另一种金融资产的相对价格。这种相对价格主要取决于金融资产未来预期所能带来的现金流量或劳务的价值。所以，汇率主要受未来预期的经济发展趋势的影响。如果预计一个国家未来的经济持续健康稳定增长，那么该国货币就趋向于升值，这与传统流量模型得出的结论刚好相反。例如，1981—1985年，由于美国的真实利率较高，同时，外国人也看好美国的长期经济前景，在美国市场上进行了大量的投资，因此，虽然这段时间美国贸易赤字不断增加，但是美元依然坚挺。

与传统流量预测模型不同的另一个方面是，国际收支中经常项目的变动对汇率的变动趋势并没有直接且决定性的影响，但国际收支中的资本和金融项目对短期汇率会产生影响，因为它反映了国际资本的流动，而资本流动本身就是对一种金融资产的买入或卖出。

（3）经济计量模型

近年来，随着计算机技术的广泛应用，经济计量模型得到进一步的发展。这一方法主要是分析各种与汇率变动有关的经济变量，依据它们之间的关系构建数学模型，运用过去的实际数据确定模型中的参数并加以检验，然后将已知的预测条件代入模型之中，通过模型确定的数量关系得到未来汇率的预测值。

常见的经济计量模型包括：随机游走模型（random walk model）、价格自由浮动模型（Frenkel-Bilson model，F-B model）、价格粘滞模型（Dornbusch-Frankel model，D-F model）和带有经常项目的价格粘滞模型（Hooper-Morton model）等①。

定量分析的最大优点是预测结果数量化，因此可以为分析者提供汇率变化的具体预测数值，便于分析者使用。定量分析的最大缺陷是只考虑能够定量的因素对汇率的影响，但这些定量因素在实际中对汇率的影响可能并不是同期的，例如通货膨胀率差异对外汇汇率的影响可能发生时滞，时滞的时间到底有多长却很难确定。因此，定量分析的结果并不能作为唯一准确的预测结果马上加以应用，还需要结合定性的方法分析没有被考虑在定量模型中的其他因素可能的影响程度，调整定量预测的结果。另外，定量分析模型的构建是建立在历史资料的基础之上的，因此，在缺乏历史资料的情况下无法采用该方法。同时，定量分析应用的因素对汇率的影响程度都是历史上存在的，未来这些因素的影响程度可能会发生变化，导致预测的准确性逐渐下降，因此分析人员必须密切关注模型有效性的改变情况，在应用中要经常对模型进行调整。

**（二）技术分析法**

技术分析法又称图表分析预测法，是以图表作为主要依据，利用汇率的历史数据来预测未来汇率的方法。这种方法是以以下三个前提为基础的：

第一，市场行情说明一切。各种各样的事件，包括政治事件、经济事件和其他事件等，都会对市场价格（包括外汇市场的汇率）产生影响。反过来，市场价格也反映着所有事件的状况。

第二，价格按趋势变动。通常认为价格的变动具有历史连续性，而不是独立的和无规则的。

第三，历史不断地重现其自身。人们可以在这个重复中不断地深化对客观事物的认识。

技术分析法一般需要绘制和运用多种图表，例如：

**1.条形图**

条形图是图表分析预测法最基本的图，其横轴表示时间，纵轴表示汇价。汇价由最高价、最低价（用垂直竖线连接）和收盘价（用一条横线标在竖线上）组成。条形图主要用于考虑时间因素趋势信号分析。

**2.线形图**

线形图在图上绘出每日的收盘价（横轴表示时间，纵轴表示汇价），并用折线连接相邻的两点，形成高低起伏的线条。线形图主要用于汇价趋势信号分析。

**3.移动平均图**

假设移动平均的跨越期为8天，如果把前7个交易日的收盘价之和与当日收盘价相加，再除以8，便得到8天移动平均值。需要注意的是：移动平均的跨越期越长，曲线越平滑，反映趋势的效果越好，但比实际值的滞后越明显；跨越期越短，与实际值越接近，但反映趋势的效果越不理想。因此在移动平均图中一般绘制两条移动平均线：一条跨越期较短，一条跨越期较长。

---

① 毛付根，林涛.跨国公司财务管理［M］. 3版.大连：东北财经大学出版社，2016：153.

技术分析法主要借助统计分析进行预测。预测人员通过电脑程序的帮助，能更好地探究汇率变动的趋势。由于技术分析法主要用于预测近期内的汇率变动走势，因而很受投机商偏爱，有助于其利用预测结果进行外汇投机。但对企业来说，技术分析法并不是一种主要的预测方法，因为企业更为关心的是长远目标，需要利用汇率预测确定企业长期的经营策略，并对外汇风险进行管理。

**（三）市场预测法**

市场预测法是利用当前市场的即期汇率和远期汇率以及汇率之差，对未来汇率进行预测的方法。

例如，可以根据当前的即期汇率对未来汇率进行预测。如果预期近期日元对美元升值，那么外汇投机者现在就会大量买进日元，期待日元升值后再卖出，从而获取投机收益，而这种买进会使日元在市场上的需求量大大上升，在日元供给量不变的情况下日元将很快升值。相反，如果预期近期日元对美元贬值，那么外汇投机者就会大量卖出日元，这种卖出会促使日元在市场上的需求量大大下降，在供给量不变的情况下日元将很快贬值。因此，根据当前的即期汇率和对外汇市场的预期就可以预测未来的即期汇率。

更多的企业倾向于以远期汇率为基础预测未来汇率，它们认为远期汇率是对未来即期汇率的可靠预测，因此，这些企业只需要适时追踪远期外汇市场的报价就可以方便地进行汇率预测。但是，也有人对此提出异议，他们认为外汇市场上存在着庄家，庄家对市场价格的操纵会使汇率偏离其内在价值。

**（四）混合预测法**

各种汇率预测法各有优缺点，因而许多公司便综合运用各种汇率预测方法，称为混合预测法。混合预测法运用不同预测方法得出某一外汇汇率的不同预测值，然后给不同的方法分配权重并使权重合计为100%。其中更可靠的方法可以给予较高的权重，这样，公司预测的外汇汇率便是各种预测值的加权平均数。

## 第三节　外汇风险及其类型

随着经济全球化的推进，企业的跨国经营无论在数量上还是在规模上都有了很大的发展，公司之间的对外贸易、资本输入和输出、国际资金融通等日趋频繁。然而，在浮动汇率制下，汇率波动具有经常性和不确定性，企业在对外经济贸易活动中，不可避免地会遇到汇率变动而产生的外汇风险。本节将讲述外汇风险的含义及其类型。

### 一、外汇风险的含义

外汇风险是指国际债权债务中约定以外币支付时，因汇率变动给公司持有的、以外币计价的资产、负债、收入和支出带来的不确定性。这种不确定性所带来的影响是双向的，既可能是有利影响，给公司带来收益，也可能是不利影响，给公司带来损失。从规避风险的角度分析，通常把外汇风险视为外汇损失的可能性。理解外汇风险概念时，应弄清两个问题：

1.外汇风险对象

承担外汇风险的不是公司持有的全部外币资产和负债，而只是其中的一部分。这部分承担外汇风险的外币资本通常称为“受险部分”“外汇敞口”“风险头寸”。例如，在外汇买卖中，风险头寸表现为外汇持有额中“超买（overbought）”或“超卖（oversold）”的部分，在公司经营中则表现为其外币资产与外币负债不相匹配的部分，如外币资产大于或小于外币负债，或外币资产与外币负债在金额上相等，但在期限上不一致。

2.外汇风险的构成要素

外汇风险一般是由外币、时间和汇率变动三个因素共同构成的。以产品进口为例，首先，如果进口产品的价格是以本币计价的，此时不论应付账款的付款期多长，企业都不会有外汇风险，外汇风险存在于对方公司（对方公司的出口产品计价货币为外币）；其次，如果产品进口采用的是现购，而不是赊购的方式，即不存在时间因素，那么成交日就必须以本币购买外币进行实际交割，汇率不存在变动的空间和时间，因此企业也不会遭受外汇风险；最后，如果产品确实以外币计价，并且采用的也是赊购方式，但如果应付账款期内汇率没有发生任何变化，那么在实际交割日购买外币需要支付的本币金额与成交日账面记录的应付账款本币金额将会完全相等，也不会存在外汇风险。外汇风险的构成要素是外币、时间、汇率变动，三者缺一不可。在以外币计价的前提下，从成交到收付款的时间越长，汇率变动的可能性越大，外汇风险就越大；外币与本币的汇率变动幅度越大，外汇风险也越大。

## 二、外汇风险的类型

根据外汇风险产生的背景及对公司的影响，可以将外汇风险分为交易风险、折算风险和经济风险三大类。

### （一）交易风险

交易风险（transaction exposure）是指公司以外币计价的各种交易，如以信用方式进行的商品进出口交易、外汇借贷交易、外汇买卖、远期外汇交易、以外汇进行投资等，由于汇率变动使折算为本币的数额增加或减少的风险。交易风险又可以分为：

1.商品进出口交易的外汇风险

商品进出口交易的外汇风险是最常见的交易风险，是指公司在进行商品、劳务进出口交易时，用外币计价结算，由于成交日到结算日汇率发生变动，使得公司以本币计算的收入、支出增加或减少而导致的风险。其具体又包括出口交易的外汇风险和进口交易的外汇风险。下面以商品出口交易为例，说明商品进出口交易的外汇风险。

【例3-1】

位于中国的某公司6月1日向美国进口商出口了两批产品，货款各为100万美元。其中一批为一次收款，另一批为分次收款。由于交易日至实际交割日（9月1日）期间汇率发生了变化，因此给该公司带来了一定的损失。事后，该公司将汇率、收款数额和时间以及外汇风险情况进行了归纳，见表3-4。

表3-4 商品出口交易外汇风险

| 一次收款的出口 | 风险敞口 |
|---|---|
| （1）6月1日成交时：<br>外币计价的出口货款100万美元<br>汇率：1美元=6.9元人民币<br>货款折合人民币为690万元 | 100万美元 |
| （2）9月1日交割时：<br>汇率：1美元=6.75元人民币<br>货款折合人民币为675万元<br>风险损失：15万元人民币 | 0 |
| **分次收款的出口** | **风险敞口** |
| （1）6月1日成交时：<br>外币计价的出口货款100万美元<br>汇率：1美元=6.9元人民币<br>货款折合人民币为690万元 | 100万美元 |
| （2）分次交割时：<br>第一次收款20万美元（7月1日）<br>汇率：1美元=6.86元人民币<br>20万美元折合人民币为137.2万元<br>第二次收款40万美元（8月1日）<br>汇率：1美元=6.8元人民币<br>40万美元折合人民币为272万元<br>第三次收款40万美元（9月1日）<br>汇率：1美元=6.75元人民币<br>40万美元折合人民币为270万元<br>100万美元折合人民币合计数为679.2万元<br>风险损失：10.8万元人民币 | 80万美元<br>40万美元<br>0 |

### 2.外汇借款的汇率风险

外汇借款的汇率风险是指公司借入某种外汇，由于借款日到偿还日汇率变动，使公司还本付息折合本币数额增加或减少的风险。

【例3-2】

我国某企业从银行借款10万美元，期限1年，年利息率10%，借款时汇率为1美元=6.88元人民币，到期还款时，汇率变为1美元=6.93元人民币。如果在借款期内汇率不发生任何变动，1年后到期时企业只需花费75.68万元人民币（10×（1+10%）×6.88）购买11万美元就可以还本付息；但由于汇率变动（美元升值），1年后到期时，企业必须支付76.23万元人民币（10×（1+10%）×6.93）才能买到美元借款的本利和11万美元，从而还本付息多支付了0.55万元人民币（76.23−75.68）。这就是外汇借款的汇率风险。

### 3.外汇买卖的汇率风险

顾名思义，外汇买卖的汇率风险是在公司买卖外汇的过程中发生的，即公司买入外汇，持有一段时间后卖出，由于买入到卖出这一期间内汇率发生变动从而使本币数额增加或减少的风险。

【例3-3】

2020年1月初和2021年1月初美元和人民币之间的汇率分别为1美元=6.86元人民币及1美元=6.44元人民币。2020年1月初，我国某公司支付686万元人民币买入100万美元，存入银行，存期一年，美元存款年利息率6%。2021年1月初，该公司将美元存款本利和106万美元按当时汇率卖出，仅能收回682.64万元人民币，不仅没能获得存款利息，而且发生了3.36万元人民币（686-682.64）的亏损。这就是外汇买卖的汇率风险。

#### 4.远期外汇交易的汇率风险

前已述及，远期外汇交易不具有选择权，只要签订了合约就必须要执行，因此在对汇率走势预测失败的情况下，有时还不如不签订远期外汇交易合约。如果不签订合约，可以按照对自己有利的即期汇率买入或卖出外汇，但由于签订了远期外汇交易合约，那么即使实际情况是合约中约定的远期汇率对自己是不利的，也必须按照约定的远期汇率执行，造成企业必须以更多的本币购买外汇或收回的外汇折合为本币数额减少的汇率风险。

【例3-4】

我国某企业预测一年后美元将要升值，因此于2020年1月1日与银行签订用人民币购买美元的远期外汇交易合约，期限一年，远期汇率为1美元=6.85元人民币，即到期时企业可以用685万元人民币购买100万美元。但2020年12月31日合约到期时，美元的走势刚好与企业的预测相反，不仅没有升值，反而降为1美元=6.48元人民币。此时，如果企业没有签订远期外汇合约，支付648万元人民币就可以购入100万美元；但由于远期外汇合约不具有灵活性，只要签订必须执行，因此该企业必须支付685万元人民币，反而多支付了37万元人民币。这就是远期外汇交易的汇率风险。

#### 5.对外投资中外汇汇出、利润汇回和原本撤回的汇率风险

这是指公司以外汇对境外投资，在外汇汇出到汇回利润和本金这一期间，汇率变动会使公司发生的外汇风险。

【例3-5】

我国某公司2020年1月初购买一笔美元，汇率为1美元=6.86元人民币，用6 860万元人民币购买1 000万美元，购买美国债券获得利息60万美元。2020年12月31日将美元投资本金和利息共1 060万美元汇回，但此时汇率已变为1美元=6.48元人民币，1 060万美元仅能折合为6 868.8万元人民币，仅获得投资收益8.8万元人民币。如果在这一年中汇率没有发生变化，该公司2020年12月31日汇回的人民币金额应为7 271.6万元人民币，投资收益应为411.6万元人民币。由于汇率变动，使该公司发生了402.8万元人民币（411.6-8.8）的损失。

### （二）折算风险

折算风险（translation exposure）也可以称为会计风险，其全称为会计折算风险。跨国

公司的母公司在编制合并报表或汇总报表之前，首先要把子公司提供的以外币表示的报表折合为母公司当地货币，这个过程就是会计折算。而在报表折算过程中，尤其是资产负债表，由于对不同的项目需要采用不同的汇率，因此会产生损失或利得，这种损失或利得就是折算风险。

1.外币报表折算方法

为了具体了解折算风险，需要对折算方法做一些说明。会计报表折算有以下四种方法可以使用，即流动/非流动项目法、货币/非货币项目法、时态法和现行汇率法四种。

（1）流动/非流动项目法（current/noncurrent method）

这种方法的基本原则是，资产和负债应当按照到期日的不同分别换算。所有的流动资产（库存现金、应收账款、存货等）和流动负债都按照现行汇率折算，现行汇率也叫当前汇率，是指编制资产负债表当天的汇率；其他的资产和负债则统一按历史汇率折算，历史汇率是指资产和负债项目发生时的汇率，即资产取得日或负债承担日的汇率。

使用流动/非流动项目法时，大多数利润表项目按照会计期间的平均汇率进行折算。但对于那些与非流动资产或非流动负债相关的收入和费用，如折旧费用，则按照资产负债表项目所适用的历史汇率进行折算。

在20世纪30年代至1975年财务会计准则委员会第8号公告（FASB8）生效期间，美国普遍采用的外币折算方法是流动/非流动项目法。但目前，仅有南非、新西兰、巴基斯坦、伊朗、赞比亚等少部分国家采用这种方法。这种方法的缺点是缺乏必要的理论基础，即为什么在确定折算汇率时按资产负债的流动性进行划分？二者缺乏必要的联系。

（2）货币/非货币项目法（monetary/nonmonetary method）

在这种方法下，所有的货币性资产负债表项目，如库存现金、应收账款、应付票据等，都按现行汇率折算；所有非货币性项目，包括股东权益，则按照初次登记入账时的历史汇率进行折算。

与流动/非流动项目法相比，货币/非货币项目法对存货、长期应收款和长期负债等项目的处理明显不同。货币/非货币项目法的潜在原则是，货币性项目具有相似性，因为它们的价值都是用货币计量的，而它们折算后的货币价值也会随着汇率的变化而变化。货币/非货币项目法不是按到期日的相似性，而是以资产负债属性的相似性为基础对会计项目进行分类。

使用货币/非货币项目法时，大多数利润表项目按照会计期间的平均汇率进行折算。但对于与非货币性账户相关的收入和费用，如销货成本和折旧费用，则按照相应的资产负债表项目的历史汇率进行折算。

目前采用货币/非货币项目法的国家有瑞典、芬兰、韩国、巴哈马、哥斯达黎加和洪都拉斯等。在严格的历史成本模式下，即所有物质资产均以历史成本表示时，区分货币性项目与非货币性项目的方法是正确的。但当企业的财务报告涉及市价报告基础时，使用这种方法就会与企业的真实情况发生偏差。

（3）时态法（temporal method）

1972年，美国会计学家L.Lorensen在其撰写的《按美元报告美国公司的国外经营活动》中，第一次对时态法进行了全面、系统的论述。他认为，外币折算只是对既定价值的重新表述，应该只是计量单位的改变，而不应该变更其计量的属性。因此他认为，最好的折算方法是按照外币计量所属的实际汇率折算。

具体来说，时态法下，不论是历史成本模式还是现行成本模式，库存现金、应收账款和应付账款都应该按照现行汇率折算；非货币性资产和负债项目，按历史成本计量的按历史汇率折算，按现行成本计量的则应按现行汇率折算。利润表中，收入和费用项目按交易实际发生日的实际汇率折算，如果交易发生比较频繁，金额比较大的项目可以采用加权平均汇率；折旧和摊销按相关资产取得日的历史汇率折算；股本总是按照资本实际取得日的历史汇率折算；留存收益则为轧算的平衡数值。

时态法与货币/非货币项目法非常像，两种方法唯一的区别就是对非货币性项目中存货和投资项目的处理，即对存货和投资都适用成本与市价孰低原则，如果存货和投资项目是按历史成本计量，则应按历史汇率折算；如果存货和投资项目是按当前市价计量，则应按现行汇率折算。当存货和投资项目按历史成本计量，按历史汇率折算时，时态法与货币/非货币项目法是完全相同的。

目前外币报表折算中广泛采用时态法的国家和地区主要有美国、英国、加拿大、阿根廷、奥地利、巴拿马、百慕大和委内瑞拉等。[①]

（4）现行汇率法（current rate method）

在现行汇率法下，所有的资产和负债项目都按报告期末的现行汇率折算；收入和费用项目按交易实际发生日的历史汇率折算，如果交易发生比较频繁，金额比较大，则可以采用加权平均汇率；只有股本项目仍按实际到账日的历史汇率折算。

目前，世界上大部分的国家和地区采用的都是现行汇率法。

上述四种折算方法的异同见表3-5[②]。

表3-5　**四种折算方法的比较**

| 资产负债表项目 | 流动/非流动项目法 | 货币/非货币项目法 | 时态法 | 现行汇率法 |
|---|---|---|---|---|
| 库存现金 | C | C | C | C |
| 应收账款 | C | C | C | C |
| 存货 | | | | |
| 　按成本 | C | H | H | C |
| 　按市价 | C | H | C | C |
| 投资 | | | | |
| 　按成本 | H | H | H | C |
| 　按市价 | H | H | C | C |
| 固定资产 | H | H | H | C |
| 无形资产及其他资产 | H | H | H | C |
| 应付账款 | C | C | C | C |
| 非流动负债 | H | C | C | C |
| 实收资本 | H | H | H | H |
| 留存收益 | * | * | * | * |

说明：C为现行汇率，H为历史汇率，*为轧算的平衡数字。

① 毛付根，林涛.跨国公司财务管理［M］. 3版.大连：东北财经大学出版社，2016：160.
② 刘胜军，陈旭.国际财务管理［M］. 2版.北京：科学出版社，2018：57.

以上四种方法中，前三种方法，外币折合差额均体现在利润表中，即期末留存收益等于资产负债表中的轧算平衡数；而在现行汇率法下，折算损益不列示在利润表中，期末留存收益等于期初留存收益加上当年的增加额再减掉当年发放的股利，因此在资产负债表中增加“累计换算调整”，用来列示轧算的平衡数。

现行汇率法属于单一汇率法，其他三种方法均属于多种汇率法。现行汇率法是目前最流行的折算方法。美国的做法是，1976年之前主要使用流动/非流动项目法，之后使用货币/非货币项目法，1982年同时推荐使用现行汇率法。我国财政部1995年2月颁布的《合并会计报表暂行规定》中规定，我国企业对子公司外币会计报表折算采用现行汇率法。2006年我国《企业会计准则第19号——外币折算》提出了明确要求。

2.折算风险举例

一家由美国母公司拥有100%股权的A国子公司XYZ公司是2021年年初成立的，2021年12月31日，美国母公司需要将XYZ公司以A元为单位列示的资产负债表和利润表折算为美元表示的报表。

汇率情况如下：

2021年1月1日汇率：1美元=3A元（历史汇率）

2021年12月31日汇率：1美元=2A元（现行汇率）

2021年平均汇率：1美元=2.5A元

采用各种方法的折算过程及结果见表3-6。

从表3-6的结果中可以看出：

（1）采用货币/非货币项目法时，该子公司的总资产最少，为2 550 000美元，发生了550 000美元的外汇损失，列示在利润表中；采用现行汇率法时，该子公司的总资产最多，为3 300 000美元，发生了540 000美元的外汇利得，列示在资产负债表中。

（2）采用时态法时，我们假设该子公司存货的价值是市场价值1 800 000A元，而不是历史成本1 500 000A元。值得注意的是，如果该子公司采用的是按照历史成本记录其价值，那么采用时态法得到的存货美元价值应为500 000美元，和货币/非货币项目法下的存货美元价值相等。

**（三）经济风险**

经济风险（economic exposure）是指由于汇率变动对公司产销数量、价格、成本等经济指标产生影响，从而使公司未来一定时期利润和现金净流量减少或增加，引起公司价值变化的一种潜在风险。

对经济风险进行分析是非常重要的，因为它会直接影响公司在筹资、销售或生产方面的战略决策。但由于首先要估计未来一段时期内汇率变动对中间指标的影响，进而分析对公司利润或现金流的影响，因此经济风险的预测不可避免地含有主观成分，不同的决策者对经济风险的预测也不尽相同。

**（四）三种外汇风险比较**

由上述三种风险的定义及举例可以看出，这三种风险既有联系又有区别，三者不能完全区分，甚至有时还可能重叠。

折算风险是由于汇率变动引起的资产负债表和利润表各项目的变动，所导致的损益只是账面上的；交易风险和经济风险会引起公司未来现金流量的变动，所导致的损益是实际

表 3-6　　XYZ公司A元报表折算为美元报表　　单位：1 000货币单位

| | 当地货币（A元） | 流动/非流动项目法 | | 货币/非货币项目法 | | 时态法 | | 现行汇率法 | |
|---|---|---|---|---|---|---|---|---|---|
| | | 折算后金额（美元） | 适用汇率 | 折算后金额（美元） | 适用汇率 | 折算后金额（美元） | 适用汇率 | 折算后金额（美元） | 适用汇率 |
| **资产负债表** | | | | | | | | | |
| 库存现金 | 2 100 | 1 050 | 2 | 1 050 | 2 | 1 050 | 2 | 1 050 | 2 |
| 存货（现时价值=1 800A元） | 1 500 | 750 | 2 | 500 | 3 | 900 | 2 | 750 | 2 |
| 固定资产净额 | 3 000 | 1 000 | 3 | 1 000 | 3 | 1 000 | 3 | 1 500 | 2 |
| 总资产 | 6 600 | 2 800 | | 2 550 | | 2 950 | | 3 300 | |
| 流动负债 | 1 200 | 600 | 2 | 600 | 2 | 600 | 2 | 600 | 2 |
| 非流动负债 | 1 800 | 600 | 3 | 900 | 2 | 900 | 2 | 900 | 2 |
| 普通股 | 2 700 | 900 | 3 | 900 | 3 | 900 | 3 | 900 | 3 |
| 留存收益 | 900 | 700（轧算） | | 150（轧算） | | 550（轧算） | | 360（见利润表） | |
| 累计换算调整 | — | — | | — | | — | | 540（轧算） | |
| 负债与权益合计 | 6 600 | 2 800 | | 2 550 | | 2 950 | | 3 300 | |
| | | | | | | | | | |
| **利润表** | | | | | | | | | |
| 销售收入 | 10 000 | 4 000 | 2.5 | 4 000 | 2.5 | 4 000 | 2.5 | 4 000 | 2.5 |
| 销货成本 | 7 500 | 3 000 | 2.5 | 2 500 | 3 | 3 000 | 2.5 | 3 000 | 2.5 |
| 折旧费用 | 1 000 | 333 | 3 | 333 | 3 | 333 | 3 | 400 | 2.5 |
| 营业利润 | 1 500 | 667 | | 1 167 | | 667 | | 600 | |
| 所得税（40%） | 600 | 267 | | 467 | | 267 | | 240 | |
| 税后利润 | 900 | 400 | | 700 | | 400 | | 360 | |
| 外汇损益 | — | 300 | | （550） | | 150 | | — | |
| 净利润 | 900 | 700 | | 150 | | 550 | | 360 | |
| 股利 | 0 | 0 | | 0 | | 0 | | 0 | |
| 留存收益增加额 | 900 | 700（见资产负债表） | | 150（见资产负债表） | | 550（见资产负债表） | | 360 | |

发生的。从广义上来讲，交易风险也属于经济风险，它们的区别在于：交易风险是由已经签订但尚未履行的合同的价值变化引起的现金流量的变化，而经济风险是由未发生的、预期的交易引起的现金流量的变化。

折算风险的度量以过去发生的经济活动为基础，具有追溯性；经济风险的度量基于未来的经济活动，具有前瞻性；交易风险的度量是基于过去发生、未来结算的经济活动，所以同时具有追溯性和前瞻性。

折算风险和交易风险是在一定时期内发生的，一般不会超过一年。因此，只能反映短期内汇率变动对公司损益的影响；经济风险则没有确切的时间范围，可以是短期的，也可以是长期的，大多数情况下都是中长期的。

在现实中，交易风险与折算风险和经济风险是重叠的。交易风险的有些因素已经在财务报表中反映，因此已经包括在折算风险中，例如以外币计价的应收账款和应付账款；而交易风险中的其他因素，如已经签订以外币计价但是未来才进行的购销合同，因为没有发生应收、应付款项，也没有反映在财务报表中，因此属于经济风险。

在国际财务管理中，经济风险比折算风险和交易风险更加复杂也更加重要，它对公司的影响具有战略性和全面性。因此，经济风险的规避和管理也比折算风险和交易风险要复杂得多。

## 【本章小结】

◇ 外汇是指可以用于国际清算的各种支付手段。外汇市场是在国家间从事外汇买卖的交易场所。外汇市场主要作用在于为国家间的资金划拨、结算、资本流动提供场所，并能及时地反映国际金融动态和各国货币汇率的变化趋势，对国际经济、金融的发展具有重要作用。

◇ 汇率是两种货币兑换的比率，也就是一国货币用另一国货币表示的价格。汇率又称为汇价或外汇行市。国际外汇市场上有两种不同的汇率标价方法：直接标价法和间接标价法。汇率的种类可以按照不同的标准进行划分。

◇ 外汇交易就是外汇买卖。常见的外汇交易方式主要包括即期外汇交易、远期外汇交易、套汇交易、掉期交易、外汇期货交易和外汇期权交易。

◇ 外汇风险是指国际债权债务中约定以外币支付时，因汇率变动给公司持有的，以外币计价的资产、负债、收入和支出带来的不确定性。

◇ 根据外汇风险产生的背景及对公司的影响，可以将外汇风险分为交易风险、折算风险和经济风险三大类。其中，经济风险是最重要的，对企业影响最大。

## 【关键概念】

外汇
外汇市场
外汇汇率
外汇交易
汇率预测
汇率决定理论

外汇风险
交易风险
折算风险
经济风险

## 【思考题】

1.企业进出口商品以美元计价结算，如果美元贬值，会对我国企业的人民币收支产生什么影响？

2.什么是外汇风险？汇率预测在外汇风险管理中起什么作用？

3.现行汇率法与其他三种外币折算方法的主要区别是什么？

4.汇率变动一定会对从事国际贸易的企业产生影响，但是否会对不涉及跨国交易的公司，也就是纯粹的国内企业产生影响？请举例说明。

5.光明公司是一家专门从事工艺品出口的贸易公司，公司的主要出口市场是欧洲，每个月公司需要把收到的欧元兑换为人民币。目前，欧元的即期汇率大约为1欧元=8.1597元人民币。当前欧洲的利息率比中国利息率略高。在过去数月，欧元汇率有小幅攀升，但是公司预测欧洲会发生较为严重的通货膨胀。为规避可能发生的汇率风险，公司希望预测未来两年的欧元汇率。请分别说明如何运用基本分析法、技术分析法和市场预测法预测欧元未来价值。依据三种不同的方法，你认为欧元将要升值还是贬值？不同预测方法的预测结果是否相同？为什么？本例中，你认为哪一种预测方法更适合？为什么？

## 【计算题】

1.假设A、B两国货币现在的即期汇率为1A元=6B元，预测通货膨胀率A国为6%，B国为9%。

要求：预测这两种货币的汇率将是多少？

2.已知美国的利率为8%，英国利率为6%，即期汇率为1英镑=1.32美元。

要求：计算远期汇率1英镑等于多少美元？

3.预测A国的通货膨胀率为5%，实际利率为7%，B国的通货膨胀率为8%，实际利率为6%。即期汇率为1A元=5B元。

要求：根据利率平价理论测算远期汇率。

4.已知美国通货膨胀率为5%，即期汇率1英镑=1.32美元，远期汇率1英镑=1.33美元。

要求：计算英国的通货膨胀率。

5.已知美国通货膨胀率为6%，英国通货膨胀率为4%，即期汇率1英镑=1.32美元。

要求：测算今后第1年末、第2年末和第3年末的汇率。

6.假设A国年利率为10%，B国年利率为12%，即期汇率1B元=1.40A元，远期汇率（3个月）1B元=1.50A元。某利息套汇者在A国借入14万A元（借款期为3个月）进行利息套汇。

要求：计算套汇损益。

7. 某公司3月1日出口一批商品，货款150万欧元，将于6月1日收到货款。3月1日汇率1欧元=8.1499元人民币，预测6月1日汇率变为1欧元=8.1320元人民币。

要求：计算该公司这笔交易可能发生的外汇风险损失。

8. 某公司从德国进口设备，以欧元计价结算，货款8 500万欧元，该公司只有美元，用美元支付这笔货款。成交时1美元=0.85欧元，1美元=7.80元人民币。付款时1美元=0.80欧元，1美元=7.85元人民币。

要求：计算美元与欧元汇率变动的风险损失和美元与人民币汇率变动的风险损失。

9. 甲公司从银行借入10万美元，期限1年，年利息率8%，借款时1美元=6.8523元人民币，还款时1美元=6.9514元人民币。

要求：计算这项借款的汇率风险损益。

10. 我国某公司在美国设有一家子公司，对其拥有100%的控股权。2021年年末，该子公司提供的以美元表示的资产负债表和利润表见表3-7和表3-8。

汇率情况如下：

2021年1月1日汇率：1美元=6.60元人民币

2021年12月31日汇率：1美元=6.80元人民币

2021年平均汇率：1美元=6.70元人民币

表3-7 **子公司资产负债表简表**

2021年12月31日 单位：百万美元

| 项　目 | 金　额 |
|---|---|
| 库存现金 | 100 |
| 存货（历史成本计价） | 210 |
| 固定资产净额 | 300 |
| 总资产 | 610 |
| 流动负债 | 150 |
| 非流动负债 | 120 |
| 普通股 | 400 |
| 留存收益 | 180 |
| 负债与权益合计 | 610 |

表3-8 **子公司利润表简表**

截至2021年12月31日 单位：百万美元

| 项　目 | 金　额 |
|---|---|
| 销售收入 | 2 200 |
| 销货成本 | 1 650 |
| 折旧费用 | 200 |
| 营业利润 | 350 |
| 所得税（40%） | 140 |
| 税后利润 | 210 |

要求：分别按流动/非流动项目法、货币/非货币项目法、时态法和现行汇率法四种方法对以上美元财务报表进行折算。

【案例分析】

人民币汇率波动，有些上市公司却能“躺着赚钱”

# 第四章

# 外汇风险管理的策略与方法

**【学习目标】**

本章主要阐述了外汇风险管理的策略和具体方法，通过对本章内容的学习，应达到以下目标：

1.了解外汇风险管理的原则、策略和程序。

2.熟悉折算风险的管理办法；熟悉经济风险的管理办法。

3.掌握交易风险的管理办法。

## 第一节　外汇风险管理策略

### 一、外汇风险管理的原则

外汇风险是企业对外财务活动中不可避免的风险，会对国际财务管理产生很大的影响。因此，外汇风险管理是国际财务管理中一个重要的组成部分。企业进行外汇风险管理的目标是充分利用有效信息，在管理成本一定的情况下，尽量减少汇率波动带来的现金流量的不确定性，降低其经济损失。为了达到这一目标，外汇风险管理需要遵循一定的原则，主要包括以下几项：

1.成本效益原则

一般而言，公司的总体目标表现为追求公司价值或股东财富的最大化，外汇风险管理的目的主要在于防止外汇风险损失的发生。而为了防止外汇风险损失，往往会发生相应的费用，主要包括外汇汇率预测、咨询费用，采取外汇风险管理措施付出的代价，为了防范外汇风险在金融市场进行各种外汇交易、外汇借款等所付出的交易费用、借款利息等。外汇风险管理的效益是指采取管理措施使外汇风险损失减少的数额。成本效益原则是指只有当遭受汇率风险的损失大于采取管理措施所付出的成本，或采用管理措施所付出的成本小于因采取措施而带来的收益时，采取措施管理外汇风险才是值得的，才具有可行性。因此，在外汇风险管理中，公司必须对外汇风险的风险损失、管理成本以及可能产生的收益进行精确的测算，并以此为依据，确定具体的规避措施，保证在实现外汇风险管理预期目标的前提下，实现成本最低，收益最大。

2.综合考虑原则

公司往往从事多种经营活动，在不同的经营活动中，可能面临不同的外汇风险，有的只涉及交易风险，有的还涉及经济风险和折算风险，同时，这些风险有的会给公司带来损失，有的会给公司带来收益，因此，公司应该全面考虑各种经济业务的外汇风险，分别对外汇买卖、国际结算、会计折算、企业未来资本运营、国际筹资成本以及跨国投资收益等项目下的外汇风险有清楚的认识，避免顾此失彼，造成人为的损失。例如，各种外币债权债务之间可能会抵消，公司应全面综合考虑各种因素，尽可能将外汇风险带来的损失降到最低。

3.灵活多样原则

各公司的经营范围、行业特点以及管理模式等都不相同，在国际经营中外汇风险形成的原因、外币净头寸、外币之间的关联度、风险管理的办法等也各不相同。这就要求公司从自身情况出发，对不同的外汇风险具体问题具体分析，寻求最适合自身的风险规避措施。实践中，没有任何一种外汇风险管理办法是万能的，能够消除所有的外汇风险。因此，公司应该综合考虑公司内外以及国内外的各种因素，例如企业发展战略、外汇风险头寸的结构和规模、相关国家的外汇管理政策等，灵活多样地选择外汇风险管理方法。同时，灵活多样原则还体现在外汇风险规避措施应随着时间的推移而进行调整，因为影响外汇风险的各种因素会随时间的变化而变化。实践中，很少有公司长期只采用一种外汇风险规避方法。

## 二、外汇风险管理的政策

外汇风险管理的政策是指企业根据自身的情况在防范外汇风险、管理外汇风险过程中所采取的对策与措施。不同企业的情况不同，例如所处行业、规模、涉外业务量多少、管理外汇风险的经验、承担外汇风险损失的能力、对待外汇风险的态度等都有所不同，因此不同的企业应采取不同的外汇风险管理政策。外汇风险管理政策主要包括以下三种：

1.保守政策

保守政策是一种安全第一、不希望保留任何不稳定因素的政策。如果企业的涉外业务量较少，承受外汇风险的能力较弱，管理者厌恶风险的程度较高，此时可以采取保守政策。其管理目标是避免承担任何外汇风险损失，为此，对所有存在外汇风险损失的经营活动都采取管理措施，甚至拒绝某些可能带来外汇风险损失的项目。这种做法有可能支付较多的外汇风险管理费用，也有可能会丧失一些较好的筹资和投资机会。

2.冒险政策

冒险政策又称随意政策，是一种消极的、顺其自然的政策。在这种政策下，企业对涉及外汇的各项经营业务不采取任何外汇风险管理措施，当汇率变动对自己有利时坐享利益，汇率变动对自己不利时也甘愿承受损失。在这种情况下，企业不会发生外汇风险管理费用。采取这种政策的企业，一般涉外业务量很少或相对于其他经营业务来讲并不重要，管理者愿意冒风险，企业的承受能力强，或者预测计划期内汇率变动不大，认为汇率偶尔变动造成的损失是企业经营的正常成本，不影响企业的正常经营。一般情况下，采用现金结算或进出口交易业务量较少、收付款期限较短的企业可以采取这种政策。但在实务中，采取冒险政策的企业非常少。

3.中间政策

中间政策是一种介于前两种极端政策之间的政策，也是大多数企业采用的外汇风险管理政策。如果企业涉及外汇的业务量较多，在其全部经营中占有重要地位，并且涉外业务的现金流入货币与现金流出货币币种不同，此时最佳的政策就是采取中间政策，即按照成本效益原则，对企业涉及外汇的各项业务区别对待，分清主次，对某些涉外业务采取保守政策，对某些涉外业务采取随意政策，仅对受险可能性大、外汇风险影响严重的主要经营业务进行外汇风险管理。

## 三、外汇风险管理的程序

外汇风险管理是一项很复杂的工作，必须按照一定的程序进行。其一般程序是：

1.外汇风险环境分析

风险环境分析就是对产生风险的内外部因素进行测定，针对外汇风险来说，就是预测外汇汇率的变动情况。汇率变动是构成外汇风险必不可少的三大因素之一，因此对汇率的变动情况进行预测是进行外汇风险管理的第一个步骤，包括预测汇率变动的趋势、时间和幅度等。

2.外汇风险识别

外汇风险识别就是预测外汇风险的受险额，即从数量上确定企业面临外汇风险的大小。例如，交易风险可按每笔交易计算受险额，也可以按不同货币、不同结算期的全部交易计算受险额。受险额等于结算期限相同的外币债权与外币债务之间的差额。

3.外汇风险评估

前两个步骤是外汇风险评估的基础，即确定企业是否应采取外汇风险管理的措施。例如，如果汇率的变动趋势是对自己有利的（此时外汇汇率的变动会给企业带来额外的收益，而不是损失），或者汇率变动趋势对自己不利，但受险额较小，在企业的风险承受范围之内，此时企业可以不采取任何外汇风险管理措施。反之，如果汇率变动趋势是对自己不利的，而且受险额非常大，那么就应采取外汇风险管理措施，尽量避免外汇风险损失。

4.外汇风险处理

外汇风险处理即选择有效的外汇风险管理方法。本章下节中将讲到，不论哪种外汇风险，都有两种或两种以上可操作的外汇风险管理方法，但每种方法的成本费用、适用条件及避险效果是不同的，企业应分析各种方法的优缺点，结合实际情况，选择最佳的避险方法。

【小案例】

默克公司的外汇风险管理

5.沟通与反馈

最佳避险方法一经选择就要实施。在具体的实施过程中，企业要对方案进行实时的追踪，要与企业的相关部门、相关人员保持沟通，及时发现问题，及时解决，并制定反馈报告，为下一时期或其他种类的外汇风险管理提供借鉴。

# 第二节 交易风险的管理

## 一、交易风险管理的办法

按照实施的时间不同，交易风险管理的办法一般分为事前管理法和事中管理法。事前管理法是指在经营决策时，在签订交易合同之前就采取措施防范外汇风险，如选择有利的计价货币、在合同中订立货币保值条款、适当调整商品的价格、在合同中加列汇率风险分摊条款、提前或延期结汇等。事中管理法是指已经按照不利条件签订了交易合同，或者签订合同时条件是对自己有利的，但刚刚签订完交易合同，汇率就发生了对自己不利的变化，此时已经无法利用合同中的条款加以弥补，因而通过在外汇市场上进行各种交易，在商品合同实际交割之前起到补救的作用。事中管理法包括通过远期外汇交易、外汇期权交易、外汇期货交易、外汇掉期交易防范风险，以及在国际货币市场通过借款和投资防范风险等。①

### （一）交易风险的事前管理法

#### 1.选择有利的计价货币

（1）尽量争取用本币

进出口商品如果能够采用本国货币计价的话，则不论汇率如何变动，都没有外汇风险。交易双方的经济实力、谈判经验等都会对计价货币的选择产生影响。但有些特定的贸易对象或贸易种类在国际惯例中是有特定计价货币的，例如原油一般使用美元计价，在这种情况下企业应遵循国际惯例。

（2）出口用硬币，进口用软币

预计将要升值的货币一般被视为硬货币，而预计将要贬值的货币一般被视为软货币。在进出口贸易中，对出口收汇应争取用硬货币，进口付汇应争取用软货币。当然，对计价软硬货币的选择还要与商品的购销意图、国际市场价格等结合起来全面考虑。既要防止选用货币不当而遭受汇率风险损失，又要避免因为单纯考虑汇率风险而影响商品出口和急需物资的进口。

一般来说，用硬货币报价时，货物价格要便宜一些；用软货币报价时，货物价格要贵一些。但商品计价货币的选择还与该商品在市场上的认可度有关，以出口商品为例，如果该出口商品在市场上比较畅销，价格趋于上涨，那么如果约定用硬货币计价，即使价格较高，对方也可以接受；如果出口商品是滞销货，国际市场价格趋于下降，用硬货币报价就不易成交，为了打开销路，出口商也可以接受用软货币计价成交。对急需物资的进口，如果对方坚持用硬货币，而买方又急于成交，也可以用硬货币计价结算。最终使用哪种货币取决于双方协商的结果。

在进行外币借款时，和商品进口一样，一般应争取借软货币。当然，还要考虑利率高

① 夏乐书，李琳．国际财务管理［M］．4版．大连：东北财经大学出版社，2017：94.作者有删改。

低。一般来说，贷款银行提供硬货币贷款时利率较低，提供软货币贷款时利率较高，有时两者相差很大，因此借款企业需要进行预测、计算、比较，最后加以选择。此外，还应该注意使公司外汇借款的货币与公司进口付汇的货币尽量保持一致，与公司出口收汇的货币尽量保持一致，这样有利于避免汇率风险。

（3）多种货币组合

在选择货币时，还可以采用多种货币组合法，类似于投资组合，有利于分散风险。在企业无法对汇率走势作出准确判断的情况下，仅使用一种货币计价无法避免可能发生的外汇风险损失。但如果采用多种货币的组合，那么组合中有的货币升值，有的货币贬值，汇率风险就可以适当抵消。但采取多种货币组合对商品进行计价，如何确定组合中各种货币的比重是个难点，企业可以利用Excel模拟程序求解最优组合。

2.在合同中订立货币保值条款

在交易谈判时经过双方协商，可以在合同中订立适当的保值条款，以防止汇率变动风险。可采用的货币保值工具有黄金保值、硬货币保值、一篮子货币保值等。

（1）黄金保值

它是指在订立合同时，按当时的黄金市场价格将支付货币的金额折合为若干盎司的黄金。也就是把黄金的市场价格当作参照物，到实际支付日，如果黄金的市场价格上涨，支付货币的金额就相应增加；如果黄金的市场价格下降，则支付货币的金额相应减少。

（2）硬货币保值

硬货币保值就是以某种硬货币作为参照物，在交易合同中规定货款用某种软货币结算，用某种硬货币保值，并且在合同中记载两种货币当时的汇率。在收付货款时，如果结算货币（即软货币）贬值超过合同规定幅度，则按结算货币与保值货币（即硬货币）的新汇率对货款加以调整。

【例4-1】

某公司对A国出口一批商品，合同规定货款用A元结算，用美元（当时与A元相比，美元是硬货币）保值。如果A元兑换美元的汇率上下浮动各达3%时，就按照A元兑换美元的汇率变化幅度，相应调整A元的价格；上下浮动幅度不到3%时，价格不变。假设某出口商品合同单价为20A元，按当时汇率1美元=4A元折合为5美元。到收款时，如果汇率变为1美元=4.50A元，汇率变动超过了3%，因此单价应进行调整，调整为22.50A元（5×4.50）；如果汇率变为1美元=3.50A元，则单价应调整为17.50A元（5×3.50）；但如果汇率变为1美元=4.10A元，汇率变动率仅为2.5%，没有达到3%的界限，此时商品的价格不变。由以上内容可知，从美元角度分析，不论A元兑换美元的汇率是涨是跌（指超过3%），商品单价都相当于5美元，双方都不承担汇率风险。

（3）一篮子货币保值

一篮子货币（basket of currencies）是作为设定汇率参考的一个外币组合，是由多种货币分别按一定的比重组成的一组货币。由于篮子货币中各种货币的汇率有升有降，其综合汇率相对稳定，因此用一篮子货币保值可以有效地避免或减少风险，把汇率风险限制在一定的幅度内。以我国为例，一篮子货币选取及其权重的确定是综合考虑在我国对外贸易、外债（如付息）、外商直接投资（如分红）等经贸活动中占较大比重的主要国家、地区的货币，组成一个货币篮子，并分别赋予其在篮子中相应的权重。美元、欧元、日元、韩元等是主要的篮子货币，新加坡、英国、马来西亚、俄罗斯、澳大利亚、泰国、加拿大等国家与我国的贸易比重也较大，这些国家的货币也在人民币汇率参考的一篮子货币范围之内。

一篮子货币保值的原理和做法与硬货币保值基本相同，此处不再举例说明。

**3.适当调整商品的价格**

在进出口贸易中，一般应坚持出口收硬币、进口付软币的原则，但有时由于某些原因使出口不得不用软币成交、进口不得不用硬币成交，这就存在外汇风险。为了防范风险，可以采取调整价格法，主要包括加价保值和压价保值两种。

（1）加价保值

这种方法主要用于出口交易，是指出口商接受软货币计价成交时，将汇率损失加入出口商品价格中，以转嫁汇率风险。

加价保值可按下列公式计算：

加价后的商品单价=原单价×（1+货币升值率）　　(4.1)

**【例 4-2】**

我国某公司向英国某公司出口一种商品，收款期为3个月。这种商品原来以美元标价，每台100美元。在签订合同时，即期汇率为1美元=0.73英镑，按此汇率100美元折合为73英镑。预计在这一期间美元将升值，英镑将贬值，而且英国进口商要求改用英镑报价。在这种情况下，如果我国该企业按每台73英镑对外报价，则将遭受英镑贬值的损失。于是，我们可以以美元价格作为商品底价，按照加价保值的方法，在商品价格上增加英镑贬值可能发生的损失。假设预计美元在此期间升值5%，则加价后的商品价格为：

100×0.73×（1+5%）=76.65（英镑）

如果企业预计准确的话，3个月后美元升值5%，即汇率变为1美元=0.7665英镑，此时76.65英镑仍可兑换100美元，我国公司不会遭受外汇风险损失。

（2）压价保值

这种方法主要用于商品进口交易，是指进口商接受硬货币计价成交时，将汇率损失从进口商品价格中剔除，以转嫁汇率风险的方法。

压价保值可按下列公式计算：

压价后的商品单价=原单价×（1-货币贬值率）　　(4.2)

**4.在合同中加列汇率风险分摊条款**

在合同内加列汇率风险分摊条款，是指当使用某一种货币计价成交时，可以在合同内注明如计价货币汇率发生变动，则以汇率变动幅度的一半重新调整货物价格，也就是由双方共同分摊汇率变动带来的损失或收益。其计算公式为：

$$\text{调整后的货价}=\text{原定货价}\pm\frac{\text{原定货价}\times\text{汇率变动率}}{2}\qquad(4.3)$$

**5.提前或延期结汇**

这种方法是指在国际支付中，通过预测支付货币汇率的变动趋势，提前或延期支付有关款项，即通过更改外汇资本收付日期来抵补外汇风险或得到外汇汇率上升的好处。例如，美国母公司预测未来的英镑兑美元汇率下降，就要求在英国的子公司将产品和劳务款项、款项利息、分期偿还的债务、红利等提前支付给母公司。与此同时，母公司还把子公司扩展业务所需要的美元贷款推迟到贬值以后再贷款，英镑提前支付，使等量英镑兑换美元的数额多于预测支付期所得；美元推迟放贷使所兑换的英镑多于预测支付期所得。提前或延期结汇，即通过由弱币到强币国家的加速支付或通过由强币到弱币国家的推迟支付，使公司减少在弱币国家的汇率风险。

在进出口贸易中，根据预测计价货币的升贬值趋势，进出口商可以采用的提前或延期结汇方法归纳见表4-1。

表4-1 **进出口商提前或延期结汇**

| | 预测外币汇率上升（本币贬值） | 预测外币汇率下跌（本币升值） |
|---|---|---|
| 出口商（外币收款方） | 推迟收汇 | 提前收汇 |
| 进口商（外币付款方） | 提前付汇 | 推迟付汇 |

但这种方法在各独立公司之间采用是比较困难的，需要额外采取一些措施。例如，由于预测英镑对人民币可能贬值，我国某公司想要提前收取英国某公司以英镑结算的货款，但该英国公司可能不愿意提早付款，因为能够利用信用融通是该公司选择从我国公司购货的主要原因。那么为了促使英国公司提前支付货款，我国公司可以提供一定的优惠折扣，例如现金折扣等。也就是说，独立企业之间为保值目的而提前或推迟结算，都是需要付出代价的。

## （二）交易风险的事中管理法

### 1.以远期外汇交易防范风险

前已述及，在进行远期外汇交易时，公司与银行签订合同，在合同中规定买入卖出货币的名称、金额、远期汇率、交割日期等。从签订合同到交割这段时间内汇率被以远期外汇合约的方式固定下来，可以及早确定公司收支的数额，排除日后汇率变动的风险。

随着外汇市场的不断发展，现在一些国家的大型商业银行和投资银行已经能够提供长期的远期外汇合约服务。无论是公司在进行商品的进出口交易，还是在取得中长期借款时，如果能够利用远期外汇合约预先将买卖外汇的本币数值固定下来，就可以避免进出口交易或外币借款的外汇风险。以进口商品为例，在进口商品时，当进口贸易合同签订后，如以硬货币计价，可通过远期外汇交易按远期汇率购买硬货币，以避免硬货币币值上升的风险。

**【例4-3】**

我国某企业1月1日向美国A公司购买设备，用美元计价，货款100万美元，付款期为半年。1月1日的即期汇率为1美元=6.85元人民币，半年期远期汇率为1美元=6.89元人民币，该企业预测7月1日的即期汇率为1美元=6.95元人民币。根据预测，该企业于1月1日与银行签订了远期外汇交易合约，约定于7月1日支付人民币689万元换取100万美元，以支付到期货款。该企业这笔进口货款应支付的人民币数额在1月1日（签订远期外汇交易合约时）就已固定，不受今后汇率变动（7月1日实际即期汇率）的影响。如果企业预测正确的话，到7月1日，汇率变为1美元=6.95元人民币，若不签订远期外汇交易合约，则需支付695万元人民币购买100万美元用以支付货款；通过签订远期外汇交易合约，企业可以节省6万元人民币，有效地避免了汇率风险。

但正如前文所述，远期外汇交易本身也是存在风险的，主要是远期外汇合约不具有灵活性，签订之后是必须要执行的。如果该企业的预测是正确的，可以有效地防范外汇风险；但是，企业的预测也可能不准确，如果7月1日的即期汇率是1美元=6.84元人民币，不进行远期外汇交易，到7月1日只需支付人民币684万元就可以兑换100万美元，而进行远期外汇交易支付了689万元人民币，反而多支付了5万元人民币。

当然，企业要预测汇率的具体数值是很困难的，但可以预测汇率变动的大体趋势。例如在本例中，只要企业能够预测出7月1日的即期汇率与1月1日银行公布的半年期远期汇率之间的关系，就可以作出正确的决策。如果预测7月1日即期汇率高于远期汇率1美元=6.89元人民币，则签订远期外汇交易合约；否则，不应签订远期外汇交易合约。

### 2.以外汇期权交易防范风险

外汇期权，是外汇期权交易双方按照协定的汇率，就将来是否购买某种货币，或是否出售某种货币的选择权，预先签订的一个合约。外汇期权合约给期权买方的是权利，而不是义务，在将来规定的日期内按规定的汇率，买或卖一定数量的外汇。前已述及，期权可以分为看涨期权和看跌期权，前者是给予期权持有者买进外汇的权利，后者是给予卖出外汇的权利。因此，在进行进出口交易时，进口商，即外汇付款方通常会利用买入看涨期权来防范风险；而出口商，即外汇收款方，通常会利用买入看跌期权来防范风险。

下面以出口商为例说明在进行商品出口交易时如何利用外汇期权交易防范风险。

**【例4-4】**

我国某公司1月1日向德国出口一种大型设备，货款100万欧元，3个月后才能收到货款。1月1日即期汇率为1欧元=8.13元人民币，银行公布的期权协定价格（汇率）为1欧元=8.16元人民币，每欧元期权费为0.02元人民币。因为该公司预测欧元将升值，但升值幅度具体是多少无法预测，因此决定在1月1日采用外汇期权交易卖出欧元，换回人民币。该公司在4月1日到底能收回多少人民币取决于4月1日的即期汇率的实际情况，具体见表4-2。

表4-2　**卖出应收账款100万欧元收回的人民币金额**

| 3种情况 | 4月1日即期汇率 | 期权协定价格（汇率） | 执行汇率 | 期权费率 | 应收人民币金额 |
|---|---|---|---|---|---|
| | (1) | (2) | (3) | (4) | 100万欧元×（(3)－(4)） |
| 1 | 1欧元=8.12元人民币 | 8.16 | 8.16 | 0.02元人民币 | 814万元人民币 |
| 2 | 1欧元=8.16元人民币 | 8.16 | 8.16 | 0.02元人民币 | 814万元人民币 |
| 3 | 1欧元=8.21元人民币 | 8.16 | 8.21 | 0.02元人民币 | 819万元人民币 |

在表4-2中，当应收账款到期日的即期汇率低于协定价格时（第1种情况），按协定价格（汇率）执行；当即期汇率高于协定价格时（第3种情况），按即期汇率执行，总之是就高不就低。

在第1种情况下，该公司选择执行期权合约，卖出100万欧元，扣除期权费后应收人民币净额为814万元人民币，比不执行期权合约多收入2万元人民币。在应收账款到期日，当即期汇率高于远期外汇合约协定汇率时，该公司应选择不执行期权合约，到即期外汇市场按即期汇率卖出欧元，可收入较多的人民币。例如第三种情况即期汇率为1欧元=8.21元人民币时，可收入819万元人民币。

我们也可以将进行外汇期权交易与不采取任何措施进行比较，据此说明外汇期权交易在防范外汇风险方面起到的作用，具体见表4-3。

表4-3 进行外汇期权交易与不采取任何措施的比较

| 应收账款（100万欧元）到期日的即期汇率 | 应收人民币金额 | | 损益（万元人民币） |
| --- | --- | --- | --- |
| | 不采取任何措施（万元人民币） | 进行外汇期权交易（万元人民币） | |
| ⋮ | ⋮ | ⋮ | |
| 1欧元=8.10元人民币 | 810 | 814 | +4 |
| 8.12 | 812 | 814 | +2 |
| 8.14 | 814 | 814 | 0 |
| 8.16 | 816 | 814 | −2 |
| 8.18 | 818 | 816 | −2 |
| 8.20 | 820 | 818 | −2 |
| 8.22 | 822 | 820 | −2 |
| 8.24 | 824 | 822 | −2 |
| ⋮ | ⋮ | ⋮ | |

从表4-3可以看出，如果不进行外汇期权交易，出口商卖出100万欧元应收人民币金额最少是810万元或更少，最多是824万元或更多，两头都不固定，风险较大。而进行外汇期权交易，卖出100万欧元，应收人民币金额最少是814万元，最多是822万元或更多，因而风险较小，且可以享受汇率升高带来的无限好处。外汇期权交易能使公司避免汇率的不利变动所带来的影响，又能从汇率的有利变动中获得好处，但支付的费用较多。

需要注意的是，与远期外汇交易相比，外汇期权交易具有一定的灵活性，到期是否执行合同可以选择，因此更适用于在竞标时对外汇应收应付款的汇率风险进行防范，即防范未来可能发生的应收应付款的外汇风险。

例如上述我国公司向德国出口大型设备的这笔交易是通过竞标进行的，1月1日参与竞标，而最后宣布竞标结果要到2月1日。中标才能确定这一出口交易正式成交，该公司才能在4月1日到期时收到应收款100万欧元。但如果未中标，就不会发生这笔外汇应收款。也就是说，在1月1日参与竞标到2月1日公布竞标结果之前，该公司是无法确定是否有这笔外汇应收款的。在这种不确定的情况下，公司就不应该采取远期外汇交易法来防范汇率风险。如果公司在1月1日进行远期外汇交易，卖出100万欧元，但到了2月1日，公司没有中标，那么就必须首先支付人民币买进100万欧元，然后才能完成远期外汇交易，给公司造成不必要的损失（假设1月1日银行公布的3个月期远期汇率为1欧元=8.15元人民币，4月1日的即期汇率为1欧元=8.21元人民币，则4月1日支付821万元人民币购入100万欧元，但卖出100万欧元仅能收回815万元人民币，损失6万元人民币）。但如果公司签订的是外汇期权交易，那么即使2月1日宣布公司没有中标，公司仅需要放弃期权合约即可，此时只会损失期权费2万元人民币。

### 3.以外汇期货交易防范风险

前已述及，期货交易具有标准化的特点。外汇期货交易的数量用合同个数来表示，最少是一个合同，也可多达几十个合同，几百个合同。合同价格用一个外币等于多少美元来表示，每个合同根据货币种类的不同都有标准（固定）的金额，例如英镑期货合约的标准金额为每份62 500英镑。

因国际贸易和与外国有经济往来而拥有债权或债务者，都可以利用外汇期货市场进行套期保值，以避免或减少汇率变动造成的损失。比较常见的做法是，将现货市场交易与期货市场交易结合起来进行，用外汇期货交易的利得来弥补外汇现货交易的损失。但应注意的是，外汇期货交易本身规模较大、杠杆较高，其自身的价格风险较大，因此操作时要相当谨慎。

【例4-5】

美国某公司于9月1日从英国进口设备，付款期3个月，货款650 000英镑，9月1日即期汇率为1英镑=1.2365美元。该公司预计12月1日英镑将要升值，担心要用更多的美元才能购买所需的英镑，因此决定同时在期货市场上进行期货交易，以抵补这一外汇风险。英镑期货合约的标准金额为62 500英镑，因此该公司购买期货合约10份（650 000÷62 500=10.4份，实际购买10份），9月1日期货市场价格为1英镑=1.2412美元，12月1日将10份英镑期货合约卖出。现货市场和期货市场交易过程及结果见表4-4。

表4-4　外汇现货与期货市场比较情况表

| 外汇现货市场 | 外汇期货市场 |
|---|---|
| 9月1日，公司进口设备货款650 000英镑，汇率1英镑=1.2365美元，折合803 725美元 | 9月1日，购买10份12月份到期的英镑期货合约，1英镑=1.2412美元，需付775 750美元（10×62 500×1.2412） |
| 12月1日，即期汇率1英镑=1.2575美元，公司购进所需英镑需支付817 375美元 | 12月1日，卖出10份12月份到期的英镑期货合约，1英镑=1.2589美元，可收入786 813美元（10×62 500×1.2589），交纳期货交易佣金310美元 |
| 损失：<br>817 375−803 725=13 650（美元） | 收益：<br>786 813−775 750−310=10 753（美元） |

$$抵补有效率=\frac{10\ 753}{13\ 650}\times 100\%=78.78\%$$

抵补有效率仅有78.78%，即现货市场的损失并没有完全被期货市场的收益所抵补，二者相差2 897美元，其原因有如下三项：

（1）期货合约是标准化的，金额固定，无法完全抵补货款。

本例中，货款金额为650 000英镑，而购买的期货合约总金额为625 000英镑（62 500×10），二者相差25 000英镑，其外汇损失为：

25 000×（1.2575−1.2365）=525（美元）

（2）期货市场与现货市场的汇率变动虽然方向相同，但幅度不一致。

9月1日，期货汇率与现货汇率相差的幅度：1.2412−1.2365=0.0047

12月1日，期货汇率与现货汇率相差的幅度：1.2589-1.2575=0.0014

由此造成的损失为：10×62 500×（0.0047-0.0014）=2 062（美元）

（3）支付外汇期货交易佣金310美元。

上述三项原因造成的损失合计为：525+2 062+310=2 897（美元）

### 4.以外汇掉期交易防范风险

外汇掉期交易又称时间套汇，是在买进即期的甲种货币、卖出即期的乙种货币的同时，卖出远期的甲种货币、买回远期的乙种货币。交易可以是在买进（或卖出）即期某种货币的同时，卖出（或买进）远期的同种货币；也可以是在买进期限较短的某种远期货币的同时，卖出期限较长的同一种远期货币，或者相反。掉期交易一般是在两个当事人之间同时成交两笔相反方向的交易，如一方是买近卖远，则另一方就是买远卖近。

【例4-6】

我国某公司在英国的子公司6月1日持有外汇50万A元，将用于1个月后支付从A国购入设备的货款。A元与英镑的汇率情况为：6月1日即期汇率1英镑=7A元，30天远期汇率1英镑=7.70A元。按即期汇率计算，该公司手中持有的50万A元相当于7.1429万英镑。但该公司预计A元将贬值，30天后即期汇率可能会变为1英镑=7.74A元，如果这样，持有的50万A元到6月30日仅能折合为6.4599万英镑，损失较为严重。因此，6月1日该公司可以进行外汇掉期交易：

即期市场上，按即期汇率1英镑=7A元，卖出50万A元，买入7.1429万英镑；

远期市场上，按远期汇率1英镑=7.70A元，卖出7.1429万英镑，买入55万A元；

到6月30日，该公司持有的A元为55万，即使企业预测是正确的，汇率变为1英镑=7.74A元，仍能折合为7.1059万英镑，基本达到了保值的目的。

上述两笔交易，一个是即期，一个是远期，金额一致，方向相反。

### 5.以货币市场借款和投资法防范风险

在国际货币市场上通过借款和投资防范外汇风险，应分成两种情况：防范外汇应收款的汇率风险和防范外汇应付款的汇率风险。

（1）防范外汇应收款的汇率风险

当公司有短期外汇应收款，并预测该种外币将贬值时，可以用货币市场借款和投资法来融通资金和防范外汇风险。但要注意的是，与远期外汇交易及外汇期货交易一样，借款和投资方法也可以将企业的外汇应收应付款的本币金额固定下来，抵消已有交易的外汇风险，但它们都存在相应的问题，即如果汇率走势与企业的预测相反，采取这种方式也抵消了汇率变化可能给企业带来的好处。

【例4-7】

我国某公司1月1日销售给美国某公司一批商品，应收货款200万美元，美国公司将于3个月后付款。1月1日即期汇率为1美元=6.5609元人民币，该公司记录在账面上的应收账款金额为人民币1 312.18万元。但该公司预测美元将要贬值，到4月1日付款时即期汇率将变为1美元=6.3208元人民币。很显然，如果不采取任何措施，到4月1日该公司只能收回1 264.16万元人民币，损失人民币48.02万元。因此该公司决定采用货币市场借款和投资法防范汇率变动造成的损失，具体步骤如下：

第一，在当地借入应收款的计价货币，并使借款期限与应收账款的收款期限相等。借款金额的确定有两种做法：直接借入外汇应收款的金额；或使借款金额加上利息与应收账款金额相等。以下首先测算用第一种方法确定借款金额的情况：

借款金额200万美元，借款期3个月，年利率8%。

第二，将借款金额按当日汇率汇回本国。

200×6.5609=1 312.18（万元人民币）

第三，在本国进行短期投资。假设本例中该企业投资年收益率为12%，所得税税率25%。

投资获利的税后金额为：1 312.18×（12%/4）×（1−25%）=29.5241（万元人民币）

第四，到期时用收回的应收账款金额偿还借款。如果借款金额等于应收账款金额，还应计算应付利息，并按还款时的即期汇率用本币购买外汇进行偿付。

支付借款利息的人民币金额为：200×8%/4×6.3208=25.2832（万元人民币）

因此，采用货币市场借款和投资法可获得的总收入为：1 312.18+29.5241−25.2832=1 316.4209（万元人民币），比不采取任何措施多收入52.2609万元人民币（1 316.4209−1 264.16）。

如果借款金额采用第二种方法确定，使借款金额加上利息与应收账款金额相等，则其总收入情况测算如下：

第一，借款金额为：200÷（1+8%/4）=196.0784（万美元）；

第二，借款额汇回本国：196.0784×6.5609=1 286.4508（万元人民币）；

第三，在本国投资获利：1 286.4508×（12%/4）×（1−25%）=28.9451（万元人民币）；

第四，货币市场借款和投资法总收入：1 286.4508+28.9451=1 315.3959（万元人民币），同样高于不采取任何措施的1 264.16万元人民币。

但上述计算的假设前提是，该公司预测4月1日的即期汇率为1美元=6.3208元人民币。如果该公司的预测是准确的，那么通过上述的测算可知，无论采用哪种方法确定借款金额，都可以通过货币市场借款和投资法获利。但如果对4月1日的即期汇率预测不准确，汇率变为1美元=6.3556元、6.4358元、6.5246元、6.5609元、6.5824元、6.6213元人民币等，则会出现不同的结果。以第二种确定借款金额的做法（即借款金额加上利息与应收账款金额相等）为例，各汇率下企业利用货币市场借款和投资法可获得的总收入及与不采取措施的收入比较见表4−5。

表4−5　**货币市场借款和投资法分析**　单位：万元人民币

| 4月1日可能的即期汇率<br>（1） | 不采取措施的收入<br>（2） | 货币市场借款和投资法的收入<br>（3） | 差额<br>（3）−（2） |
|---|---|---|---|
| 1美元=6.3556元人民币 | 1 271.1200 | 1 315.3959 | 44.2759 |
| 1美元=6.4358元人民币 | 1 287.1600 | 1 315.3959 | 28.2359 |
| 1美元=6.5246元人民币 | 1 304.9200 | 1 315.3959 | 10.4759 |
| 1美元=6.5609元人民币 | 1 312.1800 | 1 315.3959 | 3.2159 |
| 1美元=6.5824元人民币 | 1 316.4800 | 1 315.3959 | −1.0841 |
| 1美元=6.6213元人民币 | 1 324.2600 | 1 315.3959 | −8.8641 |

还有一种做法是：上例中我国公司不从美国银行借款，而是将应收其他公司200万美元的票据于1月1日在美国银行贴现，并按当天汇率汇回国内，在国内投资获利。基本思路与上例相同。

---

（2）防范外汇应付款的汇率风险

与防范外汇应收款的汇率风险类似，当企业有短期外汇应付款，并预测该种外币将升值时，也可以采用货币市场借款和投资法来防范外汇风险。二者的区别是，防范外汇应收款汇率风险时，通常是在外国借款，在本国投资；而防范外汇应付款汇率风险时，一般是在本国借款，在外国投资。

【例4-8】

我国某公司1月1日从美国进口一批商品，货款200万美元，付款期半年。1月1日即期汇率为1美元=6.5609元人民币，货款折合1 312.18万元人民币。该公司预测美元将升值，到6月1日即期汇率将变为1美元=6.7632元人民币。很明显，如果不采取任何措施，该公司需要支付1 352.64万元人民币才能购买到200万美元付清货款，多支付40.46万元人民币（1 352.64−1 312.18）。为了防范外汇风险，该公司决定采用货币市场借款和投资法，首先在我国银行借款，年利率6%，然后购买年利率为8.4%的半年期美国国库券，具体过程及结果测算如下：

第一，在国内借款，借款期半年。因为借款的目的是使投资于半年期美国国库券的本利和可以支付200万美元的货款，因此需借入的人民币金额为：

1 312.18÷（1+8.4%/2）=1 259.2898（万元人民币）

第二，将借款额折合为美元：

1 259.2898÷6.5609=191.9386（万美元）

第三，投资于半年期美国国库券：

半年后本利和为：191.9386×（1+8.4%/2）≈200（万美元），用于支付到期货款。

第四，半年后偿还人民币借款本利和：

1 259.2898×（1+6%/2）=1 297.0685（万元人民币）

由上述测算可知，采用货币市场借款和投资法比不采取任何措施少支付55.5715万元人民币（1 352.64−1 297.0685），不仅有效防范了外汇风险，而且降低了购买成本。

---

另外，外汇风险的管理方法还包括设置再开票中心及福费廷等。再开票中心是跨国公司设立的、专门管理集团内部交易产生的外汇交易风险的一种中介公司，通常设在税收优惠的某个国家或地区。各子公司都以所在国的货币进行交易，子公司之间的发票签发及账项结算均交由中心进行，外汇风险集中在再开票中心。这样，公司就可以实行外汇的集中管理，将原来分散的头寸统一起来，而不需要每笔头寸都由分公司向银行直接进行外汇买卖，同时还可以充分运用提前和延期结汇等策略来降低外汇交易的风险。此外，公司通过再开票中心还可以实行外汇的专门化管理，由一批训练有素的专家进行外汇管理从而提高外汇管理的效率。

福费廷（forfaiting）是一种中、长期的国际贸易筹资方式，即在延期付款的大型设备贸易中，出口商把经过进口商承兑的中、长期偿付票据（1年以上到五六年不等的汇票或期票），以无追索权的方式向出口商所在地的银行或大型金融公司贴现，以获得资金融通。通过外币票据贴现后取得本币，或将取得的外币立即在即期市场上兑换成本币，以保证收汇安全，避免外汇风险。福费廷将在本书第五章“国际信贷筹资管理”中进行详细介绍。

## 二、交易风险管理办法的选择

根据前面的内容可知，交易风险的管理办法有很多种。事前管理法是在交易合同签订之前双方约定、需要以书面形式体现在合同中的，当然优惠条件越多越好；事中管理法是交易合同签订之后采取的补救措施，一般是需要成本的，只需要选择一种即可，所以必须在调查、预测的基础上，对拟采用的管理方法的情况和数据进行计算、分析、比较，尽量选择效益较大，即收入较多或支出较少，且风险较小的管理办法。

【例 4-9】

美国某公司6月1日向英国出口一批商品，货款100万英镑，将于9月1日收回货款。其他具体信息如下：

6月1日即期汇率1英镑=1.3100美元；

90天远期汇率1英镑=1.3050美元；

英国借款利率5.5%，美国国库券利率8%；

美国芝加哥交易所9月份到期的期权交易价格为1英镑=1.3200美元，期权交易费为每英镑0.02美元。

6月1日，该公司预测90天后英镑兑换美元的即期汇率有以下3种可能：

1英镑=1.3070美元，发生概率15%；

1英镑=1.3030美元，发生概率75%；

1英镑=1.3000美元，发生概率10%。

该公司对于英镑的汇率风险打算采用下列3种方法进行防范：远期外汇交易法、外汇期权交易法以及货币市场借款和投资法。请将3种方法与不采取任何措施进行比较，并选择一种最合适的防范方法。

具体分析过程如下：

1.远期外汇交易法

根据90天远期汇率1英镑=1.3050美元，该公司可收入130.50万美元（100×1.3050）。

2.外汇期权交易法

首先，6月1日买入外汇期权交易合约，支付美元购买100万英镑，期权约定汇率1英镑=1.3200美元，并支付期权费2万美元。

其次，9月1日是否执行期权合约，要看实际即期汇率：

（1）如果即期汇率低于期权约定汇率，该公司应选择执行期权合约，可收入的美元净额为：100×1.3200−2=130（万美元）。

（2）如果即期汇率高于期权约定汇率，该公司应选择不执行期权合约，在即期外汇市场按即期汇率卖出英镑，可收入较多美元。例如，如果即期汇率1英镑=1.3210美元，按此汇率卖出100万英镑，可得130.1万美元（100×1.3210−2）；如果即期汇率为1英镑=

1.3260美元，按此汇率卖出100万英镑，可得130.60万美元（100×1.3260−2）。

根据6月1日子公司预测90天后即期汇率的3种可能及概率，9月1日最有可能的汇率是1英镑=1.3033美元（1.3070×15%+1.3030×75%+1.3000×10%），低于期权交易价格，因此应该执行期权合约。

3.货币市场借款和投资法

（1）在英国借款98.6436万英镑（100÷（1+5.5%÷12×3）），借款本金加利息等于100万英镑；

（2）将英镑借款兑换为美元，98.6436×1.3100=129.2231（万美元）；

（3）投资购买美国国库券，本利和为：129.2231×（1+8%÷12×3）=131.8076（万美元）；

（4）9月1日子公司用收回的应收款100万英镑偿还借款本息；

（5）如果9月1日即期汇率为1英镑=1.3033美元，则利用货币市场借款和投资法可使子公司多收入1.4776万美元（131.8076−130.33）。

如果子公司不采取风险防范措施，90天后收回的货款100万英镑能兑换多少美元，取决于9月1日的即期汇率。根据6月1日预测的即期汇率，可能获得美元的最高数为130.70万美元（100×1.3070），最低数为130万美元（100×1.3000），期望数为130.33万美元。

上述几种方法中，远期外汇交易可得美元数不是最多的，但具有确定性，简便易行；外汇期权交易最低可得130万美元，具有确定性，虽然最高可得130.60万美元甚至更多，但根据本例汇率发生的概率及结果，这种可能性较小；货币市场借款和投资法可得到的美元数最多，而且风险较小，因此综合考虑，企业可以选择这种方法。

以上是以出口商为例说明的，站在出口商的角度，应选择收入较多、风险较小的方法；如果公司是进口商，需要支付外汇货款，则应选择支出较少、风险较小的方法。

交易风险管理中的事前管理法和事中管理法不是互斥的，企业可以将二者结合起来使用，起到事半功倍的效果。例如，在交易合约签订前尽量争取对自己有利的条件，并以书面的形式在合同中确定下来。但在合约到期前，如果发现仍存在较大的外汇风险，企业可以在事中管理法中的外汇市场交易中选择并实施合适的方法，对外汇风险的管理措施加以巩固。

## 【思政专栏】 骗保是违法的

为防范外汇的交易风险，从保险公司购买保险，进行风险转移也是一种比较好的选择。但在现实中，屡屡发生从保险公司骗保的事件，这既是不道德的，也是违法的。

根据《中华人民共和国刑法》第198条的规定，有下列情形之一的，构成“保险诈骗罪”：第一，投保人故意虚构保险标的，骗取保险金的；第二，投保人、被保险人或者受益人对发生的保险事故编造虚假的原因或者夸大损失的程度，骗取保险金的；第三，投保人、被保险人或者受益人编造未曾发生的保险事故，骗取保险金的；第四，投保人、被保险人故意造成财产损失的保险事故，骗取保险金的；第五，投保人、受益人故意造成被保险人死亡、伤残或者疾病，骗取保险金的。

# 第三节　折算风险的管理

折算风险的管理办法主要包括资产负债平衡法、远期外汇合同法以及货币市场借款和投资法等。

## 一、资产负债平衡法

这种方法主要是将有风险的资产和有风险的负债进行平衡。当有风险的资产和有风险的负债相等时，例如，某公司的美元资产与美元负债相等，假如美元贬值的话，一方面美元资产价值会降低，但另一方面美元负债也相应减少；假如美元升值的话，一方面是美元负债增加，但另一方面美元资产价值也相应增加，风险可以抵消。此法通常用于减少折算风险，特定情况下也可以用来抵消交易风险和经济风险。

资产负债平衡法的基本原则是：减少以软货币计价的外币资产，增加以软货币计价的外币负债；增加以硬货币计价的外币资产，减少以硬货币计价的外币负债。

以我国在美国的子公司为例，如果其受险资产数额大于受险负债数额（指用现行汇率进行折算的资产和负债项目，不包括用历史汇率折算的项目），美元贬值时，为了避免或减少可能出现的折算风险损失，可以从以下两个方面运用资产负债平衡法（以现行汇率法和时态法为例，假设存货按成本计价）：

### （一）资产方面

在美国的子公司可在美元负债不变的情况下，尽量减少美元资产，例如，将美元现金兑换为人民币或其他某种硬货币；尽快收回美元应收款，并兑换为人民币或其他某种硬货币。

在采用现行汇率法时，应尽量处理多余的存货和固定资产，并将收到的美元兑换为人民币或其他某种硬货币。在采用时态法时，如果受险资产数额小于受险负债数额，不需要采取减少资产的措施；如果受险资产数额大于受险负债数额，此时可用现金或其他货币资金购买存货或固定资产，因为在采用时态法折算时，这些资产按历史汇率折算，不产生折算风险。

### （二）负债方面

美国的子公司，在尽量减少美元受险资产，但其数额仍大于受险负债数额的情况下，可以设法增加美元负债。例如首先借入美元，然后将美元变为无风险资产。不同的折算方法下具体做法略有不同。

#### 1.现行汇率法下

在现行汇率法下，在美国的子公司增加美元负债的方法是：首先，借入美元，其数额等于受险资产净额。由于这一借款在公司财务报表上是资金和借款同时增加，也就是受险资产和受险负债同时增加，受险资产净额并没有抵消，因此，还必须进行第二步。其次，把借入的美元兑换为人民币。这里又有两种方法可以运用：可以将借入的美元兑换成人民币，并持有人民币；也可以将借入的美元作为股利或内部贷款转移到中国母公司，再由中国母公司将美元兑换成人民币。

### 2.时态法下

在时态法下，如果受险资产数额小于受险负债数额，不需要增加美元负债，相反，应设法适当减少负债，增加受险资产，以获取基本上的资产负债平衡。如果受险资产数额大于受险负债数额，除了在资产方面采取措施适当减少受险资产以外，也可在负债方面采取措施适当增加负债。例如，子公司可借入与受险净资产金额相等的美元，同现行汇率法一样，可把借入的美元兑换为人民币，但不同的是在时态法下，还可以用美元借款购买存货和固定资产，因为在用时态法折算时，这些资产不产生折算风险。

资产负债平衡法通常不是由一家子公司独立完成的，而是在跨国公司母公司的协调下，通过全球范围内的所有子公司共同参与来完成。

## 二、远期外汇合同法

企业还可以采用远期外汇合同法对折算风险进行管理。

【例4-10】

我国某公司在日本有一家100%控股的子公司，该子公司在报告日的受险净资产为1 000万日元。母公司计划将该子公司实现的所有利润均用于当地再投资，不上缴母公司，因此短期内没有交易风险（日元留在日本），但是会存在折算风险。假设目前日元兑人民币的即期汇率为1日元=0.0721元人民币，如果汇率保持不变，公司预期该受险净资产折合721 000元人民币，但如果日元汇率波动，公司将会面临折算风险。

假设报告日的远期汇率为1日元=0.0656元人民币，公司预测报告日的即期汇率有以下4种可能：

1日元=0.0632元人民币

1日元=0.0656元人民币

1日元=0.0721元人民币

1日元=0.0734元人民币

公司为防止日元汇率变动带来的损失，决定在远期市场上抛出1 000万日元，报告日再按当日汇率在即期外汇市场上买回1 000万日元。

如果报告日的即期汇率为1日元=0.0632元人民币，公司需支付632 000元人民币购入1 000万日元进行远期交易，同时得到656 000元人民币，从中获利24 000元人民币；同时，1 000万日元受险净资产的折算损失为89 000元人民币（1 000×（0.0721−0.0632））。二者综合，净损失为65 000元人民币。同样步骤可以测算出其他3种可能的汇率水平下的损益情况，见表4-6。

表4-6 折算风险的远期外汇合同法

| 报告日的即期汇率 | 折算损益（元人民币） | 远期交易损益（元人民币） | 净收益（损失）（元人民币） |
|---|---|---|---|
| 0.0632 | （89 000） | 24 000 | （65 000） |
| 0.0656 | （65 000） | 0 | （65 000） |
| 0.0721 | 0 | （65 000） | （65 000） |
| 0.0734 | 13 000 | （78 000） | （65 000） |

由表4-6可以看出，如果没有远期交易，在报告日即期汇率与当前即期汇率相等的情况下（1日元=0.0721元人民币），折算风险才为零，其他情况下都存在折算风险。而利用远期外汇交易，可以使折算风险确定为一个常数，事先固定下来，从而实现规避风险的目的。

但是运用远期外汇合同法对折算风险进行管理也存在一些不足：

（1）受险净资产预期存在偏差。企业经营的不确定性决定了大部分企业的预期资产负债表与实际资产负债表或多或少存在一些差异，因此，受险净资产金额的预期也只能是一个估计数。上面的例子中，如果报告日的实际受险净资产金额超过1 000万日元，就无法对超出部分进行风险规避。

（2）增加交易风险。折算风险影响的只是报告收益，并不对现金流量产生影响。但远期外汇合约的执行却直接影响企业的实际现金流。在上面的例子中，如果报告日的即期汇率是1日元=0.0734元人民币，那么将实现13 000元人民币的折算收益和78 000元人民币的合同损失，但是前者只是账面收益，并没有对应的现金流入，而78 000元人民币的合同损失却是企业必须实际支付的。而且，折算风险损益是不能抵税的，而合同交易的收益却必须交税。从这个角度来看，企业在管理折算风险的同时却增加了交易风险。

（3）某些货币没有远期合约。部分国家的货币在市场上没有远期合约可以用来交易，因此，在这些国家的子公司的报表就无法利用远期外汇合同法对折算风险进行管理。

## 三、货币市场借款和投资法

采用货币市场借款和投资法防范折算风险与前面所讲的采用这种方法防范交易风险是相似的，原理与步骤基本相同，只是在防范折算风险时，保值的对象是受险资产净额的预计价值，而不是交易风险中交易的实际价值（具体步骤和举例可见交易风险防范的事中管理法）。因此，采用货币市场借款和投资法对折算风险进行管理，简便易行。但由于采取保值措施后究竟能否保值，是利得还是损失，最终取决于到期的实际汇率，因此具有一定的投机性。

由于折算风险只是导致报表折算时出现账面损益，并不影响国际企业的现金流量，因此一些学者主张不对折算风险进行管理。另外，折算风险本身不影响企业现金流量，但采取的折算风险管理办法会影响企业的现金流量，尤其是当汇率的变化趋势与企业的预期相反时，实施管理办法带来的损失会导致企业真实的现金流出，对企业不利。同时，由于采取的管理办法只能对受险资产及受险负债的净额进行保值，保值的效果会受到估计的准确性的影响，很难做到完全保值。因此，国际企业是否要对折算风险采取管理措施，关键取决于企业的股东和其他财务信息使用者是否关注折算风险引起的利润变化。如果企业能够向其股东及其他信息使用者清晰地阐明利润变化仅仅是由于汇率变化导致的折算风险引起的，与企业经营无关，那么在股东及其他信息使用者可以理解并接受的前提下，可以对折算风险不采取任何管理办法。

# 第四节 经济风险的管理

经济风险涉及销售、生产、原料供应以及工厂位置等各个方面，因此，对经济风险管理的决策超越了财务经理的职能，往往需要总经理直接参与决策。经济风险的管理目标，是预测汇率变动对未来利润及现金流的影响，并采取必要的措施。因此，管理经济风险的重要方法是走多元化道路，包括财务方面的多元化以及经营方面的多元化，此外，还可以采用经营收支货币结构调整法管理经济风险。

## 一、走多元化道路

### （一）经营方面的多元化

经营多元化有两个层面的意思，首先是指在不同业务领域经营，例如同时经营生产、流通、服务、金融等不同的业务领域，而且在生产领域生产多种产品，在流通领域买卖多种商品；其次是指在不同地区、不同国家进行经营，例如在若干个国家设立工厂、销售机构，从不同国家购买材料、设备等。经营方面的多元化要求企业管理人员要对不同国家或地区的差别和变化有深刻的了解，母公司管理人员可以从比较中了解到设立在不同国家的子公司由于汇率变动所引起的销售量、价格、成本等变化的不同趋势。对影响不同的公司采取不同的对策，例如，对形势有利的子公司，可以扩大它们的经营业务，以增加经营利润；对形势不利的子公司，则缩减其经营业务，以减少经营损失。管理人员还要了解汇率变动后各子公司所在国在生产要素价格方面的差别，据以调整它们之间的原材料、部件、半成品等的供应关系，以保证在总体上成本保持稳定，并进一步降低成本水平。

经营方面的多元化类似于投资组合中的风险规避。如果公司经营的行业众多，涉及的地区广泛，由于资产组合效应的存在，不同货币汇率变化对企业的影响可能会部分甚至全部抵消，也就是汇率的变化对企业利润和现金流的影响可能会因多元化经营而减少。例如，某些国家或地区的利润或现金流减少，但在另外的国家或地区利润或现金流可能增多，最终使公司总体利润或现金流变化不大。

### （二）财务方面的多元化

第一，筹资多元化。以多元化的渠道筹集资金，例如，既可以从美国获取美元资金，还可以从英国筹集英镑，如果美元和英镑升贬值刚好相反，则外汇风险可以抵消。

第二，投资多元化。与筹资多元化类似，公司可以在美国进行美元投资，也可以在英国进行英镑投资，同样，如果美元和英镑升贬值刚好相反，则外汇风险可以抵消，企业可以获得多种货币的外汇收入。

第三，公司可以将外币应收款与外币应付款进行配合。例如，尽量使美元应收款与应付款基本相等，这样，当美元升值或者贬值时，应收款和应付款的增减数额刚好相等，则风险可以抵消。

## 二、经营收支货币结构调整法

对经济风险进行管理还可以采用经营收支货币结构调整法，即企业经营收支软硬货币的使用状况。如果企业的销售收入大部分使用软货币计价，而成本、费用和借款大部分使用硬货币计价，就会遭受汇率风险损失，导致企业的收入减少，成本费用和借款的支出增多，从而使利润减少，甚至发生亏损。这时，就必须进行经营收支货币结构的调整，使销售收入多用硬货币计价结算，成本、费用多用软货币计价结算，从而扭亏为盈。

【例4-11】

美国A公司在加拿大有一部分业务，在加拿大的销售和购买都用加元计价，还有加元借款[①]。该公司在某年10月份预测下年度的销售收入、成本、费用和利润的资料见表4-7。

表4-7　**经营收支货币结构调整表**

| 项　目 | 预测明年的收支与利润 |  | 汇率变动的影响 |  | 收支货币结构调整后 |  |
|---|---|---|---|---|---|---|
|  | (1) |  | (2) |  | (3) |  |
| 汇率 | 1加元=0.80美元 |  | 1加元=0.85美元 |  | 1加元=0.85美元 |  |
| 货币 | 万加元 | 万美元 | 万加元 | 万美元 | 万加元 | 万美元 |
| 销售收入： |  |  |  |  |  |  |
| 万美元 |  | 30 400 |  | 30 400 |  | 30 400 |
| 万加元 | 400 | 320 | 400 | 340 | 2 000 | 1 700 |
| 合计 |  | 30 720 |  | 30 740 |  | 32 100 |
| 销售成本： |  |  |  |  |  |  |
| 万美元 |  | 5 000 |  | 5 000 |  | 14 200 |
| 万加元 | 20 000 | 16 000 | 20 000 | 17 000 | 9 420 | 8 007 |
| 合计 |  | 21 000 |  | 22 000 |  | 22 207 |
| 毛利 |  | 9 720 |  | 8 740 |  | 9 893 |
| 经营费用： |  |  |  |  |  |  |
| 固定费用 |  | 3 000 |  | 3 000 |  | 3 000 |
| 变动费用（销售收入的10%） |  | 3 072 |  | 3 074 |  | 3 210 |
| 合计 |  | 6 072 |  | 6 074 |  | 6 210 |
| 息税前利润 |  | 3 648 |  | 2 666 |  | 3 683 |
| 利息支出： |  |  |  |  |  |  |
| 万美元 |  | 300 |  | 300 |  | 700 |
| 万加元 | 1 000 | 800 | 1 000 | 850 | 500 | 425 |
| 合计 |  | 1 100 |  | 1 150 |  | 1 125 |
| 税前利润 |  | 2 548 |  | 1 516 |  | 2 558 |

① 马杜拉.国际财务管理［M］.杨淑娥，张俊瑞，译.大连：东北财经大学出版社，2000：355-358.转引自夏乐书，李琳.国际财务管理［M］.4版.大连：东北财经大学出版社，2017：122.

从表4-7第（1）栏和第（2）栏可以看出，该公司预测加元将升值，由目前的1加元=0.80美元变为1加元=0.85美元，由于该公司加元收入少（例中为400万加元，只占总收入的1.04%），而支出多（例中为20 000万加元，占总支出的76.19%），加元升值将使A公司发生汇率风险损失：

400×（0.85-0.80）=20（万美元）（收入增加）

21 000×（0.85-0.80）=1 050（万美元）（支出增加）

二者相抵，损失1 030万美元。

从表4-7第（1）栏和第（2）栏的税前利润，可以看出由于汇率变动使利润减少了1 032万美元（2 548-1 516），比上述损失数1 030万美元多2万美元，这是由于变动费用第（2）栏数比第（1）栏数多了2万美元。

为了避免上述汇率风险，A公司可采用经营收支货币结构调整法，在收入、成本费用规模基本不变的情况下，调整美元与加元的收支数额，具体措施如下：

（1）增加加元销售收入，例如由原预测数400万加元增加到2 000万加元。

（2）减少加元销售成本，例如由原预测数20 000万加元减少为9 420万加元。

（3）增加美元销售成本，例如由原预测数5 000万美元增加到14 200万美元。

（4）增加美元借款使利息支出增加，例如由原预测数300万美元增加到700万美元；减少加元借款使利息支出减少，例如由原预测1 000万加元减少为500万加元。

从表4-7第（3）栏可以看出，税前利润为2 558万美元，经营收支货币结构调整后，不但未发生损失，还增加了10万美元（2 558-2 548）利润。

## 【本章小结】

◇ 外汇风险管理需要遵循一定的原则，主要包括成本效益原则、综合考虑原则以及灵活多样原则。

◇ 企业外汇风险管理策略可分为保守策略、冒险策略和中间策略。

◇ 交易风险管理的办法一般分为事前管理法和事中管理法。事前管理法包括选择有利的计价货币、在合同中订立货币保值条款、适当调整商品的价格、在合同中加列汇率风险分摊条款、提前或延期结汇等；事中管理法包括通过远期外汇交易、外汇期权交易、外汇期货交易、外汇掉期交易防范风险，以及在货币市场通过借款和投资防范风险等。

◇ 折算风险的管理办法主要包括资产负债平衡法、远期外汇合同法以及货币市场借款和投资法等。

◇ 经济风险的管理主要方法是走多元化道路，包括财务方面的多元化，以及经营方面的多元化；另外，还可以采用经营收支货币结构调整法管理经济风险。

## 【关键概念】

外汇风险管理原则

外汇风险管理策略

交易风险管理

交易风险事前管理法

交易风险事中管理法
折算风险管理
资产负债平衡法
经济风险管理
多元化
经营收支货币结构调整法

## 【思考题】

1.外汇风险为什么要分成不同的种类？三种外汇风险之间的区别是什么？它们都受哪些因素的影响？

2.利用远期外汇交易、外汇期货交易和外汇期权交易对交易风险进行管理有什么不同？

3.某服装厂的投资、原材料和人工都来自国内，其中原材料和人工成本占产品价格的30%，产品主要对美国出口，以美元计价，并且产品在国外还面临其他东南亚国家类似产品的竞争。如果人民币升值3%，该企业将面临何种外汇风险？应该如何降低这种风险？

4.某汽车生产商在东南亚、欧洲和北美洲等地区都开设了工厂，使用当地的人工和原材料进行生产，产品在当地市场销售。请问，与在国内生产产品向国外出口的生产销售方式相比，这种做法是否可以降低外汇风险中的经济风险？有什么优缺点？

5.某手工服饰加工公司主要向欧美地区出口具有中国特色的手工饰品，在面临汇率风险时，该公司与对方签订的合同里附加了如下条款：如果人民币升值超过5%，我们有权修订合同价格。请问这种方式规避的是哪类外汇风险？这样做有什么利弊？

## 【计算题】

1. 我国甲企业从A国A公司购买商品，货款为1 000万A元。成交时1A元=6.00元人民币，3个月后付款时，汇率变为1A元=6.30元人民币。甲企业将发生汇率风险损失。

要求：将汇率风险损失在我国甲企业和A国A公司之间进行合理分摊。

2. 我国某企业向美国、加拿大、英国等国出口某种商品，以美元标价，每件200美元，加拿大进口商要求用加拿大元报价，当时即期汇率1美元=1.25加拿大元，按此汇率商品单价应为250加拿大元。预测3个月后收款时，汇率将变为1美元=1.32加拿大元，考虑到汇率变化，商品应适当加价。

要求：计算加价后的商品单价。

3. 我国某公司1月1日从英国进口设备，货款100万英镑，付款期6个月。1月1日即期汇率1英镑=9.1662元人民币，远期汇率（6个月）1英镑=9.1735元人民币，该公司预测6月30日即期汇率有以下几种可能：

1英镑=9.1678元人民币，发生概率30%；

1英镑=9.1734元人民币，发生概率40%；

1英镑=9.1821元人民币，发生概率30%。

该公司考虑买入6个月远期外汇合约，购买100万英镑，用于支付货款。

要求：对这一远期外汇交易进行可行性分析。

4. 我国A公司在美国的子公司于3月1日从日本进口设备，货款6 250万日元，当时即期汇率为1美元=110日元，该公司担心9月1日支付货款时日元会升值，为了避免可能发生的外汇风险，决定在3月初购买9月份到期的日元期货合约。

日元期货合约的标准金额为1 250万日元，价格为1美元=108日元。9月1日，即期汇率1美元=100日元，A公司卖出5份日元期货合约，价格为1美元=98日元。支付期货交易佣金0.5万美元。

要求：计算外汇现货市场的损失和外汇期货市场的收益，并说明二者发生差异的原因。

5. 我国某公司2月1日对A国某公司出口一批产品，货款100万A元，将于5月1日收到，公司预测A元可能贬值，为了防范应收账款的外汇风险，决定进行卖出A元的外汇期权交易。有关资料如下：

（1）期权协定价格（汇率）1A元=1.24元人民币，每A元期权费0.02元人民币；

（2）预测应收账款到期日的即期汇率有以下几种可能：1A元=1.19元人民币；1A元=1.21元人民币；1A元=1.25元人民币；1A元=1.27元人民币；1A元=1.29元人民币。

要求：计算在各种可能即期汇率情况下我国公司可以收回的人民币数额，并说明在何种情况下应不执行期权合约。

6. 我国某公司在美国的子公司从德国进口一批商品，应付货款100万欧元。该公司预测欧元可能升值，也可能贬值，很难预测准确，因此想利用期权交易合约防范风险。有关资料如下：

（1）期权协定价格（汇率）1欧元=1.23美元，每欧元期权费0.02美元；

（2）应付账款到期日的即期汇率有以下几种可能：1欧元=1.19美元；1欧元=1.21美元；1欧元=1.23美元；1欧元=1.25美元；1欧元=1.27美元。

要求：计算在各种可能的即期汇率情况下该公司购买欧元应支付的美元金额，并说明在何种情况下应不执行期权合约。

7. 我国甲公司1月1日卖给B国B公司商品一批，货款10万B元，B公司将于3月31日付款。1月1日即期汇率为1B元=5.00元人民币，3个月远期汇率为1B元=4.92元人民币。甲公司预测3月31日的即期汇率为1B元=4.90元人民币。

甲公司为了避免汇率变动的风险损失，决定采用货币市场借款和投资法：1月1日在B国借款10万B元，年利息率10%，将借款汇回甲公司，在国内投资收益率13%，所得税税率25%。

要求：计算采用这种方法的收入是多少。

8. 我国甲公司1月1日出口商品一批，货款100万A元，A国乙公司将于6月30日付款。1月1日即期汇率1A元=8.00元人民币，6个月远期汇率为1A元=7.80元人民币。甲公司预测6月30日即期汇率1A元=7.70元人民币。

为避免汇率变动的风险损失，甲公司准备了以下3种方案：

（1）进行远期外汇交易；

（2）利用货币市场借款和投资法，具体做法及信息是：1月1日从A国银行借款，年利息率14%，借款额加上借款利息正好与应收账款相等。将借款汇回国内进行投资，收益率18%，所得税税率25%；

(3) 不采取任何防范办法。

要求：计算比较，说明采用哪种方案的收入较多，并进行简单分析。

9.我国甲公司7月1日从A国进口设备，货款100万A元，将于12月31日付款。7月1日即期汇率1A元=8.10元人民币，6个月远期汇率为1A元=8.20元人民币，甲公司预测12月31日的即期汇率1A元=8.30元人民币。

为了避免汇率变动的风险损失，甲公司准备了两种备选方案：

(1) 进行远期外汇交易。

(2) 采用货币市场借款和投资法。具体做法和信息为：7月1日投资购买A国半年期国库券，半年期利息率4%，投资加利息正好等于应付账款100万A元，12月31日用于支付货款。但甲公司没有A元，需要在本国借人民币用于购买A元，半年期借款利息率为4.5%。

要求：计算比较，说明采用哪种方法的支出较少。

【案例分析】

日本本田公司的经济风险管理

# 第五章

# 国际信贷筹资管理

**【学习目标】**

本章主要阐述了对国际信贷筹资的管理，通过对本章内容的学习，应达到以下目标：

1. 了解外国政府贷款的特点；了解国际金融组织贷款的形式和特点。

2. 熟悉国际商业贷款的条件。

3. 掌握国际信贷筹资成本的测算；掌握国际信贷筹资风险的管理办法；熟练掌握国际信贷货币的选择；掌握国际信贷利率的选择；掌握国际信贷还本付息方式的选择。

## 第一节　国际信贷筹资的分类

国际信贷筹资是指企业向国际金融组织或其他经济组织借款的一种筹资方式。从广义的角度来说，国际信贷筹资包括在国际金融市场上借款、在国际证券市场上发行证券、国际租赁或国际补偿贸易等；从狭义的角度来说，国际信贷筹资仅指在国际金融市场上以借款的方式筹资。本教材中的国际信贷筹资指的是狭义的国际信贷筹资。

按照不同的标准，国际信贷筹资可以进行不同的分类。例如按照期限长短，通常将低于1年的称为短期贷款，1年至5年的称为中期贷款，5年以上的称为长期贷款①；按照利率高低，可以将国际信贷分为无息贷款、低息贷款、中息贷款和高息贷款等。但国际信贷筹资分类中最主要的一种分类方式是按照贷款的来源进行划分，本章中将主要按照贷款来源探讨国际信贷筹资的分类。

按照贷款的不同来源，国际信贷筹资可以分为外国政府贷款、国际金融组织贷款、国际商业贷款以及混合贷款等。对大多数的企业来说，国际商业贷款，包括国际商业银行贷款和出口信贷，这是获取国际信贷的最主要方式。外国政府贷款和国际金融组织贷款主要通过政府和国际金融机构办理，而国际商业贷款主要通过国际信贷市场进行。混合贷款由不同来源的贷款混合组成。

### 一、外国政府贷款

外国政府贷款是指一国政府利用财政资金向另一国政府提供的、具有一定赠与性质的优惠性贷款，它具有以下特点：

① 通常的提法是，将1年以下的称为短期贷款，1年以上的统称为中长期贷款。

（1）一般是在两国政治、外交关系良好的情况下进行的，受两国政治关系好坏的影响。

（2）受贷款国财政经济状况制约，贷款数额一般不会太大。

（3）属于主权外债，强调贷款的偿还。我国使用的外国政府贷款是国家主权外债。除财政部审查确认，并报经国务院批准由国家统借统还的以外，其余均由项目业主偿还，且多数由地方财政担保。

（4）贷款条件优惠。贷款利率一般为0.20%～0.30%，个别贷款属于无息贷款。有些贷款方还提供部分赠款。贷款偿还期限通常为10～40年，并通常规定2～15年的宽限期。

（5）限制性采购。除少数国家采用国际招标，大多数国家利用外国政府贷款时，第三国采购比例一般为15%～50%，即贷款总额的50%～85%要用于购买贷款国的设备和技术。借款国一般不能自由选择贷款币种，汇率风险较大。

（6）投向限制。外国政府贷款主要用于政府主导型项目建设，主要集中在基础设备、社会发展和环境保护等领域。

（7）会得到本国政府的支持。例如，对贷款项目免征进口环节的增值税和关税等。

我国首次利用外国政府贷款是在第一个五年计划时期，使用的是苏联向我国政府提供的74亿旧卢布（约15亿美元）的长期政府贷款，年利率为2.50%。

2016年10月11日，财政部对《国际金融组织和外国政府贷款赠款管理办法》（财政部令第38号）进行了修订，修订后的管理办法：（1）规定财政部作为政府外债的统一管理部门，负责全国贷款、赠款的统一管理工作；地方财政部门作为地方政府性债务归口管理部门，负责本地区贷款、赠款的管理工作。（2）分别规定了财政部、地方财政部门、项目实施单位以及项目协调机构应履行的主要职责。（3）作出了贷款筹措、贷款使用、债务偿还的相关规定。

截至2017年，中国已累计实施各类外国政府贷款项目2 640个，利用贷款总额670.10亿美元，已累计归还贷款325.59亿美元。[①]

## 二、国际金融组织贷款

国际金融组织是两个或两个以上国家的政府为了实现共同的经济金融目标、依照共同缔结的条约或协定而建立的，具有特定金融职能的常设性组织实体。国际金融组织分为两种：全球性国际金融组织和区域性国际金融组织。全球性国际金融组织包括国际货币基金组织（IMF）和世界银行集团，区域性国际金融组织包括亚洲开发银行、非洲开发银行、泛美开发银行、欧洲投资银行和国际清算银行等。下面以全球性国际金融组织中的世界银行集团和区域性国际金融组织中的亚洲开发银行为例介绍国际金融组织贷款。

### （一）世界银行集团贷款

世界银行（World Bank），也称国际复兴开发银行（International Bank for Reconstruction and Development，IBRD），是1944年7月布雷顿森林会议后与国际货币基金组织同时成立的两个全球性国际金融组织之一，1945年12月宣告成立，是联合国下属的一个专门机构，后来又先后成立了两个附属机构：国际金融公司（International Finance Corporation，

---

① 数据引自2018年《中国财政年鉴》。

IFC）和国际开发协会（International Development Association，IDA），这三个机构统称为世界银行集团。

世界银行总行设在华盛顿，纽约、巴黎、伦敦、日内瓦、东京和北京等地均设有办事处。2010年4月25日，中国在世界银行的投票权从2.77%提高到了4.42%，成为仅次于美国和日本的第三大股东。

1.世界银行贷款

世界银行贷款的资金来源主要有成员方认缴的股金、国际金融市场筹资、贷款业务收益、贷款资金的回流及部分贷款债券转让给私人投资者所得等。与一般商业银行贷款相比，世界银行贷款有以下特点：

（1）发放贷款的对象只包括成员方政府或由成员方政府、中央银行担保的公私机构。

（2）贷款必须用于经世界银行审定批准的项目。

（3）贷款不是以营利为主要目的，而是为了协助成员方发展经济。

（4）贷款期和宽限期均较长，硬贷款①最长可达20年，平均为17年，宽限期为4年左右。

（5）贷款利率一般低于市场利率，收取很少杂费，只收取承诺费，承诺费最高为0.75%。

（6）贷款申请、审批手续严格，从提出项目到取得贷款，一般需要一年半到两年的时间。

（7）世界银行一般只提供项目建设所需的外汇资金。

（8）贷款都以美元计值，如使用其他货币，借款者需承担汇率风险。

2.国际金融公司贷款

由于世界银行的贷款主要是以成员方政府为对象，而对私人企业贷款必须由政府担保，因而在一定程度上限制了世界银行的业务范围。为了促进对私人企业的国际贷款，世界银行于1954年同各成员方政府商议后决定建立国际金融公司。1956年7月，公司正式宣布成立。其宗旨是：为发展中国家成员私人企业的新建、改建和扩建提供贷款，帮助发展中国家促进私营部门的增长和国内资本市场的发展，促进私人资本的国际流动。国际金融公司总部设在华盛顿。

国际金融公司的资金来源主要包括：成员方认缴的股金、从世界银行和其他金融市场取得的借款以及公司积累的利润等。国际金融公司贷款的基本特点是：

（1）贷款期限较长，一般为7～12年，包括1～4年的宽限期。如果需要，贷款期限还可延长。

（2）整个贷款期内利率固定不变。

（3）贷款利率略高于世界银行的贷款利率，手续费率为1%。

（4）还款时需要以原借入货币偿还。

3.国际开发协会贷款

由于世界银行贷款条件较严，数量有限，不能帮助贫困的发展中国家摆脱贫困，因此世界银行于1960年9月24日又成立了另一个机构——国际开发协会，专门对不发达国家发放贷款。该协会总部设在华盛顿。

国际开发协会的宗旨是：向低收入发展中国家（包括赤贫国家）提供优惠的长期贷

① 世界银行贷款因贷款条件严格且贷款利率相对较高，因而被称为“硬贷款”；而国际开发协会发放的优惠贷款是无息的，或利息很低，所以被称为“软贷款”。软贷款期限可达50年，宽限期10年。

款，在支持世界银行完成减轻贫困的使命中发挥关键性的作用。国际开发协会的资金来源除成员方认缴的股本以外，还有各国政府向协会提供的补充资金、世界银行拨款和协会的业务收入等。国际开发协会贷款的基本特点是：

（1）贷款是无息的，只收取0.75%的手续费。

（2）贷款期限最长可达50年。前10年为宽限期，不用还本，从第二个10年起每年还本1%，其他30年每年还本3%。

（3）偿还贷款时，可以部分或全部用本国货币偿还。

国际开发协会每3年要扩充“金库”，要求富国提供援助并共同确定援助项目，2007年12月，国际开发协会确定2008—2011年将拿出416亿美元援助人均年收入不足1 065美元的穷国。中国第一次成为该协会45个援助国中的一员，由过去的受援国变成了援助国。

**（二）亚洲开发银行贷款**

亚洲开发银行（Asian Development Bank，ADB）简称亚开行或亚行，是一个致力于促进亚洲及太平洋地区发展中成员经济和社会发展的区域性政府间金融开发组织。自1999年以来，亚行特别强调以扶贫为其首要战略目标。它不是联合国的下属机构，是由联合国亚洲及远东经济委员会（即现在的亚洲及太平洋经济社会委员会）赞助建立的组织，同联合国及其他组织有密切的联系。亚洲开发银行创建于1966年12月，行址设在菲律宾的马尼拉，其成员除亚太地区的国家外，还有德、法、意、英、荷等国。我国于1986年成为亚洲开发银行正式成员。2000年6月，亚洲开发银行在北京设立驻北京代表处。亚洲开发银行的战略目标是：通过提供贷款和股本投资，促进发展中成员经济增长和社会进步；通过提供技术援助、开展贷款政策性对话，增强发展中成员决策机构的能力，促进经济向市场化转轨，改善投资环境；进一步增加联合融资，促进私有资本向发展中成员流入。

亚洲开发银行的资金来源主要有以下几项：

（1）普通资金，主要包括成员方认缴的股本、借款（主要是发行债券）、业务净收益。普通资金主要用于硬贷款。

（2）亚洲开发基金，主要来源于亚洲开发银行发达成员国或地区成员的捐款、理事会按有关规定从各成员国或地区成员缴纳的未核销实缴股本中拨出的10%，以及从其他渠道取得的部分捐款。亚洲开发基金主要用于软贷款。

（3）技术援助特别基金，主要来源于各成员方的捐款，此外还有亚洲开发基金拨给的款项。技术援助特别基金主要用于以赠款形式进行的技术援助。

（4）日本特别基金，全部由日本政府捐赠。日本特别基金主要用于以赠款形式进行的技术援助。

（5）联合融资，指一个或一个以上的外部经济实体与亚行共同为某一开发项目提供融资。

亚洲开发银行贷款按资金来源和贷款条件可以分为两类：硬贷款和软贷款。其中，硬贷款是使用普通资金提供的贷款，贷款对象是收入较高的发展中国家，主要用于建设基础设施项目。利率原为固定利率，1986年7月改为浮动利率，每半年调整一次，根据当时借入贷款的平均成本加0.50%的利差来确定利率。贷款期限为10～30年，宽限期为2～7年。

软贷款是使用亚洲开发基金提供的贷款，贷款对象是低收入成员。期限长达40年，含宽限期10年，宽限期之后第一个10年每年还本2%，以后20年每年还本4%。不收利息，每年只收取1%的手续费。

亚洲开发银行提供的贷款主要有以下几种形式：

1.项目贷款

项目贷款是为某些具体的发展项目提供资金的贷款。项目贷款是亚洲开发银行传统的贷款方式，其一开始营业就开展了项目贷款方式，并且在银行章程中规定：亚洲开发银行经营的原则主要是为具体项目提供资金。这里的项目可以是一个国家发展规划的一部分，也可以是一个地区发展规划的一部分。

2.规划贷款

规划贷款是对某个需要优先发展的部门或其所属部门提供的资金，目的是使这些部门通过进口生产原料、设备和零部件，扩大现有生产规模，使结构更趋合理化和现代化。

3.开发金融机构贷款

这是一种通过成员的开发性金融机构进行间接贷款的形式，也称中间贷款。其目的是支持亚太地区私营工业的发展。例如1987年4月9日，由中国投资银行承办了亚洲开发银行一笔金额为1亿美元的开发金融机构贷款，中国的40个项目得以分配使用并受益。

4.部门贷款

部门贷款是对成员国或地区成员与项目有关的投资进行援助的一种形式，目的是提高所选择的部门或其分部门的执行机构的技术与管理能力。部门贷款主要集中于乡村发展、灌溉、高速公路、教育等方面。

5.综合项目贷款

综合项目贷款是对较小的借款成员，例如南太平洋的一些岛国，提供的一种灵活的贷款，将这些国家规模较小、借款金额不大的项目“捆”在一起作为一个综合项目办理贷款。

6.特别项目执行援助贷款

特别项目执行援助贷款是亚洲开发银行为防止贷款项目因缺乏资金而无法顺利进行提供的贷款。

7.私营部门贷款

私营部门贷款分为直接贷款和间接贷款。直接贷款是由政府担保的贷款，或没有政府担保的股本投资；间接贷款主要指开发性金融机构的限额转贷和对开发性金融机构的股本投资。

8.联合筹资

联合筹资指区外经济实体与亚洲开发银行共同为成员国或地区成员的某一个开发项目筹资，包括平行筹资、共同筹资、伞形筹资、窗口筹资和参与性筹资五种类型。

截至2017年，我国已经利用世界银行贷款项目429项，累计金额617.18亿美元；利用亚洲开发银行贷款项目244项，累计金额341.29亿美元。①

---

① 数据引自2018年《中国财政年鉴》。

## 三、国际商业贷款

国际商业贷款是指借款人向国外的银行、其他金融机构、企业、个人、在本国境内的外资银行、合资银行及其他外资、合资金融机构筹措，并承担契约性偿还义务的外汇贷款。国际商业贷款主要包括国际商业银行贷款和出口信贷两大类，两大类下还可以进行细分，具体如图5-1所示。

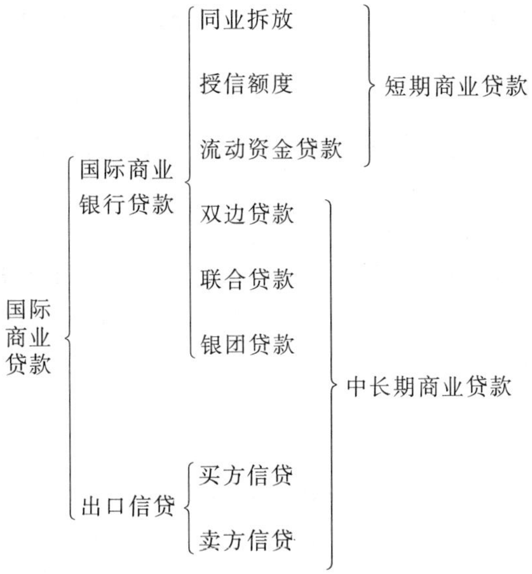


图5-1　国际商业贷款分类

### （一）国际商业银行贷款

在企业和银行的业务没有扩展到国际市场之前，各国的银行只用本国货币向本国的借款者发放贷款。随着国际经济贸易的发展，从19世纪开始，一些发达国家的银行开始用本国货币向外国借款者发放贷款，到了20世纪50年代，随着欧洲货币市场的形成，银行开始接受外币存款并使用外币发放贷款，这就是国际商业银行贷款的开端。

#### 1.国际商业银行贷款的种类

按照期限长短分类，国际商业银行贷款可以分为短期商业银行贷款和中长期商业银行贷款两大类。其中，短期商业银行贷款包括同业拆放、授信额度以及流动资金贷款；中长期商业银行贷款包括双边贷款、联合贷款和银团贷款。

（1）同业拆放

同业拆放是指银行和银行之间以资金拆放的形式进行的资金融通，即各国金融机构之间无抵押相互借贷的短期资金业务。

（2）授信额度

授信额度是指由银行批准的，可以向公司客户借贷的，或已经贷出的最高贷款本金限额。只要授信余额不超过相应的指标，无论累计发放金额和发放次数为多少，银行均可以快速向客户提供短期授信，也就是企业可以便捷地循环使用银行的短期授信资金，满足企业对贷款快捷性和便利性的要求。

（3）流动资金贷款

顾名思义，流动资金贷款是为满足生产经营者在生产经营过程中短期的资金需求，保证生产经营活动正常进行而发放的贷款。

（4）双边贷款

双边贷款是指一家境外银行向我国境内金融机构或企业提供的贷款。双边贷款金额较小，但贷款条件比较优惠，每笔贷款金额为几千万美元，最多为1亿美元。这种贷款的优点是灵活方便，贷款利息也略低一些，而且由一家银行提供贷款，支付的费用相对较低，可以降低企业的筹资成本。

（5）联合贷款

联合贷款是指由一家或数家外国银行与我国的金融机构联合对某一项目提供贷款，其贷款金额一般小于银团贷款。

（6）银团贷款

银团贷款也叫辛迪加贷款，是指由一家或几家从事国际信贷业务的银行牵头，由不同国家的多家商业银行组成集团，由集团的每位成员分别承担贷款总额的一部分，并按集团与借款人订立的借贷协议规定条件，共同向一国政府、企业的某个项目提供贷款。银团贷款一般金额较大、期限较长，每笔银团贷款金额一般为1亿～5亿美元，有的多达10亿～20亿美元。

银团贷款是随着资本主义经济的不断发展而出现的一种筹资方式。特别是第二次世界大战后，一些资本主义国家为了迅速弥补战争创伤，采用多种方式的银团贷款筹措资金，发展生产，振兴经济，收到了良好的效果，促进了生产向国际化发展。生产的国际化促进了市场的国际化，加速了国际贸易的发展，增加了筹资需求，所需资金数额也逐渐增大。由于巨额贷款仅靠一家银行的力量很难承担，况且风险也很大，任何银行都不愿独自承担。为了分散风险，有意发放贷款的各家银行便组成集团，每家银行认购一定的贷款份额，由一家代理行统一发放和回收。

20世纪70年代以来，银团贷款经历了3个阶段：70年代初到1981年，传统的银行双边贷款逐渐被银团贷款所取代，因为银团贷款既能筹得巨额资金，又可分散贷款风险，借贷双方十分满意。1982—1986年，由于银团贷款市场中最庞大的需求者——发展中国家被沉重的债务危机所迫，不得不减少贷款活动，因而银团贷款规模大大收缩。与此同时，更多的资信可靠的借款人由国际信贷市场转向国际债券市场筹集资金。1987年以来银团贷款又重新兴旺起来。但是，此时的银团贷款市场在结构上已有很大改变。私人企业取代了过去银团贷款的主要借款人——政府或官方机构。银团贷款得以重振的主要原因还在于国际信贷市场上出现了多种期权贷款业务。它比债券灵活，成本低于一般银行贷款，不仅能融通流动资金，也能用于固定资产投资。在国际债券市场动荡不定的局面下，许多信用评级较低的公司愿意转向这种贷款方式来筹集资金。同时，国际债券市场上筹资成本的上涨，以及包销风险的增加，也增加了银团贷款的竞争力。

中国银行于20世纪80年代初开始银团贷款业务，目前，中国银行提供的银团贷款业务与联合贷款业务的区别见表5-1[①]。

---

① 摘自中国银行网站：https://www.boc.cn/cbservice/cb2/cb22/200806/t20080627_788.html。

表5-1　　中国银行银团贷款和联合贷款的区别

| 项目 | 银团贷款 | 联合贷款 |
|---|---|---|
| 银行间关系 | 结成统一体，通过牵头行和代理行与借款人联系 | 各行相互独立，分别与借款人联系 |
| 贷款评审 | 各银行以牵头行提供的信息备忘录为依据进行贷款决策 | 各行分别收集资料，多次评审 |
| 贷款合同 | 统一合同 | 每家银行均与借款人签订合同 |
| 贷款条件（利率、期限、担保方式等） | 统一的条件 | 每家银行分别与借款人谈判，贷款条件可能不同 |
| 贷款发放 | 通过代理行按照约定的比例统一划款 | 分别放款，派生存款分别留在各行 |
| 贷款管理 | 由代理行负责 | 各行分别管理自己的贷款部分 |
| 贷款本息回收 | 代理行负责按合同收本收息，并按放款比例划到各行指定账户 | 各行按照自己与借款人约定的还本付息计划，分别收本收息 |

我国银行业对国外借款人提供银团贷款，用于其购买中国的机电产品、成套设备和高新技术等。例如，国家开发银行股份有限公司（以下简称“开发银行”）办理银团贷款业务的程序为：贷款申请、项目评审、项目审议、合同签订、贷款发放、贷后管理。其具体步骤为：境内外客户向开发银行各分行、代表处，驻外大区组、工作组提出组建银团贷款申请；开发银行对项目进行初审后，组建内部评审谈判工作团队，负责对项目开展评审、尽职调查、结构设计、融资安排等工作，并对项目形成初步评审结论；开发银行与客户签订Mandate Letter及Indicative Term Sheet，明确委托关系和主要贷款条件；将评审报告上报开发银行贷款管理委员会对项目进行决策；开发银行牵头或联合其他银行共同为客户组建银团贷款，并完成分销工作；开发银行代表银团与客户开展贷款合同及相关文本的谈判工作，达成一致后客户与银团签署协议；在客户完成提款前提条件后，银团为客户提供资金支持。2014年4月，五矿资源有限公司、国新国际投资有限公司和中信金属有限公司组成的联合体以58.50亿美元收购嘉能可邦巴斯项目股权，开发银行与花旗银行、工银国际等为其提供了银团贷款的融资支持。①

【小资料】

中国银行银团贷款的参与行及中国银行银团贷款业务示例

2.国际商业银行贷款的特点

与其他贷款形式相比，国际商业银行贷款通常有以下3个特点：

（1）非限制性贷款

前已述及，外国政府贷款具有限制性采购和投向限制的特征，必须将贷款总额的一定百分比用于购买贷款国的设备和技术，必须用于政府主导型项目建设；国际金融组织贷款一般是为支持成员建设提供的，大都与特定的建设项目相联系。而国际商业银行贷款的特点就体现在其“商业性”上：贷款用途不受限制，借款者可以根据自己的需要自由使用，可以用来购买任何国家的货物。借款人可自由支配所借资金，不存在专款专用问题，借款人在使用贷款方面更加主动、更加自由。

（2）贷款金额较大，手续较简便

一般情况下，外国政府贷款和国际金融组织贷款只能满足特定工程项目的资金需要，

① 摘自国家开发银行网站：http://www.cdb.com.cn/cpfw/gjyw/dkrz_434/201602/t20160219_2639.html。

而国际商业银行贷款利用的是国际金融市场上大量的闲散资金，只要借款人资信可靠，具备要求的还款能力，就可以从国际商业银行筹借自己所需的资金。同时，国际商业银行贷款货币种类丰富，借款者可以根据自己的需要灵活选择借款币种，充分发挥借款的最大效用。外国政府贷款要以两国关系友好为前提，同时贷款数额受贷款国财政状况的制约，不仅贷款手续相当繁杂，而且每笔贷款金额有限；国际金融组织贷款多与工程项目相联系，借款手续非常繁琐，出口信贷也受很多条件限制；而国际商业银行贷款比较灵活，每笔贷款金额可多可少，借款手续比较简便。

（3）贷款成本较高

从利率来看，外国政府贷款具有经济援助性质，属于低息贷款；国际金融组织贷款有的是无息贷款，有的是中息贷款，例如世界银行贷款的利率一般都低于市场利率；出口信贷由于出口国政府对利息有补贴，其利率比市场利率低很多。

国际商业银行贷款的利息按国际金融市场的利率计算，受市场供求关系等因素的影响，随行就市，其利率高于上述各种贷款。从期限上来看，中长期国际商业银行贷款一般为3年至5年，或5年至10年，一般很少达到外国政府贷款和世界银行贷款的最长期限（30年）。此外，借款人还需要负担各种费用，因此成本较高。

### 3.国际商业银行的贷款条件

贷款条件是对借贷双方的权利义务所做的规定，主要包括贷款利率、贷款费用、偿还方式和贷款期限等。

（1）贷款利率

贷款利率直接影响借款人的利息负担，因此对借款人来说，贷款利率是最重要的一个条件。但由于在国际金融市场上，贷款市场、期限、货币种类等有所不同，因此国际商业银行贷款的利率高低也有差别。由于国际货币市场的核心是欧洲货币市场，因此下面主要介绍欧洲货币市场的银行贷款利率。

欧洲货币市场刚开始时，完全以“美元”为计价基础，因此当时只能被称为欧洲美元（Eurodollar）市场。后来，有的工业国家的货币也逐渐被用作计价基础，因此今天的欧洲货币，除欧洲美元外，还有欧洲马克（Euromark）、欧洲加币（Euro-Canadian Dollar）、欧洲法郎（Euro-French Franc）、欧洲瑞士法郎（Euro-Swiss Franc）、欧洲英镑（Eurosterling）以及欧洲日元（Euroyen）等。最初的欧洲美元市场主要位于伦敦，后来只要各金融中心有以非当地货币为计价基础的存放款业务，就都构成欧洲货币市场的一部分。由于欧洲货币市场起源于伦敦，因此伦敦仍是当今世界上最重要的欧洲货币业务中心（Eurocurrency Centers）。除伦敦外，巴黎、苏黎世也是重要的欧洲货币业务中心。此外，亚洲的新加坡、中国香港、日本，加勒比海及中美洲的巴哈马群岛，美国各州的国际银行设施（International Banking Facilities，IBFs）以及中东的巴林（Bahrain）都是重要的欧洲货币业务中心。目前主要西方国家的货币市场都是高度国际化的，众多的跨国性商业银行和证券投资机构利用先进的电子技术，将各个国家的短期金融工具交易连成一个整体，形成了统一的国际货币市场。

地处欧洲货币市场，且从事欧洲货币业务的银行都可以被称为欧元银行（Euro-Banks）。欧元银行一般接受欧洲货币存款（Eurocurrency deposits），也提供欧洲货币贷款（Eurocurrency loans）。

由于欧洲货币市场是自由市场，因此利率受供求关系的影响，供不应求时利率上升，反之则利率下跌。货币的软硬也会影响利率的高低。一般来说，软货币的利率比硬货币要高，因为一般借款人倾向于借软货币，以期偿还时可以减轻偿还成本，由于借者较多，其利率自然会上升。硬货币因借者较少，利率就低一些。贷款期限的长短也影响利率水平，一般而言，贷款期限越长，利率越高，反之越低，这主要是由借贷风险、通货膨胀等因素决定的。欧洲货币市场有一个重要特征，即贷款利率采用浮动利率制。欧洲货币市场的贷款利率分为两种：一种是对银行的同业放款；另一种是对外国公司、政府部门及国际机构，即对非银行及非金融机构的放款。

① 对银行的同业放款

欧元银行对银行的同业放款，基本上都是短期性质。欧元银行彼此间的借贷是通过电话完成的。每一家欧元银行随时都有存款利率（Bid Rate）和放款利率（Ask Rate or Offered Rate）供客户参考使用。在欧洲货币市场上最重要的存款利率是银行同业拆借利率（Interbank Bid Rate，IBBR），它是欧元银行在接受银行同业存款资金时所愿支付的利率；欧洲货币市场上最重要的放款利率是银行同业拆放利率（Interbank Offered Rate，IBOR），它是欧元银行对银行同业放款所收取的利率。就主要的欧洲货币而言，银行同业拆借利率和拆放利率的差异通常是12.50个基点（即0.00125）。

② 对外国公司、政府部门及国际机构的放款

欧元银行对外国公司、政府部门及国际机构的放款，被称为欧洲货币信用贷款（Eurocredit Bank Loans），其期限比银行同业之间的贷款期限要长。这类贷款构成了欧洲货币信用市场间接融资的一部分。由于这类贷款通常额度较大，甚至超过单一银行的最高放款金额，因此通常是由众多银行组成联贷银行团共同分担贷款风险，即这种贷款通常采用银团贷款的方式发放。

欧洲货币信用贷款的利率最常采用的是钉住LIBOR（伦敦银行同业拆放利率）。由于伦敦从过去到现在一直都是最重要的欧洲货币业务中心，因此LIBOR也是欧洲货币信用贷款最重要的参考利率。

LIBOR是由英国银行协会（British Bankers Association，BBA）每日根据各大银行公布的银行同业拆放利率计算得出的。例如，美元LIBOR是英国银行协会根据18家跨国银行每日上午11时（伦敦时间）的银行同业拆放利率计算平均值而得到的。日元LIBOR则是取8家国际银行的资料，马克LIBOR是取16家国际银行的资料，以同样方式计算并公布。由于LIBOR根据每天市场状况做调整，因此，每一种通货的LIBOR都会反映该国国内每日的金融市场状况。LIBOR本身利率的高低也反映了期限的长短，例如，3个月的LIBOR通常会比6个月的LIBOR利率低。

近年来，由于国际金融中心的逐步扩大，除了LIBOR经常被用作国际金融市场基准利率外，在其他主要国际金融中心经常使用的银行同业拆放利率还有中国香港银行同业拆放利率HIBOR、新加坡银行同业拆放利率SIBOR，以及巴林、布鲁塞尔、卢森堡银行同业拆放利率等。另外，自20世纪80年代以来，除了银行同业拆放利率以外，某些重要的国内货币市场利率，如美国优惠利率（Prime Rate）、美国定期存款CDs利率、日本长期优惠利率、加拿大基本放款利率等，也常被用作国际信贷的基准利率。

【延伸阅读】

LIBOR操纵丑闻

此外，国际商业银行贷款的利率也可以按照期限进行区分。

① 短期贷款

对短期的银行客户，直接使用基准利率，即LIBOR，也可以采用固定利率；对短期的非银行客户，要在基准利率的基础上加一个附加利率。

② 中长期贷款

银行中长期贷款利率与对短期的非银行客户相同，一般是在基准利率LIBOR的基础上加一个附加利率。一般是以3个月期或6个月期的LIBOR作为中长期贷款的计息基础，其中，LIBOR是受多种因素影响而波动的浮动利率，而附加利率比较固定。

另外，在国际商业银行贷款中，还要注意贷款利息的计算中有关天数的确定。贷款利息一般是在每个计息期（3个月或6个月）的期末支付一次，按实际用款额和实际用款天数计算。其计算的基本公式为：

$$应付利息=本金\times贷款年利率\times\frac{实际计息天数}{全年基础天数}$$

对于公式中的天数，国际上通常有3种做法：

第一，大陆法（Continental method）。这种方法以360/360表示计息天数和基础天数的关系，是最早出现的一种方法，它沿用了过去所有月份都是30天的做法，所以一年也被视为只有360天。

第二，英国法（British method）。这是一种最严谨的方法，以365/365表示计息天数和基础天数的关系，闰年调整为366/366。目前英国、澳大利亚、日本和加拿大等国货币市场采用这种方法。

第三，欧洲货币法（Eurocurrency method）。欧洲货币法是一种折中的方法，以365/360表示计息天数和基础天数的关系，闰年调整为366/360，其特点是按日历实际天数作为计息天数，但利息计算的基础天数固定为360天。这种方法使用范围比较广，目前，我国和美国采用的都是这种方法。

（2）贷款费用

贷款费用是指借款人除利息之外需要支付的其他费用，主要有以下几种：

① 承诺费

承诺费（commitment fees），也称贷款承担费，一般发生在大额贷款项目中，是指在承担期内，借款者未支用贷款金额按规定的承诺费率计算应支付给银行的一种赔偿性费用。也就是说，银行已经与客户签订了贷款意向协议，并为此做好了资金准备，但客户并没有实际从银行取出这笔资金使用。承诺费就是对这笔已经作出承诺但没有贷出的款项所收取的费用。承担期内已支用的贷款开始计付利息，未支用的贷款数额应计付承诺费。承担期结束时，贷款未支用部分由银行注销，借款企业不能再支用。承诺费的费率一般为0.125%~0.50%。

【例5-1】

借款人与银行某年3月15日签订一贷款协议，贷款额9 000万元，期限5年，承担期为半年（到9月15日止），并规定从贷款协议签订日一个月后（即4月15日起）收取承诺费，承诺费率（年率）为0.25%。借款人实际支用贷款情况和应付承诺费的计算见表5-2。

从9月15日起，贷款未动用部分800万元由银行注销，借款人不能再支用。

表5-2　**借款人实际支用贷款情况及承诺费计算表**

| 日期 | | 支用金额（万元） | 未支用金额（万元） | 应计算承诺费用时间 | | 承诺费率（日率） | 承诺费金额（元） |
|---|---|---|---|---|---|---|---|
| | | | | 起讫 | 天数 | | |
| 月 | 日 | (1) | (2) | (3) | (4) | (5) | (6) = (2) × (4) × (5) |
| 3 | 18 | 2 000 | 7 000 | — | — | — | |
| 4 | 10 | 3 000 | 4 000 | 4.15—5.6 | 22 | 0.25%÷360 | 6 111.11 |
| 5 | 7 | 1 000 | 3 000 | 5.7—7.1 | 56 | 0.25%÷360 | 11 666.67 |
| 7 | 2 | 1 000 | 2 000 | 7.2—9.14 | 75 | 0.25%÷360 | 10 416.67 |
| 9 | 15 | 1 200 | 800 | — | — | — | |
| 合计 | | | | | | | 28 194.45 |

② 管理费

管理费（management fees），也被称为经理费（manager fees）或手续费（commission）。以银团贷款方式为例，管理费是借款人对牵头银行出面组织银团贷款所支付的报酬，因此是向牵头行支付的。一般按贷款总额的一定百分比计算，比率在0.5%～1%之间，可以在签订贷款协议时一次支付，也可以在首次支用贷款时一次支付，还可以选择在每次支用贷款时按支用金额的一定百分比支付。

③代理费

仍以银团贷款为例，代理费（agent fees）是借款人向银团中的代理行支付的费用。银团贷款中的代理行一般就是牵头银行，也可以是另外一家银行。在提供贷款的过程中，代理行需要与借款人进行持续的沟通和交流，会发生各种办公费、差旅费等，这些都需要由借款人承担。代理费一般按固定的金额支付，但金额大小各国标准不同，贷款金额巨大、手续烦琐的银团贷款代理费金额最高可达5万～6万美元。代理费属于签订协议以后发生的费用。

④杂费

杂费（out of pocket expenses）也是银团贷款方式下比较常见的费用，相当于借款人为牵头银行报销在组织银团贷款过程中实际发生的各项交流和沟通的费用，如办公费、差旅费等。杂费按牵头银行提出的账单一次付清，其收费标准各国不一，多的可达10多万美元。由于牵头银行的这些费用都是在签订银团贷款协议之前，在组织贷款的过程中发生的，因此杂费属于签订贷款协议之前发生的费用。

（3）偿还方式

银行中长期贷款的本金偿还方式有以下几种：

① 到期一次偿还。这一方式适用于贷款额较小、期限较短的中期贷款。

② 分期等额偿还。这一方式适用于贷款额较大、期限较长的贷款。通常在贷款期限内规定一个宽限期，宽限期内借款人不还本付息或只付息、不还本，宽限期满后开始分次还本并支付当年利息，每次还本金额相等。

③ 逐年分次等额还本。这一方式与第二种方式类似，不同的是没有宽限期的规定，即从第一年开始就等额还本，并支付当年利息。

（4）贷款期限

银行贷款期限主要取决于借款人的借款用途，并与银行获取资金的方式有关。银行主要通过吸收储户的存款获取资金，因此即使中长期银行贷款，其最高期限也仅为10年，10年以上的比较少见。另外在欧元市场上，欧元银行对不同的借款主体通常会规定不同的借款期限，例如对私人企业的中长期贷款一般最多为7年，而对政府的中长期贷款期限则稍长一些，可达10年或10年以上。20世纪70年代初起，欧元银行对企业和政府的长期贷款期限在10年以上的非常多。

**【思政专栏】 进行国际筹资要讲诚信**

资金运动涉及筹资者和投资者：从筹资者的角度来说，相当于借他人的资金使用，关注的是借入资金的盈利性；从投资者的角度来说，关注的不仅是出借资金的盈利性，还会关注其安全性。如果筹资者不关心这个“安全性”，那么就是不诚信的、不道德的。

最典型的例子是，如果一家公司本身处于破产边缘，已经无力偿还现有借款。但它仍抱着“赌一把”的心态，从外部举借资金，投资于一个风险大、收益也大的项目，希望项目取得成功能够扭转企业当前的困境。但可想而知，这种做法对企业现有的债权人、股东等都是不利的，有时甚至会造成很严重的社会影响。

### （二）出口信贷

#### 1.出口信贷的含义

国际贸易中的短期信贷只能满足商品周转较快、成交金额不大的项目的资金需要，而一些大型机械、成套设备，如船舶、飞机等，成交金额大、周转期长，因此进出口商需要期限较长的信贷支持。

出口信贷（Export Credit）是指一国政府为鼓励本国商品出口，增强国际竞争力，通过对本国出口给予利息补贴并提供信贷担保的方法，鼓励本国银行向本国出口商或外国进口商（或进口商的银行）提供利率较低的贷款，以解决本国出口商资金周转困难，或满足国外进口商对本国出口商支付货款需要的一种融资方式。

#### 2.出口信贷的特点

出口信贷具有以下特点：

第一，利率低于相同条件下资金贷放的市场利率，利差由国家补贴。

大型机械设备制造业在西方国家的经济中占重要地位，其产品价值和交易金额都十分巨大。在国际贸易竞争日趋激烈的情况下，为了加强本国设备的竞争力，削弱竞争对手竞争力，许多国家的银行纷纷以低于市场的利率向外国进口商或本国出口商提供中长期贷款，即给予信贷支持，以扩大本国货物的国外销路。银行提供的低利率贷款与市场利率的差额由国家补贴。

第二，出口信贷的发放与信贷保险相结合。

由于出口信贷偿还期限长、金额大，发放贷款的银行存在较大的风险，为了减少出口国银行的后顾之忧，保证其贷款资金的安全发放，国家一般设有信贷保险机构，对银行发放的中长期贷款给予担保，如我国的中国出口信用保险公司①、澳大利亚出口信贷保险公司②、法国对外贸易保险公司③、英国出口信贷担保局④等。

### 3.出口信贷的形式

出口信贷的基本形式有两种：卖方信贷（Supplier's Credit）和买方信贷（Buyer's Credit），另外还有福费廷（Forfaiting）等其他形式。

（1）卖方信贷

卖方信贷是出口商所在地的银行向出口商，即卖方提供的贷款。在取得贷款的情况下，出口商可以向外国的进口商提供中长期延期付款的便利。出口商一般会把支付给银行的利息及各种费用计入出口货价中，以货款的形式转嫁给进口商承担。

卖方信贷的基本程序如图5-2所示。

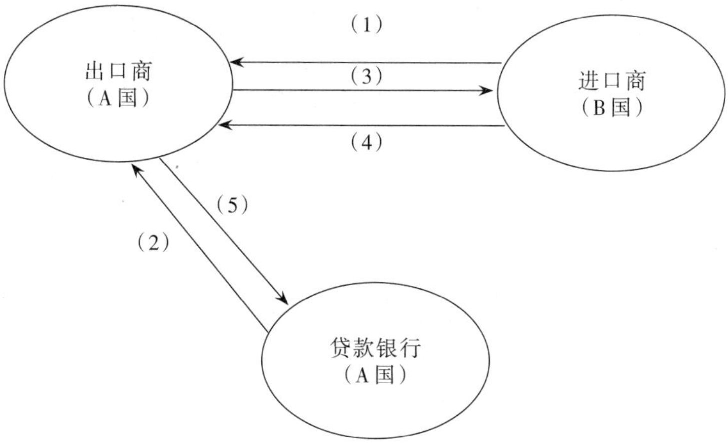


注：

（1）进口商和出口商签订商品买卖合同。

（2）出口商和银行签订贷款合同。

（3）出口商向进口商发出货物。

（4）进口商在付款期内分期支付货款。

（5）出口商在贷款期内分期还本付息。

**图5-2 卖方信贷基本程序**

在卖方信贷中，进口商一般需要在商品买卖合同签订之后，出口商交货时支付10%～15%的定金，因此出口商在与银行签订贷款合同时取得的贷款额最高只能是商品买卖合同金额减去定金后的差额，即买卖合同金额的85%～90%。

采用卖方信贷对进口商来说，既有有利的一面，也有不利的一面。其优点是：进口商的工作量没有任何增加，它只与出口商签订一个买卖合同。从这一角度看，与出口商是否

---

① 中国出口信用保险公司是由国家出资设立、支持中国对外经济贸易发展与合作、具有独立法人地位的国有政策性保险公司，于2001年12月18日正式挂牌运营，服务网络覆盖全国。其主要产品及服务包括：中长期出口信用保险、海外投资保险、短期出口信用保险、国内贸易信用保险、与出口信用保险相关的担保和再保险、应收账款管理、信息咨询等出口信用保险服务。

② 澳大利亚为出口商提供信贷和保险的机构，建于1956年，1986年1月6日合并到澳大利亚贸易委员会。董事会成员由澳大利亚总督任命。尽管该公司不是一个单独的经济实体，但按照法律沿用公司原名，继续承担澳大利亚出口信贷业务，公布单独的账户状况，保留认购准备金。经营业务包括出口信贷保险、出口信贷担保、直接贷款和混合贷款等。

③ 负责提供法国出口信贷保险。建于1948年，属于公共机构持有的公司，授权资本3 000万法郎。

④ 是英国为出口商品提供间接资金融通的官方机构。其建于1919年，总部设在伦敦和卡迪夫市，1949年成为贸易部的一个职能部门，直接由贸易大臣负责。其主要业务包括为英国出口商提供保险，为协助出口商取得履约保证书提供担保，并为出口信贷的银行提供担保和资金融通等。

接受贷款没有任何区别；其缺点是：利用卖方信贷进口机器设备的成本和费用较高，因为出口商报价时还会把其应支付给银行的利息和费用转嫁给进口商。

【小资料】

中国银行出口卖方信贷相关规定

我国可以进行出口信贷的机构有中国进出口银行、中国银行以及经国家外汇管理局批准的其他银行或金融机构。

（2）买方信贷

买方信贷是出口商所在地的银行向进口商，即买方提供的贷款。在取得贷款的情况下，相当于进口商对出口商采用即期付款的方式。

第一，买方信贷的形式。

买方信贷有两种基本形式：第一种是出口国的银行直接贷款给外国的进口商，即买方。这种买方信贷的程序如图5-3所示。

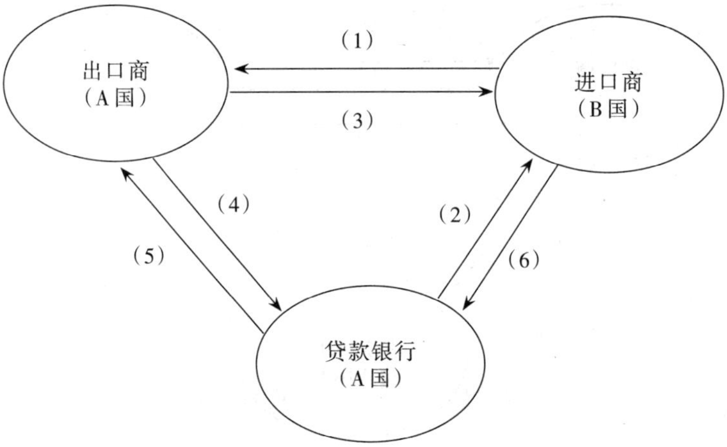


注：

（1）进口商和出口商签订商品买卖合同。

（2）进口商和银行签订贷款合同。

（3）出口商向进口商发出货物。

（4）出口商向银行提交发货单据。

（5）银行替进口商向出口商支付货款。

（6）进口商在贷款期内分期还本付息。

**图5-3 买方信贷第一种形式的基本程序**

与卖方信贷相同，买方信贷中，进口商获得贷款的最高数也不超过合同金额减去定金后的数额。

第二种形式是出口国银行通过进口商所在地的银行转贷给外国的进口商，即买方。这种买方信贷的程序如图5-4所示。

第二，买方信贷的优点。

与卖方信贷相比，买方信贷具有许多优点，因而使用比较广泛。出口商银行根据合同规定，凭出口商提供的交货单据，将货款付给出口商，同时记入进口商偿款账户，然后由进口商按照与银行订立的交款时间，陆续将所借款项偿还出口商银行，并支付利息。所以，买方信贷实际上是一种银行信用。使用卖方信贷，出口商先是以赊销或延期付款方式出卖商品，由于资金周转不灵，才由本国银行给予资金支持，即先从商业信用开始，然后由银行信用加以补充，如进口商不按期支付货款，出口商就会出现财务困难。

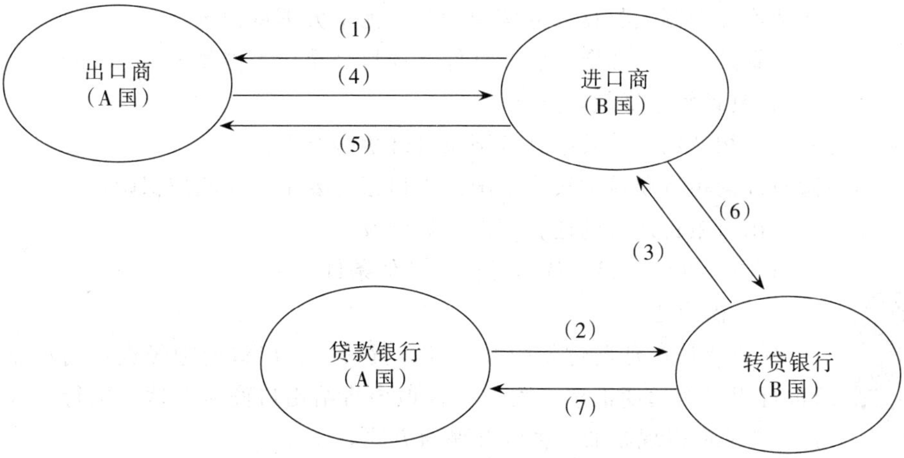


注：

(1) 进口商和出口商签订商品买卖合同。

(2) 进口商银行与出口商银行签订贷款合同。

(3) 进口商银行与进口商签订转贷合同。

(4) 出口商向进口商发出货物。

(5) 进口商在付款期内分期支付货款。

(6) 进口商在贷款期内分期还本付息。

(7) 进口商银行在贷款期内分期还本付息。

**图5-4　买方信贷第二种形式的基本程序**

买方信贷对进出口双方都比较有利。对进口商的好处是：使用买方信贷的第二种形式时，信贷条件由双方银行签订协议规定，进口商可集中精力与出口商商谈技术条件和商务条件，如价格、付款办法等；由于对出口商实行即期现汇成交，货物价格不包括利息、费用因素，因而确定价格比较容易；信贷手续费由双方银行协商确定，比卖方信贷的手续费（由出口商付给银行，但计入货价内，转嫁给买方）少。所以从买方信贷的两种形式来看，第二种形式使用更为广泛。

第三，我国的买方信贷。

我国的买方信贷包括出口买方信贷和进口买方信贷。

1988年，中国银行承办了国内第一笔出口买方信贷业务。在1994年中国进出口银行成立以前，中国银行是唯一一家经国家批准办理出口买方信贷业务的银行，先后为亚、非、拉、东欧等地区15个发展中国家的28个项目提供出口买方信贷。

中国进出口银行除具有出口买方信贷业务外，还提供进口买方信贷（即进口信贷）业务。进口信贷指中国进出口银行为保障国民经济发展所需的商品、服务和技术进口，向符合要求的境内借款人提供的本、外币贷款。凡在我国市场监督管理部门登记注册，具有独立法人资格的境内（不包括港澳台地区）企业及具备贷款资格的事业单位法人，均可向中国进出口银行申请进口信贷。采用代理方式进口的，在确保不重复贷款的前提下可纳入进口信贷支持范围。

其申请条件包括：

①借款人生产经营符合我国法律法规规定，无重大不良记录；借款人为新设项目法人

的，其控股股东或实际控制人有良好的信用状况，无重大不良记录。

②借款人经营管理、财务和资信状况良好（项目公司作为借款人的，项目公司发起人须具备上述条件），具备偿还贷款本息能力。

③项目经管理机构及项目涉及的其他国家管理机构批准。

④国别风险较高的租赁项目须按照中国进出口银行要求投保相应保险。

⑤提供中国进出口银行认可的还款担保（如涉及）。

⑥中国进出口银行认为必要的其他条件①。

【小资料】

中国银行出口买方信贷相关规定

（3）福费廷

福费廷是在延期付款的大型设备贸易中，出口商把经进口商承兑、进口国银行担保的远期汇票，无追索权地出售给出口商所在地的银行（或金融公司），提前取得现款的一种资金融通方式。

以中国银行承办福费廷业务为例，其可接受的债权形式包括：信用证、汇票、本票、有付款保函/备用信用证担保的债权、投保出口信用险的债权、IFC（国际金融公司）等国际组织担保的债权及其他可接受的债权工具。

【小案例】

福费廷业务示例

在无须占用公司授信额度的情况下，福费廷业务为客户提供固定利率的无追索权买断，能够有效满足公司规避风险、增加现金流、改善财务报表、提前核销退税等多方面的综合需求。

**（三）我国对国际商业贷款的管理**

1995年9月27日，发布了《国务院关于进一步加强借用国际商业贷款宏观管理的通知》（国发〔1995〕30号）；经中国人民银行批准，国家外汇管理局于1997年9月24日公布了《境内机构借用国际商业贷款管理办法》（〔97〕汇政发字第06号）。

（1）对外借用国际商业贷款的境内机构仅限于：①经国家外汇管理局批准，经营境外借款业务的金融机构；②经批准的工贸企业或企业集团。外商投资企业可直接对外借用国际商业贷款。

（2）中国人民银行是国际商业贷款的审批机关。中国人民银行授权国家外汇管理局及其分局具体负责对国际商业贷款的审批、监督和管理。

（3）国有企业及企业集团为筹集出口所需的外汇流动资金，直接对外借用一次性短期国际商业贷款，须逐笔报国家外汇管理局批准，方能对外谈判和签约。未经批准，不得直接对外借款。

（4）境内机构借用国际商业中长期贷款必须列入国家利用外资计划。国际商业中长期贷款应用于引进先进技术设备，提高创汇能力，并符合国家利用外资政策。借款时须向国家外汇管理局申请，未经批准，对外签订的贷款协议不能生效，外汇管理部门不予办理外债登记，银行不得为其开立外汇账户，借款本息不准汇出。

（5）偿还国际商业贷款实行谁借谁还原则。下列外汇可用于偿还国际商业贷款本息：①利用国际商业贷款新增加的产品出口收汇和非贸易创汇项目新增加的外汇收入；②国际商业贷款用于新开发项目的外汇收入；③自有外汇；④外汇管理部门同意的其他外汇。

---

① 摘自中国进出口银行网站信贷业务 http://www.eximbank.gov.cn/business/credit/extrade/201806/t20180610_3512.html。

# 第二节　国际信贷筹资的成本和风险

## 一、国际信贷筹资的成本

### （一）国际信贷筹资成本率的影响因素

国际信贷筹资的成本是指企业从国外筹借和使用外汇借款所付出的代价，包括支付的利息、费用和外币折合差额（即外币汇兑差额或外汇汇率风险损益）等。外汇借款的成本额与借款额的百分比称为外汇借款成本率。

企业外汇借款成本率主要受以下因素影响：

**1.利息率**

这是影响外汇借款成本率的基本因素。

**2.费用率**

我国银行外汇借款中的现汇贷款一般只向企业收取利息，不另收费用。转贷贷款，如买方信贷、外国政府贷款、国际金融组织贷款、混合贷款及银团贷款等，除向企业收取利息，还收取管理费、承诺费、代理费等各项费用。费用项目越多，费用率越高，外汇借款成本率越高。

**3.汇率变化**

汇率变化是外汇借款的一个特有因素。前述外汇风险中已经指出，汇率变化对外汇借款的本金和利息都会产生影响，当借款期内外汇借款的外币汇率升值时，借款期末就需要用更多的本币购买外币，才能偿还本金和利息，因此会导致外汇借款成本率升高；反之，如果借款外币汇率在此期间贬值，外汇借款成本率也将下降。

**4.所得税税率**

我国会计制度规定：短期借款的利息支出计入财务费用。长期借款的利息、费用和外币折合差额，与固定资产购建无关的，直接计入当期财务费用；与购建固定资产有关的，在固定资产交付使用前发生的，计入所购建固定资产的成本；在固定资产交付使用后发生的，直接计入当期财务费用。如果借款费用金额较小，可不作上述划分，都计入当期财务费用。由于利息、费用和外币折合差额计入财务费用，企业利润相应减少，从而可少缴一部分所得税，即财务费用的抵税效应。

### （二）国际信贷筹资成本率的计算方法

国际信贷筹资成本率的计算要分两种情况：短期信贷和中长期信贷。与国内借款相似，短期信贷的成本率可以忽略货币的时间价值因素，直接按简化公式计算即可；但中长期信贷在计算成本率时必须考虑货币的时间价值，按照计算到期收益率的算法计算成本率。

【延伸阅读】

债务成本的国家差异

**1.短期外汇借款成本率的计算**

短期外汇借款是指企业借入的期限在一年以下的外币借款。

为了说明成本率计算公式，设：

$K_g$——外汇借款成本率；

B——外汇借款本金；

I——年利息率；

$r_0$——借款时汇率；

$r_1$——预测还款时汇率；

r′——预测汇率变动百分比，计算方法为（$r_1-r_0$）÷$r_0$×100%；

T——所得税税率。

成本率可按下列基本公式（5.1）计算：

$$K_g=\frac{B\times I\times r_0+[B\times I\times(r_1-r_0)+B\times(r_1-r_0)]}{B\times r_0}\times(1-T)\times100\% \quad (5.1)$$

【例5-2】

我国某公司从英国某银行借入20万英镑，年利率7%，借款期1年。借款时汇率为1英镑=9.0174元人民币，预测还款时汇率将变为1英镑=9.0536元人民币，升值0.4%。所得税税率为25%。

要求：计算该笔外汇借款的成本率。

按照上述基本公式，该笔借款的成本率为：

$$K_g=\frac{20\times7\%\times9.0174+(20\times7\%\times(9.0536-9.0174)+20\times(9.0536-9.0174))}{20\times9.0174}\times(1-25\%)\times100\%$$

$$=5.57\%$$

当然，我们也可以按以下公式计算短期外汇借款的成本率：

（1）$K_g=\frac{B\cdot I\cdot r_1+B(r_1-r_0)}{B\cdot r_0}\times(1-T)\times100\%$ (5.2)

上式可简化为：

$$K_g=\frac{I\cdot r_1+(r_1-r_0)}{r_0}\times(1-T)\times100\% \quad (5.3)$$

（2）$K_g=\frac{B\cdot I\cdot r_0(1+r')+B\cdot r_0\cdot r'}{B\cdot r_0}\times(1-T)\times100\%$ (5.4)

上式可简化为：

$$K_g=(I(1+r')+r')(1-T) \quad (5.5)$$

（3）$K_g=\frac{B(1+I)\cdot r_0(1+r')-B\cdot r_0}{B\cdot r_0}\times(1-T)\times100\%$ (5.6)

上式可简化为：

$$K_g=((1+I)(1+r')-1)(1-T) \quad (5.7)$$

按以上三个公式及简化公式对上述例题进行测算，该短期外汇借款成本率均为5.57%。

## 2. 中长期外汇借款成本率的测算

中长期外汇借款是指企业借入的、期限在一年以上的外币借款。与短期外汇借款不同，企业借入中长期外汇借款需要向银行支付各种费用，通常按费用占借款额的百分比表示，称为筹资费率。因此，中长期外汇借款成本不仅包括利息支出和外币折合差额，还要将筹资费率纳入考虑范围之内。

从借款成本的计算方法上看，中长期外汇借款成本的计算方法与短期外汇借款成本的有所不同。通常情况下，短期外汇借款成本不需要考虑货币的时间价值，仅需按推导出的公式即可计算得出；但中长期外汇借款由于期限较长，如果不考虑货币时间价值，结果会与实际情况有很大的偏差。因此，计算中长期外汇借款的成本时，应根据货币时间价值原理，将各期的利息支出和还本额按折现系数进行折算求得各年支出的现值之和，然后与借款时所得数额相比较，计算净现值等于零时的折现率，此折现率对借款者来说就是借款成本率。

长期外汇借款成本率的计算公式如下：

$$B(1-f)r_0=\sum_{t=1}^{n}\frac{B\cdot I_t\cdot r_t(1-T)}{(1+K_g)^t}+\frac{B\cdot r_0+B(r_n-r_0)(1-T)}{(1+K_g)^n} \tag{5.8}$$

其中：f为筹资费率；$I_t$为第t年的平均年利息率；$r_t$为第t年的平均汇率；$r_n$为期满还款时的汇率；$K_g$为外汇借款成本率。

此处B、$r_0$、T的含义与短期外汇借款成本率的公式相同。

公式左边B（1-f）$r_0$，是外汇借款额减去筹资费后所得资金净额按借款时汇率折合的人民币数额；

公式右边第一项$\sum_{t=1}^{n}\frac{B\cdot I_t\cdot r_t(1-T)}{(1+K_g)^t}$是按借款成本率计算的各年税后利息人民币现值之和；

公式右边第二项$\frac{B\cdot r_0+B(r_n-r_0)(1-T)}{(1+K_g)^n}$是按借款成本率计算的本金净偿还额的人民币现值。其中，分子中的B · $r_0$是按借款时汇率计算的偿还本金的人民币数额；B（$r_n$−$r_0$）（1−T）是本金的外币折合差额扣减节税额以后的人民币数额。二者相加等于本金净偿还额。

【例5-3】

我国某公司从英国某银行借入20万英镑，期限3年，以浮动利率计息，预测各年的利率分别为：第1年6.8%，第2年7%，第3年7.2%。期满时一次还本，筹资费率2%。借款时汇率为1英镑=9.0174元人民币，预测3年中英镑将升值，各年平均汇率为：第1年1英镑=9.0264元人民币，第2年1英镑=9.0355元人民币，第3年1英镑=9.0536元人民币。该项外汇借款的外币折合差额可计入该公司财务费用，所得税税率为25%。

要求：计算该笔外汇借款的成本率。

由于该笔借款是超过1年的中长期借款，因此必须将货币的时间价值考虑在内，按照计算净现值等于零时的折现率作为成本率的方法来计算。按照公式（5.8）计算如下：

公式左边B（1−f）$r_0$=20×（1−2%）×9.0174=176.74（万英镑）

公式右边第一项
$$\sum_{t=1}^{n}\frac{B\cdot I_t\cdot r_t(1-T)}{(1+K_g)^t}=\frac{20\times6.8\%\times9.0264\times(1-25\%)}{(1+k_g)^1}+\frac{20\times7\%\times9.0355\times(1-25\%)}{(1+k_g)^2}+\frac{20\times7.2\%\times9.0536\times(1-25\%)}{(1+k_g)^3}$$
$$=\frac{9.21}{(1+k_g)^1}+\frac{9.49}{(1+k_g)^2}+\frac{9.78}{(1+k_g)^3}$$

公式右边第二项$\frac{B\cdot r_0+B(r_n-r_0)(1-T)}{(1+K_g)^n}=\frac{20\times9.0174+20\times(9.0536-9.0174)\times(1-25\%)}{(1+k_g)^3}$

$$=\frac{180.89}{(1+k_g)^3}$$

也就是：$176.74=\frac{9.21}{(1+k_g)^1}+\frac{9.49}{(1+k_g)^2}+\frac{9.78}{(1+k_g)^3}+\frac{180.89}{(1+k_g)^3}$

即，$176.74=\frac{9.21}{(1+k_g)^1}+\frac{9.49}{(1+k_g)^2}+\frac{190.67}{(1+k_g)^3}$

利用Excel电子表格可以求出，$K_g$=6.10%。

公式右边的第二项$\frac{B\cdot r_0+B(r_n-r_0)(1-T)}{(1+K_g)^n}$也可按$\frac{B\cdot r_n-B(r_n-r_0)T}{(1+K_g)^n}$计算。按本例数据计算，前者的分子为180.89，后者的分子为20×9.0536−20×（9.0536−9.0174）×25%=180.89，二者的计算结果是相同的。

## 二、国际信贷筹资的风险

### （一）国际信贷筹资风险的种类

国际信贷筹资的风险主要包括以下几种：

**1.利率风险**

浮动利率制下的利率风险表现最为明显。顾名思义，如果企业使用浮动利率借款，借款利率将随利率的浮动而发生变化，借款利率升高，则借款成本升高；反之，如果借款利率降低，企业也可以获取借款成本降低的好处。

**2.汇率风险**

如果企业借款、用款和还款的币种不同，汇率发生变动，就可能发生汇兑损失，借款成本提高，从而增加偿还债务的困难。汇率风险属于交易风险的一种。在本教材第三章中已经对汇率风险进行过详细的讨论，在此不再赘述。

**3.项目建设风险**

项目建设风险主要是指企业在取得外汇贷款后，贷款项目在具体的建设过程中发生问题而导致的风险，例如由于进口设备和材料涨价使得项目没有按时投产，或由于工程项目款超支影响建设项目的后续投资，并进而使得项目拖期，无法按时交付使用等。

**4.市场风险**

市场风险主要是指外汇贷款项目投产之后，其产品在市场上没有达到预期效果所产生的风险，例如生产的产品在市场容量和销售价格方面发生变化，导致产品滞销或价格下跌、收入减少，从而影响外汇贷款本金和利息的偿还。

**5.生产技术风险**

生产技术风险主要是指利用外汇贷款引进的设备在生产技术方面产生问题所导致的风险，如技术、工艺流程和国内设备及人员不配套，或利用进口设备生产的产品无法达到技术、质量、规格等方面的要求，无法投放市场，废品率高，从而使贷款无法正常归还。

**6.经营管理风险**

经营管理风险主要是指使用外汇贷款的企业在经营管理方面存在严重问题，造成企业失去竞争力，各项经济活动不能正常进行，从而导致外汇贷款不能按期偿还的风险。

以上所列举的国际信贷筹资风险都是从经济方面来分析的，政治因素也会对国际信贷筹资产生影响。例如有的国家政局不稳定，经常发生战争，经济遭受严重损失，使企业无法偿还借款的本息，这种风险一般称为政治风险或国家风险。有关国家风险的内容在本书的投资部分将会有详细的阐述。

## （二）国际信贷筹资风险的管理

对于国际信贷筹资风险的管理，可以采用两种不同的策略：第一，与国内借款相同，需要在国际信贷的不同阶段采用不同的管理办法；第二，针对国际信贷中比较突出的利率风险和汇率风险，可以利用专门的金融工具进行防范。

### 1.不同阶段采用不同的管理方法

（1）借款阶段：在外汇贷款协议签订之前，要对贷款项目进行可行性分析，包括对技术、经济、财务等方面的可行性进行研究，对贷款项目的效益和风险进行预测和分析，正确进行筹资决策，正确选择借款的货币、利率和还本付息方式，合理安排借款期限和还款计划，正确签订贷款协议，尽量争取对自己有利的条款，例如，在协议中规定货币可转换、延期还款、提前还款和利率安排等条款，为资金的使用和偿还打好基础。

（2）用款阶段：此时应主要关注对贷款的投产项目进行建设管理和生产经营管理。因为主要贷款项目已经投产，并能够按照预定计划完成产品的生产任务，才能获取外汇收入，才能按期偿还外汇贷款的本金和利息。

（3）还款阶段：要按还款计划提前做好资金准备，及时办好还款手续。一般情况下，企业可以建立偿债基金，按债务余额的一定比率提存外汇，在指定银行开立现汇账户存储，专款专用。国家批准的专项还贷出口收汇可以直接记入该账户。专户资金只能用于对外支付本息，不得转移或用于其他支付。

国际信贷筹资风险管理一般采用最佳资金来源结构法，正确安排自有资金和借入资金的比例。

### 2.运用金融工具防范利率风险和汇率风险

【延伸阅读】

国际企业的资本结构

防范外汇借款利率风险和汇率风险的金融衍生工具包括货币互换、利率互换、外汇期权、利率期权等。以下进行详细说明。

（1）货币互换（cross-currency interest rate swap，CCIRS，或直接简写为 Currency Swap）

货币互换是指两个独立的筹资者将各自筹集到的等值的、期限相同的不同货币的债务进行货币的调换，由银行作为中间人，协助调换双方达成协议。这种做法的目的是将一种货币的债务换成另外一种货币的债务，以减少借款成本，或避免远期汇价变动所带来的风险。

**【例5-4】**

A公司借款，如借美元，利率为9.875%，如借日元，利率为6.75%；B公司借款，如借美元，利率为10.25%，如借日元，利率为6%。A公司的营业收入主要是日元，希望借日元，但利率相对较高（与B公司借日元的利率相比）；B公司的营业收入是美元，希望借美元，但利率相对较高（与A公司借美元的利率相比）[①]。

为了避免外汇风险和降低借款成本，A公司按利率9.875%借50万美元，B公司按利率6%借6 000万日元（当时汇率1美元=120日元，6 000万日元与50万美元等值），然后通过一家中介银行进行货币互换，如图5-5所示。

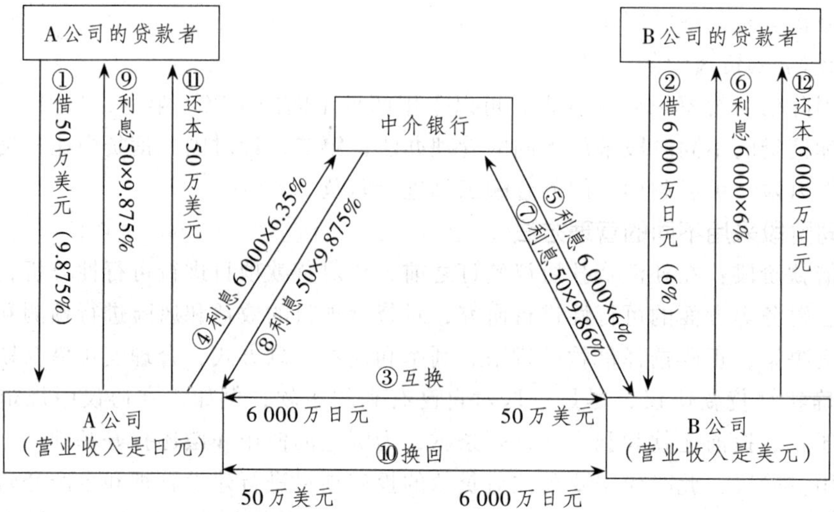


图5-5 货币互换程序

比较成功的货币互换除能够起到防范汇率风险的目的，有时候还能够降低借款成本。例如在本例中，A、B两家公司就既避免了外汇风险，又降低了借款成本。A公司相当于按照6.35%的利率筹借到了日元，节省成本0.40%（6.75%-6.35%）；B公司相当于按照9.86%的利率筹借到了美元，节省成本0.39%（10.25%-9.86%）；中介银行获得的收益为0.335%（（6.35%-6%）+（9.86%-9.875%））。

（2）利率互换（interest rate swap，IRS）

**利率互换是指两个独立的筹资者利用各自的筹资优势，分别借入币种、金额和期限相同但计息方式不同的债务，然后双方交换利息的支付方式，从而达到降低借款成本或避免将来利率发生不利变化带来风险的目的。利率互换是目前金融市场上利用率最高的金融工具之一，其互换可以由两家公司直接进行，也可以通过中介机构进行。中介机构通常是银行。**

【例5-5】

甲、乙两家公司，其信用等级及各自在固定利率和浮动利率市场上的借款利息率如下：

甲公司：信用等级AAA，固定利率9%，浮动利率6个月LIBOR+0.20%。

乙公司：信用等级BBB，固定利率10.50%，浮动利率6个月LIBOR+0.50%。

根据资产匹配的要求，甲公司希望获取浮动利率借款，而乙公司希望获得固定利率借款。如果两家公司都按照各自原本的借款利率获取借款，其总成本为6个月LIBOR+0.20%（甲公司）+10.50%（乙公司）=6个月LIBOR+10.70%，成本较高。

① 夏乐书，李琳.国际财务管理［M］. 5版.大连：东北财经大学出版社，2020：179.

由题目已知条件可以看出，甲公司信用等级较高，因此在浮动利率市场和固定利率市场都有优势，但是不难发现，两公司的固定利率之差为1.50%，而浮动利率之差仅为0.30%。因此可以认为，甲公司在固定利率市场具有比较优势。据此，甲公司借入固定利率贷款，乙公司借入浮动利率贷款，然后双方进行互换，此时总成本变为：9%（甲公司）+6个月LIBOR+0.50%（乙公司）=6个月LIBOR+9.50%。很明显，可以节省成本1.20%。

双方可以按照事先确定的比例分享这部分节省下来的成本。例如，按照利益均分原则，每方节省0.60%。具体的利率互换如图5-6所示（甲公司支付浮动利率，乙公司支付固定利率）：

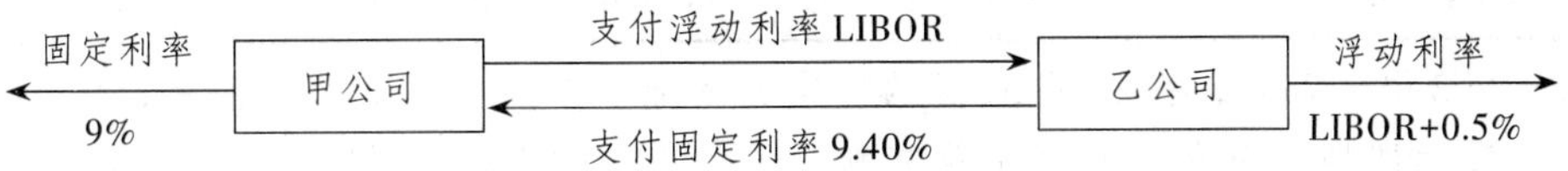


**图5-6　利率互换程序**

最终两家公司的实际借款成本为：

甲公司（使用固定利率借款，实际支付浮动利率）：LIBOR+0.20%-0.60%=LIBOR-0.40%；

乙公司（使用浮动利率借款，实际支付固定利率）：10.50%-0.60%=9.90%。

图5-6中9.40%的计算如下（设为X）：

按甲公司计算：实际借款成本LIBOR-0.40%=LIBOR+9%-X，X=9.40%。

按乙公司计算：实际借款成本9.90%=（LIBOR+0.50%）+X -LIBOR，X=9.40%。

当然，在利率互换中，如果无法找到匹配的公司，也可以寻求银行的帮助，以银行作为中介，帮助满足条件的两家公司进行利率互换。

（3）外汇期权（foreign exchange rate option）

在第四章“外汇风险管理的策略与方法”中，我们已经探讨过利用外汇期权交易防范商品交易风险的方法。此处需要注意的是，防范商品交易的风险可能站在出口商或进口商两个不同的角度，其中第四章举例就是站在出口商的角度进行的，但对于外汇借款方来说，它只能和进口商角度一致，即处于外汇付款方的地位，因此必须买入看涨期权来防范风险。

**【例5-6】**

我国某公司1月1日从英国某银行借入了100万英镑，借款期1年，利率8%，到期时一次还本付息。1月1日英镑与人民币的即期汇率为1英镑=8.65元人民币，该公司预计英镑将会升值，这样会使该公司在年末偿还本利和时花费更多的人民币。为了避免发生这种损失，该公司从某银行买入了英镑看涨期权合约，期权协定汇率为1英镑=8.70元人民币，每英镑期权费为0.02元人民币。

该公司在12月31日偿还本金和利息时到底需要支付多少人民币，取决于12月31日英镑和人民币之间的汇率情况。假设有以下3种情况，具体见表5-3。

表5-3　　12月31日偿还108万英镑需要支付的人民币金额

| 3种情况 | 12月31日即期汇率 | 期权协定价格（汇率） | 执行汇率 | 期权费率 | 应付人民币金额 |
| --- | --- | --- | --- | --- | --- |
| | （1） | （2） | （3） | （4） | 108万英镑×（（3）+（4）） |
| 1 | 1英镑=8.67元人民币 | 8.70 | 8.67 | 0.02元人民币 | 869万元人民币 |
| 2 | 1英镑=8.70元人民币 | 8.70 | 8.70 | 0.02元人民币 | 872万元人民币 |
| 3 | 1英镑=8.73元人民币 | 8.70 | 8.70 | 0.02元人民币 | 872万元人民币 |

从表5-3中可以看，当12月31日的即期汇率低于期权合约的协定汇率，即第一种情况时，按实际即期汇率购买英镑比较有利，但仍需支付2万元人民币的期权费；当12月31日的即期汇率高于期权合约的协定汇率，即第三种情况时，按协定汇率购买英镑比较有利，当然，同时也需支付2万元人民币的期权费。总之，购买英镑的汇率采用就高不就低原则。并且从此表还可以看出，利用外汇期权，该公司可将偿还本利和需要支付的人民币最高金额确定下来，但仍可以享受当即期汇率降低时给还本付息带来的好处，即最高成本是确定的，但下方收益无限。

（4）利率期权（interest rate option）

在采取浮动利率计息的情况下，借款人的实际借款成本会随着浮动利率的波动而变化。此时，利率期权是防范利率风险的一种可行方法。利率期权的形式主要有封顶利率期权（cap option）、保底利率期权（floor option）和领子期权（即两头封，既封顶又保底的期权，collar option）。但在防范外汇借款的风险中，由于借款方所处的是支付方的地位，因此不适合利用保底利率期权，但可以采用封顶利率期权和领子期权的方式。下面就封顶利率期权方式举例说明。

封顶利率期权在期权合约中规定的是利率的上限，通过此上限限制以浮动利率计息的贷款方式利息成本的升高。当市场利率超过利率上限时，期权的买方（即借款方）可以选择执行期权，此时可以按照较低的利率上限支付利息；而当市场利率低于利率上限时，期权买方可以选择放弃期权，而按较低的市场利率支付利息。可以看出，通过购买封顶利率期权，借款方可以防范利率上升带来的风险，同时还可以享受利率下降带来的好处。

【例5-7】

我国某公司从银行取得一笔100万英镑的贷款，期限一年，采用浮动利率计息，利率为3个月LIBOR+0.30%。当前3个月LIBOR为5.40%。该公司预测LIBOR有上升的趋势，因此想通过签订封顶利率期权的方式防范利率上升带来的风险。该公司与银行签订的封顶利率期权条件为：协定利率5.80%，结息次数4次，期权费0.20%。

在借款期的一年当中，实际市场利率（即LIBOR）及该公司实际借款利率见表5-4。

表 5-4　　借款期实际市场利率及该公司实际借款利率

| 结息次数 | 1 | 2 | 3 | 4 | 平均 |
|---|---|---|---|---|---|
| 实际 LIBOR | 5.40% | 5.50% | 5.90% | 6.20% | 5.75% |
| 公司应计利率水平 | 5.70% | 5.80% | 6.20% | 6.50% | 6.05% |
| 期权合约协定利率 | 5.80% | 5.80% | 5.80% | 5.80% | 5.80% |
| 是否执行期权合约 | 否 | 均可 | 是 | 是 | — |
| 期权费率 | 0.20% | 0.20% | 0.20% | 0.20% | 0.20% |
| 公司实际利率水平 | 5.90% | 6.00% | 6.00% | 6.00% | 5.98% |

从表 5-4 可以看出，如果公司不采取措施，实际平均借款利率为 6.05%，而如果利用了封顶利率期权，该公司利率水平下降为 5.98%，降低了借款成本。利用封顶利率期权合约的好处是，如果市场利率上升，可以避免借款成本上升的风险，但又保留了市场利率下降时借款成本下降的好处。如本例中，只要 LIBOR 低于 5.50%，企业就可以放弃期权，按较低的实际利率计息；如果 LIBOR 高于 5.50%，企业就可以执行合约，其最高的利率水平不会超过 6%。

当然，也可以利用在第四章中讨论过的远期外汇交易以及外汇期货交易对外币借款风险进行防范。例如，利用远期外汇交易，企业可以和银行签订远期外汇合约，按照银行公布的远期汇率提前将偿还外币本金和利息金额所需要的本币数额确定下来，这样可以有效地防范汇率变动带来的外币借款风险；利用外汇期货交易，同时在期货市场进行相同币种的外汇借款交易，利用期货市场和现货市场汇率变动趋势的一致性，用期货市场上的收益对现货市场上的亏损进行一定程度的抵补，也能够达到部分防范外汇借款风险的目的。

## 第三节　国际信贷筹资决策

### 一、国际信贷货币的选择

公司在国际市场上进行筹资首先面临的就是计价货币选择的问题。与在国内直接借入人民币不同，首先，国际市场上可供选择的货币种类较多；其次，每种货币的利率水平和汇率水平也不尽相同，因此需要对二者进行综合考虑。

**1.无风险条件下计价货币的选择**

无风险条件下计价货币的选择是指在借款利率不变，未来汇率变动已知的情况下计价货币的选择。在这种情况下，一般是通过比较两种货币借款成本的大小进行选择。

**【例 5-8】**

假设某公司年初准备借入一笔一年期借款，当时国际金融市场上有欧元和美元两种货币可供选择，一年期欧元借款利率为 15%，一年期美元借款利率为 10%，两种货币当时的汇率为 1 美元=0.80 欧元，该公司的营业收入是欧元。

该公司可以直接从银行借入 500 万欧元；也可以先借入 625 万美元，然后兑换成 500

万欧元。假设借款在年末一次还本付息。如果公司借入美元，年末还须用欧元购买美元以偿还美元借款本息687.50万美元（625+625×10%）。公司应该选择哪一种计价货币呢？

在利率不变的情况下，期末汇率（一年后的即期汇率）的变动相对于期初汇率（现行的即期汇率）来说，有三种情况：

（1）如果期末汇率仍然为1美元=0.80欧元，该公司显然应选择美元借款，因为美元借款的利率低于欧元借款利率。如借美元，一年后还本付息数为687.50万美元，相当于550万欧元，其借款成本为50万欧元（550-500）。如借欧元，一年后还本付息数为575万欧元，其借款成本为75万欧元。

（2）如果期末汇率为1美元=0.85欧元，即美元升值。如借美元，一年后需还本付息数仍为687.50万美元，按期末汇率换算欧元数为584.375万欧元，这表明公司必须支付584.375万欧元认购687.50万美元，借款成本为84.375万欧元。如借欧元，借款成本为75万欧元。因此，当美元升值时，该公司需要用更多的欧元才能购得等额的美元。在这种情况下，公司应选择欧元作为其债务的计价货币。

（3）如果期末汇率为1美元=0.75欧元，即美元贬值。如借美元，一年后还本付息数为687.50万美元，按期末汇率换算欧元数为515.625万欧元，这表明公司只需用515.625万欧元便可以认购687.50万美元。因此，当美元贬值时，公司可用较少的欧元购入等额的美元。在这种情况下，公司应选择美元作为其债务的计价货币。

如果公司的管理者能够准确地预测一年后，即贷款偿还时的汇率，计算和比较预测汇率下的欧元或美元借款成本，就可以作出正确的筹资决策。但事实上，汇率受各种因素的影响，无法确切预知，大多数情况下公司都需要在风险条件下进行计价货币的选择。

**2.风险条件下计价货币的选择**

虽然借款人不可能事先得知未来的确切汇率，但可以在充分分析汇率未来走势的基础上，对汇率的不确定性进行量化。

**【例5-9】**

假设上例中该公司对未来汇率变化情况进行测算，得到如下资料：

| | | | | |
|---|---|---|---|---|
| 汇率（1美元=？欧元） | 0.70 | 0.80 | 0.90 | 1.00 |
| 概率（P） | 0.25 | 0.20 | 0.45 | 0.10 |

汇率期望值=0.70×0.25+0.80×0.20+0.90×0.45+1.00×0.10

=0.84

根据以上资料，可以采用两种方法比较每种贷款方案的预期成本。

（1）公式分析法

这种方法是将借款方案的成本表示为期末汇率的函数。假设期末汇率用$X_1$表示，则美元的借款成本为：

$C_{美元}$=借款本金×（期末汇率-期初汇率）+借款利息×期末汇率

=625（$X_1$-0.80）+62.50 $X_1$

=687.5 $X_1$-500

当$X_1$=0.84时，代入上式可得美元借款的预期成本为77.50万欧元。如前所述，欧元借款成本为75万欧元，由于$C_{美元} > C_{欧元}$，即美元借款成本高于欧元借款成本，该公司应选择成本较低的欧元借款。

（2）临界分析法

公式分析法是先将期末汇率的不确定性数量化为$X_1$，然后通过预期成本与汇率的函数关系求出美元借款成本。临界分析法不必用特定的概率将风险数量化，只需要求出两种借款成本相等时的汇率$X_b$，然后就可以作出决策。按上例，当$C_{美元}= C_{欧元}$时，可以得到下式：

$$687.50\ X_b - 500 = 75$$

$$X_b = \frac{500 + 75}{687.50} = 0.8364$$

上式中的1美元=0.8364欧元是两个借款方案成本相等时的汇率，叫作平衡点汇率，也称成本重合点。如果期末汇率$X_1 <$ 1美元=0.8364欧元，则美元借款成本低；反之，欧元借款更合适。上述结果如图5-7所示。

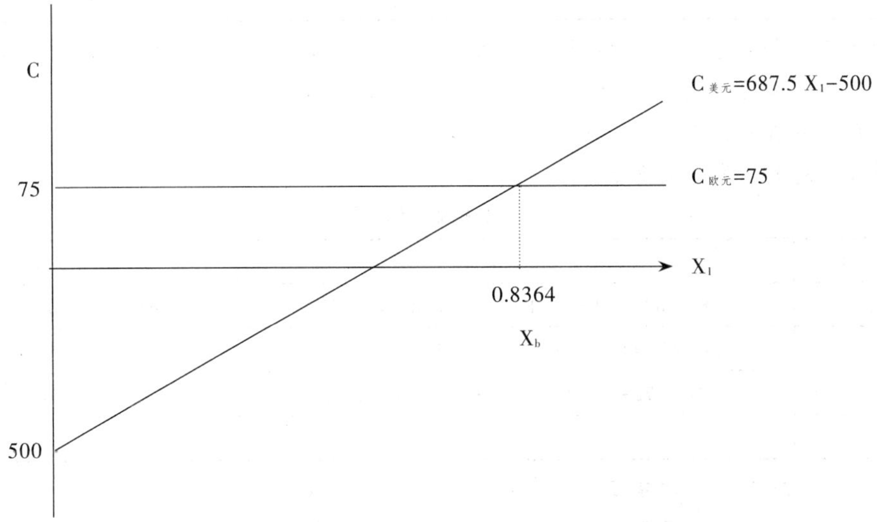


**图5-7　计价货币选择临界图（单位：万欧元）**

图5-7中$C_{美元}$线是根据函数$C_{美元}$=687.50 $X_1$-500绘制而成的；$C_{欧元}$线表示函数式$C_{欧元}$=75万欧元。两条直线的交点所决定的平衡点汇率为$X_1 = X_b = 0.8364$。从图中可知，当$X_1 > X_b$时，美元借款成本高于欧元借款成本；当$X_1 < X_b$时，欧元借款成本高于美元借款成本。因此，公司可以根据预期汇率作出正确的筹资决策。按上例，当期望汇率$X_1$为1美元=0.84欧元时，$X_1 > X_b$，该公司应选择欧元借款。

除此之外，借款的计价货币与投资项目的收益货币尽量保持一致也是计价货币选择中的一个重要原则。

### 3.多种货币组合借款

以上讨论的国际信贷的货币选择是从多种可供选择的货币中选择借入其中的一种货币，这也是实务中最常见的做法。但当很难确定借哪一种货币更适合时，也可采用多种货币组合借款。运用外币组合借款有可能达到较低的借款成本，而且风险较小，即借款成本高于国内成本的可能性较小。

【例5-10】

我国某公司在C国的子公司拟从国外取得外汇借款，可供选择的货币有两种：A元和B元，有关资料如下[①]：

一年期贷款利率为：借A元8%，借B元9%（如果在C国国内借C元，利率为15%）。

汇率变动情况见表5-5。

表5-5 **汇率变动预测**

| 借款时汇率 | 预测还款时汇率 | 汇率变动（%） | 概率 |
|---|---|---|---|
| 1A元=8C元 | 1A元=8.08C元 | +1 | 0.30 |
| | 1A元=8.24C元 | +3 | 0.50 |
| | 1A元=8.72C元 | +9 | 0.20 |
| 1B元=10C元 | 1B元=9.90C元 | -1 | 0.35 |
| | 1B元=10.30C元 | +3 | 0.40 |
| | 1B元=10.70C元 | +7 | 0.25 |

由于A元和B元贷款利率都低于C国国内C元贷款利率，因此该公司想要借入外币，有以下三种方案可供选择：（1）只借A元；（2）只借B元；（3）组合借入A元和B元。

（1）借入A元、B元的成本测算

借A元的成本率见表5-6。

表5-6 **借A元的成本率**

| 三种可能 | 成本率 | 平均成本率 |
|---|---|---|
| 1 | ［8%×8.08+（8.08-8）］÷8×100%=9.08% | 9.08%×0.30=2.724% |
| 2 | ［8%×8.24+（8.24-8）］÷8×100%=11.24% | 11.24%×0.50=5.62% |
| 3 | ［8%×8.72+（8.72-8）］÷8×100%=17.72% | 17.72%×0.20=3.544% |
| 合计 | — | 11.888% |

表5-6中成本率的计算方法见本章第二节的公式（5.3）。

借B元的成本率见表5-7。

表5-7 **借B元的成本率**

| 三种可能 | 成本率 | 平均成本率 |
|---|---|---|
| 1 | （1+9%）×［1+（-1%）］-1=7.91% | 7.91%×0.35=2.7685% |
| 2 | （1+9%）×（1+3%）-1=12.27% | 12.27%×0.40=4.908% |
| 3 | （1+9%）×（1+7%）-1=16.63% | 16.63%×0.25=4.1575% |
| 合计 | — | 11.834% |

表5-7中成本率的计算方法见本章第二节的公式（5.7）。

（2）借入A元、B元的汇率风险衡量

风险衡量的常用指标是标准离差（或称标准差）及标准离差率。标准离差衡量的是变量偏离其期望值的程度，标准离差越大，风险越大。本例中该公司借A元和B元的风险衡量分别见表5-8和表5-9。

① 本例改编自马杜拉.国际财务管理［M］.杨淑娥，张俊瑞，译.2版.大连：东北财经大学出版社，2006：293.

表 5-8 借A元的汇率风险

| 汇率<br>(1) | 概率<br>(2) | (3) = (1) × (2) | (4) = (1) −8.288 | (5) = (4) $^2$ | (6) = (2) × (5) |
|---|---|---|---|---|---|
| 8.08 | 0.30 | 2.424 | −0.208 | 0.043264 | 0.012979 |
| 8.24 | 0.50 | 4.12 | −0.048 | 0.002304 | 0.001152 |
| 8.72 | 0.20 | 1.744 | 0.432 | 0.186624 | 0.037325 |
| 合计 | 1.00 | 8.288 | — | — | 0.051456 |

标准离差为：$\sqrt{0.051456}=0.226839$

标准离差率为：$\frac{0.226839}{8.288}\times100\%=2.737\%$

表 5-9 借B元的汇率风险

| 汇率<br>(1) | 概率<br>(2) | (3) = (1) × (2) | (4) = (1) −10.26 | (5) = (4) $^2$ | (6) = (2) × (5) |
|---|---|---|---|---|---|
| 9.90 | 0.35 | 3.465 | −0.36 | 0.1296 | 0.04536 |
| 10.30 | 0.40 | 4.120 | 0.04 | 0.0016 | 0.00064 |
| 10.70 | 0.25 | 2.675 | 0.44 | 0.1936 | 0.0484 |
| 合计 | 1.00 | 10.26 | — | — | 0.0944 |

标准离差为：$\sqrt{0.0944}=0.3072458$

标准离差率为：$\frac{0.3072458}{10.26}\times100\%=2.9946\%$

本例中预计A元和B元的筹资成本率相差不大，风险程度也比较相近。如果该公司选择只借其中的一种外币，很难确定借哪种更适合，因此，考虑第3种外币筹资方案：组合借款。

(3) A元和B元组合借款的成本

A元和B元两种外币组合借款的成本率有几种可能，具体见表5-10。

表 5-10 A元和B元组合借款成本率

| 借款成本率<br>组合的几种可能 | | 综合概率 | 组合借款的成本率<br>（借款总额中两种货币各占50%） |
|---|---|---|---|
| A元 | B元 | | |
| 9.08% | 7.91% | 0.30×0.35=0.105 | 9.08%×50%+7.91%×50%=8.495% |
| 9.08% | 12.27% | 0.30×0.40=0.12 | 9.08%×50%+12.27%×50%=10.675% |
| 9.08% | 16.63% | 0.30×0.25=0.075 | 9.08%×50%+16.63%×50%=12.855% |
| 11.24% | 7.91% | 0.50×0.35=0.175 | 11.24%×50%+7.91%×50%=9.575% |
| 11.24% | 12.27% | 0.50×0.40=0.20 | 11.24%×50%+12.27%×50%=11.755% |
| 11.24% | 16.63% | 0.50×0.25=0.125 | 11.24%×50%+16.63%×50%=13.925% |
| 17.72% | 7.91% | 0.20×0.35=0.07 | 17.72%×50%+7.91%×50%=12.815% |
| 17.72% | 12.27% | 0.20×0.40=0.08 | 17.72%×50%+12.27%×50%=14.995% |
| 17.72% | 16.63% | 0.20×0.25=0.05 | 17.72%×50%+16.63%×50%=17.175% |

通过上述计算可以看出，外币借款成本高于C国国内C元借款成本（15%）的可能性，只借A元时为20%（见表5-6），只借B元时为25%（见表5-7），两种外币组合借款时只有5%（见表5-10）。

（4）A元和B元组合借款的风险

A元和B元组合借款的方差［VAR（$r_p$）］可按下式计算：

$$VAR(r_p)=\omega_A^2\sigma_A^2+\omega_B^2\sigma_B^2+2\omega_A\omega_B\sigma_A\sigma_B CORR_{AB} \qquad (5.9)$$

式中：$\omega_A$和$\omega_B$分别代表A元、B元在借款总额中所占的比例；$\sigma_A^2$和$\sigma_B^2$分别表示A元、B元借款汇率风险的方差；$CORR_{AB}$代表A元、B元借款成本的相关系数。根据本例的相关数据，假设$CORR_{AB}$为0.15，则A元、B元组合借款的方差计算如下：

$$VAR(r_p)=0.50^2\times0.226839^2+0.50^2\times0.3072458^2+2\times0.50\times0.50\times0.226839\times0.3072458\times0.15$$
$$=0.0416911$$

A元、B元组合借款的标准离差为$\sqrt{0.0416911}=0.204184$，低于只借A元和只借B元的标准离差。

## 二、国际信贷利率的选择

国际信贷利率的选择主要包括两个方面：一是利率水平的选择；二是固定利率或浮动利率的选择。

### （一）利率水平的选择

借款利率水平与借款来源有密切关系。前已述及，外国政府贷款和国际金融组织贷款的利率都比较低，甚至有时提供无息贷款；国际商业贷款利率较高。同时，国际商业贷款中的国际商业银行贷款和出口信贷二者的利率也有差别。由于出口信贷通常有国家的补贴，因此总体来说，国际商业银行贷款利率是最高的。国际商业银行贷款一般实行浮动利率，容易受国际资本市场波动的影响，又由于还款期较短，因而风险较大。如果在各种来源的贷款中，国际商业银行贷款所占比重过大，必然加大外汇借款的平均成本，如果企业效益不佳，就容易陷入债务危机。

20世纪80年代，墨西哥、巴西、阿根廷等国的国际商业贷款占外债余额的百分比超过80%，由于经济衰退，爆发了严重的债务危机。20世纪90年代末，亚洲发生了金融危机，而其发生的一个重要原因就是一些东南亚国家过多地借入利率较高的国际商业贷款，如泰国、马来西亚、菲律宾、印度尼西亚等。这些国家盲目投资，经济陷入困境，无力偿还外债，导致本国货币贬值，一些企业破产倒闭。

借鉴国际上的严重教训，我国政府进一步强化了对借用外汇借款，尤其是国际商业信贷的控制，主要包括以下几个方面：

（1）尽可能争取外国政府和国际金融组织的低息或无息贷款。

（2）要充分利用中等利率水平的出口信贷和其他低于市场利率的优惠贷款。

（3）对于利率和费用较高的国际商业银行贷款，企业要根据实际需要适当借用。利用国际商业银行贷款，要尽量寻求利率最低，但同时要结合币种、期限等多方面综合考虑。对企业来说，使用国际商业贷款应持特别谨慎的态度，必须要有良好的经济效益，有充足的偿还能力。对国家来说，应明确规定使用国际商业贷款的比例限制和审批权限，加强对国际商业贷款的控制和管理。

### （二）固定利率或浮动利率的选择

固定利率的特点是利率水平固定不变，可使借款成本锁定。浮动利率的特点是利率比较灵活，但风险较大。如利率上升，企业需多支付利息；如利率下降，企业则可以少支付利息。

同时，利用固定利率和浮动利率借款，其还本付息的方式也有所不同。

#### 1.固定利率下利息的计算

使用固定利率借款时，银行一般会提供两种还本付息方式供企业选择。

（1）等额本金

等额本金是指本金按确定的还款次数平均，利息根据未还本金计算。

**【例5-11】**

我国某公司2020年1月1日从美国某银行借入1 200万美元，期限3年，分6次还清，年利息率10%。该借款使用等额本金的方式偿还本息。

请问，该公司各期应该支付的利息是多少？

该公司还本付息计算情况见表5-11。

表5-11 **固定利率下等额本金还款方式的各期利息** 单位：万美元

| 次数 | 还本 | 利息 | 未还本金 |
|---|---|---|---|
| 0 | — | — | 1 200 |
| 1 | 200 | 1 200×10%×182÷360=60.67 | 1 000 |
| 2 | 200 | 1 000×10%×184÷360=51.11 | 800 |
| 3 | 200 | 800×10%×181÷360=40.22 | 600 |
| 4 | 200 | 600×10%×184÷360=30.67 | 400 |
| 5 | 200 | 400×10%×181÷360=20.11 | 200 |
| 6 | 200 | 200×10%×184÷360–10.22 | 0 |
| 合计 | 1 200 | 213 | |

注：此处应该注意的是，2020年是闰年，因此上半年是182天。

（2）等额本息

等额本息是指用复利计算出每次还本付息的定额，每次本息等额偿还。

**【例5-12】**

我国某公司2020年1月1日从美国某银行借入1 200万美元，期限3年，每半年本息等额偿还，分6次还清，年利息率10%。该借款使用等额本息的方式偿还本息。

请问：该公司各期应该支付的利息是多少？

首先，要计算出在该种情况下，每期应该支付的本息偿还定额S：

S=P×（F/P，i，n）÷（F/A，i，n）

［或S= P÷（P/A，i，n）］

在本例中，$S=\dfrac{1\,200\times5\%\times(1+5\%)^6}{(1+5\%)^6-1}=236.4706$

该公司还本付息计算情况见表5-12。

表5-12 **固定利率下等额本息还款方式的各期利息** 单位：万美元

| 次数 | 利息 | 本利和 | 还本付息定额 | 未还额 |
|---|---|---|---|---|
| | （1） | （2） | （3） | （4）=（2）-（3） |
| 0 | — | — | — | 1 200 |
| 1 | 1 200×10%×182÷360=60.6667 | 1 260.6667 | 236.4706 | 1 024.1961 |
| 2 | 1 024.1961×10%×184÷360=52.3478 | 1 076.5439 | 236.4706 | 840.0733 |
| 3 | 840.0733×10%×181÷360=42.2370 | 882.3103 | 236.4706 | 645.8397 |
| 4 | 645.8397×10%×184÷360=33.0096 | 678.8493 | 236.4706 | 442.3787 |
| 5 | 442.3787×10%×181÷360=22.2418 | 464.6205 | 236.4706 | 228.1499 |
| 6 | 228.1499×10%×184÷360=11.6610 | 239.8110 | 239.8110* | 0 |
| 合计 | 222.1639 | —— | 1 422.1639 | —— |

注：*此数与还本付息定额236.4706相差3.3404，是计算尾差。

### 2.浮动利率下利息的计算

使用浮动利率借款时，银行一般也会提供两种还本付息方式供企业选择。

（1）按期浮动计息

【例5-13】

某公司2021年7月1日向银行借款100万美元，到9月10日还款。利率（年利率）变动情况见表5-13。

表5-13 **利率变动情况表**

| 币种 | 时间 | 按月浮动 | 按3个月浮动 | 按6个月浮动 |
|---|---|---|---|---|
| 美元 | 7月1日 | 9.0750% | 9.1000% | 9.2150% |
| | 8月1日 | 9.1250% | 9.2150% | 9.2750% |
| | 9月1日 | 9.2375% | 9.5000% | 9.7250% |

请问：在按月浮动计息及按3个月浮动计息的情况下其利息分别是多少？

①按月浮动计算利息时

第一个月应支付的利息=1 000 000×9.0750%×31÷360=7 814.58（美元）

第二个月应支付的利息=1 000 000×9.1250%×31÷360=7 857.64（美元）

第三个月应支付的利息=1 000 000×9.2375%×9÷360=2 309.38（美元）

因此，在按月浮动计算利息的情况下，利息总额=7 814.58+7 857.64+2 309.38=17 981.60（美元）。

②按3个月浮动计算利息

利息=1 000 000×9.1000%×71÷360=17 947.22（美元）

（2）按LIBOR+附加利率计息

【例5-14】

2019年1月1日我国某公司从德国某银行借入1 000万美元，期限5年，每半年等额还本，浮动利率每半年调整一次，利率为LIBOR+$\frac{1}{8}$。第一期（2019年1月1日至6月30日）LIBOR为8.375%；第二期（2019年7月1日至12月31日）LIBOR为8.396%……。

要求：计算该公司前两期应该支付的借款利息。

该公司还本付息情况见表5-14。

表5-14 浮动利率下以基准利率为基础的各期利息 单位：万美元

| 次数 | 还本 | 利息 | 未还本金 |
|---|---|---|---|
| 0 | — | — | 1 000 |
| 1 | 100 | 1 000×（8.375%+0.125%）×181÷360=42.7361 | 900 |
| 2 | 100 | 900×（8.396%+0.125%）×184÷360=39.1966 | 800 |

对于固定利率或浮动利率的选择，关键在于要正确预测借款期间利率变动的趋势。在国际金融市场利率处于低水平时，企业借款以采用固定利率为宜，在国际金融市场利率处于高水平时，以采用浮动利率为宜。在选用浮动利率时，还要注意基础利率的选择，按传统以选择国际金融市场的同业拆放利率为基础。近年来，选择基础利率出现多元化趋势，除选择国际金融市场银行同业拆放利率外，还可选择美国的优惠利率、澳大利亚的同业拆放利率（Bank Bill Swap rate，BBSW）、商业票据利率等作为基础利率。

## 三、国际信贷还本付息方式的选择

在国际信贷中，有多种还本付息方式。借款本金、年利率相同的国际借款，在还本付息方式不同的情况下，其利息支付总额会有差别，导致借款者的本利和负担不同。

在外汇借款中，最常见的还本付息方式主要有以下几种：

### 1.每年年末付息，期满时还本

每年年末付息，期满时还本相当于单利计息。

利息总额=借款额×年利率×借款期限

本利和=借款额×（1+年利率×借款期限）

### 2.期满时一次还本付息

期满时一次还本付息相当于复利计息。

本利和=借款额×$(1+年利率)^{借款期限}$

### 3.每年年末等额还本，并付当年利息

用B表示每年还本额，此时：

借款额=B×借款期限

$$本利和=\frac{借款额+B}{2}\times年利率\times借款期限+借款额$$

### 4.每年本息等额偿还

此时需要用复利计算出每年还本付息定额S。

$$还本付息定额S=\frac{借款额}{(P/A,年利率,借款期限)}$$

本利和=借款期限×S

### 5.每年还本付息额不固定

此时无法推导本利和的统一公式，只能使用列表法，分别计算不同年份应支付的利息金额，最后加总计算本利和。

以年利率为8%、100万美元的5年期借款为例，采用上述四种还本付息方式的本利和分别为：140万美元、146.93万美元、124万美元以及125.23万美元。

上述分析是在没有宽限期的情况下进行的，如果有宽限期的规定则本利和金额又会有所不同。

企业应根据自身的现金流入量发生时间和金额的具体情况，对国际信贷还本付息方式进行选择。

## 【本章小结】

◇ 国际信贷筹资是指企业向国际金融组织或其他经济组织借款的一种筹资方式。国际商业银行贷款包括同业拆放、授信额度、流动资金贷款、双边贷款、联合贷款和银团贷款。

◇ 贷款条件是对借贷双方的权利义务所做的规定，主要包括贷款利率、贷款费用、偿还方式和贷款期限等。

◇ 国际信贷筹资的成本是指企业从国外筹借和使用外汇借款所付出的代价，包括支付的利息、费用和外币折合差额（即外币汇兑差额或外汇汇率风险损益）等。企业外汇借款成本率主要受以下因素影响：利息率、费用率、汇率变化和所得税税率。

◇ 企业利用国际信贷存在一定的财务风险，包括利率风险、汇率风险、项目建设风险、市场风险、生产技术风险和经营管理风险。国际信贷筹资风险管理有两种方式：第一，在国际信贷的不同阶段采用不同的管理办法；第二，针对国际信贷中比较突出的利率风险和汇率风险，还可以利用专门的金融工具进行防范。

◇ 国际信贷筹资决策包括国际信贷货币的选择、国际信贷利率的选择以及国际信贷还本付息方式的选择。

## 【关键概念】

国际信贷筹资
外国政府贷款
国际金融组织贷款
国际商业贷款
出口信贷
福费廷
银团贷款
承诺费
国际信贷成本
国际信贷风险

## 【思考题】

1. 国际商业银行贷款有哪些特点？可以分为哪些种类？

2. 什么是银团贷款？企业取得这种贷款需要支付哪些费用？

3. 什么是出口信贷、卖方信贷和买方信贷？试述其程序和优缺点。

4. 某公司是一家主要向日本出口产品的美国出口商，其出口产品以美元计价。该公司没有其他国际业务。目前该公司面临筹资需求，它可以按9%的利率借入美元，也可以按照3%的利率借入日元。请问该公司在选择借入美元借款还是日元借款时主要考虑哪些因素？

5. 假定一家中国国际企业在阿根廷设立一家大型子公司，阿根廷的利率很高，货币预计会贬值。假定该国际企业预计阿根廷的政治风险也很大，那么该子公司在进行筹资时，是应该在当地通过负债筹资？还是应该接受母公司的权益投资？为什么？

## 【计算题】

1. 某公司从美国某商业银行取得一笔贷款5 000万美元，于5月10日签订贷款协议，确定承担期为半年（到11月10日止），并规定从6月10日起支付承诺费，承诺费率（年率）为0.25%。

该公司实际支用贷款情况如下：

5月12日支用1 000万美元；

6月5日支用2 000万美元；

7月12日支用1 100万美元；

8月9日支用700万美元；

到11月10日还有200万美元未动用，自动注销。

要求：计算该公司应支付的承诺费。

2. 我国某公司从美国某银行借入1 000万美元，年利息率13%，期限1年，期满时一次还本付息。借款时1美元=6.2250元人民币，还款时1美元=6.3075元人民币。所得税税率25%。

要求：计算这项借款的成本率。

3. 我国乙公司从德国银行借入100万欧元，年利息率8%，期限1年，期满时一次还本付息，借款时1欧元=7.8114元人民币，还款时欧元升值2%，所得税税率25%。

要求：利用简化公式计算该笔借款的成本率。

4. 我国甲公司年初从美国某银行借入200万美元，期限3年，预测各年的平均利息率分别为：第1年10%，第2年10.40%，第3年10.80%，借款费用6 000美元。每年年末付当年利息，期满时一次还本。借款时汇率为1美元=6.30元人民币，预测各年年末汇率为：第1年1美元=6.34元人民币，第2年1美元=6.36元人民币，第3年1美元=6.40元人民币。该项借款的利息、费用和本金的汇率折合差额可计入财务费用，所得税税率25%。

要求：计算这项借款的成本率。

5. 甲公司从国外商业银行借款，可借A元或B元。年利息率为：借A元12%，借B元16%。借款时1A元=6B元，借款期限1年。预测还款时1A元=7B元。

要求：

（1）计算比较借哪种货币比较合算。

（2）计算平衡点时的汇率。

6. 我国某公司在经营中需要借入100 000元。人民币1年期的借款利率为15%，1年期瑞士法郎的借款利率为8%，1年期日元的借款利率为9%。由于瑞士法郎和日元的借款利率相对较低，公司考虑以下3种借款方案：

（1）只借入瑞士法郎；

（2）只借入日元；

（3）公司组合借入瑞士法郎和日元，各占50%。

该公司预计从取得借款到归还借款期间，瑞士法郎和日元汇率的可能变化见表5-15。瑞士法郎和日元的汇率变化是相对独立的。

表5-15　**瑞士法郎和日元汇率的可能变化情况**

| 币种 | 贷款期内即期汇率的可能变化 | 即期汇率变化的概率 |
|---|---|---|
| 瑞士法郎 | 1% | 30% |
| | 3% | 50% |
| | 9% | 20% |
| 合计 | | 100% |
| 日元 | -1% | 35% |
| | 3% | 40% |
| | 7% | 25% |
| 合计 | | 100% |

要求：计算3种借款方案实际借款成本的期望值，并说明采用哪种方案比较有利（不考虑借款的风险）。

【案例分析】

香港百富勤
破产倒闭

# 第六章

# 国际证券筹资管理

**【学习目标】**

本章主要阐述了对在国际证券市场上发行证券筹资的管理，通过对本章内容的学习，应达到以下目标：

1. 了解证券市场的国际化；了解国际证券市场的分类；了解国际证券的发行方式和程序；了解国际股票的发行条件。

2. 熟悉国际债券的类型和形式；熟悉国际股票的优缺点。

3. 掌握国际债券的发行条件；掌握国际债券的成本和筹资决策；掌握我国企业发行国际股票的具体做法；掌握发行国际股票的费用和成本。

## 第一节　国际证券市场

### 一、证券市场的国际化

早在16世纪初，西欧就出现了证券交易活动。17世纪至19世纪，各国证券市场逐步国际化。最初，证券的发行和交易都是在本国境内进行的，后来，随着股份公司和信用制度的不断发展，许多国家的证券市场逐步对外开放，允许外国投资者购买本国发行的证券，允许外国筹资者到本国证券市场发行证券，并参与交易，因此形成了国际化的证券市场。证券市场的国际化趋势在19世纪出现，20世纪初到第二次世界大战前，证券市场国际化已初步形成。第二次世界大战后，证券市场国际化得到迅速发展。

20世纪60年代初出现了欧洲债券市场，它是以美元为主要交易币种的国际化自由债券市场。由于欧洲债券的特性，各国筹资者在欧洲债券市场发行欧洲债券的交易额逐年递增，1974年共发行21.34亿美元，1981年共发行316亿美元，1995年共发行了3 712亿美元，与1974年相比增长了175倍以上。进入20世纪80年代，证券交易趋于全球化。从国际市场总量来看，2022年9月份，全球债券市场余额为125万亿美元，全球股票市值总额为86万亿美元。①

### 二、国际证券市场的分类

世界各国的证券市场有以下3种分类方法：

---

① 《日本经济新闻》2022年10月2日报道，转引自“参考消息”官方网站。

## （一）根据证券发行和流通的特征不同，国际证券市场可分为发行市场和流通市场

### 1.证券发行市场

证券发行市场又称证券一级市场，是证券初次交易的市场，是资本需求者将证券首次出售给公众时形成的市场。它是新证券和票据等金融工具的买卖市场。证券发行市场由发行者（筹资者）、承销商和投资者组成。承销商是在证券市场上协助发行者发行证券或者为发行者寻找投资者的中介机构。在美国，公司发行的证券大部分都是通过承销商销售的，承销商以投资银行为主，如高盛集团（Goldman Sachs）、摩根士丹利（Morgan Stanley）等。美国投资银行的首要职能是承包和推销公司证券，此外还从事企业兼并、收购、基金管理和风险投资等业务。在日本，公司发行证券，承销商主要是证券公司，如瑞穗证券股份有限公司、三菱日联证券控股股份有限公司、野村证券、大和证券公司等。

### 2.证券流通市场

证券流通市场又称证券二级市场，是证券发行结束后的再交易市场，是对已发行的证券进行买卖、转让的场所。一般情况下，证券流通市场有场内交易市场和场外交易市场两种形式。

（1）场内交易市场

场内交易市场是指各种证券交易所。证券交易所有固定的交易时间、固定的场所、规范的交易规则。交易所按拍卖市场的程序进行交易。

（2）场外交易市场

场外交易市场（over-the-counter market，OTC），又称柜台交易市场或店头交易市场，是指通过大量分散的证券经营机构的证券柜台和主要电信设施买卖证券而形成的市场，是国际证券市场的重要组成部分。由于这些市场没有集中的统一交易制度和场所，因而把它们统称为场外交易市场，即在交易所外由证券买卖双方当面议价成交的市场。场外交易市场交易的证券以不在交易所上市的证券为主。

场外交易市场一般包括：

①柜台交易市场。它由分散在全国各地证券公司的交易柜台组成。除了在证券交易所上市交易的证券外，其他证券都在柜台市场交易。

②第三市场。第三市场是指已上市证券的场外交易市场。第三市场产生于1960年的美国，原属于柜台交易市场的组成部分，但其发展迅速，市场地位逐渐提高，被作为一个独立的市场类型对待。第三市场的交易主体多为实力雄厚的机构投资者。第三市场的产生与美国的交易所采用固定佣金制密切相关，它使机构投资者的交易成本变得非常昂贵，场外市场不受交易所的固定佣金制约束，因而导致大量上市证券在场外进行交易，因此形成第三市场。第三市场的出现成为交易所的有力竞争对手，最终促使美国证券交易委员会（SEC）于1975年取消固定佣金制，同时也促使交易所改善交易条件，使第三市场的吸引力降低。

③第四市场。第四市场是投资者绕过传统经纪服务，彼此之间利用计算机网络直接进行大宗证券交易所形成的市场。交易双方通过电子计算机网络直接交易，保密性强，而且可节省大笔佣金。

## （二）根据国际证券市场交易的证券类型，国际证券市场可分为债券市场和股票市场

### 1.国际债券市场

世界范围内的债券市场包括本国债券（domestic bond）市场、外国债券（foreign

bond）市场以及欧洲债券（eurobond）市场三个部分，其中外国债券与欧洲债券又可合称为国际债券（international bond）。

表6-1[①]描述了世界债券市场的总体情况，列出了以主要货币标价的未清偿的国内和国际债券的金额。

表6-1　**截至2014年年末国内与国际未清偿债券的金额**　金额单位：100亿美元

| 货币 | 国内债券 | 百分比 | 国际债券 | 百分比 | 合计 | 百分比 |
| --- | --- | --- | --- | --- | --- | --- |
| 美元 | 3 265.32 | 43.98% | 847.59 | 40.37% | 4 112.91 | 43.18% |
| 欧元 | 1 093.14 | 14.72% | 870.84 | 41.48% | 1 963.98 | 20.62% |
| 英镑 | 417.49 | 5.62% | 194.73 | 9.28% | 612.22 | 6.42% |
| 日元 | 1 045.73 | 14.08% | 41.77 | 1.99% | 1 087.50 | 11.42% |
| 其他 | 1 603.26 | 21.60% | 144.53 | 6.88% | 1 747.79 | 18.36% |
| 总计 | 7 424.94 | 100% | 2 099.46 | 100% | 9 524.40 | 100% |

根据表6-1，2014年年底全球未清偿债券的面值约为952 440亿美元，其中绝大部分是国内未清偿的债券，占比为78%，即742 494亿美元，其余209 946亿美元为国际债券，占比22%。

同时从表6-1中还可以看出，美元、欧元、英镑和日元是大多数国内和国际债券的标价货币。其中，用美元标价的国内债券（43.98%）多于相应的国际债券（40.37%）；用日元标价的国内债券（14.08%）多于相应的国际债券（1.99%）；用欧元标价的国际债券（41.48%）多于相应的国内债券（14.72%）；用英镑标价的国际债券（9.28%）多于相应的国内债券（5.62%）。

### 2.国际股票市场

大多数的国家都至少有一个主要的股票交易市场。企业可以通过股票市场发行股票获得资金，而投资人也可以通过股票市场的投资来取得不同公司的股权。由于市场发展程度的不同以及政府金融管制的松紧不同，各国的股票市场都有其本身的特性，例如市场资本额的大小、上市公司的数量、市场集中度、市场周转率以及交易时间的长短等。

2015年年末，世界证券交易所联合会（World Federation of Exchange）追踪的80家正规交易所的股票市场总值达671 250亿美元。表6-2[②]节选了几家主要的股票交易所2011年至2015年的股票市场总值。

从世界证券交易所联合会追踪的数据可以看出，这些交易所的股票市场总值在2011年至2015年间增加了近39%。这一增长主要来自绝大多数国家或地区在金融危机后实现了经济复苏，但2015年有些国家的股票市场总值出现了下降。

同时，股票市场价值的变化在各地区间的分布并不均匀。例如，5年间美洲地区的股票市场价值增加了41%（主要来自美国的增长），亚洲太平洋地区增加了58%（主要来自日本和中国的增长），而欧洲、非洲和中东地区仅增加了15%。

① 尤恩，雷斯尼克．国际财务管理［M］．赵银德，刘瑞文，赵叶灵，译．8版．北京：机械工业出版社，2018：249．

② 尤恩，雷斯尼克．国际财务管理［M］．赵银德，刘瑞文，赵叶灵，译．8版．北京：机械工业出版社，2018：267．

表6-2 **股票市场总值** 单位：10亿美元

| 股票交易所 | 2011年 | 2012年 | 2013年 | 2014年 | 2015年 |
|---|---|---|---|---|---|
| 纽约证券交易所 | 11 796 | 14 086 | 17 950 | 19 351 | 17 787 |
| 纳斯达克证券交易所 | 3 845 | 4 582 | 6 085 | 6 979 | 7 281 |
| 巴西证券交易所 | 1 229 | 1 227 | 1 020 | 844 | 491 |
| 加拿大TMX集团 | 1 912 | 2 059 | 2 114 | 2 094 | 1 592 |
| 澳大利亚证券交易所 | 1 198 | 1 387 | 1 366 | 1 289 | 1 187 |
| 孟买证券交易所 | 1 007 | 1 263 | 1 139 | 1 558 | 1 516 |
| 日本交易所集团 | 3 541 | 3 681 | 4 543 | 4 378 | 4 895 |
| 中国香港交易及结算所有限公司 | 2 258 | 2 832 | 3 101 | 3 233 | 3 185 |
| 上海证券交易所 | 2 357 | 2 547 | 2 597 | — | 4 549 |
| 深圳证券交易所 | 1 055 | 1 150 | 1 452 | 2 072 | 3 639 |
| 西班牙证券交易所 | 1 031 | 995 | 1 117 | 993 | 787 |
| 德国证券交易所 | 1 185 | 1 486 | 1 936 | 1 739 | 1 716 |
| 伦敦证券交易所 | 3 266 | 3 397 | 4 429 | 4 013 | 3 879 |
| 莫斯科证券交易所 | 1 554 | 825 | 771 | 386 | 393 |
| 瑞士证券交易所 | 1 090 | 1 233 | 1 541 | 1 495 | 1 519 |
| ⋮ | ⋮ | ⋮ | ⋮ | ⋮ | ⋮ |
| 全世界股票市场总值 | 48 377 | 54 695 | 65 007 | 68 110 | 67 125 |

**（三）按照国际证券市场的发展程度，国际证券市场可分为成熟市场和新兴市场**

**1.成熟市场**

成熟市场是与新兴市场相对而言的高收入国家或地区（即发达国家或地区）的证券市场，国际金融公司认定的成熟市场主要包括西欧、北美、日本、澳大利亚和新西兰的证券市场。中国香港股市属于成熟市场。

**2.新兴市场**

新兴市场是指发展中国家的证券市场。按照国际金融公司的权威定义，只要一个国家或地区的人均国民生产总值（GNP）没有达到世界银行划定的高收入国家水平（1995年的标准是人均9 386美元，2017年是人均12 616美元），那么这个国家或地区的证券市场就是新兴市场。有的国家，例如韩国，尽管经济发展水平和人均GNP水平已进入高收入国家的行列，但由于其证券市场发展滞后，市场机制不成熟，仍被认为是新兴市场。

## 三、国际证券的发行方式

### （一）按是否经过中介机构来划分，证券发行方式可分为直接发行和间接发行

直接发行是指证券的发行主体自己履行证券发行事务的一种证券发行方式。直接发行是国际证券发行最早采用的方式，其特点是简单方便，发行费用较低，发行手续在发行者和投资者之间直接进行，减少了中间环节。

间接发行与直接发行相对，是指证券发行主体由证券发行中介机构代理出售证券、募集资金的一种方式，是当今世界各国最广泛采用的方式。采用间接发行，发行主体不用自己办理发行事务，但需要向中介机构支付一定的手续费。显然，间接发行较直接发行增加了发行成本，但可以扩大证券发行的对象和范围，使证券发行更迅速、更可靠。

### （二）按发行对象来划分，证券发行方式可分为公募发行和私募发行

公募发行又称公开发行，是指发行人通过中介机构向不特定的社会公众发售证券，通过公开营销等方式向没有特定限制的对象募集资金的证券发行方式。公募发行证券，社会投资者众多，社会影响巨大，因此各国证券监管机构都会对公募发行规定相应的条件，主要包括：发行者必须提交申请、公开财务信息；发行者必须接受证券评级机构的资信评定等。总体来说，公募发行投资者众多，因此能够筹集到的资金金额更大，有利于提高发行者的知名度，证券进入流通市场后可以自由买卖，流动性强，易于为社会投资者接受，但公募发行费用较高。

私募发行又称不公开发行或内部发行，是指面向少数特定的投资人发行证券的方式。私募发行的对象大致有两类：一类是个人投资者，例如公司的原有股东或发行人机构的员工；另一类是机构投资者，如金融机构或与发行人有密切往来的企业等。私募发行的发行者一般是信誉极高的政府机构或风险较大的新企业。各国对私募发行都有一些限制性规定，如投资者在购买私募发行证券后，两年不能转让；两年后若要转让，也只能在规定的范围内进行等。与公募发行相比，私募发行手续较简便，费用较低，但发行者往往要向投资者提供某种优惠条件。

## 四、国际证券的发行程序

以公募发行证券为例，国际证券的发行程序主要有以下几点：

### （一）发行前的准备工作

在发行前，公司要进行以下工作为发行证券做充分的准备：

（1）确定发行证券拟筹集资金的金额，确定拟发行证券的种类；

（2）聘请专门的资信评级机构对本公司进行资信评级；

（3）聘请注册会计师对报表进行审计，并出具审计报告；

（4）编制上市申请书；

（5）聘请律师事务所解决与发行证券有关的法律问题；

（6）选定证券承销机构，起草承销合同。

目前，国际上公认的最具权威性的信用评级机构主要是美国的标准普尔公司和穆迪公司。标准普尔公司将债券分为10级，具体见表6-3。

表6-3 **标准普尔公司的债券评级**

| 信用级别 | 说明 |
|---|---|
| AAA | 债券质量最高，安全性最高，还本付息能力极强 |
| AA | 高质量债券，安全性很高，有很强的还本付息能力 |
| A | 中上级债券，安全性较高，有较强的还本付息能力 |
| BBB | 中级债券，安全性适中，有一定风险 |
| BB | 中下级债券，具有投资因素，安全性不够 |
| B | 投机债券，通常不值得正式投资 |
| CCC | 完全投机债券，安全性极低，违约的可能性较大 |
| CC | 最大投机债券，还本付息的可能性很小 |
| C | 没有安全性，投资风险最大 |
| D | 最低等级债券，完全不可能偿还 |

小资料

标准普尔对主权政府的评级

标准普尔公司将股票分为7级：$A^+$（最高级）、A（高级）、$A^-$（一般水平以上）、$B^+$（一般水平）、B（低于一般水平）、$B^-$（远低于一般水平）、C（需要改组的）。证券发行者如获得了较高信用等级，其证券就能在市场上畅销。

穆迪公司对债券的评级有长期和短期之分，其中，长期债券评级是指对到期日为一年或以上的固定收益债券相对信用风险的意见，这些债券的原始到期日必须为一年以上。其信用评级由最高的Aaa级到最低的C级，一共有21个级别，分为投资级别和投机级别两大类，具体见表6-4。

表6-4 **穆迪公司的债券评级**

| 信用级别 | 级别等级 | 评定 | 说明 |
|---|---|---|---|
| Aaa级 | 投资级别 | 优等 | 信用质量最高，信用风险最低。利息支付有充足保证，本金安全。为还本付息提供保证的因素即使发生变化，也是可预见的。发行地位稳固 |
| Aa级（Aa1，Aa2，Aa3） | 投资级别 | 高级 | 信用质量很高，有较低的信用风险。本金利息安全。但利润保证不如Aaa级债券充足，为还本付息提供保证的因素波动比Aaa级债券大 |
| A级（A1，A2，A3） | 投资级别 | 中上级 | 投资品质优良。本金利息安全，但有可能在未来某个时候还本付息的能力会下降 |
| Baa级（Baa1，Baa2，Baa3） | 投资级别 | 中级 | 保证程度一般。利息支付和本金安全现在有保证，但在相当长的时间内具有不可靠性。缺乏优良的投资品质 |
| Ba级（Ba1，Ba2，Ba3） | 投机级别 | 具有投机性质的因素 | 不能保证将来的良好状况。还本付息的保证有限，一旦经济情况发生变化，还本付息能力将削弱。具有不稳定性 |
| B级（B1，B2，B3） | 投机级别 | 缺少理想投资的品质 | 还本付息或长期内履行合同中其他条款的保证极小 |
| Caa级（Caa1，Caa2，Caa3） | 投机级别 | 劣质债券 | 有可能违约或现在就存在危及本息安全的因素 |
| Ca级 | 投机级别 | 高度投机性 | 经常违约或有其他明显的缺点 |
| C级 | 投机级别 | 最低等级评级 | 前途无望，不能用来做真正的投资 |

**（二）申请上市，公布信息**

这一阶段的工作包括向证券监管机构提交上市申请书及其他财务信息；与证券承销商就证券发行的具体条件进行协商；并向社会公布公开说明书、财务信息等资料，说明发行证券的种类、额度、范围、筹资用途及效益。

**（三）与承销商签订合同**

与承销商签订的合同中要详细规定证券发行的具体条件，如发行金额、具体的发行方式、发行起止日期、需要支付的发行费用及违约条款等。

**（四）承销商销售证券**

承销商进行实际销售，向投资者出售证券，并将款项按时划拨给证券发行者使用。

# 第二节　国际债券筹资

## 一、国际债券的类型

国际债券是指债券发行者在国外金融市场发行的债券。国际债券的发行者可以是某国的政府、金融机构，也可以是企业或国际组织机构等。国际债券的特点是，它的发行人和投资者分属于不同的国家，债券总是卖给借款人以外的国家的投资者。国际债券一般分为外国债券和欧洲债券两类，20世纪90年代出现“全球债券”这一新概念。

**（一）外国债券（foreign bond）**

外国债券是指借款者（一国政府、金融机构、公司等）在某外国债券市场上发行的，以该外国的货币表示面值的债券。外国债券的发行必须经外国政府当局的批准，并受该外国证券法规的管辖，该债券的担保和发售也由债券市场所在国的金融机构组织。例如，中国的政府、金融机构或工商企业遵循美国的证券法规，在美国债券市场上发行美元债券，债券的发行工作由美国金融机构承包，发行的债券在美国市场上开价和买卖，购买人主要是美国的投资者。

外国债券的特点是债券发行者在一个国家，债券的面值货币和发行市场则属于另一个国家。

外国债券市场的历史比较长，在19世纪初就已盛行了。在欧洲债券市场出现以前，所有在国外发行的债券都属于外国债券。外国债券市场主要在美国、日本、德国、瑞士，它们的交易额占整个外国债券市场的95%左右。根据国际惯例，国外金融机构在一国发行债券时，一般以该国最具特征的吉祥物命名，因此国际市场上通常对外国债券有特定的称呼，例如：

（1）扬基债券（yankee bond）：非美国发行者在美国市场公开发行的长期美元债券；

（2）武士债券（samurai bond）：非日本发行者在日本市场公开发行的日元债券；

（3）袋鼠债券（kangaroo bond）：非澳大利亚发行者在澳大利亚市场上公开发行的澳元债券；

（4）猛犬债券（bulldog bond）：非英国发行者在英国市场公开发行的英镑债券；

（5）斗牛士债券（matador bond）：非西班牙发行者在西班牙市场公开发行的比塞塔（peseta）债券；

（6）枫叶债券（maple bond）：非加拿大发行者在加拿大市场上公开发行的加拿大元债券；

（7）熊猫债券（panda bond）：非中国发行者在中国市场上公开发行的人民币债券。

中国金融机构进入国际债券市场发行外国债券是从发行武士债券开始的。1982年1月，中国国际信托投资公司在日本东京发行了100亿日元的武士债券。1984年11月，中国银行又在日本东京发行了200亿日元的武士债券。

2005年10月，国际金融公司（IFC）和亚洲开发银行（ADB）分别获准在中国银行间债券市场发行人民币债券11.30亿元和10亿元，按照央行的说法，这是中国债券市场首次引入外资机构发行主体，也标志着“熊猫债券”的正式发行。

**（二）欧洲债券（Euro bond）**

欧洲债券是指借款者在外国（一国或几国）的债券市场上发行的，不是以该国的货币表示面值的债券。同样，欧洲债券的发行者也可以是一国政府、金融机构或公司等。例如，中国借款者在英国、德国和法国债券市场上发行美元债券，称为欧洲美元债券。美国某公司发行面值以美元标价的债券，向除美国以外的投资者（如英、德、法、日等国的投资者）出售，也叫欧洲美元债券（以美元标价在美国以外发行、持有和交易的债券）。又例如，中国借款者在英国以外的其他国家（如德、法等国）发行以英镑表示面值的债券，叫欧洲英镑债券；在英、德、法等国发行以日元表示面值的债券，叫欧洲日元债券等。

欧洲债券的主要特点是①：

（1）借款人属于一个国家，债券发行市场在另一个国家，债券面值使用的货币可以是第三国的货币或综合货币单位（如特别提款权等）。

（2）债券发行方式以辛迪加为主。债券的发行方式，一般由一家大型商业银行或投资银行牵头，联合十几家或数十家不同国家的大型银行代为发行，大部分债券由这些银行买进，然后转到销售证券的二级市场或本国市场卖出。

（3）自由灵活。债券发行一般不需要经过有关国家政府的批准，不受各国金融法规的约束，所以比较灵活。

（4）不影响发行地国家的货币流通。发行债券所筹措的是欧洲货币资金，而不是发行地所在国的货币资金，因此欧洲债券的发行对债券发行地所在国的货币资金流动性影响不大。

（5）货币选择性强。发行欧洲债券，既可以在世界范围内筹资，也可以在许多国家出售，而且可以任意选择发行市场和债券的面值货币，具有非常大的筹资潜力。例如，借款人可以根据各种货币的汇率、利率和其他条件，选择发行欧洲美元、英镑、日元等任何一种或几种货币的债券，投资者也可以选择购买任何一种欧洲债券。

（6）发行条件比较优惠。投资者购买欧洲债券所得的利息收入通常是免税的。另外，欧洲债券一般采用不记名方式发行，还可为投资者逃避国内所得税创造条件。因此，欧洲

① 刘胜军，陈旭. 国际财务管理［M］. 2版. 北京：科学出版社，2019：77.作者有删改。

债券对投资者非常具有吸引力，也使筹资者能以较低的利息成本筹集到足够的资金。

（7）安全性较高，流动性较强。欧洲债券市场的主要借款人是跨国公司、各国政府和国际组织。这些借款机构资信较好，因此对投资者来说比较安全。同时该市场是一个有效的和非常富有活力的二级市场，投资者可以转让欧洲债券换取现金。

（8）市场反应灵敏、交易成本低。欧洲债券市场拥有两大清算系统（欧洲结算系统公司（Euroclear Clearance System Ltd.）和中央证券交收系统），从而使市场能够准确、迅速、及时地提供国际资本市场现时的资金供求和利率、汇率的动向，缩小债券交割时间，减少交割手续。世界各地的交易者可以据此快速进行交易，极大地降低了交易成本。

外国债券和欧洲债券的不同之处可以简略归纳为表6-5。

表6-5　外国债券与欧洲债券的区别

| 外国债券 | 欧洲债券 |
|---|---|
| 计价货币即是发行地的货币 | 计价货币是非发行地的货币 |
| 一般为记名债券 | 一般为不记名债券 |
| 债券利息一般半年支付一次 | 债券利息一般一年支付一次 |
| 受发行地的政府管制，发行成本高且发行速度慢 | 不受任何官方管制，发行速度快 |
| 常由一家投资银行负责发行 | 常由许多大型国际银行组成一个银团，并由成员各自分摊一部分销售金额 |
| 常有别名 | 一般没有特定的称号 |

### （三）全球债券（global bond）

全球债券是指在全世界各主要证券市场同时发行的国际债券。这是20世纪80年代末在国际资本市场日益全球化背景下的一种创新。全球债券发行规模很大，所以很难在一个国家或地区发行完成，因此，全球债券一般在世界各地的主要市场发行和交易。因为同一债券几乎在全球所有市场无限制地交易，所以全球债券具有完全的可互换性。全球债券的平均发行规模在10亿美元以上，大多数全球债券以美元标价。

1989年，世界银行发行了第一笔15亿美元的全球债券。迄今为止规模最大的公司性全球债券是由德国电信（Deutsche Telegkom）发行的，2000年6月，它以多国货币债券形式发行了146亿美元的全球债券，包括：3种以美元标价的，总额为95亿美元，期限分别为5年、10年和30年的债券；两种以欧元标价的，总额为30亿欧元，期限分别为5年和10年的债券；两种以英镑标价的，总额为9.50亿英镑，期限分别为5年和30年的债券；一种以日元标价的，总额为900亿日元，期限为5年的债券。

另一大型全球债券是由美国电话电报公司（AT&T）打包发行的，在其1999年3月发行的债券中，2004年到期的有20亿美元，利率为5.625%；2009年到期的有30亿美元，利率为6%；2029年到期的有30亿美元，利率为6.50%。

意大利在1993年9月发行的债券是最大的主权政府全球债券之一，其中有20亿美元在2003年到期，利率为6%；有35亿美元于2023年到期，利率为6.875%。

迄今为止，新兴市场规模最大的全球债券之一是由韩国在1998年4月打包发行的，其中有10亿美元于2003年到期，利率为8.75%；有30亿美元于2008年到期，利率为8.875%。可以预见，未来的全球债券发行会更多。

## 二、国际债券的形式

国际债券有许多种具体形式，主要包括：

### 1.固定利率债券

固定利率债券（fixed rate bond），又称普通债券，是指具有固定的到期日，并承诺在到期日向债券持有者偿付特定金额本金和利息的债券。这种债券的利率在偿还期限内固定不变。从稍后的表6-6可以看出，每年新发行的国际债券中有很大一部分是固定利率债券。就近年来所发行的固定利率债券而言，最常见的标价货币是美元、欧元、英镑和日元。

### 2.浮动利率债券

浮动利率债券一般被称为浮动利率票据（floating rate notes，FRNs）。浮动利率债券一般是中期债券，它参照某个参考利率支付债券利息，最常见的参考利率为3个月或6个月的美元的伦敦银行同业拆放利率。浮动利率票据通常根据参考利率每季度或每半年付息一次。

第一张浮动利率债券产生于1970年。2006年5月，通用电气公司发行了4年期的浮动利率票据，面值为50万美元，第1年利息按固定利率5.464%计算，后面3年的利息按3个月期LIBOR加6个基点计算。

### 3.零息债券

零息债券（zero-coupon bond）又被称为贴现债券。顾名思义，零息债券不支付利息，因此必须按特定的利率折现销售。对于投资者来说，投资于零息债券不能获取利息，但由于购买时是按低于面值的折现价格购买，但到期时收回的是面值，这种买卖价差就是投资者投资于零息债券的全部收益。

### 4.混合利率债券

发行混合利率债券时把还本期限分为两段，前一段债券的计息按浮动利率计算，后一段债券的计息按固定利率计算。至于还本期限如何分段，视当时的具体情况而定。

### 5.与权益相关的债券

与权益相关的债券有两种形式：可转换债券和附认股权证的债券。

（1）可转换债券

与在国内市场上发行的可转换债券相同，可转换债券（convertible bonds）也称可转换股票债券，是指在债券到期之前可以按特定的价格和转换比例将债券转换成同一家公司发行的普通股股票。

可转换债券可以减轻发行公司的还债压力，增加公司的自有资本，降低发行成本。同时对购买者而言，当发行债券的公司净收益不多、每股股利水平不高时，投资者可稳得固定利息；当公司净收益大增，每股股利水平提高时，可把债券换成股票，享受股东的权益。

（2）附认股权证债券

与可转换债券只发行一种证券不同，附认股权证债券（bonds with equity warrants）是在发行债券时，同时附有一份凭证，即认股权证，它给予投资者在一定时期内按照预定价格购买公司普通股股票的权利。附认股权证债券可以被看成是附有看涨期权的固定利率债券。

### 6.双重货币债券

双重货币债券涉及两种货币，是指债券发行者以一种货币支付利息，而以另一种货币偿还本金，实际上相当于在债券的发行合约中包含了一份远期外汇合约，在债券发行当时就把以外币表示的债券本金按照远期汇率折合为本国货币，因此未来实际汇率的具体数值将不会对偿还该债券本金所用的本币数额产生影响。

双重货币债券的主要发行商是日本的公司。这些债券以日元发行并以日元支付利息，但用美元偿还本金。日元/美元双币债券对于那些想在美国建立或扩张子公司的日本跨国公司而言是一种很有吸引力的筹资方式。这些日元收入可以转换为美元，从而为在美国的资本投资提供资金，而在早期的利息可以由母公司用日元支付。在到期日，美元本金的偿付可以由子公司赚得的美元利润来支付。

### 7.实行货币期权的多种货币债券

与双重货币债券只涉及两种货币不同，实行货币期权的多种货币债券允许债券持有者对利息支付或本金偿还的币种作出选择。大多数情况下给出的可选择币种为两种，但也有超过两种的，因此叫作多种货币债券。

### 8.鸡尾酒债券

鸡尾酒是一种混合饮品，由两种或两种以上的酒、饮料、果汁、汽水混合而成。顾名思义，鸡尾酒债券的本金和利息是由多种货币支付的。

### 9.“龙”债

“龙”债（dragon bond）是在亚洲地区（日本除外）发行的一种以非亚洲国家货币计价的债券。多数“龙”债以美元标价，也有以加元等其他西方国家货币标价的。“龙”债的发行者来自亚洲、欧洲、北美洲和南美洲，债券的投资者则是亚洲的主要国家。“龙”债多为长期固定利率债券，也有以伦敦银行同业拆放利率为基础利率定期浮动的债券。“龙”债的发行成本不高，其二级市场也比较活跃，是引人注目的新兴市场之一。

由于“龙”债市场是指非日本亚洲发行者通过亚洲辛迪加售卖通常以美元标价的市场，因此可以被看作欧洲债券市场的一部分。

### 10.商业票据

商业票据属于短期证券，是信誉较好的大企业为了满足其流动资金的需要，公开发行的短期借款期票。其期限通常为30～270天，票面金额固定，票据按贴现方式发行。持票人可将商业票据持有至到期日凭票取款，也可在票据到期前到市场出售。

20世纪20年代，美国一些企业就通过发行商业票据筹资；20世纪60年代以来，商业票据发行量迅速增加；20世纪70年代，集中于伦敦的欧洲票据市场。

截至2015年第一季度以主要债券形式划分的未清偿国际债券见表6-6[①]。

① 尤恩，雷斯尼克．国际财务管理［M］．赵银德，刘瑞文，赵叶灵，译．8版．北京：机械工业出版社，2018：249.

表6-6　截至2015年第一季度以主要债券形式划分的未清偿国际债券　单位：百亿美元

| 债券形式 | 2011年 | 2012年 | 2013年 | 2014年 | 2015年（第一季度） |
|---|---|---|---|---|---|
| 固定利率债券 | 1 354.15 | 1 482.40 | 1 554.59 | 1 514.01 | 1 456.96 |
| 浮动利率债券 | 633.90 | 595.94 | 597.56 | 545.06 | 503.72 |
| 可转换债券 | 32.55 | 31.81 | 37.70 | 40.39 | 39.54 |
| 附认股权证债券 | 0.10 | 0.09 | 0.00 | 0.00 | 0.00 |
| 合计 | 2 020.70 | 2 110.24 | 2 189.85 | 2 099.46 | 2 000.22 |

## 三、国际债券的发行条件

国际债券的发行条件是指国际债券发行时合约中规定的债券的具体内容，包括发行额、票面利率、偿还期限、发行价格以及偿还方式等。

### （一）发行额

发行额是指发行债券的总额，即发行债券筹措资金的总额。发行额最主要的决定因素是发行者对资金的需求，资金需求大，发行额就高；资金需求少，发行额就低。同时还要考虑债券在市场上的销售能力。另外，发行者的资格、经济实力、信用、知名度、发行债券的历史以及发行债券的种类，都会对发行额有影响。

### （二）票面利率

票面利率是指债券的年利息与票面金额的比率。利率对发行者来说越低越好，而对投资者（债券购买者）来说则越高越有吸引力。发行者应与承销商协商，在不影响债券销售的情况下，争取尽可能低的利率。在确定债券票面利率时，一般应考虑以下因素：

#### 1.发行债券时的市场利率

票面利率的确定基准是发行债券时的市场利率。票面利率定得高，对市场上的投资者比较具有吸引力，债券销售会比较顺利，但企业未来支付的利息也会较高；如果票面利率定得过低，例如，低于发行债券时的市场利率，则市场上的投资者将会转而投资于利率较高的其他项目，致使债券销售困难。

#### 2.发行者的信用、历史、经济实力等

债券发行者的信用、历史、经济实力等也对票面利率产生影响。信用好、发债历史良好、经济实力强的大型公司发行的债券，票面利率可以适当低一些；反之，则应高一点。

#### 3.债券的偿还期限

偿还期限长的债券利率较高；反之则较低。

#### 4.债券的面值货币

债券面值货币不同，利率水平高低要有差别。

#### 5.债券的计息方法

债券的计息方法通常有单利计息、复利计息和贴现计息三种。债券的计息方法不同，投资者购买后在持有期间的收益就不同，因此对债券的销售有直接的影响。为了保证债券在市场上的接受度，使债券发行者筹集到足够的资金，要根据债券不同的计息方法对票面利率进行调整。通常情况下，单利计息对发行者有利，但投资者收益较少；复利计息对投

资者有利，但发行者成本较高。贴现计息方法通常是1年期以内的债券在难以计算复利的情况下所采取的计息方法。

6.支付利息的次数

债券通常有一次性付息和分期付息两种方式。一次性付息是指在债券有效期内仅支付一次利息，可以是在债券发行时付息（贴现债券），但大部分的一次性付息都是到期一次还本付息，即在债券到期时支付利息；分期付息是在债券有效期内分很多次支付利息，最常见的是每年年末支付利息，或每半年支付利息。与上述债券的计息方法类似，债券支付利息的次数也会对投资者的收益和发行者的成本产生影响，因此应根据支付利息的次数对票面利率进行调整。例如，每半年支付利息的情况下就可以适当降低票面利率，能够在不影响债券销售的前提下降低发行者的成本。

此外，承购公司销售债券的能力对利率水平的确定也有一定的影响。影响利率的因素很多，一般难以准确预测。所以，对发行人来说，最主要的是自己能综合分析市场形势，作出判断。此外，还要选择有影响、有实力、有经验的包销牵头人。当发行人提出发行债券的意向以后，牵头人要根据发行人的资信条件和当时债券市场的情况，研究以多少票面利率发行能在投资者中顺利销售。

（三）偿还期限

偿还期限是指债券从发行时起到付息还本全部结束为止经过的期限。与银行借款类似，通常情况下，我们把期限在1年以内的债券叫短期债券，期限在1年至5年的叫中期债券，超过5年的债券叫长期债券，其中期限为1年以上的债券都称为中长期债券。决定债券的偿还期限时，应考虑下列各因素：

1.发行者资金需求的时间

发行者需要短期流动资金的，应发行短期债券；需要长期投资资金的，应发行中长期债券。

2.市场利率的变化趋势

如果预测未来市场利率将下降，发行者应尽量发行短期债券。这样可以在债券到期后按新的较低的利率发行新债，降低资本成本。但如果发行者预测未来市场利率将上升，则应尽量发行长期债券，在发行时就将较低的利率水平固定下来。

3.债券市场的发育程度

如果债券市场非常发达，投资者在债券市场上的债券买卖非常便利、成本不高，发行者就可以发行长期债券，此时不会影响债券的销售情况，因为长期债券对投资者同样具有吸引力；但如果债券市场不发达，长期债券在流通市场上不易转让，投资者存在后顾之忧，长期债券难以推销，发行者就只能发行期限较短的债券。

除了上述因素之外，投资者的投资意向、心理状况、一国的消费倾向、物价状况以及证券市场上其他债券的期限构成等，也都是债券发行者在选择债券期限时要统筹考虑的因素。

如果债券本金的偿还采用期满前分次偿还的方式，则在偿还期满以前就已偿还了一部分，因此企业实际使用债券本金的平均年限少于债券偿还期限。其平均年限（也可称为“实际年限”）可以按下列公式计算：

$$平均年限=\frac{发行额\times偿还期限-\sum(提前偿还本金数\times提前偿还年数)}{发行额} \tag{6.1}$$

$$平均年限=\frac{\sum(偿还本金数\times偿还年数)}{发行额} \tag{6.2}$$

【例6-1】

我国某公司发行欧洲债券，发行总额1 000万欧元，合同中规定的名义偿还期限为10年，还本方式为：从第6年开始还本，第6、7、8、9年年末各偿还150万欧元，第10年年末偿还400万欧元。这一债券的平均年限为：

$$平均年限=\frac{1000\times10-(150\times4+150\times3+150\times2+150\times1)}{1000}=8.5(年)$$

或者：

$$平均年限=\frac{150\times6+150\times7+150\times8+150\times9+400\times10}{1000}=8.5(年)$$

---

**（四）发行价格**

发行价格是指在债券发行市场上出售债券时所使用的价格。发行价格可以等于面额（平价发行），也可以高于面额（溢价发行）或低于面额（折价发行）。测算债券发行价格可采用以下两种方法：

**1.折现法**

折现法就是以市场流行利息率作为折现率，将企业发行债券后每年支付的利息和到期偿还的本金分别折成现值，其现值合计数就是债券的发行价格。其计算如公式（6.3）所示：

$$B_1=\sum_{t=1}^{n}\frac{I_t}{(1+i)^t}+\frac{B_0}{(1+i)^n} \tag{6.3}$$

式中：$B_1$为债券发行价格；n为债券期限；$I_t$为第t年利息；i为折现率；$B_0$为债券面额。

如果债券是每年支付一次利息、到期一次还本，则利息的支付可以看成是普通年金，公式（6.3）可以直接调整为公式（6.4）：

$$B_1=T_t\times(P/A,\ i,\ n)+B_0\times(P/F,\ i,\ n) \tag{6.4}$$

【例6-2】

我国某公司在美国发行债券，债券期限5年，面值1 000美元，票面利率6%，每年年末支付利息，到期一次还本。发行债券时市场流行利率为8%。

要求：计算这一债券的发行价格。

由于本例中债券的利息是每年年末支付，因此可以直接利用公式（6.4）：

$B_1=T_t\times(P/A,\ i,\ n)+B_0\times(P/F,\ i,\ n)$

$=1\,000\times6\%\times(P/A,\ 8\%,\ 5)+1\,000\times(P/F,\ 8\%,\ 5)$

$=60\times3.992+1\,000\times0.681$

$=920.52$（美元）

如果债券是分次偿还本金，公式（6.3）应改为公式（6.5）：

$$B_1=\sum_{t=1}^{n}\frac{I_t}{(1+i)^t}+\sum_{t=1}^{n}\frac{B_t}{(1+i)^t} \quad 或 \quad B_1=\sum_{t=1}^{n}\frac{I_t+B_t}{(1+i)^t} \tag{6.5}$$

式中：$B_t$为第t年偿还本金数。

承前例，假如该债券的还本条件为：第3年年末还本300美元，第4年年末还本300美元，第5年年末还本400美元，则发行价格为：

$B_1$=［1 000×6%×（P/A，8%，3）+700×6%×（P/F，8%，4）+400×6%×（P/F，8%，5）］+300×（P/F，8%，3）+300×（P/F，8%，4）+400×（P/F，8%，5）

=932.88（美元）

---

2.市场分析法

市场分析法是在债券的期限、票面利率等既定的情况下，根据债券市场上潜在的购买者所要求的投资收益率倒求债券发行价格的方法。其中，“潜在的购买者所要求的投资收益率”一般用市场年收益率表示。在按单利计算的情况下，债券发行价格可按公式（6.6）计算：

$$B_1=B_0\frac{1+B_i\cdot n}{1+M_i\cdot n} \tag{6.6}$$

式中：$B_i$为债券票面利率；$M_i$为市场年收益率；其他符号同前。

【例6-3】

我国某公司在美国发行债券，债券期限5年，面值1 000美元，票面利率6%。承销公司预测该债券的市场年收益率为7.68%，则其发行价格为：

$B_1=1\,000\times\frac{1+6\%\times5}{1+7.68\%\times5}=1\,000\times93.93\%$

=939.30（美元）

---

债券的发行价格也可以用债券的出售价格与票面金额的百分比来表示，具体见表6-7。

表6-7 债券发行价格与发行方式 金额单位：美元

| 票面价格 | | 发行（出售）价格 | | 发行方式 |
|---|---|---|---|---|
| 金额 | % | 金额 | % | |
| 1 000 | 100 | 1 000 | 100 | 平价发行 |
| 1 000 | 100 | 920.52 | 92.05 | 折价发行 |
| 1 000 | 100 | 1 040.40 | 104.04 | 溢价发行 |

### （五）偿还方式

债券的偿还主要有以下三种方式：

1.期满时一次偿还

期满时一次偿还是指按债券发行时既定的偿还期限，到债券到期时一次偿还本金。

2.期满前分次偿还

期满前分次偿还是指在债券到期之前分次偿还债券本金，到期满时全部偿还完毕。期满前分次偿还又包括定时偿还、任意偿还、买入注销和提前回售等几种具体方式：

（1）定时偿还是指在债券发行后（如有宽限期的规定，则应过了宽限期），按既定的时间点偿还本金，例如每年年末等额偿还，或具体规定某一特定年份偿还特定的金额。定时偿还一般适用于期限较长的长期债券。

（2）任意偿还是指在宽限期结束后，由发行人选择时间偿还所发行债券的全部或一部分。债券发行者一般比较愿意使用任意偿还的方式，因为发行者可以根据自身的实际情况、资金的充裕程度、资金的闲置金额等决定是否还款。但用任意偿还方法对债券持有者不利时，发行者需按高于债券票面额的金额来偿还，或加息给予补偿。

（3）买入注销是指发行的债券上市进入流通市场后，发行人可趁价格便宜时买进一些自己发行的债券，以抵消一部分偿还额。

（4）提前回售是指投资者在债券期满前，在事先约定的时间内，按约定的价格将债券回售给发行者。投资者一般是在市场利率高于债券利率或向外筹资成本较高时进行债券回售。

#### 3.期满后偿还

期满后偿还又叫延期偿还，是指债券发行人在发行债券时就申明：投资者有权在债券期满后继续持有债券直到某一指定日期。这种方式往往是在市场利率看跌的情况下投资者才能接受。但通常情况下，采用期满后偿还的方式对发行者的信誉会产生不利的影响。

用哪种方法偿还，在谈判时需要协商好。例如在美国发行美元债券，期限在10年以内的，一般实行期满时一次偿还本金；期限在10年以上的债券，一般实行期满前分次偿还本金。

## 四、国际债券筹资的成本

由于国际债券的有效期一般都在一年以上，因此国际债券资本成本的测算也要考虑货币的时间价值，按照计算净现值等于零时的折现率的方法计算债券成本，与中长期国际信贷的成本测算方法相同。不同的是，发行国际债券的费用比中长期国际信贷要多得多。

### （一）国际债券的费用

发行国际债券，除定期向债券持有人支付利息外，还要支付各种费用，一般包括最初费用和期中费用两类。

#### 1.最初费用

最初费用是指在债券发行的准备阶段和发行时发生的各项费用。最初费用类似于银行借款中的筹资费，通常可以按费用占发行总额的百分比表示，并在债券发行总额中一次性扣除。最初费用一般包括：

（1）手续费，包括支付给承购公司、包销集团承购、包销债券的费用以及支付给受托公司、债券登记代理人等的费用。

（2）服务费指聘请保荐人、律师事务所、会计师事务所、资产评估机构等专业机构和人员为发行债券服务而支付的费用。

（3）印刷费指印刷债券、文件、合同等支出的费用。

（4）上市费用指进入债券市场的手续费、广告宣传费等。

（5）其他各种杂费。

2.期中费用

期中费用不是在债券的准备阶段或发行时发生的，而是在债券的有效期内分次支付的，其主要包括：

（1）债券管理费指财务代理人履行合同进行账簿管理等所收取的费用。

（2）付息手续费，一般为所付利息的0.25%。

（3）还本手续费，一般为偿还金额的0.125%。

期中费用一般与在相同时点上支付的利息同等对待。

**（二）国际债券成本率的影响因素**

由中长期国际信贷成本率的测算方法可知，影响国际信贷成本率的因素包括利息率、费用率、汇率和所得税税率。国际债券成本率的测算方法与中长期国际信贷的成本测算方法基本相同，因此影响因素也包括这四项。不同的是，国际债券还存在溢价或折价发行的问题，因此影响因素中应再加一项：发行差价率。发行差价是指债券的发行价格与票面金额之间的差额，用其占票面金额的百分比表示即为发行差价率。如果债券折价发行，会使发行者实际得到的资金减少，因此折价率会提高国际债券的资本成本；相反，溢价率会使债券的资本成本降低。

**（三）国际债券成本率的计算**

计算国际债券成本率的方法与前述中长期银行信贷的成本率计算方法大体相同，但需要将发行差价等考虑进去。另外，国际债券成本率计算的特殊之处在于对费用的处理：将最初费用视为筹资费；将期中费用视为相同时点支付的利息。计算国际债券成本率的方法见公式（6.7）[①]：

$$B_0(1-f-g)r_0=\sum_{t=1}^{n}\frac{I_t(1-T)r_t}{(1+K_B)^t}-\sum_{t=1}^{n}\frac{[B_0\cdot f+(B_0-B_1)]\div n\cdot T\cdot r_0}{(1+K_B)^t}+\frac{B_0r_n-B_0(r_n-r_0)T}{(1+K_B)^n}\tag{6.7}$$

式中：$K_B$为债券成本率；$B_0$为以外币表示的债券面值；$B_1$为以外币表示的债券发行价格；f为筹资费率；g为发行差价率；$I_t$为第t年的利息和期中费用；n为债券的偿还年限；T为所得税税率；$r_0$为发行债券时的汇率；$r_t$为第t年的汇率；$r_n$为还本时的汇率。

公式左边$B_0(1-f-g)r_0$是发行债券净得人民币数额。

公式右边第一项$\sum_{t=1}^{n}\frac{I_t(1-T)r_t}{(1+K_B)^t}$是各年利息和期中费用人民币现值之和。

公式右边第二项$\sum_{t=1}^{n}\frac{[B_0\cdot f+(B_0-B_1)]\div n\cdot T\cdot r_0}{(1+K_B)^t}$是平均分摊到每一年的筹资费和发行差价节税额人民币现值之和。如果筹资费和发行差价数额较小，此项可省略不计。

公式右边第三项$\frac{B_0r_n-B_0(r_n-r_0)T}{(1+K_B)^n}$是期满时偿还本金人民币现值，也可表示为$\frac{B_0r_0+B_0(r_n-r_0)(1-T)}{(1+K_B)^n}$；如为多次还本，应调整为$\sum_{t=1}^{n}\frac{B_tr_t-B_t(r_t-r_0)T}{(1+K_B)^t}$或改为$\sum_{t=1}^{n}\frac{B_tr_0+B_t(r_t-r_0)(1-T)}{(1+K_B)^t}$。

① 夏乐书，李琳．国际财务管理［M］．4版．大连：东北财经大学出版社，2017：215.

【例 6-4】

我国某公司2021年年初在美国发行3年期美元债券，发行总额1 000万美元，折价发行，折价率3%，票面利率8%，期满时一次还本。发行费用总计为25万美元，其中，债券发行时支付10万美元，第一年至第三年每年年末支付5万美元。所得税税率25%。2021年年初1美元=6.4432元人民币，预计未来3年美元将贬值，每年贬值1%。

要求：计算该债券的资本成本。

根据公式（6.7），

（1）公式左边为：

$B_0$（1−f−g）$r_0$=1 000×（1−1%−3%）×6.4432=6 185.47（万元人民币）

计算未来三年汇率值：

第一年年末：1美元=6.4432×（1−1%）=6.3788（元人民币）

第二年年末：1美元=6.3788×（1−1%）=6.3150（元人民币）

第三年年末：1美元=6.3150×（1−1%）=6.2512（元人民币）

（2）公式右边第一项：

$$\sum_{t=1}^{n}\frac{I_t(1-T)r_t}{(1+K_B)^t}=\frac{(1000\times8\%+5)\times(1-25\%)\times6.3788}{1+K_B}+\frac{85\times(1-25\%)\times6.3150}{(1+K_B)^2}+\frac{85\times(1-25\%)\times6.2512}{(1+K_B)^2}$$

$$=\frac{406.65}{1+K_B}+\frac{402.58}{(1+K_B)^2}+\frac{398.51}{(1+K_B)^2}$$

（3）公式右边第二项：

$$\sum_{t=1}^{n}\frac{[B_0\cdot f+(B_0-B_1)]\div n\cdot T\cdot r_0}{(1+K_B)^t}=\sum_{t=1}^{n}\frac{(10+1000\times3\%)\div3\times25\%\times6.4432}{(1+K_B)^t}$$

$$=\frac{21.48}{1+K_B}+\frac{21.48}{(1+K_B)^2}+\frac{21.48}{(1+K_B)^3}$$

（4）公式右边第三项：

$$\frac{B_0r_n-B_0(r_n-r_0)T}{(1+K_B)^n}=\frac{1\,000\times6.2512-1\,000\times(6.2512-6.4432)\times25\%}{(1+K_B)^3}=\frac{6443.2}{(1+K_B)^3}$$

将以上四项数据列入公式：

$$6\,185.47=\left[\frac{406.65}{1+K_B}+\frac{402.58}{(1+K_B)^2}+\frac{398.51}{(1+K_B)^2}\right]-\left[\frac{21.48}{1+K_B}+\frac{21.48}{(1+K_B)^2}+\frac{21.48}{(1+K_B)^3}\right]+\frac{6\,443.2}{(1+K_B)^3}$$

即 $6\,185.47=\frac{385.17}{1+K_B}+\frac{381.10}{(1+K_B)^2}+\frac{6\,820.23}{(1+K_B)^3}$

利用Excel电子表格计算可得，$K_B$=7.45%。

上述计算国际债券成本率的公式包括的因素比较全面。在实践中，为了简化计算，也可采用公式（6.8）计算债券的成本率：

$$B_0(1-f-g)\ r_0=\sum_{t=1}^{n}\frac{I_t\cdot r_t}{(1+K_B)^t}+\frac{B_0\cdot r_n}{(1+K_B)^n}\tag{6.8}$$

【例6-5】

我国某公司2021年年初在美国发行3年期美元债券，发行总额1 000万美元，等价发行，票面利率8%，发行时支付费用20万美元。2021年年初1美元=6.4432元人民币，预计未来3年汇率保持不变。

要求：计算该债券的资本成本。

根据公式（6.8）：

$$1\ 000\times(1-2\%)\times 6.4432=\left[\frac{80\times 6.4432}{1+K_B}+\frac{80\times 6.4432}{(1+K_B)^2}+\frac{80\times 6.4432}{(1+K_B)^3}\right]+\frac{1\ 000\times 6.4432}{(1+K_B)^3}$$

利用Excel电子表格计算可得，$K_B$=8.79%。

当企业发行外币债券，有两种以上的货币可供选择时，应分别测算各种外币债券的成本率，从中选择成本率最低的外币债券。

利用国际债券筹资也需要考虑筹资的风险。与国际信贷筹资相同，利用国际债券筹资也相当于从国外取得外汇借款，会形成企业的负债。因此，国际债券筹资的风险基本上与国际信贷筹资的风险相同，需采用的风险管理方法也基本上相同，此处不再赘述。

**【思政专栏】 债券评级机构的独立性**

债券信用评级是以企业或发行的有价债券为对象进行的信用评级。债券信用评级大多是企业债券信用评级，是对具有独立法人资格企业所发行的某一特定债券按期还本付息的可靠程度进行评估，并标示其信用程度的等级。进行债券信用评级最主要的原因是方便投资者进行债券投资决策；另一个重要原因是减少信誉好的发行人的筹资成本。

但近年来[①]，国内债券市场频频爆雷，揭示了国内债券市场的评级“灰幕”。其中不少“雷”不仅频发于AA级债，也蔓延到AA+，乃至最高的AAA级的债券上。其中最常见的就是通过一些个人的牵线搭桥，债券的发行方得以向一些评级机构输入利益，进而提高自己债券的评级。行情价码是300万元。原来，债券的信用评级“不好使”，或许不仅仅源于企业和宏观经济有突发情况，一些债券的评级一开始就存在问题。这引发了一个思考——债券评级机构到底应怎样保持独立性？

## 五、国际债券筹资决策

### （一）与国际商业银行贷款的比较

与中长期国际商业银行贷款相比，发行国际债券筹资有下列优点：

（1）债券利率一般比较低。

（2）债券筹资的资金来源广，债权人分散，因此对筹资者利用发行债券取得资金的用途一般不进行关注；而国际商业银行贷款是向某一银行或银团借款，贷款者比较集中，贷款银行会经常关注贷款在贷款期内的使用情况。

① 佚名．一纸判决爆出债券评级“灰幕”，把AA债整成AA+级，开价300万［EB/OL］．［2021-05-02］．https：//bond.hexun.com/2019-04-04/196718206.html.

（3）债券的还款期较长。债券的偿还期可以是10年、15年或20年，最长的可达30年。而国际商业银行贷款，即使中长期贷款，其偿还期一般也不超过10年。

（4）债券偿还方法比较灵活。如前所述，债券的本金偿还可以采用3种方式，而在其中的期满前分次偿还中，发行者又可以选择定时偿还、任意偿还、买入注销和提前回售四种方式。而如果利用中长期国际商业银行贷款，必须事先签订提前还款条款或到期后要求延期还款，不如债券灵活和方便。

（5）债券满足投资者的要求，借款人易于筹资。一般情况下，投资者在进行投资时都会比较关注投资的安全性、流动性、波动性和盈利性，但这几项要求之间往往存在着一定的矛盾，而投资于债券能比较全面地体现这些要求。首先，债券是信用好的发行者在法律的约束下发行的，购买债券的风险较小，符合安全性的要求；其次，即使购买的是长期债券投资，但在有资金需求时，债券持有人可以在市场上出售债券，收回资金，转移投资；再次，购买债券的金额可大可小，比较灵活；最后，债券利率一般高于存款利率，投资于债券可比存款获得较多收益。由于债券具有上述优点，因而投资者愿意购买，发行者易于筹借到所需资金。

由于债券具有上述优点，近年国际债券市场的筹资规模已超过了银行长期贷款的规模。

与国际商业银行贷款相比，国际债券筹资也存在某些不足之处，如准备工作时间长、审查严格，需向社会公布财务资料，手续较复杂，发行后仍要注意债券市场动态等，而从银行借款比较方便、迅速，不必向社会公布财务资料。因此，一般认为期限较短的资金通过银行贷款方式筹借较为有利，而期限较长的资金用发行债券方式筹借更为合适。

### （二）国际债券市场的选择

1982年，中信集团（当时名称为“中国国际信托投资公司”）首次在日本发行日元武士债券，筹资100亿日元，这是中国债券发行者首次进入国际债券市场。之所以选择日本债券市场，是因为20世纪80年代，日本是世界上债券市场最发达的国家。进入20世纪90年代，我国发行者开始逐渐进入美国债券市场、欧洲债券市场和亚洲其他的债券市场。

在对国际债券市场的选择上，如果发行规模很大，发行者通常发行全球债券，这样可以同时进入世界各主要市场；如果发行长期债券，一般来说，美国市场可提供最好的机会；如果发行浮动利率债券，亚洲市场可提供最佳机会；欧洲债券市场有多方面优点，对发行者非常有利。

不同市场有不同的特点，选择市场在一定程度上要看发债规模、期限和利率。我国已进入各主要市场发行过日元、美元、马克债券，现在完全有能力选择进入最适当的市场。

### （三）国际债券筹资的货币选择、利率选择和还本付息方式选择

发行国际债券在货币、利率和还本付息方式等方面的选择与国际银行信贷筹资基本上相同。需要说明的是，目前欧元在债券市场已成为投资者和借款者的新宠，在国际债市上，欧元和美元并肩成为发行者的首选货币。

表6-8[①]给出了2011—2015年第一季度的未清偿国际债券金额的货币分布情况。如表6-8所示，最常用的标价货币是欧元、美元、英镑、日元、瑞士法郎和加拿大元。

---

① 尤恩，雷斯尼克．国际财务管理［M］．赵银德，刘瑞文，赵叶灵，译．8版．北京：机械工业出版社，2018：255.

表6-8 未清偿国际债券金额的货币分布 单位：百亿美元

| 货币 | 2011年 | 2012年 | 2013年 | 2014年 | 2015年（第一季度） |
| --- | --- | --- | --- | --- | --- |
| 欧元 | 933.18 | 962.00 | 990.73 | 870.84 | 776.35 |
| 美元 | 664.05 | 722.38 | 786.07 | 847.59 | 862.81 |
| 英镑 | 190.55 | 192.13 | 204.56 | 194.73 | 185.03 |
| 日元 | 74.19 | 64.62 | 48.52 | 41.77 | 41.33 |
| 瑞士法郎 | 38.08 | 38.09 | 35.28 | 30.09 | 29.14 |
| 加拿大元 | 31.15 | 28.76 | 26.16 | 20.75 | 17.98 |
| 其他 | 89.50 | 102.25 | 98.53 | 93.69 | 87.58 |
| 合计 | 2 020.70 | 2 110.23 | 2 189.85 | 2 099.46 | 2 000.22 |

# 第三节 国际股票筹资

## 一、国际股票筹资的优缺点

20世纪90年代以来，股票市场国际化有两种明显的倾向：一是越来越多的公司到发达国家的股票市场上发行股票筹资；二是投资者购买外国公司的股票呈不断上升趋势。越来越多的企业发行国际股票筹集和利用外资取得了良好效果。

### （一）国际股票筹资的优点

#### 1.发行股票筹集外资风险较小

这是与借入外债相比得出的优点。发行股票筹集的资金是公司的自有资本，可以长期使用，股票可以转让，不退股，无须还本，只是允许境外投资者拥有公司的部分所有权，支付一定的股利。股利发放由公司根据盈利情况决定。发行股票吸收的外资不形成国家债务负担，即使公司破产，也不需要偿还。而借入外债（例如从外国银行贷款、在国外发行债券）必须按期还本付息，还容易受国际金融市场上利率和汇率变化的冲击，可能陷入债务危机。

另外，与从国外银行借款相比，国际股票的潜在投资者很多，而且股票发行企业需要公布公司的财务和经营状况，具有公开性的特点；同时，投资者投资金额可大可小，比较灵活，因此国际股票对国外的投资者具有非常大的吸引力。

#### 2.有利于改善企业财务结构

公司筹集借入资本时必须要以相当规模的自有资本做基础，发行股票筹集的是公司的自有资本，自有资本越多，公司可筹集的借入资本就越多。因此，利用国际股票筹资不仅能够增加公司资本总额，而且增加的是自有资本，能够使公司资产负债率下降，有利于改善企业的财务结构。

3.有利于上市公司在海外树立良好的形象

我国企业走出去，到境外发行股票和上市，为公司提供了很多宣传的机会。如新股发行时的推介宣传、交易所的挂牌、每年发布的业绩报告、重大事项的披露等，境外交易所将公司的名字展现在境外投资者每天都要关注的股票行情显示屏上，这对企业是一种最有效、最持久的宣传和推介，大大提高公司在海外市场的知名度。这对于公司在国际市场上的产品销售、原材料采购和寻找新的合作伙伴都有很大的帮助。

4.可以弥补中外合资经营企业的弱点

中外合资经营企业时，可能会遇到外资到位率低、现汇投入少的问题，同时如果外商是以实物或无形资产出资，还需要对资产进行价值评估，有时较难形成统一的意见。而采用国际股票筹资，企业筹集的是现实的货币资金，而且一般情况下资金一次性到位，不存在设备、技术作价折股问题，可克服中外合资经营企业存在的上述问题。

### （二）国际股票筹资的缺点

1.境外发行股票筹资成本较高

与发行债券相比，发行股票筹集的是自有资本，发行的股票没有到期日，企业不需要还本；且股利支付要在税后进行，股东的求偿权排在最后，因此对于投资者来说，投资于股票比投资于债券的风险要大得多，投资者要求的报酬率也因此大得多。而对于股票发行公司来说，投资者要求的报酬率就是筹资者的成本，因此与银行借款和发行债券相比，发行国际股票的成本是最高的。而且境外发行股票的发行费用较多，一般为股票面额的2.50%～6.50%（欧洲债券的发行费用一般为债券面额的2%～2.50%）；股票发行后，还要承担信息披露成本，因而在境外发行股票筹资的成本非常高。

2.筹备上市需要投入大量的时间、人力并增加费用开支

公司境外上市手续复杂，公司管理层既要准备一系列文件，与有关的政府部门联系并取得后者的批准，又要回答中介服务机构提出的各种问题，这是一个既费时又费力的过程。同时，境外上市需要支付一定的费用，主要支付给有关的中介服务机构（如承销商、会计师、律师、收款银行等）及上市场所。公司上市后，每年的审计费用和律师费用将会增加，主要用来向股东提供年度财务报告、发布股东投票说明以及维持与股东之间的联系等。

3.发行国际股票只能筹集资金，不能同时引进技术

开办中外合资企业不仅可以利用外资，还可以同时引进先进技术，而发行股票筹集外资，筹集的只能是外汇资本，不能同时引进技术。当然，在获取足够的外汇资金后可以在国际市场上购买先进技术，但仍不如中外合资企业技术引进的速度快、效率高。

4.发行国际股票要出让公司部分股权

公司在境外发行股票筹资必须以出让部分股权为代价，要允许境外投资者拥有公司的部分所有权，分享我国公司的一部分利润。

综上分析，企业股票在境外发行和上市既有利也有弊，但就整体而言，还是利大于弊。企业在利用国际股票筹资时，应尽量发挥其优势，避免其劣势。

## 二、我国企业发行国际股票的具体做法

1990年1月，中国国际信托投资公司借助其中国香港子公司在中国香港间接上市筹

资，开创了中国企业利用国际股票市场筹资的先例。随后，越来越多的中国企业到海外上市筹资。仅2018年，中国企业境外上市126家[①]（境内市场上市数量为106家，境外上市公司数占全年中国企业境内外上市总数的54%）。可以预计，随着全球资本市场的一体化，越来越多的中国企业将通过发行国际股票的方式筹资。

以我国企业为例，企业利用国际股票筹集外资的具体做法包括两大类：发行真实的股票，或发行股票的替代形式。其中，发行真实的股票包括在境内发行外资股和直接在境外股票市场上发行外资股两种。以下将对这些做法做具体的介绍。

### （一）发行真实的股票

#### 1.境内发行外资股：发行B种股票引进外资

B股是我国境内上市外资股的简称，其正式名称是人民币特种股票，由我国境内公司发行，以人民币标明面值，供投资者以外汇认购和买卖，在境内证券交易所上市交易的股票。它的投资者最初限于外国自然人、法人及其他组织，港、澳、台地区的自然人、法人和其他组织，定居在国外的中国人等。2001年2月19日之后，B股市场对国内投资者开放，允许境内居民用合法持有的外汇买卖B股。

B股的产生是有其特定历史条件的。1978年改革开放以来，我国许多企业迫切需要外汇资金，但当时我国外汇短缺，国家允许企业发行B股的目的就是利用国内股票市场筹集外汇资金。自1991年年底第一只B股——上海真空电子器件股份公司的B股发行上市以来，经过多年的发展，中国的B股市场已由地方性市场发展到由证监会统一管理的全国性市场。我国的一些公司发行B股在筹集外资、改善财务结构、转换经营机制和促进经营国际化等方面发挥了积极作用。后来，国家批准企业直接到中国香港、美国、新加坡、伦敦、法兰克福等地发行股票和上市，B股重要性变小。发行B股是利用股票市场筹集外资的一种过渡形式。

#### 2.在境外股票市场上发行股票

在境外股票市场上发行股票可以采用直接上市或间接上市的方式。简单来说，直接上市就是使用公司的名称在境外股票市场上发行股票，而间接上市就是不使用公司的名称在境外上市。

（1）直接上市

直接上市，指我国内地企业直接以公司的名义到中国香港和国外股票市场发行股票并上市。利用这种方式，企业不仅可筹集到大量资金，且有利于转换经营机制，提高知名度和促进企业的国际化经营，因而国家鼓励采用这种国际股票筹资方式。

世界上主要的证券市场分布在美国、欧洲、澳大利亚和亚洲。其中，美国的证券市场包括纽约证券交易所（NYSE）、纳斯达克市场（NASDAQ）、电子公告板市场、粉红单市场和地方性的柜台交易市场；欧洲的证券市场主要有伦敦证券交易所、巴黎证券交易所、法兰克福证券交易所、欧洲伊斯达克市场、欧洲证券交易所；澳大利亚的证券市场包括澳大利亚证券交易所和亚太证券交易所；亚洲的证券市场包括东京证券交易所、新加坡证券交易所、中国香港的证券市场以及中国内地的证券市场等。

延伸阅读

世界主要证券市场介绍

① 清科研究中心统计数据，来源于东方财富网。

表6-9列示了2019年全球不同国家和地区证券交易所的相关信息①：

表6-9 全球证券交易所比较（截至2019年）

| 国家（地区） | 国内（地区）上市公司总数 | 股票交易总额（百万美元） |
|---|---|---|
| 中国内地 | 3 777 | 19 045 454.44 |
| 中国香港 | 2 272 | 1 822 240.53 |
| 日本 | 3 704 | 5 097 597.06 |
| 英国 | 2 026 | 2 735 562.94 |
| 美国 | 4 397（截至2018年） | 23 192 148.69 |
| 新加坡 | 470 | 114 204.16 |
| 澳大利亚 | 1 952 | 834 226.02 |
| 德国 | 470 | 1 350 329.60 |
| 加拿大 | 3 358 | 1 432 565.05 |
| 韩国 | 2 262 | 1 927 828.75 |
| 瑞士 | 237 | 965 703.57 |
| 法国 | 457（截至2018年） | 1 168 618.04 |

我国企业的境外上市外资股采取记名股票形式，以人民币标明面值，以外币买卖。在我国内地注册的公司，其股票在中国香港发行和上市，由于香港的英文为Hong Kong，其第一个字母是H，因而叫作H股。依此类推，在内地注册的公司，其股票在纽约（New York）、伦敦（London）和新加坡（Singapore）发行和上市，分别叫作N股、L股和S股。2013年1月，中国证券监督管理委员会和中国台湾金融监督管理委员会共同召开会议，决定比照中国香港"H股"制度设置"T股"，中国内地企业可到中国台湾发行股票（T股）上市。

（2）间接上市

境外间接上市筹资是指我国内地企业以其在中国香港或外国注册的公司的名义在境外发行上市。在间接上市方式下，国内企业股票不直接在境外上市，而是通过某个特定的"壳"达到间接上市、获取国际资本市场资金的目的。这里所说的"壳"是指已在境外证券交易所上市或能够比较容易取得境外证券交易所上市资格的公司，我国企业可以借助这个"壳"轻松取得间接上市资格。

国内企业境外间接上市可以分为买壳上市、造壳上市和借壳上市三种形式。

①买壳上市：在境外收购上市公司借以发行股票。

买壳上市是指我国企业通过购买已经具备上市资格的境外"壳"公司，并将境内权益公司的业务及资产注入"壳"公司而实现间接在境外上市的一种方式。

在买壳上市时，首先遇到的问题是如何挑选理想的"壳"公司。一般来说，"壳"公司从事的行业应与购买公司相同或相关，以便于重组和衔接。另外，"壳"公司大多业绩

① 节选自世界银行网站https：//data.worldbank.org.cn/indicator/CM.MKT.LDOM.NO?view=chart。

表现不尽如人意，丧失了在证券市场中进一步筹集资金的能力，股票流通性差，甚至没有实质性资产。但在实务中，能够找到一家合适的“壳”公司是非常困难的。

②造壳上市：在境外设立公司，申请上市。

造壳上市是指国内拟上市的企业先在境外建立一家公司（一般是在中国香港、百慕大、开曼群岛、英属维尔京群岛等地），创造条件申请上市，取得上市资格后，国内企业通过这家上市公司在境外募股上市。造壳上市具体又有以下三种方式：

第一，控股上市，是指国内企业在境外注册一家公司，然后由该公司建立对国内企业的控股关系，再以该境外控股公司的名义在境外申请上市，达到国内企业在境外间接挂牌上市的目的，这种方式又可称为反向收购上市。

第二，附属上市，是指国内拟上市企业在境外注册一家附属机构，使国内企业与之形成母子关系，然后将境内资产、业务或分支机构注入境外附属机构，再由该附属公司申请境外挂牌上市。

附属上市与控股上市的区别仅在于国内公司与境外注册公司的附属关系不同。附属上市的优点在于，附属上市公司之间的附属关系比较明晰，控股权与名义上的控股关系一致，有利于保持中资公司的形象。

第三，分拆上市，是指从现有的境外公司中分拆出一个子公司，然后注入国内资产，再由它在境外申请募股上市。分拆上市适用于国内企业或企业集团已经是跨国公司，或在境外已设有分支机构的情况，由于可利用原母公司的声誉和实力，因而有利于成功上市发行。

延伸阅读

我国企业境外上市的程序和模式

③借壳上市：通过境外子公司发行股票。

借壳上市是指国内母公司通过将资产注入境外已上市的子公司，然后以该子公司的名义在境外募股和上市。

**（二）在境外发行国际股票的替代形式——存托凭证**

存托凭证（depository receipt，DR），又称存券收据或存股证，是指在一国证券市场上流通的代表外国公司有价证券的可转让凭证，由存托人签发，以境外证券为基础在境内发行，但代表的是境外基础证券的权益，是一种可用于公司筹集资金的金融衍生工具。大部分情况下存托凭证代表的是公司股票，但有时也代表债券。

以股票为例，某国的甲公司为使其股票在外国流通，将一定数额的股票，委托某一中间机构（通常是一家银行，称为保管银行或受托银行）保管，由保管银行通知外国的存托银行在当地发行代表该股份的存托凭证，之后存托凭证便开始在外国证券交易所或柜台市场进行交易。投资者持有的不是甲公司的实际股票，而是代表甲公司股票的存托凭证，但也可据以领取股利，也可以在流通市场上转让。存托凭证方式简便易行，对国际股票的筹资者和投资者都比较方便。

DR根据上市地的不同，又可分为ADR（美国存托凭证）、EDR（欧洲存托凭证）、HKDR（中国香港存托凭证）、SDR（新加坡存托凭证）等。如果发行范围不止一个国家，就叫全球存托凭证（GDR），允许一家外国公司在几个国家的股票交易所同时交叉上市。但从本质上讲GDR与ADR是一回事，两者都以美元标价，都以同样标准进行交易和交割，两者股息都以美元支付，而且存托银行提供的服务及有关协议的条款与保证都是一样的。近年来，DR市场获得了很大的发展，截至2015年年底，共有3 602个存托凭证计划在全球各地的交易所交易，代表了来自79个国家或地区的企业发行的股票。

ADR出现最早，运作最规范，流通量也最大，因此是一种进入美国资本市场的有效途径。下面以ADR为例对存托凭证进行详细介绍。

### 1. ADR的基本含义及参与方

ADR即美国存托凭证（American depositary receipt），它是美国银行签发的一种代表外国公司股权的证券，使外国公司的股票可在美国筹资和上市，其实质是外国公司股票的一种替代交易形式。

第一份ADR是于1927年由摩根保证信托银行推出的，当时的目的是消除部分交易实际股票时将发生的风险和费用。截至2015年年底，在美国的股票交易所交易的ADR数量达390个，另有数百个场外交易的存托凭证。

在发行ADR的过程中，主要涉及存托银行、保管银行和存券信托公司三方当事人。

（1）存托银行，即ADR的发行者，一般是美国的银行或信托公司，主要为ADR的投资者提供所需要的服务。

（2）保管银行，通常是存托银行在实际证券发行国的分行、参股银行或与其业务关系良好的当地银行。保管银行主要负责保管ADR所代表的实际证券。

（3）存券信托公司，是美国的证券中央保管清算机构，负责其成员公司（包括银行、清算公司、信托公司等）证券的登记、保管和过户。

### 2. ADR的种类

根据股票发行公司是否参与存托银行的ADR发行计划，可将ADR分为无保荐ADR和有保荐ADR。

无保荐ADR又称为非参与型ADR，是由一个或多个存托银行根据市场需求发行的，但与发行公司本身并没有签订正式的服务协议或保管合同。由于无保荐ADR受控程度低、潜在成本高，所以目前市场上大部分都是有保荐ADR。

有保荐ADR，亦称公司参与型ADR，指发行公司直接参与ADR的发行，由其与存托银行签订存托协议，据此设立发行的ADR。

根据能否公开交易以及交易市场的类型和能否募集资金，有保荐ADR又可分为一级ADR、二级ADR、三级ADR和私募ADR四种。

（1）一级ADR

一级ADR是最基本的ADR类型，只能在柜台交易市场（OTC）交易，是最简便的在美上市交易方式。美国证券交易委员会对一级ADR的监管要求很少，不要求发布年报，也不要求遵从一般公认会计原则（GAAP）。由于一级ADR是将现有已发行的股票通过存托银行签发ADR，因此发行方不在美国市场上筹集新的权益资本，而且不能在纳斯达克上市。

（2）二级ADR

是挂牌上市的ADR。它与一级ADR相同，也是将现有已发行的股票通过一家存托银行，由其根据存托协议签发ADR，因此发行方也不在美国市场上筹集新的权益资本，但能在纳斯达克、美国证券交易所或纽约证券交易所上市交易。二级ADR要比一级ADR复杂，它要求向SEC注册，并接受其监管。此外，二级ADR还要定期提供年报（Form 20-F），并遵守一般公认会计原则。

（3）三级ADR

三级ADR是指可以在美国公开发行股票筹资，并在美国全国性证券交易所或纳斯达克市场上市的存托证券。三级ADR是最高一级的ADR，SEC对其的监管也最为严格，与对美国本土企业的监管要求基本一致。三级ADR的最大好处是可以实现筹资功能，而不仅限于在证券交易所交易。为了筹资，公司必须提供招股说明书（Form F-1）。此外，这类公司还须满足公开信息披露要求，以Form 8K（重大事件）表格的形式向SEC提交。[①]由于可以从世界上最大、流通性最好的资本市场吸收资金，更大限度地提高公司知名度，所以三级ADR成为许多大公司的战略选择。我国的华能国际即以三级ADR形式在纽约证券交易所挂牌上市。

（4）私募ADR

私募ADR是在美国不公开发行的存托证券，也称144A规则下的私募ADR。144A规则规定：在发行人向投资者提供一定信息的条件下，允许发行人不通过注册登记而向合格的机构投资者发行证券，该证券可以在合格的机构投资者之间转让。与其他形式的ADR相比，私募ADR是对注册登记和呈交报告要求最低的筹资方式。

由以上论述可知，一级ADR和二级ADR仅能使公司现有股票在美国流通，而不能发行新股，不具有进一步筹资的功能；三级ADR和私募ADR可在美国市场上筹集资金，所不同的是三级ADR可在美国的公开市场上发行新股筹集资金，而私募ADR只是将新股配售给合格的机构投资者。四种类型的ADR对比见表6-10[②]。

表6-10　**美国存托凭证的类型**

| | 一级ADR | 二级ADR | 三级ADR | 私募ADR |
|---|---|---|---|---|
| 种类 | 在美国未上市交易的项目 | 在美国交易所上市交易的股票 | 在美国交易所上市并报价的股票 | 交由具有资质的机构买家管理的私人募集 |
| 交易 | 场外交易 | 纳斯达克<br>美国证券交易所<br>纽约证券交易所 | 纳斯达克<br>美国证券交易所<br>纽约证券交易所 | 美国私人募集 |
| SEC注册 | 表F-6 (1) | 表F-6 (2) | 表F-1和表F-6 | 无 |
| 美国的报告要求 | 免除12g3-2（b）规则 (3) | 表20-F (4) | 表20-F | 免除12g3-2（b）规则 (3) |

注：（1）表F-6（registration for depository shares form），存托股份登记表，SEC要求拟在美国市场发行ADR的外国公司提交的表格，主要列示美国市场上ADR所代表的外国股票的具体信息。

（2）表F-1（registration statement），招股说明书。

（3）12g3-2（b）规则是1934年美国证券交易法当中的规定，2008年10月起实施的修正法案替代了这一规则，允许非美国的外国公司撤销登记。

（4）表20-F（registration statement/annual report/transition report），注册地不在美国公司的外国公司年报。必须按照一般公认会计原则的要求进行部分调整。

小资料

不同类型ADR的特点

① 摘自和讯网http：//stock.hexun.com/2012-06-13/142431871.html。
② 尤恩，雷斯尼克．国际财务管理［M］．赵银德，刘瑞文，赵叶灵，译．8版．北京：机械工业出版社，2018：279．作者有删改。

### 3. ADR的发行和上市程序

以中国企业发行ADR为例，企业利用三级ADR在美国首次公开发行股票筹资，一般须经历以下阶段：发行前准备、向SEC申请、确定存托银行、取得交易核准后正式上市。

其简略程序如图6-1所示（实务中还应涉及承销商、美国股票交易所（AMEX）或纳斯达克市场等，此处不做详细介绍）：

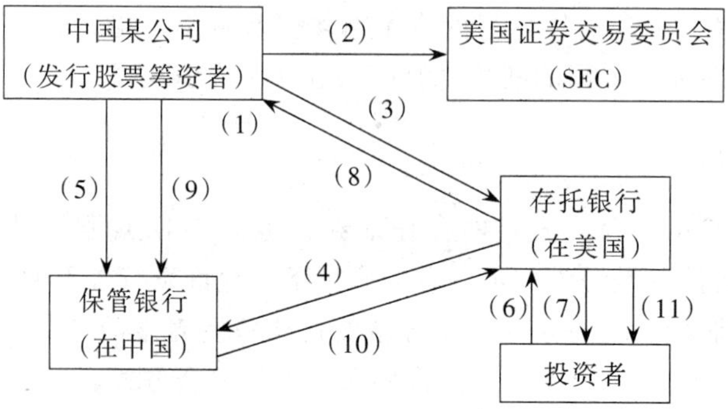


（1）中国公司进行发行股票前的准备工作。

（2）到美国证券管理机构登记注册。

（3）中国公司与美国某银行签订存托协议。

（4）由存托银行确定保管银行。

（5）中国公司将真实证券存入保管银行。

（6）投资者购买股票交款。

（7）存托银行签发ADR。

（8）将股票发行款交中国公司。

（9）中国公司定期将股利付给保管银行。

（10）保管银行将股利转交存托银行。

（11）由存托银行向投资者支付股利。

**图6-1　ADR募股上市简略程序图**

### 4. ADR方式的优点

第一，能够避开直接发行股票与债券在公司注册、信息披露、会计准则等方面的法律要求，上市手续简单，发行成本低。

第二，市场容量大，筹资能力强。美国证券市场最突出的特点就是市场容量极大，这使得在美国发行ADR的外国公司能在短期内筹集到大量的外汇资金，拓宽公司的股东基础，提高其长期筹资能力，提高公司证券的流动性，并分散风险。

第三，能够吸引投资者关注，增强上市公司曝光度，增加股票流动性。

第四，便于筹资者加强与投资者的联系，改善投资者关系，扩大影响，积累经验，创造条件，为今后在美国直接上市奠定基础。

## 三、国际股票的发行条件

由于国际股票一般不规定固定的股利率，且没有到期日，因此与国际债券的发行条件不同。国际股票的发行条件只包括发行额和发行价格的确定，不需要考虑利率、期限或偿还方式等。确定股票发行额需考虑的因素与确定债券发行额基本相同，而股票发行价格的确定与债券发行价格有一些差别，因此，下面只讨论股票发行价格确定问题。

股票发行可以分为面值发行和溢价发行，其中面值发行指股票发行价格等于股票面值，溢价发行指股票发行价格高于股票面值。

### （一）影响国际股票发行价格的因素

与在国内股票市场发行股票类似，股票发行价格主要受公司净资产、盈利水平、发展潜力、股票发行数量、公司所处行业特点以及股票发行时股市状态等因素的影响。这些因素中，前四项属于公司内部因素，后两项属于公司外部因素。

### （二）确定股票发行价格的方法

确定股票发行价格的方法有很多种，现介绍三种方法。

#### 1.市盈率法

采用市盈率法确定股票发行价格的计算如公式（6.9）所示：

股票发行价格=公司预期每股盈利×可比较证券市盈率 （6.9）

上式中，“公司预期每股盈利”可以以公司财务报表所提供的历史数据为基础，根据公司今后一定时期的发展情况加以预测。市盈率是指普通股每股市价与每股盈利的比率。

发行公司与主承销商在确定发行公司股票的市盈率时，应主要参考以下三个因素：上市地股市的市盈率、行业平均市盈率以及发行公司的知名度和发展潜力。

#### 2.净资产倍率法

净资产倍率法又称资产净值法，是指通过资产评估和相关会计手段确定发行人拟募股资产的每股净资产值，然后根据证券市场的状况将每股净资产值乘以一定的倍率，以此确定股票发行价格的方法。其计算如公式（6.10）所示：

发行价格=每股净资产×溢价倍率 （6.10）

净资产倍率法在国际上常用于房地产公司的股票发行。按照这种方式确定每股发行价格，不仅应考虑公平市值，还需要考虑市场能够接受的溢价倍数。

#### 3.现金流量折现法

现金流量折现法通过预测公司的未来盈利能力，测算出公司净现值，并按一定比例的折扣率计算，从而确定股票的发行价格。该方法首先是用市场能够接受的经济手段预测公司每个项目未来若干年每年的净现金流量，再按照市场公允的折现率，分别计算每个项目未来的净现金流量的净现值。由于未来收益存在不确定性，发行价格通常要对上述每股净现值做20%至30%的折让。

在国际市场上，对新上市的公路、港口、桥梁、电厂等基建公司的估值和发行定价一般采用现金流量折现法。这类公司的特点是前期投资大、初期回报不高、上市初期的利润一般偏低，如果采用市盈率法确定发行价格，则会低估其真实价值。而对公司以现金流量表示的未来收益进行分析和预测，能比较准确地反映公司的整体和长远价值。用现金流量折现法定价的公司，其市盈率往往高于市场平均水平，但这类公司在发行上市时测算出来的市盈率与其他公司的市盈率之间一般不具有可比性。

## 四、发行国际股票的费用和资本成本

### （一）国际股票的发行费用和上市费用

#### 1.发行费用

股票的发行费用主要是指股票发行公司在筹备和发行股票过程中发生的费用，该费用可以在股票发行收入中扣除，主要包括以下几项：

（1）承销费用，又称发行手续费，即股票发行公司支付给股票承销机构的佣金，一般按募集资金总额的一定百分比计算，由承销商在投资者付给发行公司的股款中扣除。通常情况下，承销费用占股票发行费用的比重最大。

（2）中介机构费用，包括聘请会计师事务所、律师事务所、资产评估机构等专业机构和人员为企业发行股票上市服务而应支付的费用。

（3）印刷费用，发行股票企业进行资料申报发生的印刷费用，包括招股说明书、上市公告等的印制等。

（4）宣传广告费，其中包括股票发行路演发生的费用。

（5）其他费用，如支付给代收款银行和股票登记托管机构的费用等。

#### 2.上市费用

股票的上市费用主要包括以下几项：

（1）上市初费（入市费），是公司证券初次上市时一次性付给交易所的费用。各交易所一般依据上市证券股本总额制定入市费的收取标准。上市规模大则费用较高，但不少交易所都制定最高限额。在计算方法上，有的交易所根据发行公司上市股数多少分档设定费用标准；有的则是区分基本费用和浮动费用，即设定基本费用，再根据上市股数分档收取浮动费用；除此之外，部分交易所还收取一定额度的上市申请费（或上市材料审阅费），如果公司上市申请成功，将在基本费用中冲减。以我国的深圳证券交易所为例，2021年6月1日起，主板、创业板上市的公司，总股本（不包括H股）在8亿元人民币（含）以下的，暂免费用；总股本在8亿元人民币（不含）以上的，主板上市的上市初费为175 000元，创业板上市的上市初费为87 500元。

（2）上市年费，是发行公司在上市以后每年付给交易所的固定费用。仍以深圳证券交易所为例，2021年6月1日起，主板、创业板上市的公司，总股本（不包括H股）在8亿元人民币（含）以下的，暂免费用；总股本在8亿元人民币（不含）以上的，主板上市的上市年费为75 000元，创业板上市的上市年费为37 500元。

（3）附加上市费，是指如果发行公司采取诸如收购、合并或重组、私募发行、股东优先认购和公开发行等方式时，发行公司需要支付给交易所的附加费用。此项费用一般按次收取或按发行股数收取，多数设有上限。

### （二）发行国际股票筹资的资本成本

公司在境外发行股票，筹集和使用外汇资金，其成本的测算方法与在境内发行本币股票的成本测算方法基本相同，所不同的是要将发行外币股票所收入的外汇按发行时的汇率折算为本币。下面以外币普通股股票为例加以说明。

如果预期每年股利固定，则可按公式（6.11）计算：

$$K_e=\frac{D}{P_0(1-f)r_0} \tag{6.11}$$

式中：$K_e$为股票成本率；$P_0$为股票销售价格；D为每年股利；f为筹资费率[①]；$r_0$为发行时的汇率。

如果预期每年股利按一定百分比递增，则可按公式（6.12）计算：

$$K_e=\frac{D_1}{P_0(1-f)r_0}+g \tag{6.12}$$

式中：$D_1$为第一年股利；g为每年股利增长率。

【例6-6】

我国某公司2021年12月份在美国股票市场发行普通股股票，2022年1月份股票上市，每股发行价格24美元，共发行10 000万股，总计金额240 000万美元。发行和上市费用为760万美元，发行时汇率为1美元=6.4935元人民币。预计第1年每股股利为人民币25元，以后每年股利递增5%。

要求：计算该笔股票的成本。

筹资费率f=760÷240 000=0.32%，根据公式（6.12）：

$$k_e=\frac{25}{24\times(1-0.32\%)\times 6.4935}+5\%=21.09\%$$

## 【本章小结】

◇ 企业在国际证券市场筹资可通过发行国际债券或国际股票的方式进行。国际证券市场及国际证券的发行均可按照不同的标准进行分类。

◇ 国际债券是指债券发行者在国外金融市场发行的债券，包括外国债券、欧洲债券和全球债券三大类，可以采用固定利率、浮动利率、零利息、混合利率等具体形式。

◇ 国际债券的发行条件包括确定债券的发行额、票面利率、偿还期限、发行价格、偿还方式等。国际债券资本成本的测算方法与国际信贷中的中长期银行贷款成本测算方法相同，都需要考虑货币的时间价值因素，计算净现值等于零时的折现率。但国际债券的发行和管理费用要比中长期银行贷款多。

◇ 国际债券筹资决策包括确定筹资方式、国际债券市场的选择、国际债券筹资的货币选择、利率选择和还本付息方式选择等。

◇ 以我国企业为例，企业利用国际股票筹集外资的具体做法包括两大类：发行真实的股票或发行股票的替代形式。其中，发行真实的股票包括在境内发行外资股（B股）和直接在境外股票市场上发行外资股（H股、N股等）两种。

## 【关键概念】

国际债券

外国债券

① 筹资费包括股票的发行费用和上市费用中的入市费。由于上市年费是在以后各年支付的，不宜在发行时从筹资总额中扣减，可将其视为股利，在公式的分子中列示。

欧洲债券

全球债券

国际股票

B股

人民币外资股

直接上市

间接上市

ADR

## 【思考题】

1.什么是外国债券？什么是欧洲债券？二者有什么区别？

2.影响国际债券成本率的因素有哪些？

3.什么是存托凭证？发行ADR有什么好处？

4. 1993年7月15日，第一只H股，青岛啤酒H股，在中国香港上市；1994年8月4日，第一只N股，山东华能发电股份有限公司股票在美国纽约证券交易所挂牌上市；1997年3月21日，第一只L股，北京大唐发电股份有限公司股票成功在伦敦证券交易所挂牌上市，之后我国陆续有企业成功发行H股、N股、S股等，实现了在中国香港、美国和新加坡等地进行直接上市的目的。请问，跨国公司利用东道国筹资有什么好处？有没有弊端？

5.自1993年以来，陆续有我国企业在美国发行ADR，例如在上海证券交易所上市的“轮胎橡胶”、“氯碱化工”、“二纺机”以及在深圳证券交易所上市的“深深房”等，上述四家公司发行的ADR都属于一级ADR，这类ADR仅限于柜台市场交易且没有筹资功能。而“中国华能国际”则以三级ADR公开募集并在纽约证券交易所上市。可以说，很多在美国上市的中概股采用的都是ADR的方式。2019年，“沪伦通”启动，上海证券交易所和伦敦证券交易所实现互联互通，即允许上海证券交易所上市公司发行GDR，并在伦敦证券交易所上市。北京时间2022年7月13日15时，英国格林尼治时间上午8时，明阳智能（601615.SH）发行的全球存托凭证在伦敦证券交易所主板正式挂牌上市，证券代码为MYSE.L。[①]请问，中国企业通过发行DR的方式实现跨国上市有什么好处？有没有弊端？

## 【计算题】

1.我国甲公司在A国发行A元债券，面额10 000A元，票面利率10%，期限3年，每年年末支付利息，期满一次还本。当时银行贷款利息率为8%。

要求：计算该债券的发行价格。

2.我国乙公司在B国发行B元债券，面额5 000B元，票面利率8%，期限5年，预测认购者收益率为12%。

① 席菁华. 明阳智能正式登陆伦交所［EB/OL］.［2022-07-13］. http: //finance.sina.com.cn/roll/2022-07-13/doc-imizmscv1391245.shtml.

要求：计算该债券的发行价格。

3.我国丙公司在C国发行一种新债券，票面金额5 000C元，票面利率6%，一年付一次利息，期限5年，本金分三次偿还，第3年年末还本1 000C元，第4年年末还本2 000C元，第5年年末还本2 000C元。市场流行利息率8%。

要求：计算该债券的发行价格。

4.我国丁公司某年1月在D国发D元债券，发行总额5 000万D元，发行价格为面值的97%，筹资费率2%，年利息率7%，期限3年，每年年末支付利息，期满时一次还本。所得税税率25%。发行债券时汇率为1D元=5.80元人民币，预计今后3年D元对人民币的汇率每年上涨1%。

要求：计算该债券的成本率。

5.我国某公司在美国发行普通股股票，共发行100万股，每股市价12美元，发行费总额36万美元。发行时的汇率为1美元=6.55元人民币。预计第1年每股股利15元人民币，今后每年股利按3%递增。

要求：计算这一股票的资金成本率。

案例分析

中国政府成功发行15亿美元等值欧洲债

# 第七章
# 其他方式国际筹资管理

**【学习目标】**

本章主要阐述了企业可以选择的除国际信贷和国际证券以外其他国际筹资方式的管理，通过对本章内容的学习，应达到以下目标：

1. 了解外资并购的含义、种类、产生和发展；了解外资并购的支付方式；了解国际项目融资的含义、特点及适用范围；了解国际补偿贸易的程序；了解国际租赁的程序。

2. 熟悉我国外资并购的有关规定；熟悉国际项目融资的模式和融资结构；熟悉国际项目融资的风险及管理；熟悉国际补偿贸易的含义和方式；熟悉国际租赁的含义和方式。

3. 掌握国际补偿贸易筹资决策和国际补偿贸易筹资的优缺点；掌握国际租赁筹资决策和国际租赁筹资的优缺点。

## 第一节　国际补偿贸易筹资

### 一、国际补偿贸易的含义和方式

#### (一) 国际补偿贸易的含义

国际补偿贸易（compensation trade）是指一方从国外另一方引进设备、技术或劳务，其应支付的价款不是以现金支付，而是在双方约定的期限内，用商品或劳务作价分期偿还。这种贸易方式通常是以银行贷款方式进行的，国外方以贷款形式向国内方提供设备、技术或劳务，国内方则以产品或劳务分期偿还贷款。在国际补偿贸易中，出口方供应设备、技术，并取得补偿品，因此称为设备输出方或产品输入方；进口方提供补偿品，并取得设备、技术的所有权和使用权，因此被称为产品输出方或设备输入方，国际补偿贸易的双方属于商品买卖关系。对进口方来说，国际补偿贸易是利用外资的一种重要方式。由于本章中我们将国际补偿贸易看作筹资的一种方式，因此以下对补偿贸易双方的提法都是站在筹资方角度来讲的，也就是说，“出口方”指的是设备的输出方，而不是产品的输出方；“进口方”指的是设备输入方，而不是产品输入方。

#### (二) 国际补偿贸易的种类

一般情况下，根据贸易所涉及的当事人数量，我们可以把国际补偿贸易分为以下3类。

1.双边补偿贸易

双边补偿贸易只涉及两方当事人：出口方和进口方。双边补偿贸易比较简单，直接由出口方向进口方提供设备、技术，然后由进口方分次用产品作价补偿。

2.三角补偿贸易

三角补偿贸易涉及的当事人有三方：出口方、进口方及经销商（通常与出口方位于同一国家）。因为有时出口方从进口方返销或者回购的产品并不是出口方需要的，但又没有能力销售出去，此时可以寻找一家专门的经销商参与到补偿贸易的过程中，负责销售这些产品，这种情况下就构成三角补偿贸易。

3.多边补偿贸易

多边补偿贸易涉及的当事人较多，除上述种类中提到的出口方、进口方、经销商外，还可能包括银行。首先，补偿贸易涉及的资金量是比较大的；其次，由于补偿贸易通常情况下并不是一年之内就能完全得到补偿，此时出口方的资金周转困难，会面临很大的资金压力。在这种情况下，国际补偿贸易的当事人就需要在三角补偿贸易的基础上再加上一家银行，作为第四方参与者。如果利用卖方信贷，则银行与出口方同处一个国家；如果利用买方信贷，则银行位于进口方所在的国家。

**（三）国际补偿贸易的方式**

国际补偿贸易的实施方式有以下几种：

1.直接产品补偿

直接产品补偿又称产品返销，是指进口方以引进的技术、设备生产出来的直接产品作为进口货款的补偿。这是国际补偿贸易的最基本形式。这种做法的要求是，进口方生产出来的直接产品及其质量必须是满足对方需要的，或者在国际市场上是可销的，否则不易为对方所接受。在进行补偿贸易时，进口方应积极采取直接产品补偿的方式，这有利于企业提高技术水平、生产能力等，并提高其偿还能力。

2.间接产品补偿

间接产品补偿又称产品回购，即进口方以某种双方协定的产品作为引进技术、设备的进口货款的补偿，这些产品是非直接相关的产品。间接产品补偿一般适用于进口的设备或技术无法生产有形产品的情况，或者能够生产有形产品，但对方不需要这种产品。在这种情况下，经双方协商，可以用本公司其他设备或技术生产的产品作价清偿。同样，用一种或几种其他产品作价清偿时也需要考虑可供应的产品数量、质量、品种、规格、交货时间等。

3.加工费补偿

在特定的情况下，进口方除引进设备、技术外，还会替出口方加工或装配产品（由出口方提供原材料或零配件），但不收取加工费，此时相当于用应收的加工费或装配费作价清偿。

4.融资租赁补偿

这是与融资租赁相结合的补偿贸易方式。与上述几种方式的区别在于：融资租赁补偿方式下，进口方清偿的是租金，而不是设备或技术价款，而所有权也暂时没有转移。期满后，由进口方支付名义购买价留购设备。

5.部分补偿、部分付汇

又称为综合补偿，是指进口方引进设备、技术后，一部分用产品偿还，另一部分用货币偿还。用货币偿还的部分相当于定金，但金额可大可小，可由进出口双方协商确定；用于补偿的产品，可以是直接产品，也可以是间接产品。采用部分补偿、部分付汇的方式，进口方需要在引进的设备、技术投入生产之前就支付一笔资金，压力较大，因此一般应尽量争取用产品百分之百清偿的方式。

## 二、国际补偿贸易的程序

### （一）进行国际补偿贸易筹资的可行性研究

首先要对拟进行的补偿贸易项目开展可行性研究。这主要包括考察项目在国内和本企业的配套建设环境及条件，如配套资金、技术、人才、土地、原材料、基础设施及国家相关政策等；了解项目的经济效应、社会效应；由于产品面对国际市场，还需要明确该产品的国际竞争力和海外市场的前景。

### （二）选择贸易对象

总的原则是在符合外贸政策的前提下，选择信誉好、有经营能力的客户。具体来说，选择贸易对象时要考虑以下因素：第一，供应的设备和技术是否符合我国需要，价格是否合理；第二，贷款条件是否优惠；第三，推销补偿产品的能力。

### （三）确定、报批项目

在通过项目可行性研究之后，将有关材料报相关主管部门审批。

### （四）与外商谈判

谈判阶段主要涉及两个合同的签订：设备买卖合同和补偿产品返销买卖合同。

### （五）签订合同

双方达成协议后，将有关谈判结果写入合同。

### （六）履行合同

履行合同包括两部分：第一，出口方按合同规定及时发运设备和提供技术，进口方验收；第二，进口方设备、技术投入使用后，按合同规定进行补偿。

## 三、国际补偿贸易筹资决策

### （一）国际补偿贸易筹资财务可行性分析

国际补偿贸易原本是国际贸易中的一种商品贸易形式，但由于企业通过补偿贸易引进设备、技术，并用相当于分期付款的方式进行偿还，因此可以视为一种有效的筹资方式。那么，企业是否具有偿还能力，是进行财务可行性分析的首要任务。另外，企业通过补偿贸易引进设备、技术之后还要用于生产经营，才能获得相应的收益，从这个角度看，又可以将其视为一种投资活动，还要对其投资收益进行研究。如果企业进行补偿贸易的项目经济效益好，偿还能力强，则该项目在财务上是可行的。

1.可偿还期

可偿还期又称可补偿期、可能偿还期、可能补偿期等，表示在以每年出口产品的外汇净收益偿还外资的条件下还清全部外资所需要的时间（以年为单位）。每年的外汇净收益越大，则可偿还期越短，表明偿还能力越强。由于企业通过补偿贸易引进设备、技术首先被视为一种筹资方式，因此反映偿还能力的可偿还期指标就成为评价补偿贸易经济效益的首要指标。

可偿还期的计算公式如下：

$$Y=\frac{T}{V-F} \tag{7.1}$$

式中：Y为可能偿还期；T为待补偿外汇总额（外资总成本）；V为年外汇收入；F为年成本费用。

待补偿外汇总额（外资总成本）包括引进设备、技术的全部货款，货款支付期间的利息，以及其他财务费用等。计算待补偿外汇总额时，应根据不同的偿还方式采用相应的计算方法。较为常见的方法有：

（1）每年付息，一次还本

$$Y=P+P\times i\times n \tag{7.2}$$

式中：P为贷款本金；i为贷款利息率；n为贷款偿还期。

（2）本息累计一次偿还

$$Y=P\times(1+i)^n \tag{7.3}$$

（3）分期偿还，每期还本额相等，并付清当年全部利息

$$Y=P+\frac{P+B}{2}\times i\times n \tag{7.4}$$

式中：B为每期偿还的相等的贷款本金，即n×B=P。

（4）分期偿还，每期偿还额不等

应用列表的方法计算各期应支付的利息，然后计算外资总成本。

年外汇收入应等于平均每年出口产品的数量乘以售价。每年出口产品的数量比较容易预计，而售价则是变动的，因此为计算平均每年的外汇收入，企业应根据国际市场上该商品价格的变动规律，以及将来可能变动的因素，推算出以后若干年的价格或一定时期的平均价格，据以计算企业年外汇收入。

年成本费用包括原材料、燃料、动力、工资、折旧及其他有关费用。由于生产一般是在国内进行的，因此这些费用应为一定数额的本国货币。由于外资总成本和年外汇收入都是按外币计算的，因此，必须把每年的成本费用也折算成外币。但要注意，在折算时，应根据不同的情况采用不同的折算方法。例如，可以采用该商品在国内市场和国际市场上的价格比率作为折算率，也可以采用本国货币对外汇的牌价或内部结算价进行折算，还可以采用补偿期内本币和外汇收入的平均汇率进行折算。

**2.外资偿还率和使用外资收益率**

外资偿还率是指企业使用国外资金所创造的全部外汇净收益中，偿还外资的部分所占的比重。其计算见公式（7.5）：

$$E_1=\frac{T}{(V-F)\cdot n}\times 100\% \tag{7.5}$$

式中：$E_1$为外资偿还率；n为使用外资创造外汇收入的年限。

使用外资收益率是指企业在使用外资期间的外汇净收益扣除偿还外资的部分后，归自己所得部分占净收益的比重，可用$E_2$表示。其计算见公式（7.6）：

$$E_2=\frac{(V-F)\cdot n-T}{(V-F)\cdot n}\times 100\% \quad 或 \quad E_2=100\%-E_1 \tag{7.6}$$

### 3.补偿贸易换汇率

大多数补偿贸易都需使用一定的国内资金，在企业每年创造的外汇收入中，国内资金也会起到一定的作用。为了获得一定数量的外汇收入需要投入国内资金量的大小，也是衡量补偿贸易经济效益的一个重要方面。如果企业在进行补偿贸易时，虽然取得了一定的外汇收入，但所投入的国内资金很多，就不符合成本效益原则，这项补偿贸易就不一定合算，因为如果将这笔国内资金投入其他生产出口商品的企业，所得的外汇收入可能更多。因此应计算补偿贸易换汇率，以便与完全使用国内资金的出口企业相比较。

补偿贸易换汇率是指使用每一单位国内资金所能获得外汇净收入的数额，其中，外汇净收入指外汇收入减去偿还外资后的余额。补偿贸易换汇率一般分为外资使用期间的换汇率和进口设备服务期间的换汇率两种。外资使用期间的换汇率用$S_1$表示，进口设备服务期间的换汇率用$S_2$表示，其计算见公式（7.7）和公式（7.8）：

$$S_1=\frac{V\cdot n-T}{Z\cdot N}\times 100\% \tag{7.7}$$

$$S_2=\frac{V\cdot L-T}{Z\cdot L}\times 100\% \tag{7.8}$$

式中：N为使用外资年限；L为进口设备使用年限；Z为本国资金投入量。

### 4.补偿贸易利润率

为了将使用国内和国外两种资金的企业经济效益与只使用国内资金的企业经济效益进行比较，同时衡量将国际补偿贸易作为投资活动的收益，还应计算国内资金利润率指标，即补偿贸易利润率。

补偿贸易利润率是企业进行补偿贸易所获得的利润与投入的国内资金的比率。计算方法是将补偿贸易的一切进出口开支和收入，均按汇率折算成本国货币，用本国货币统一核算利润率。显然，其利润率受外币与人民币的兑换率影响较大。补偿贸易利润率分为两种：一是外资使用期间的利润率（用$P_1$表示）；另一种是进口设备服务期间的利润率（用$P_2$表示）。计算公式分别为公式（7.9）和公式（7.10）：

$$P_1=\frac{[(V-F)\cdot n-T]\cdot r}{Z\cdot N}\times 100\% \tag{7.9}$$

$$P_2=\frac{[(V-F)\cdot L-T]\cdot r}{Z\cdot L}\times 100\% \tag{7.10}$$

式中：r为人民币兑换外币的汇率。

**【例 7-1】**

我国某公司与A国某公司进行一项补偿贸易，A国公司向我国公司提供设备、技术，价款1 000万A元。我国公司用引进的设备、技术组织生产，设备安装期2年。补偿贸易合同规定，投产后第1年年末我国公司付3年利息，第2年开始用该设备生产的产品作价补偿，每年补偿200万A元，并付当年利息，年利息率8%，5年还清。预测补偿期间我国公司平均每年生产并出口的产品为10万件，每件平均价格100A元，每件平均成本费用300元人民币，平均汇率为1A元=5.65元人民币。引进的设备预计可使用20年。为保证项目的实施，我国公司需投入4 600万元人民币与之配套。

要求：通过计算上述国际补偿贸易财务可行性的各项指标，综合评判该筹资方式是否可行。

首先，计算待补偿外汇总额、外汇年收入以及年成本费用：

（1）待补偿外汇总额的计算：

投产后第1年年末付3年利息为：

$1\,000\times(1+8\%)^3-1\,000=259.71$（万A元）

第4年至第8年的5年间的本利和为：

$\frac{1\,000+200}{2}\times5\times8\%+1\,000=1\,240$（万A元）

待补偿外汇总额为：

$259.71+1\,240=1\,499.71$（万A元）

（2）年外汇收入的计算：

$10\times100=1\,000$（万A元）

（3）年成本费用的计算：

$10\times300=3\,000$（万元人民币）

$3\,000\div5.65=530.97$（万A元）

其次，计算各项指标：

（1）可偿还期：

$Y=\frac{1\,499.71}{1\,000-530.97}=3.20$（年）

从使用外资时算起，可偿还期为：

$2+3.20=5.20$（年）

（2）外资偿还率和使用外资收益率：

外资偿还率$E_1=\frac{1\,499.71}{(1\,000-530.97)\times6}\times100\%=53.29\%$

使用外资收益率$E_2=1-53.29\%=46.71\%$

（3）补偿贸易换汇率：

外资使用期间的补偿贸易换汇率$S_1=\frac{1\,000\times6-1\,499.71}{4\,600\times8}\times100\%=12.23\%$

进口设备服务期间的补偿贸易换汇率$S_2=\frac{1\,000\times20-1\,499.71}{4\,600\times20}\times100\%=20.11\%$

（4）补偿贸易利润率：

外资使用期间的补偿贸易利润率

$P_1=\frac{[(1\,000-530.97)\times6-1\,499.71]\times5.65}{4\,600\times8}\times100\%=20.18\%$

进口设备服务期间的补偿贸易利润率

$P_2=\frac{[(1\,000-530.97)\times20-1\,499.71]\times5.65}{4\,600\times20}\times100\%=48.40\%$

综合上述结果，该公司进行的这一补偿贸易，可偿还期较长，外资偿还率较高，补偿贸易换汇率和补偿贸易利润率都较低，因此实施该项目可能会有风险。具体结果应结合该项目涉及的设备和产品的技术、市场、人员等条件做最终的结论。

**【思政专栏】 国际补偿贸易筹资也要讲诚信**

国际补偿贸易筹资是国际筹资的一种形式，可以在不动用较多货币资金的前提下获取所需设备或技术的所有权和使用权。但正因为其是筹资的形式，因此要求必须在具有还本付息能力的情况下才能采用，这也是进行国际补偿贸易筹资财务决策的必要性所在。

但在现实中，有的公司不顾自身的偿还能力，明知道自己无法完成补偿任务，例如无法生产足够数量或较高质量的产品，公司内也不具有设备输出方需要的其他产品，但由于获取设备的愿望实在迫切，这些公司甚至不惜为设备输出方提供虚假信息，制造公司具备补偿贸易偿还能力的假象，以此作为基础获取补偿贸易筹资。这种做法是不道德的，而且极其危险，会使公司陷入法律诉讼，甚至破产。

### （二）进行国际补偿贸易筹资应着重关注的问题

#### 1.商品的选择

补偿贸易的“商品”应该包括两部分：进口方引进的设备、技术，以及进口方用于清偿设备价款的产品。我国目前以直接补偿的方式为主，因而这两方面是不可分割的。首先，对进口设备、技术的选择，应注重以下几点：

第一，引进的技术和设备必须具有先进性和适用性，只有先进适用的技术和设备，才可能生产价值高、市场竞争力强的产品，有利于产品在返销时有较高的售价，缩短产品偿付期限，也有利于偿付结束后，技术和设备继续发挥较大的作用，产品保持较强的竞争力。

第二，在技术上要能够控制污染，没有公害，而且能够降低产品成本，提高劳动效率。

第三，进口的设备要有足够的服务期。要防止引入那些缺乏先进性和生产周期长的技术和设备，因为这会导致偿付过程维持较长的时间，当偿付结束时，技术和设备很可能已经老化，甚至被淘汰。

其次，对于出口补偿产品的选择，应注意以下几点：

第一，产品必须是国际市场上有发展前途的商品，在项目投产后的一定阶段内，该产品应该是国际市场上的热销货，并在相当长的时间内有稳定市场。

第二，出口补偿产品不应与我国现有的出口产品雷同。如果某种商品已经是我国传统的出口商品，而且有了相对完善的销售渠道，用这种商品去补偿，势必造成内部竞争，从全国整体利益看是得不偿失的，也直接影响到企业的经济效益。

第三，如果用某种中间产品作为补偿产品，那么这种产品必须是自用有余的。

#### 2.商品的作价

同样，补偿贸易的商品作价包括设备等商品的作价和补偿产品的作价两个方面。设备等商品的作价一般在签约时就要确定。其价格取决于设备的质量和其他补偿贸易的条件。例如，设备的价款通常还包括专有技术或专利的费用，有时还要包括设备出口方转嫁给进口方的、为获取设备而向银行贷款的利息和费用等。在对设备作价时，应首先参照国际市场同类设备的价格，对设备价格进行多方比较，并考虑同类设备现汇购买和补偿贸易筹资的差别，对价格进行调整。同时，还要在设备价格与使用设备预计创造的价值之间进行比较，使其符合成本效益原则。另外，对设备价格中是否包括维修费、操作人员的培训费、保险费等，都要在设备进口合同中作出明确规定。

对于补偿产品的作价，原则是与国际市场同类商品价格水平保持相当。但由于国际补偿贸易补偿时间长，国际商品市场的行情变化大，因此进出口双方都需对国际市场商品价格进行中长期趋势预测。为照顾双方利益，一般采取分期作价的方法，通常有以下三种：第一，签订补偿贸易合同时，双方协商确定暂定价，并允许在交货时根据当时市场情况，进行一定范围的调整。第二，在补偿贸易合同中规定作价原则，之后由双方根据互利精神协商作价。第三，在补偿贸易合同中规定计价公式，以后根据交货时原料、工资和国际市场价格等因素，计算每批交货的价格。

3.外资偿还期的确定

外资偿还期是补偿贸易合同中规定的设备、技术进口方应偿还外资总成本的具体期限。外资偿还期是由贸易双方根据贸易的规模和各自的条件协商确定的。对于设备、技术进口方来说，偿还期限的长短决定了使用国外资金的时间长短和付出利息的多少。偿还期短，企业支付的利息少，成本低；偿还期长，企业支付的利息多，成本高。另外，设备引进方用于偿还的资金是外汇净收益，即销售收入减掉成本费用后的余额，因此如果每年的产销量大，成本费用又低，销售净收益多，则偿还能力较强，偿还期可适当短一些；反之，每年产销量不大，成本费用又高，此时销售净收益较少，外资偿还期则应长一些。

4.货币种类的选择

在国际补偿贸易中，计价货币的种类选择非常重要，因为商品从确定价格到实际结算往往需要一定时间，贷款从动用到偿还也需经过一定时期，在这期间，如果有关货币的币值发生变化，就会给交易的一方带来损失，另一方得到好处。与普通的商品贸易相同，国际补偿贸易中普遍采取的做法是：凡收入的外汇，都希望使用硬货币；凡付出的外汇，都希望使用软货币。由于贸易双方的利益是矛盾的，因此，使用什么货币必然要由双方协商确定。但要注意，进口设备和返销产品的计价货币最好采用同一种货币。

5.结算方式

国际补偿贸易涉及要在国际市场上进行设备、技术的转移和交换，以及补偿商品的转移和交换等众多环节，因此，确定具体的结算方式或结算方法是非常重要的。

尽管按照国际补偿贸易的概念，进口方要以引进的设备、技术等生产的直接产品返销给出口方进行补偿，但在实务操作中，补偿贸易与简单的易货贸易是不同的。补偿贸易以贷款为基础，即双方的设备、技术与补偿产品分别通过银行进行结算，可以采用对开信用证和相互托收等方式。

6.违约惩罚条款的规定

任何合同中都应包括相应的违约惩罚条款。国际补偿贸易合同中的违约惩罚条款主要有两个方面：第一，出口方未履行回购义务；第二，进口方未按规定的时间、数量和质量交付产品。这两种情况下都要支付罚金。而且为了保证这些条款的实现，一般应在合同签订时要求对方提供银行担保。

## 四、国际补偿贸易筹资的优缺点

国际补偿贸易对贸易双方各有利弊，由于本章中我们是站在设备、技术引进方，即产品输出方的角度，将国际补偿贸易视为筹资方式，因此下面仅介绍国际补偿贸易对筹资方的优缺点。

### （一）国际补偿贸易筹资的优点

国际补偿贸易筹资的好处主要有以下几点：

（1）利用国际补偿贸易引进设备、技术，可以突破引进方外汇支付能力薄弱的障碍，扩大技术、设备和原材料的进口。

（2）通过国际补偿贸易，引进先进的机器设备和技术，有利于带动企业的技术更新、改造，并整体提高企业的技术水平和劳动生产率。

（3）国际补偿贸易把进口与出口结合起来，有利于扩大商品的出口，可以利用外商的销售渠道来推销企业的产品。

（4）在用直接产品补偿的情况下，设备、技术的出口方为自身的利益考虑，会主动关心设备的使用，在产品设计和生产方面提供技术交流。

### （二）国际补偿贸易筹资的缺点

国际补偿贸易筹资存在的缺点主要是：

（1）国际补偿贸易的内容相对比较复杂，牵涉面较广，既有信贷问题，又有生产问题和销售问题，贸易双方都既是卖主又是买主，使补偿贸易有较大的局限性，操作起来比较困难。

（2）买方付出的代价较高。出口方提供的机器设备、技术的价格通常包含较高的利润，例如，部分国家利用补偿贸易方式进口的机器设备的价格要比其他贸易方式高15%～30%。

（3）补偿贸易一般时间较长，不稳定的因素较多，商品市场、金融市场和生产的变化，都会影响补偿产品的销售，贸易双方承担的风险都较大。

# 第二节　国际租赁筹资

## 一、国际租赁的含义和方式

### （一）国际租赁的含义和特点

#### 1.国际租赁的含义

租赁是指在约定的期间内出租人将资产使用权让与承租人以获取租金的行为。在租赁期内，出租人将自己拥有的某种物品交给承租人使用，承租人由此获得在一段时期内使用该物品的权利，但物品的所有权仍保留在出租人手中。承租人为其所获得的使用权向出租人支付相应的费用，即租金。按租赁业务涉及的范围是否超越本国，可以分为国内租赁和国际租赁。凡租赁业务活动涉及其他国家的，就可称为国际租赁（international lease），也称跨国租赁。国际租赁是直接利用外资的一种灵活的信贷方式，对出租人来说，它是一种通过信贷取得利润的方式；对承租人来说，则是一种筹措资金的方式。

从事租赁业务的公司有多种类型，包括专业的租赁公司（一方面自筹资金，购买设备，以备出租；另一方面负责出租设备的保养、维修等工作）、制造厂商（两种形式：可以在制造厂商下设租赁部门；也可以在制造厂商下设具有独立法人资格的租赁公司）、银行或保险公司（两种形式：以借贷人的身份向租赁公司提供信贷以获取利润；或成立自己的租赁公司，独立经营租赁业务）、联合组织（制造厂商或租赁公司与银行组成的联合组织）等。

小资料

我国融资租赁企业的分类

在国际租赁市场上，出租物品的范围越来越广泛，不仅有各种工业机械设备、船舶、车辆、建筑设备、飞机，而且还有各种计算机和商业设备（如超级市场设备）、科技设备（如度量衡仪器及各种理化设备）等。

### 2.国际租赁的特点

按照性质和目的不同，租赁可以分为融资租赁和经营租赁两种。[①]其中，经营租赁也称使用租赁或操作性租赁，是出租人将自己经营的租赁资产反复出租给各个不同的承租人使用，由承租人支付租金，直至资产报废或淘汰为止的一种租赁方式。经营租赁的重点在于资产的使用，即承租人的着眼点完全在于即时使用该项资产，一旦使用期结束，租赁关系随即解除。

融资租赁（financing lease）也称金融租赁或财务租赁，是出租人根据承租人对租赁资产和供货人的选择，向供货人购买租赁资产，提供给承租人使用，承租人支付租金的一种租赁方式。融资租赁的资产是根据承租人的具体要求和选择而购进的，融资租赁的重点在于获取资产的所有权，其被看成“以融通资金为目的的租赁”。因此，本章的国际租赁筹资主要指国际融资租赁筹资。

融资租赁的特点是：

（1）涉及承租人、出租人和制造厂商三方当事人。租赁物由承租人决定，出租人出资购买并租赁给承租人使用，并且在租赁期间内只能租给一个企业使用。

（2）需签订两个或两个以上的合同。承租人与出租人签订租赁合同，出租人与制造厂商签订买卖合同。如果出租人资金不足，还需与金融机构签订贷款合同。

（3）承租人负责检查、验收制造厂商所提供的租赁物。对该租赁物的质量与技术条件，出租人不向承租人作出担保。

（4）在一次租赁期内，出租人可收回全部投资并盈利。基本租期内租赁资产只租给一个特定的用户使用，租期一般为3～5年，有的可达10年以上。

（5）租赁合同一经签订，在租赁期间任何一方均无权单方面撤销合同。只有租赁物毁坏或被证明为已丧失使用价值的情况下，方能终止执行合同，无故毁约则要支付相当重的罚金。

（6）在租赁期内，租赁资产的所有权与使用权分离。所有权属于出租人，使用权属于承租人。承租人在使用期间应按合同规定分期支付租金，对租赁资产定期维修并妥善保护。

（7）在租赁期满时，承租人对租赁资产有留购、续租和退租三种选择。通常是出租人通过收取名义购买价的形式，将租赁资产的所有权转移给承租人。

---

①　国际会计准则理事会于2016年1月修订发布了《国际财务报告准则第16号——租赁》，自2019年1月1日起实施。2018年12月7日，我国财政部也修订发布了《企业会计准则第21号——租赁》。新租赁准则下，承租人不再将租赁区分为经营租赁或融资租赁，而是采用统一的会计处理模型，对短期租赁和低价值资产租赁以外的其他所有租赁均确认使用权资产和租赁负债，并分别计提折旧和利息费用。

## （二）国际融资租赁的方式

国际融资租赁按其程序的不同，可分为以下几种具体方式：

### 1.自营性租赁

自营性租赁是指本国的租赁公司根据本国企业的委托，按照本国企业提交的设备订单，以买方的身份与国外制造厂商签订买卖合同。设备购进后，将其出租给本国企业使用，租赁期间，由本国企业分期向本国租赁公司支付租金。简言之，就是设备的购买方是承租人所在国的租赁公司。

自营性租赁的具体操作如图7-1所示。

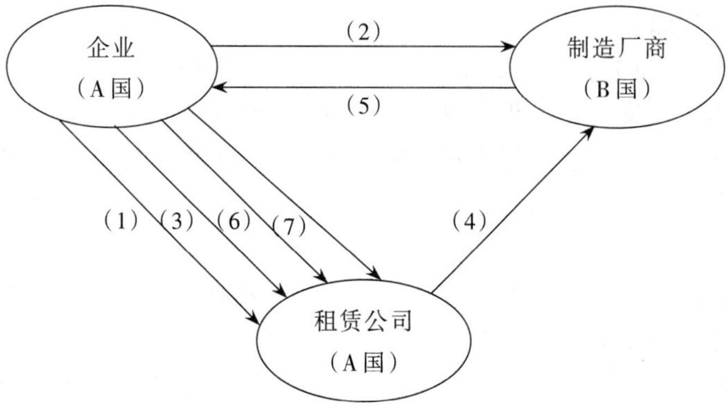


（1）A国企业向A国租赁公司提出租赁申请。

（2）承租人选定租赁物和制造厂商。

（3）A国企业与A国租赁公司签订租赁合同。

（4）A国租赁公司与B国制造厂商签订买卖合同，并支付租赁物价款。

（5）B国制造厂商向A国企业发货。

（6）A国企业分期向A国租赁公司支付租金。

（7）租赁期满，A国企业支付名义购买价，留购租赁物。

**图7-1 自营性租赁**

虽然自营性租赁的承租人和出租人属于同一国，但涉及外国的制造厂商，租赁业务跨越两个国家，故视为国际租赁。

### 2.直接租赁

直接租赁是由国外的租赁公司出钱替承租方购买设备。其基本程序是：首先由本国企业，即承租方，向国外租赁公司提出申请并在国外制造厂商处选定所需设备，然后与国外租赁公司（一般选择制造厂商所在国当地的租赁公司）签订租赁合同，由国外租赁公司按照承租人的订货要求与制造厂商签订设备买卖合同，并向制造厂商支付设备货款，然后由制造厂商将设备发运给承租方，最后在承租方使用设备期间，定期向国外租赁公司支付租金。

直接租赁的具体操作如图7-2所示。

### 3.国际转租赁

国际转租赁至少涉及两家租赁公司，分别位于承租方所在国和租赁物制造厂商所在国。国际转租赁一般是在本国租赁公司资金不足，或对国外制造厂商的信息没有完全把握的情况下采用的，是指本国的租赁公司根据本国企业（即最终的承租方）的要求，按照本国企业选定的租赁物、制造厂商和提交的设备订单，先以承租人的身份从国外租赁公司租赁设备，再以出租人的身份将设备转租给本国企业。

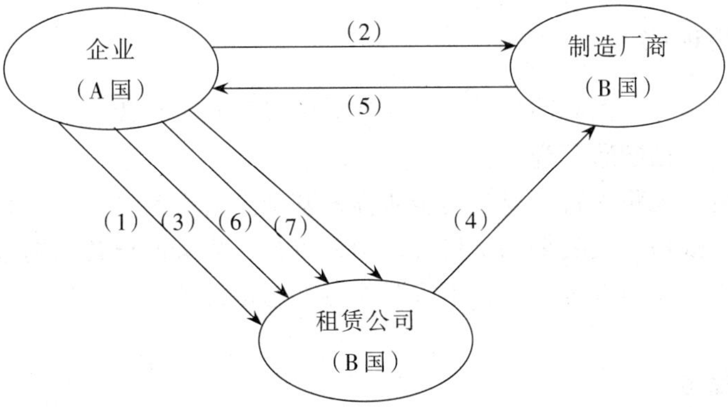


（1）A国企业向B国租赁公司提出租赁申请。
（2）承租人选定租赁物和制造厂商。
（3）A国企业与B国租赁公司签订租赁合同。
（4）B国租赁公司与B国制造厂商签订买卖合同，并支付租赁物价款。
（5）B国制造厂商向A国企业发货。
（6）A国企业分期向B国租赁公司支付租金。
（7）租赁期满，A国企业支付名义购买价，留购租赁物。

**图7-2　直接租赁**

国际转租赁的具体操作如图7-3所示。

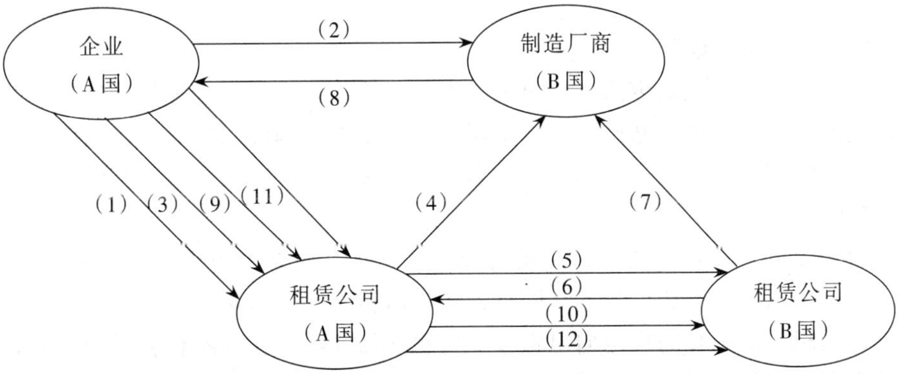


（1）A国企业向A国租赁公司提出租赁申请。
（2）承租人选定租赁物和制造厂商。
（3）A国企业与A国租赁公司签订租赁合同。
（4）A国租赁公司与B国制造厂商签订买卖合同。
（5）A国租赁公司与B国租赁公司签订地位转让合同。
（6）B国租赁公司与A国租赁公司签订租赁合同。
（7）B国租赁公司支付租赁物价款。
（8）B国制造厂商向A国企业发货。
（9）A国企业分期向A国租赁公司支付租金。
（10）A国租赁公司分期向B国租赁公司支付租金。
（11）租赁期满，A国企业支付名义购买价，留购租赁物。
（12）租赁期满，A国租赁公司支付名义购买价，留购租赁物。

**图7-3　国际转租赁**

## 二、国际租赁的程序

以自营性租赁为例，国际租赁的程序大致分为以下几个阶段：

1.选定租赁设备和制造厂商

进行国际租赁，承租人首先要在初步协商的基础上选定制造厂商，并与制造厂商洽谈拟定设备的种类、规格、交货期和价格等事项，将打算购买的设备及制造厂商确定下来。

在这一过程中，承租人也可委托租赁公司协助选定设备和制造厂商，但主要还应遵循承租人的意愿。

2.申请立项批准

承租人在与制造厂商、租赁公司初步协商的基础上，应向相关管理部门申报租赁设备项目建议书，取得立项批准，以保障其后的租赁工作能够顺利进行。

3.委托租赁

根据我国目前的租赁政策，我国的承租人主要通过我国的租赁公司进行国际租赁业务。承租人在取得立项批准后，通常要向中国的租赁公司（如2020年6月份正式成立的中银金融租赁有限公司等）提出申请，填写租赁委托书或租赁申请书，明确拟租赁设备的种类、规格、型号、制造厂商等内容。

租赁公司在对拟进行的国际租赁开展经济技术可行性分析后，将以书面签章方式接受委托。

4.结构磋商与协议谈判

在国际租赁的出租人确定后，该出租人要对租赁项目进行现金流量分析和相关国家税收会计制度的分析，并在此基础上，与承租人就计划中的国际租赁进行结构磋商，以确定该租赁所采取的法律结构、资金结构等，而这些实际上也是相关协议谈判的基础。

5.签订合同

这一阶段要同时签订购货合同和租赁合同。购货合同是由租赁公司与制造厂商签订，但必须同时得到承租人的认可或签字同意，还应由租赁公司与承租人签订租赁合同。合同一经签订，承租方应按合同规定向出租方支付租赁保证金，作为履行合同的保证。租赁保证金不计利息，在租赁期满时归还承租方或抵消最后一期租金的全部或一部分。

6.设备交货和验收

合同签订后，制造厂商应及时履行按期交货的义务，租赁公司应按合同规定筹措资金，并向制造厂商支付货款。租赁设备到达交货地点后，承租人应及时验收，并进行安装调试。

7.支付租金

承租人应严格按照租赁合同规定的租金数额、支付方式向租赁公司支付租金，如有欠交或拖欠，应按合同规定支付滞纳金。租赁期满，承租人结清全部租金，按照合同支付一定的留购价后，取得设备的所有权，至此，租赁业务全部结束。

## 三、国际租赁筹资决策

### （一）国际租赁租金的计算

租金是租赁合同中规定的一项重要内容。在国际融资租赁方式下，租金应包括下列各项内容：

### 1.租赁资产总成本

租赁资产总成本包括出租人购买租赁资产的货价、海运费和途中保险费以及出租人为了购买租赁资产而向银行或其他金融机构贷款的利息等。租赁资产总成本是计算租金的基础。在租赁资产由承租人以名义价格留购的情况下，计算租金时，租赁资产总成本应减去合同中规定的名义留购价。

### 2.租赁手续费

租赁手续费包括租赁公司办理租赁业务支付的办公费、差旅费、工资、税金等各项费用，以及租赁公司希望通过本次租赁获取的利润。

### 3.逐期递减的融资利息

逐期递减的融资利息是指在融资租赁方式下，承租方租入资产后占用出租方的资金，由于分期支付租金而应支付给出租方的利息。

在融资租赁方式下，每期应付租金一般按公式（7.11）计算：

$$R_t=\frac{C_0-S}{n}+\frac{(C_0-S)P}{n}+C_t\cdot i \tag{7.11}$$

式中：$R_t$为第t期的应付租金；$C_0$为租赁资产总成本；S为预计租赁资产留购价；P为租赁手续费占（$C_0$-S）的百分比；n为租赁期限；$C_t$为逐期递减的租赁资产总成本；i为融资利息率。

**【例7-2】**

我国某公司在生产中需要某种设备，可从美国某租赁公司租入使用。美国租赁公司提出的租赁条件为：设备总成本400 000美元，租赁期5年，5年后可由我国公司支付名义购买价4 000美元后留购该设备。租赁手续费2%（按租赁资产总成本减掉名义留购价的2%支付手续费），融资利息率8%，每年年末支付租金。

要求：计算各年应付的租金。

各年应付租金计算如下：

$$R_1=\frac{400\,000-4\,000}{5}+\frac{(400\,000-4\,000)\times 2\%}{5}+400\,000\times 8\%$$

$$=79\,200+1\,584+32\,000=112\,784（美元）$$

$$R_2=\frac{400\,000-4\,000}{5}+\frac{(400\,000-4\,000)\times 2\%}{5}+（400\,000-79\,200）\times 8\%$$

$$=79\,200+1\,584+25\,664=106\,448（美元）$$

$$R_3=\frac{400\,000-4\,000}{5}+\frac{(400\,000-4\,000)\times 2\%}{5}+（400\,000-79\,200\times 2）\times 8\%$$

$$=79\,200+1\,584+19\,328=100\,112（美元）$$

$$R_4=\frac{400\,000-4\,000}{5}+\frac{(400\,000-4\,000)\times 2\%}{5}+（400\,000-79\,200\times 3）\times 8\%$$

$$=79\,200+1\,584+12\,992=93\,776（美元）$$

$$R_5=\frac{400\,000-4\,000}{5}+\frac{(400\,000-4\,000)\times 2\%}{5}+（400\,000-79\,200\times 4）\times 8\%$$

$$=79\,200+1\,584+6\,656=87\,440（美元）$$

## （二）国际租赁筹资与其他筹资方式比较

企业从国外获取设备可以有很多种方式，可以使用自有资金购买，或者先从银行借款然后购买，还可以采用融资租赁或补偿贸易的方式获得。那么究竟哪一种方式是最合适的呢？最简单的方法就是比较几种方案下的税后现金流出量现值，选择税后现金流出量现值最小的方案。

【例7-3】

假设我国某公司在生产中需要某种设备，价值400 000美元，可使用10年，预计报废时残值为10 000美元。取得这一设备有以下三种方案可供选择（折现率10%，所得税税率25%）：

1. 国际融资租赁

企业从美国某租赁公司租入这种设备，租赁条件和资料见【例7-2】。

2. 自有资金购买

设备购买成本400 000美元，成交时一次支付货款。

3. 外汇借款购买

从银行取得外汇贷款400 000美元用于购买设备，贷款偿还方式为等额本金偿还：每年年末还50 000美元，并付清当年利息，8年还清，年利息率10%。

要求：计算比较，确定该公司应采用哪种方案。

对取得设备3种方案进行选择的标准是选取税后现金流出量现值最小的方案，因此应计算3种方案下的税后现金流出量现值，计算过程及结果分别见表7-1、表7-2和表7-3。

表7-1　**融资租赁设备税后现金流出量现值计算**　金额单位：美元

| 年份 | 租金及留购价 | | | | 折旧费 | 节税额 | 税后现金流出量 | 折现系数（按10%折现） | 税后现金流出量现值 |
|---|---|---|---|---|---|---|---|---|---|
| | 租赁设备总成本 | 租赁手续费（2%） | 融资利息（8%） | 租金及留购价合计 | | | | | |
| ① | ② | ③=②×2% | ④ | ⑤=②+③+④ | ⑥ | ⑦=（③+④+⑥）×25% | ⑧=⑤-⑦ | ⑨ | ⑩=⑧×⑨ |
| 1 | 79 200 | 1 584 | 32 000 | 112 784 | 39 000 | 18 146 | 94 638 | 0.9091 | 86 035 |
| 2 | 79 200 | 1 584 | 25 664 | 106 648 | 39 000 | 16 562 | 90 086 | 0.8264 | 74 447 |
| 3 | 79 200 | 1 584 | 19 328 | 100 112 | 39 000 | 14 978 | 85 134 | 0.7513 | 63 961 |
| 4 | 79 200 | 1 584 | 12 992 | 93 776 | 39 000 | 13 394 | 80 382 | 0.6830 | 54 901 |
| 5 | 79 200 | 1 584 | 6 656 | 91 440* | 39 000 | 11 810 | 79 630 | 0.6209 | 49 442 |
| 6 | — | — | — | — | 39 000 | 9 750 | -9 750 | 0.5645 | -5 504 |
| 7 | — | — | — | — | 39 000 | 9 750 | -9 750 | 0.5132 | -5 004 |
| 8 | — | — | — | — | 39 000 | 9 750 | -9 750 | 0.4665 | -4 548 |
| 9 | — | — | — | — | 39 000 | 9 750 | -9 750 | 0.4241 | -4 135 |
| 10 | — | — | — | — | 39 000 | 9 750 | -9 750<br>-10 000 | 0.3855 | -7 614 |
| 合计 | 396 000 | 7 920 | 96 640 | 504 760 | 390 000 | 123 640 | 371 120 | — | 301 982 |

* 91 440=87 440+4 000

表 7-2　　**自有资金购买设备税后现金流出量现值计算**　　金额单位：美元

| 年份 | 设备购买成本 | 折旧费 | 节税额 | 税后现金流出量 | 折现系数（按10%折现） | 税后现金流出量现值 |
|---|---|---|---|---|---|---|
| ① | ② | ③ | ④=③×25% | ⑤=②-④ | ⑥ | ⑦=⑤×⑥ |
| 0 | 400 000 | | | 400 000 | | 400 000 |
| 1 | — | 39 000 | 9 750 | -9 750 | 0.9091 | -8 864 |
| 2 | — | 39 000 | 9 750 | -9 750 | 0.8264 | -8 057 |
| 3 | — | 39 000 | 9 750 | -9 750 | 0.7513 | -7 326 |
| 4 | — | 39 000 | 9 750 | -9 750 | 0.6830 | -6 659 |
| 5 | — | 39 000 | 9 750 | -9 750 | 0.6209 | -6 054 |
| 6 | — | 39 000 | 9 750 | -9 750 | 0.5645 | -5 504 |
| 7 | — | 39 000 | 9 750 | -9 750 | 0.5132 | -5 004 |
| 8 | — | 39 000 | 9 750 | -9 750 | 0.4665 | -4 548 |
| 9 | — | 39 000 | 9 750 | -9 750 | 0.4241 | -4 135 |
| 10 | — | 39 000 | 9 750 | -9 750<br>-10 000 | 0.3855 | -7 614 |
| 合计 | 400 000 | 390 000 | 97 500 | 292 500 | — | 336 236 |

表 7-3　　**借款购买设备税后现金流出量现值计算**　　金额单位：美元

| 年份 | 偿还本金 | 利息（10%） | 本利合计 | 折旧费 | 节税额 | 税后现金流出量 | 折现系数（10%） | 税后现金流出量现值 |
|---|---|---|---|---|---|---|---|---|
| ① | ② | ③ | ④=②+③ | ⑤ | ⑥=（③+⑤）×25% | ⑦=④-⑥ | ⑧ | ⑨=⑧×⑦ |
| 1 | 50 000 | 40 000 | 90 000 | 39 000 | 19 750 | 70 250 | 0.9091 | 63 864 |
| 2 | 50 000 | 35 000 | 85 000 | 39 000 | 18 500 | 66 500 | 0.8264 | 54 956 |
| 3 | 50 000 | 30 000 | 80 000 | 39 000 | 17 250 | 62 750 | 0.7513 | 47 144 |
| 4 | 50 000 | 25 000 | 75 000 | 39 000 | 16 000 | 59 000 | 0.6830 | 40 297 |
| 5 | 50 000 | 20 000 | 70 000 | 39 000 | 14 750 | 55 250 | 0.6209 | 34 305 |
| 6 | 50 000 | 15 000 | 65 000 | 39 000 | 13 500 | 51 500 | 0.5645 | 29 072 |
| 7 | 50 000 | 10 000 | 60 000 | 39 000 | 12 250 | 47 750 | 0.5132 | 24 505 |
| 8 | 50 000 | 5 000 | 55 000 | 39 000 | 11 000 | 44 000 | 0.4665 | 20 526 |
| 9 | — | — | — | 39 000 | 9 750 | -9 750 | 0.4241 | -4 135 |
| 10 | — | — | — | 39 000 | 9 750 | -9 750<br>-10 000 | 0.3855 | -7 614 |
| 合计 | 400 000 | 180 000 | 580 000 | 390 000 | 142 500 | 437 500 | — | 302 920 |

根据以上3种方案税后现金流出量现值的计算，融资租赁方案为最优方案。

当然，以上3个表格的计算是在各种方案的特定条件下计算出来的，如果方案条件发生改变，例如，外汇借款购买方案中偿还本金和利息的方式发生改变，则各期税后现金流出量现值也会有所不同，可能会因此得出不同的结论。

## 四、国际租赁筹资的优缺点

对于承租人和出租人来说，国际租赁均各有利弊。由于本章是将国际租赁当成筹资的方式，因此仅说明国际租赁对承租人的优点和缺点。

### (一) 国际租赁筹资的优点

利用国际租赁筹资的好处有：

第一，能够在资金缺乏的情况下引进设备。在租入设备时，不需支付设备货款，只需在签订租赁合同后交纳租赁保证金（其数额通常为合同金额的5%），以后分期支付租金。

第二，成本较为稳定。国际商业银行中长期贷款的利率一般是浮动的，而国际租赁合同规定的租金是固定的，易于计算成本，对投资更有把握。同时，租金金额固定下来以后，在整个租赁期内不会变动，不会因通货膨胀率的变化而改变。

第三，筹资效率高，投产速度快。与传统的信贷相比，国际租赁筹资可以发挥银行和进出口贸易公司的双重作用，既可以解决资金问题，又可以直接向外国订货并办理进口手续，方便、快速、灵活，减少了中间环节，加快了投产速度。

第四，降低国外投资的政治风险。如果跨国公司在政局不稳定的国家或地区进行投资，使用融资租赁方式获取资产要比直接购买资产风险低，因为融资租赁获取的资产在租赁期内其所有权仍属于东道国的租赁公司，直接购买的资产其所有权已经转移至该跨国公司，而东道国政府一般情况下是不可能征用本国设备的，但征用外国设备的可能性较大。

第五，减少跨国公司纳税。当在集团公司内部进行国际租赁业务时，可以通过调整租金对跨国公司总体纳税产生影响。例如，当设在高税率国家的子公司需要某一设备时，母公司可以采用高租金的形式将设备租给该子公司，以达到降低整个公司税额的目的。

### (二) 国际租赁筹资的缺点

利用国际租赁筹资的缺点如下：

第一，租金高昂，比用自有资金或外汇借款购买设备的代价高，增加了产品的生产成本。通常情况下，租金总额比设备原价高出的幅度可达30%~40%。

第二，在租赁期间内，承租人只有使用权，设备的所有权仍属于出租方。因此承租人不能对租赁设备进行技术改造、抵押或出售等。

第三，租赁合同经双方签订认可后，一般不得随意终止。如果一方毁约或不履行有关条款，需要赔偿对方的损失，且罚款较重，因此应慎重考虑。

# 第三节　外资并购

## 一、外资并购的含义和种类

### （一）外资并购的含义

外资并购是吸收外商投资兼并或收购本国企业，属于跨国并购（transnational M&A）的范畴。跨国并购是指一国企业为了某种目的，通过一定渠道和支付手段，将另一国企业的部分甚至全部股份或资产买下来，从而对后者的经营管理实施实际或完全的控制。

跨国并购可以从筹资和投资两个角度进行分析：第一，本国企业到外国去投资并购外国企业，称为国（境）外并购，属于对外直接投资；第二，外国企业（外商）到我国来投资并购我国企业，称为外资并购，属于吸收和利用外资，即筹资。每一项跨国并购都同时包括上述两个方面，例如，我国某公司并购某外国公司，对我国公司来说属于境外并购，对外国公司来说则属于外资并购；反之，如果外国公司并购我国公司，对外国公司来说是境外并购，对我国公司则是外资并购。

从筹资的角度出发，外资并购是吸收和利用国外资金、技术、管理经验和销售渠道，促进经济迅速发展的重要手段。

### （二）外资并购的种类

外资并购方式可从不同角度进行分类：

**1.按并购对象的内容划分，可以分为股权并购和资产并购**

股权并购是指外国投资者购买境内非外商投资企业股东的股权或认购境内公司增资，使该境内公司变更为外商投资企业。

资产并购是指外国投资者设立外商投资企业，并通过该企业协议购买境内企业资产且运营该资产，或外国投资者协议购买境内企业资产，并以该资产投资设立外商投资企业运营该资产。

**2.按并购对象的范围划分，可以分为整体并购和部分并购**

整体并购是指外商买断我国国有企业、集体企业或私营企业的全部资产，组成外商独资企业，进而成为其独资子公司。

部分并购是指外商收购我国股份有限公司的部分股份或有限责任公司的部分股权。部分并购还分为重组控股式收购、增资控股式收购和股票认购式收购等具体方式。

## 二、外资并购的产生和发展

发达资本主义国家的并购史可以追溯到19世纪末，漫长的并购历史改变了这些资本主义国家的经济面貌，对它们的繁荣发展起到了很大的作用。

迄今为止，世界上共发生了五次大的并购浪潮。第一次并购浪潮的高峰在1898年至1902年；第二次发生在第一次世界大战结束之后，也就是20世纪20年代。这两次浪潮主要发生在美国，而且大多是国内并购，资本或资产的流动仅局限于本国。随着第二次世界大战的爆发，旧的国际政治经济秩序被打破，给跨国资本流动创造了相对宽松、公平的国际环境；科技革命的发展和国际分工的深化，引起了大规模的资本跨国流动。在此期间，发生了两次并购浪潮，跨国并购开始在国际经济舞台上发挥重要的作用。20世纪六七十年代，跨国并购在直接投资方式中所占的比例快速增长，到1975年，这个比例达到了46.30%。1994年掀起的全球第五次并购浪潮中，跨国并购已经成为令人瞩目的主要角色。1999年，全球国际直接投资8 440亿美元，其中跨国并购总额7 200亿美元，占全球国际直接投资的85%以上。目前，跨国并购浪潮已经席卷了处于世界经济统一体中的不同国家，影响和规模不容忽视。

随着时间的推移，跨国并购呈现出以下明显的发展趋势：第一，单体规模越来越大；第二，涉及的行业范围不断扩大，跨行业并购发展迅速；第三，跨国并购为跨国公司长期发展战略服务，从全球的角度追求价值最大化；第四，跨国并购主体多元化，发达国家和发展中国家的经济主体都参与到跨国并购中。

我国改革开放以来，通过引进外资获取国外资金、技术和先进的管理经验，被国内企业视为自身改革和发展的一条途径，甚至成为一些地方发展战略的重要组成部分。在加入WTO以前，我国吸收外商直接投资的70%左右来源于中国港台地区，来自欧美等发达国家的投资比重还比较小。当前，外国投资者对我国有了进一步的了解，因此在我国采用并购方式进行对华投资已经得到了较迅速的发展。

例如，2001年西北轴承和德国FAG公司开展合作，德方以现金和技术投入，中方以原铁路轴承公司的设备、土地、厂房以及公司热处理分厂的精良设备和厂房投入，组建合资企业，中方占股49%，德方占股51%；2001年10月，格林柯尔并购科龙电器，格林柯尔持有科龙电器20.60%的股份，成为其第一大股东，容声集团持股比例降为13.46%，成为第二大股东；2000年，法国达能集团收购乐百氏，控股92%；2002年10月，美国安海斯-布希公司与青岛啤酒签订协议，7年内该美国公司在青岛啤酒的股权比例将从当时的4.50%增加到27%；2005年美国凯雷并购徐工机械；2006年4月，高盛并购双汇；2006年5月，宝洁收购和黄中国所持股份；2006年5月，百思买入主当时中国第四大家电连锁商五星电器；2006年8月，法国SEB集团收购苏泊尔；2006年11月，花旗投资团队收购广东发展银行20%的股权。2012年7月，中国海洋石油有限公司收购加拿大尼克森能源公司；2015年，中国化工集团公司并购轮胎公司百年老字号倍耐力股份，成为控股股东；2016年2月，中国化工集团公司收购全球第一大农药、第三大种子农化高科技公司先正达，拥有先正达股份的94.7%；2016年10月，海航集团收购希尔顿酒店集团约25%股权；2017年，美的集团收购全球四大机器人企业之一的德国库卡95%的股份。[①]

仅2010年，中国企业完成并购交易案例数量总计1 798起，其中入境并购案例数量30起，占比达1.67%；入境并购交易披露金额23.91亿元，占比2.90%。另据咨询公司“荣鼎咨询”发布的最新报告显示，外资在华并购于2018年年中出现上升势头，2019年全年，外资在华并购金额达350亿美元，为近10年高点。2020年前5个月，外资在华并购金额达90亿美元，10年来首次超过同期中国企业海外并购金额。报告同时分析称：“只要中国继续在全球经济增长中占据可观份额，外国投资者对中国资产的并购将保持强劲势头。”

① 根据第1财经、新浪财经、搜狐网、网易新闻等信息整理。

总之，2000年以来，跨国公司直接并购中国企业，尤其是龙头企业的案例逐渐增多，在轻工、化工、医药、机械、电子等行业的很多重要领域，跨国公司的产品也已占据国内30%以上的市场份额。外资并购在我国正发挥着越来越大的作用。

小资料

外企青睐中国市场成不争事实

## 三、外资并购价格和支付方式

### （一）并购价格

在并购过程中，关键的一环是对目标企业进行价值评估，并由此形成并购双方都认为合理的并购价格。目前，对目标企业定价的方法很多，而且在实务中常常交叉使用。但按其基本框架，可以将这些方法分为三大类：

#### 1.收益类定价法

收益类定价法是以目标企业未来的现金流量为基础的并购定价方法，一般以资本成本为折现率，计算目标企业预计未来净现金流量的现值，作为目标企业的价值，主要包括收益现值法、现金流量法、市盈率乘数法等。

#### 2.资产估价类定价法

资产估价类定价法是通过对目标企业的资产、负债和所有者权益逐项评估的方式，来估计目标企业价值的方法，主要包括账面价值法、重置资产成本法、公允价值法等。

延伸阅读

常用的目标企业定价方法

#### 3.市场类定价法

市场类定价法是从市场角度出发，充分考虑市场因素，把目标企业与市场其他同类型企业比较，以确定企业价值的方法，主要包括股票市价法、市场比较法、业务拆分法等。

我国2006年9月8日起实施的《关于外国投资者并购境内企业的规定》[①]中指出：

第一，并购当事人应以资产评估机构对拟转让的股权价值或拟出售资产的评估结果作为确定交易价格的依据。并购当事人可以约定在中国境内依法设立的资产评估机构。资产评估应采用国际通行的评估方法。

第二，外国投资者并购境内企业，导致以国有资产投资形成的股权变更或国有资产产权转移时，应当符合国有资产管理的有关规定。

第三，禁止以明显低于评估结果的价格转让股权或出售资产，变相向境外转移资本。

### （二）支付方式

并购价格确定之后，收购公司（外商）应对目标公司的股东（中方）支付并购价款。在实践中，通常采用以下几种支付手段（即出资方式）[②]：

#### 1.现金支付方式

这是指收购公司（外商）用可自由兑换的外币（外汇）支付并购价款，也可用外商合法拥有的人民币资产支付并购价款。

---

① 引自中华人民共和国商务部网站：商务部、国务院国有资产监督管理委员会、国家税务总局、国家工商行政管理总局、中国证券监督管理委员会、国家外汇管理局令2006年第10号，2009年6月22日根据商务部令2009年第6号修订。

② 引自中华人民共和国商务部网站：商务部、国务院国有资产监督管理委员会、国家税务总局、国家工商行政管理总局、中国证券监督管理委员会、国家外汇管理局令2006年第10号，2009年6月22日根据商务部令2009年第6号修订。

## 2.股权支付方式

股权支付方式是指外国投资者以股权作为支付手段并购境内公司，即境外公司的股东以其持有的境外公司股权或者境外公司以其增发的股份作为支付手段，购买境内公司股东的股权或者境内公司增发股份的行为。

上述所称的境外公司应合法设立并且其注册地具有完善的公司法律制度，且公司及其管理层最近3年未受到监管机构的处罚；境外公司应为上市公司，其上市所在地应具有完善的证券交易制度。

外国投资者以股权并购境内公司所涉及的境外公司的股权，应符合以下条件：(1）股东合法持有并依法可以转让；(2）无所有权争议且没有设定质押及任何其他权利限制；(3）境外公司的股权应在境外公开合法的证券交易市场（柜台交易市场除外）上挂牌交易；(4）境外公司的股权最近1年交易价格稳定。

外国投资者以股权并购境内公司，境内公司或其股东应当聘请在中国注册登记的中介机构担任顾问（以下称“并购顾问”）。并购顾问应对并购申请文件的真实性、境外公司的财务状况以及并购是否符合相关规定做尽职调查，并出具并购顾问报告，就前述内容逐项发表明确的专业意见。并购顾问应符合以下条件：(1）信誉良好且有相关从业经验；(2）无重大违法违规记录；(3）应有调查并分析境外公司注册地和上市所在地法律制度与境外公司财务状况的能力。

## 3.债券支付方式

债券支付方式指收购公司（外商）将公司债券和可转换债券用于支付并购价款。

## 4.其他方式

收购公司（外商）用实物（例如机器设备等）、工业产权和专有技术等作价作为并购价款。

以上各种支付方式中，使用最多的是第一种方式，其次是第二种方式。

# 四、我国外资并购的有关规定

延伸阅读

我国对外资并购相关规定节选

小案例

《反垄断法》实施以来首个被否决案例：可口可乐收购汇源果汁

为了指导外资并购工作，我国政府有关部门近年颁布了一系列法规，例如，2001年，外经贸部和证监会联合颁布了《关于上市公司涉及外商投资有关问题的若干意见》。随后有关部门又相继发布了《关于外商投资企业合并与分立的规定》、《外商投资产业指导目录》、《外资参股证券公司的设立规则》和《外资参股基金管理公司的设立规则》等。此外，《关于向外商转让上市公司国有股和法人股有关问题的通知》(2002年11月)、《利用外资改组国有企业的暂行规定》(2003年1月）等也相继出台。2005年12月，商务部等五部委联合发布了《外国投资者对上市公司战略投资管理办法》。2006年，商务部等六部委联合发布了《关于外国投资者并购境内企业的规定》，并于2009年6月22日修订并实施。2008年8月1日起正式实施的《中华人民共和国反垄断法》第三十八条规定：对外资并购境内企业或者以其他方式参与经营者集中，涉及国家安全的，除依照本法规定进行经营者集中审查外，还应当按照国家有关规定进行国家安全审查。2011年2月，印发了《国务院办公厅关于建立外国投资者并购境内企业安全审查制度的通知》。2019年3月15日，第26号主席令颁布《中华人民共和国外商投资法》，2020年1月1日起施行。

# 第四节　国际项目融资

## 一、国际项目融资的含义和特点

国际项目融资是指国际贷款人向特定的工程项目提供贷款协议融资，贷款人以该项目产生的收益作为偿还贷款的来源，并以该项目或经营该项目的经济单位的资产作为附属担保的一种国际融资方式。

国际项目融资目前已经在世界各国矿产开采、能源开发和基础设施建设等大型建设项目中广泛应用。其资金来源主要是商业银行，其次还有非银行金融机构、国际金融机构、各国政府出口信贷机构、公共机构、项目主办人的贷款和预付款以及金融租赁公司等。

国际项目融资的特点表现为：

### 1.以项目为导向

项目融资以建设项目作为融资主体，以建设项目的名义融资，项目发起人通过招标确定投资者，投资者投入资本建立项目公司，通过项目公司获得贷款。投资者和贷款者对建设项目投入资金完全是根据项目的预期收入和资产，项目有稳定的预期收入。贷款记入项目公司的账表，表现为项目公司的负债。

### 2.追索权受到限制

项目融资实行的是有限追索形式，即债权人的追索权限于本项目的资产和收入，对本项目以外的资产和收入没有追索权，也就是对项目发起人和投资者本项目以外的资产和收入不能追索。实行有限追索的原因是：首先，建设项目有政府的授权和支持；其次，建设项目有稳定的收入；最后，有各项合同保证项目按期保质完工，及时投入运营。

### 3.保障多样化、复杂化

针对不同融资项目的具体风险状况，国际贷款人往往提出不同的信用保障要求，其目的在于分散项目风险，确保项目未来的现金流量可靠地用于偿还贷款。

### 4.涉及的法律协议较多

由于国际项目融资以对项目未来的现金流量预测为基础，以旨在提高偿债效率的法律安排为条件，因此此类融资的准备工作较为烦琐，涉及的法律协议也较多，主要包括贷款协议、担保文件、政府特许文件、项目完工担保协议、原材料与能源长期供应协议等。

## 二、国际项目融资的适用范围

国际项目融资主要适用于资金密集型的基础设施，这类项目收入稳定，运行费用和收入易于事先预测，财务风险较小。例如，发电设施、高等级公路、铁路、桥梁、隧道、城市供水及污水处理、港口、机场等基础建设项目，以及其他投资规模大，且具有长期稳定预期收入的建设项目。主要投资者应具有足够的经济能力和履约能力，外方主要投资者还应有较强的国际融资能力和进行项目融资的业绩。

## 三、国际项目融资的模式

国际项目融资一般采用以下几种模式：

### 1.公司融资模式

公司融资模式是最传统的项目融资模式。在工程项目发展过程中，很长一段时期内，项目发起人采用的都是公司融资模式。这种融资模式最大的特点就是结构简单，由项目发起人成立的项目公司直接向金融机构融资，并按约定进行偿还。

### 2. BOT融资模式

BOT（build-operate-transfer），即建造-经营-转让模式。这种模式最大的特点就是将基础设施的经营权进行有期限的抵押以获得项目融资，或者基础设施国有项目民营化。在这种模式下，首先由项目发起人通过投标从委托人手中获取对某个项目的特许权，随后组成项目公司并负责进行项目的融资，组织项目的建设，管理项目的运营，在特许期内通过对项目的开发运营以及当地政府给予的其他优惠来回收资金还贷，并取得合理的利润。特许期结束后，应将项目无偿地转让给政府。在BOT模式下，投资者一般要求政府保证其最低收益率，一旦在特许期内无法达到该标准，政府应给予特别补偿。

### 3. ABS融资模式

ABS（asset-backed-security），即资产证券化模式。这种模式是以资产支持的一种将存量资产转换为货币资金用于新项目投资的证券化项目融资方式。它以项目所拥有的资产为基础，以项目可带来的预期收入为保证，通过在资本市场发行债券来募集资金。这种方式能以较低的资金成本筹集到期限较长、规模较大的项目建设资金，在供水、排污、环保、铁道等领域都有广泛的应用。对于不能将经营权和建设权交出的建设项目来说，采用ABS融资模式非常适合。

### 4. PPP融资模式

PPP（public-private-partnership），即公私合作模式。一般而言，PPP融资模式主要应用于基础设施等公共项目。首先，政府针对具体项目特许新建一家项目公司，并对其提供扶持措施；其次，项目公司负责项目的融资和建设，融资来源包括项目资本金和贷款。项目建成后，由政府特许企业进行项目运营，而贷款人除了可以获得项目经营的直接收益外，还可以获得政府扶持所转化的效益。

### 5. TOT融资模式

TOT（transfer-operate-transfer），即移交-经营-移交模式，这也是国际上较为流行的一种项目融资模式。通常是指政府部门或国有企业将建设好的项目的一定期限的产权或经营权，有偿转让给投资人，由其进行运营管理；投资人在约定的期限内通过经营收回全部投资并得到合理的回报，双方合约期满之后，投资人再将该项目交还政府部门或原企业的一种融资方式。TOT模式的运用一般是为了BOT模式的顺利进行，通常情况下，政府会将TOT和BOT两个项目打包，一起运作。

## 四、国际项目融资结构

国际项目融资结构，是指在项目所在国家的法律法规、会计、税务等外在客观因素的制约条件下，寻求到的一种能够最大限度实现其投资目标的项目资产所有权结构。从项目融资的角度看，能够达到一个较为合适的融资结构是国际项目融资成功的一个重要条件。

国际上较为普遍的项目融资结构有四种基本的法律形式：公司型合资结构、合伙制或有限合伙制结构、非公司型合资结构和信托基金结构。上述四种基本的融资结构比较见表7-4①。

表7-4　国际项目融资结构比较表

| 项目 | 公司型合资结构 | 合伙制结构 | 非公司型合资结构 | 信托基金结构 |
| --- | --- | --- | --- | --- |
| 资产拥有形式 | 间接 | 直接 | 直接 | 直接 |
| 产品分配灵活性 | 不灵活 | 不一定 | 灵活 | 不灵活 |
| 债务责任 | 有限 | 不一定 | 有限 | 不一定 |
| 对项目现金流量控制的灵活性 | 不灵活 | 有限制 | 灵活 | 有限制 |
| 税务结构 | 限制在结构内部 | 可与投资者其他收入合并 | 可与投资者其他收入合并 | 限制在结构内部 |
| 会计处理 | 灵活 | 灵活 | 不灵活 | 灵活 |
| 投资转让复杂性 | 相对简单 | 比较复杂 | 比较复杂 | 相对简单 |
| 投资结构复杂性 | 相对简单 | 相对复杂 | 相对复杂 | 相对简单 |

## 五、国际项目融资风险及其管理②

### （一）信用风险及其管理

有限追索的项目融资是依靠有效的信用保证结构支撑起来的。组成信用保证结构的各个项目参与者是否有能力执行其职责，是否愿意并且能够按照法律文件的规定在需要时履行其所承担的对项目融资的信用保证责任，构成项目融资所面临的信用风险。

信用风险贯穿于项目各个阶段。项目参与者的资信情况、技术和资金能力、以往的表现和管理水平等都是评价项目信用风险的重要指标。

① 胡奕明．跨国公司财务案例［M］．2版．北京：中国财政经济出版社，2018：167．
② 胡奕明．跨国公司财务案例［M］．2版．北京：中国财政经济出版社，2018：173．作者有删改。

### （二）市场风险及其管理

市场风险属于不可控风险。由于项目投资大、回收期长，面对变幻莫测的市场，股本投资者不希望其投资收益取决于其产品在市场中的表现，不希望直接面对市场风险。国际项目融资能否成功的一个关键因素是该项目所提供的产品或服务是否存在市场前景，产品或服务的价格是否能够产生预期的收益用以偿还债务，满足项目经营所需费用，并使投资者收回投资。由于项目融资中的项目特许期长，市场又总是处于变化之中，从而造成项目产品或服务的市场需求和价格的不确定性，这就是市场风险。

针对市场风险，相应的风险管理方法包括：

第一，做好国内外市场的调研分析。

第二，通过签订或取或付的产品购买合同、或供或付的长期供货合同锁定产品的价格，确保项目收益。

第三，政府或其他机构的保证。这主要是要求政府或其他机构在特许权协议中明确承诺项目运营的头几年内保证最低供应量以确保项目的成功。

第四，建立独立账户。针对现金流量时高时低的情况，通过设立独立账户，优先支持项目债务利息。政府在项目建设期，提供附属贷款，保证偿还债务利息。

### （三）外汇风险及其管理

外汇风险指不同国家的货币汇率变化的风险。当项目产品销售所得的货币不同于贷款货币时，外汇风险将会增大，特别是项目产品全部在国内销售或提供服务，即不能获得硬通货币时，外汇风险更大。

对于这类风险，可以采用以下方法进行管理：

#### 1.运用掉期等衍生工具

这种方法主要适用于硬通货之间。

#### 2.签订远期兑换合同

同东道国政府或结算银行签订远期兑换合同，事先把汇率锁定在一个双方都可以接受的价位上。这种方式主要适用于软硬通货之间。

#### 3.外汇风险均担

首先，双方洽谈商定一个基本汇率，然后定出一个中性地带，在中性地带内，双方各自承担外汇风险和利益。但是，一旦外汇汇率变化过大，超过了中性地带，则双方按一定百分比来分担外汇风险。

### （四）通货膨胀风险及其管理

对于快速发展的国家来说，由于投资规模过大、产业结构不合理、价格体系未与世界接轨以及特有的体制等，投资者和债权人仍对此心有疑惑，必须寻求合适的风险防范措施。

对此，可以在产品价格方面进行调整，包含一部分浮动价格，引进汇率系数，即以外币标价的产品价格的浮动部分换算成本币支付时所采用的系数。该汇率系数考虑了外币与本币的比值变化，可以在一定程度上规避通货膨胀或货币贬值风险。

### （五）利率变动风险及其管理

在国际项目融资过程中，由于利率变动直接或间接地造成项目价值降低或收益受到损失的风险。如果项目公司采用浮动利率融资，一旦利率上升，项目生产成本就会攀升；如果采用固定利率融资，一旦市场利率下降，便会造成机会成本的提高。在我国进行的国际项目融资中，由于大部分资金在当地花费，所以项目公司的外方股东一方面试图组织尽可能多的人民币借款，另一方面在国际上以多种方式、多种货币融资。由于不同国家的经济发展阶段不同、不同的货币又有不同的利率，所以项目公司必然面临着各种货币利息变化的风险。

对此，可以通过安排对冲贷款额度，也就是订立利率风险控制协议，来控制定期贷款下至少80%未偿还债务的利率波动风险。

**（六）政治风险及其管理**

凡是投资者与所投资项目不在同一个国家或者贷款银行与所贷项目不在同一个国家，都有可能面临由于项目所在国家的政治条件发生变化而导致项目失败、项目信用结构改变、项目债务偿还能力改变等方面的风险，这类风险统称为项目的政治风险。其中一类表现为国家风险，如项目被征用、罢工、国有化等；另一类则表现为政治、经济政策的不稳定，如税收制度改变、关税调整、法律法规的变革等，这些都可能对项目的经济效益产生影响。

我国的政局稳定、社会稳步发展已成为吸引外资的重要因素，加上国家加大西部大开发的力度，努力营造稳定、和谐发展的社会环境，对外开放水平进一步提高，使得我国利用国际项目融资的成功率大大增加。

**（七）还贷风险及其管理**

还贷风险指项目公司必须按照一定期限和条件向贷款人还本付息的风险。其还本付息的资金主要来自项目产品销售或服务的净收益，因此项目产品的价格至关重要。

**（八）完工风险及其管理**

完工风险也称建设风险，该风险存在于项目建设阶段和试生产阶段。它是工程项目中所面临的最主要的风险之一。项目公司的完工风险会使项目公司向东道国政府交付大一笔的违约金，并可能导致项目终止。其主要表现为：项目建设期的拖延；项目建设成本的超支；达不到设计要求的技术经济指标；由于资金、技术或者其他不可控的外部因素而完全放弃项目。项目出现完工风险的直接后果是投资成本的增加，项目不能产生预期的现金流量，从而影响银行贷款的如期归还。

**（九）运营维护风险及其管理**

这类风险是指在国际项目运营过程中，由于运营商的疏忽而发生重大运营问题，如原材料供应不上、设备安装使用不合理、产品或服务质量差，致使项目达不到一定的运营指标。

对于此类风险可以采用的管理方法包括：

第一，选择有经验的运营商。选择的重要标准是看其是否具备在同一或相似行业中的工作记录和经验。

第二，运营商就该项目设施的运营和维护作出长期承诺。这一般是应债权人的要求作出的，具体内容体现在项目公司与运营商签订的运营维护合同中。依据该协议，运营商有义务按照行业标准和国际惯例来管理项目，一旦运营商出现严重失职，其运营许可证将被依法吊销。作为运营商，一方面应对设备进行必要的保养和维护，另一方面又要控制其运营成本，使其不超出预算范围，为此在运营维护合同中还需要订立措辞严谨的运营成本控制条款和相应奖惩制度。

**（十）原材料来源和价格变动风险及其管理**

充分考虑、谨慎预测在项目所在地购买原材料的可行性。认真选择原材料、机械设备的国外进口渠道和运输方式。充分利用东道国的优惠政策，在尽可能不支付额外费用的前提下达到进口的目的；做好运输费用的评估工作，确保运输费用在财务预测的范围内。

**（十一）偿还期限风险及其管理**

这也是项目发起人和项目公司不能控制的风险，属于不可控制风险的范畴。公共基础设施的风险之一就是投资回收期长，例如电力项目的特许期限一般为10~20年，供水工程要15~30年，隧道项目一般在30年以上。

为了使自身收益稳定，投资者往往要求政府给予固定的投资回报率保证。但在我国目前是不允许的，因为这一方面失去了国际项目融资的基本内涵，另一方面不能调动运营商降低成本、提高效率的积极性。

小案例

成都水厂
BOT项目融资

**（十二）环境保护风险及其管理**

随着国家对环保的逐渐重视，项目的法律可行性研究，特别是环保方面，应作为项目总的可行性研究的一种重点来对待。作为债权人，应要求必须将令人满意的环境保护计划作为融资的一个特殊前提条件，该计划应留有一定余地，确保将来能适用可能加强的环保管制。

## 【本章小结】

◇ 国际补偿贸易是指一方从国外另一方引进机器设备、技术或劳务，其应支付的价款不是以现金支付，而是在双方约定的期限内，用商品或劳务作价分期偿还。这种贸易方式通常是以向银行贷款方式进行的，国外方以贷款形式向国内方提供设备、技术或劳务，国内方则以产品或劳务分期偿还贷款。对进口方来说，国际补偿贸易是利用外资的一种重要方式。

◇ 国际补偿贸易筹资的财务可行性分析可以通过考察可偿还期、外资偿还率、使用外资收益率、补偿贸易换汇率和补偿贸易利润率等指标来进行。

◇ 利用国际租赁进行筹资主要指的是国际融资租赁方式，其租金总额包括租赁资产的总成本、租赁手续费和逐期递减的融资利息三项。可通过比较税后现金流出量现值的方式确定采用国际融资租赁方式获取设备是否是最优方案。

◇ 从筹资的角度出发，外资并购是吸收和利用国外资金、技术、管理经验和销售渠道，促进经济迅速发展的重要手段。外资并购价格的确定主要有三类方法：收益率定价法、资产估价类定价法以及市场类定价法。

◇ 国际项目融资是指国际贷款人向特定的工程项目提供贷款协议融资，贷款人依赖该项目所产生的收益作为偿还贷款的来源，并以该项目或经营该项目的经济单位的资产作为附属担保的一种国际融资方式。其具体模式包括公司融资模式、BOT融资模式、ABS融资模式、PPP融资模式和TOT融资模式。

## 【关键概念】

国际补偿贸易
可偿还期
外资偿还率
使用外资收益率
补偿贸易换汇率
补偿贸易利润率
国际租赁
外资并购
国际项目融资
BOT融资模式

## 【思考题】

1.什么是国际补偿贸易？和普通的国际贸易有什么区别？

2.利用国际租赁方式进行筹资有什么优点和缺点？

3.什么是外资并购？外资并购可以采取哪些方式？如何确定并购价格和支付方式？

4.什么是国际项目融资？可以采用哪些模式进行国际项目融资？

5.2021年1月21日，我国某公司与美国Y公司签订了一份贸易合同。合同规定Y公司向我国公司提供由本国生产的加工沙拉酱的成套设备，生产能力为每小时15吨原料，并提供该设备3年的零配件、备用件、检测化验用仪器、设备的安装和技术服务。设备主要部件装船离岸的最后日期不迟于2021年4月22日，剩余部件在2021年6月20日前空运到北京机场。合同总金额330万美元，我国公司分4年以该设备生产的沙拉酱偿还全部款项。合同于2021年3月15日经相关部门批准生效。请问该合同属于哪种贸易形式？我国公司选择这种贸易形式的可能原因有哪些？

## 【计算题】

1.我国A公司需用某种技术较为先进的设备，该设备仅在英国有厂商生产，A公司打算通过补偿贸易的方式获取，因此协商后与英国生产厂商签订国际补偿贸易合同。合同规定：设备总额为200万英镑，年利息率10%，基建期1年，协议规定投产后第1年年末支付基建期和当年利息，第2年开始还本并付当年利息，每年还本20万英镑，10年还清，每年生产并出口产品20万件，每件产品平均成本费用为300元，出口销售价格平均每件50英镑。平均汇率为1英镑=8.7元人民币。

2.我国某公司从日本A公司租入某种生产设备，设备总成本为1 000万日元，租赁期5年。租赁期满时，我国公司支付10万日元留购该设备。租赁手续费率为2%，融资利息率8%，每年年末支付租金。

要求：计算我国该公司各年应该支付的租金。

3.我国某公司打算引进一种日本某厂商生产的新设备，价值1 000万日元，该设备预计可以使用8年，报废时没有残值。根据现实情况，我国公司拟定了3种引进方案：

（1）利用国际融资租赁。从日本某租赁公司租入设备，租赁期5年。租赁期满时，我国公司支付10万日元留购该设备。租赁手续费率为2%，融资利息率8%，每年年末支付租金（租赁条件与上题相同）。

（2）自有资金购买。购买成本1 000万日元，从第1年起分5年支付，每年年初支付200万日元。

（3）贷款购买。贷款1 000万日元，年利率10%，贷款期4年，4年中每年年末还本250万日元，并付清当年利息。

企业所得税税率为25%，该公司确定的折现率为10%，使用直线法计提设备折旧。

要求：计算比较应采用哪种方式取得该设备？

案例分析

飞机租赁

# 第八章
# 国际直接投资管理

**【学习目标】**

本章主要阐述了国际直接投资管理，通过对本章内容的学习，应达到以下目标：

1. 了解国际投资的发展；了解国际直接投资的动机、特点和分类。

2. 熟悉国际直接投资的风险分析；熟悉国际直接投资业绩评价的复杂性和基本形式；熟悉国际直接投资业绩评价的指标体系。

3. 掌握国际直接投资的界定；掌握国际直接投资环境分析、纳税因素分析和财务可行性分析；掌握国际直接投资业绩评价应注意的问题。

## 第一节　国际直接投资概述

国际直接投资（foreign direct investment，FDI）也称对外直接投资，是国际企业常见的一种投资方式。企业进行国际直接投资就意味着它已经成为跨国公司。国际直接投资的方式包括：在国外投资设厂开展生产经营业务、收购现有的国外企业、与外国企业合资等。

随着世界经济一体化进程的加快，尽管存在波动，但是国际直接投资总体呈现出全球性扩张趋势。中国的对外直接投资更是迅猛增加，根据商务部、国家统计局和国家外汇管理局联合发布的《2019年度中国对外直接投资统计公报》，2019年中国对外直接投资1 369.10亿美元，同比下降4.30%，流量规模仅次于日本（2 266.50亿美元）。2019年末，中国对外直接投资存量达22千亿美元，仅次于美国（77千亿美元）和荷兰（26千亿美元）。中国在全球外国直接投资中的影响力不断扩大，流量占全球比重连续4年超过一成，2019年占10.40%，存量占6.40%，与上年持平。2019年境外企业向投资所在国缴纳的各种税金总额达560亿美元，雇用外方员工226.60万人，占境外企业员工总数的60.50%。对外投资带动出口1 167亿美元，占中国货物出口总值的4.70%，实现销售收入25 120亿美元，同比增长4%。

### 一、国际投资的发展

国际投资是商品经济发展到一定阶段的产物，并随着国际资本的发展而发展。当商品经济发展到资本主义社会以后，银行资本与生产资本相融合并日益发展，促进了资本积累的进一步扩大，并形成了规模庞大的金融资本，出现了大量的资本过剩，以资本输出为早期形态的国际投资也随之产生。随着国际经济交易内容的不断丰富，投资的内容和形式也在不断演化。从国际资本活动的历史进程来看，国际投资活动首先表现为货币资本的运动，即以国际借贷、国际证券投资为主要形式的国际间接投资，其标志是跨国银行的出现；其次表现为生产资本的运动，即国际直接投资，其标志是跨国公司的出现。[①]

**（一）国际投资的初始形成阶段（1870—1914年）**

这一时期，以电力革命为标志的第二次科技革命出现后，生产力得到了快速发展，国际分工体系和国际垄断组织开始形成，银行资本和产业资本相互渗透、融合，从而形成了庞大的金融资本，为资本输出提供了条件，以资本输出为特征的国际投资也随之形成。

这一时期的国际投资表现出以下特点：第一，投资国的数量很少；第二，投资的形式以间接投资为主，直接投资的比重非常小；第三，投资的来源主要是私人投资，官方投资比重很低；第四，投资的主要流向是由英国、法国和德国流向其殖民地国家，目的是寻找有利的投资场所，以便获得超额利润。

**（二）国际投资的低速徘徊阶段（1915—1945年）**

这一时期是两次世界大战之间，由于两次世界大战和20世纪30年代的经济危机，资本主义国家不同程度地受到了战争的破坏，资金极度短缺，市场萎缩，国际投资活动也处于低迷之中。

这一时期国际投资活动的基本特点可以概括为：第一，国际投资不活跃，规模较小，增长缓慢；第二，私人投资仍占主体，但比重有所下降，官方投资比重有所上升；第三，间接投资仍为主流，但直接投资的比重开始上升；第四，主要投资国地位发生变化，美国取代英国成为最大的对外投资国。

**（三）国际投资的恢复增长阶段（1946—1979年）**

1947年美国“马歇尔计划”的实施，拉开了大规模对外投资活动的序幕。另外，这一阶段世界政治局势相对平稳，第三次工业革命的兴起，都为国际投资活动迅速恢复并快速增长创造了条件。

这一时期国际投资活动的基本特点可以概括为：第一，投资规模迅速扩张；第二，对外投资方式由以间接投资为主转为以直接投资为主；第三，很多发展中国家也加入国际投资的行列之中，特别是石油输出国，其“石油美元”成为国际对外投资的重要资金来源。

**（四）国际投资的迅速发展阶段（1980年及以后）**

这一阶段，由于科技革命、金融改革和跨国公司全球化经营等多种因素的共同作用，国际投资得到了迅速发展，成为世界经济发展中最为活跃的因素。但不同国家的国际投资增长速度并不一致，其中，美国的增长速度放慢，而日本的增长速度加快。

这一时期国际投资活动的基本特点可以概括为：第一，国际直接投资继续高速增长；第二，国际间接投资也得到迅速发展；第三，发达国家之间的资金对流，即相互投资，成为国际投资的主流趋势；第四，形成了美国、日本、西欧“三足鼎立”的投资格局。

---

① 刘胜军，陈旭．国际财务管理［M］．2版．北京：科学出版社，2018：99.

## 二、国际直接投资的界定

国际直接投资也称对外直接投资，即某国的一家公司到另一国甚至更多的国家建立分支机构或扩大其分支机构，进行投资并参与经营。与其他形式的资本输出不同，国际直接投资不仅是资源的转移，还是控制权的获取。这种投资方式既涵盖了投资者和被投资者两个实体间最初的交易，也涉及了二者所有的后续交易。按照国际货币基金组织的定义，国际直接投资是指一国的投资者将资本用于他国生产经营，并掌握一定经营控制权的投资行为，即母公司或对外直接投资者与其所在国以外的另一国企业（即该公司的直接投资企业或子公司）建立长期关系，持久地享有利益并控制该企业。

目前，对于跨国公司直接投资的界定并无统一标准。有关组织和国家都对国际投资中构成直接投资所需要拥有的最低所有权比例或具体条件作了规定，以区别于其他形式的投资，但是各方面对此的标准和解释不尽相同。例如，国际货币基金组织认为，在所投资的企业中拥有25%或更多的投票权，可以作为控制所有权的合理标准；法国的外资政策规定，拥有企业20%的所有权是合格的外国直接投资的最低股权标准；美国，规定在国外企业拥有10%以上的股份即视作直接投资。还有的国家规定，拥有的股份虽低于25%，但属于下列情况之一者，均视为直接投资：①向被投资的企业派送管理或技术人员；②提供技术；③供给原材料；④购买其产品；⑤在资金上给予支持；⑥以补偿贸易方式给予贷款或投资等。

## 三、国际直接投资的动机

国际直接投资的动机是指投资者在进行投资决策时所要考虑的主要因素，或投资者进行某一特定类型投资的内心起因。实践中，国际直接投资的动机也被称作国际直接投资的目的。

由于投资者在进行对外投资时既受企业本身特有的，诸如资金、技术、管理、规模经济、市场销售技能等优势的影响，也受企业所处的客观社会经济环境，诸如自然资源禀赋、国内市场规模、经济发展水平、产业结构、技术水平、劳动力成本、政府政策等的制约，而这两方面在内容上存在相当大的差异，所以导致不同企业的对外投资动机以及同一企业的不同投资项目的动机不同。英国瑞丁大学教授邓宁的对外直接投资动因理论被认为非常具有实践意义，他把对外直接投资动机归结为四种[①]：

### （一）资源寻求型动机

资源寻求型动机即企业为寻求稳定的资源供应和利用廉价资源进行对外直接投资。

### （二）市场寻求型动机

市场寻求型动机还可进一步划分为防御型市场寻求动机和进攻型市场寻求动机。

防御型市场寻求动机是指企业为了保持已经建立的海外市场地位，通常跟随已有的海外客户，在客户所在地投资，以规避贸易壁垒，或者贴近客户并为其提供更好的产品和服务。

进攻型市场寻求动机是指企业在海外与当地企业拥有平等的市场地位，为当地客户提

① 引自中华人民共和国商务部中国服务贸易指南网，作者有删改。

供产品和服务。在这种情况下，企业可以获得运输成本及市场信息优势，并加强对自主品牌和其他无形资产的控制。

**（三）效率寻求型动机**

效率寻求型动机即企业为降低成本和提高生产率进行对外直接投资。

**（四）战略资产寻求型动机**

战略资产寻求型动机即企业为获取和利用国外先进生产技术、生产工艺和先进的管理经验等进行对外直接投资。

但就本质而言，国际直接投资的根本动机和目的都是利润最大化。为实现利润最大化的目标，所有投资动机的背后都隐含两个基本的财务目标：增加销售收入和降低生产经营成本。各类投资动机并不是相互排斥的，而是互补的，即某一类投资项目往往是多种投资动机相互作用的结果，例如一家外国企业在东道国直接投资建立劳动密集型企业，其产品的绝大部分在东道国销售，则这家企业的投资同时兼有降低成本、开辟市场和利用东道国政府给予外商投资企业的优惠政策等动机。

不同类型国家之间直接投资的主要动机是不同的：发达国家之间的投资，大多是出于市场导向型和技术与管理导向型的动机；发达国家向发展中国家的投资，主要是出于市场导向的动机和降低成本的动机；发展中国家向发达国家的投资，则多数考虑的是获得市场以及学习和获得发达国家的技术与管理等。而发展中国家之间的投资，大多数是市场导向型和降低成本导向型动机多于其他动机。

小案例

可口可乐公司退出印度市场

另外需要指出的是，投资动机有明显的行业和地区倾向，如市场导向型投资集中于制造业，主要投向市场容量大和市场潜力大的国家或地区；自然资源导向型投资集中于初级产业部门，主要投向自然资源充裕的国家；劳动力成本导向型投资集中于一般加工制造业，多投向劳动力资源较为充裕的国家。

## 四、国际直接投资的特点

国际直接投资具有以下特点：

**1.国际直接投资是生产要素国际交流的重要形式**

国际直接投资已经成为生产要素国际交流的重要形式。直接投资方式在第二次世界大战后的国际投资中已日趋占据重要的地位，其目的不仅是谋取利润，更重要的是实现生产要素的交流、市场的扩大、技术水平的提高、国际金融的渗透，以及适应在生产国际化形势下国际竞争的需要。

**2.投资目的的多元化**

国际直接投资的目的多种多样，有的是促进资本保值增值，有的是改善投资国与东道国的双边经济关系，有的则带有明显的政治目的等。

**3.资金来源多渠道、多样化**

国际直接投资的资金来源既包括自有股本、国外利润、应付款项、暂时闲置的库存现金等，也包括其遍布世界各地子公司所吸收的东道国政府和当地私人企业的投资与信贷资金，以及向当地市场和国际资金市场筹集的资金等。

### 4.投资活动中货币单位的差异性

各国所使用的货币不同，货币单位的差别决定了资本的国家间相对价格的差别，这种差别将会影响国际直接投资的规模和形式。

### 5.具有更大的复杂性和风险性

国际直接投资的经营活动遍布多个国家，因而受到各国不同的政治、经济、金融体制和环境的制约。这给企业的资金投放方向等投资决策带来了更多的不确定性。汇率变动、利率变动、通货膨胀问题等，以及政治风险因素，都是企业进行国际直接投资必须考虑的。

## 五、国际直接投资的分类

国际直接投资可以按照不同的标准进行分类：

### （一）按进入方式划分，可分为新建方式和并购方式

### 1.新建方式

新建方式指投资者在境外投资创建和经营新的企业。例如在境外创办合资经营企业、合作经营企业或独资经营企业等。例如2014年9月，奇瑞在巴西投资设厂，奇瑞是第一家在巴西投资建厂的中国乘用车企业，巴西工厂是奇瑞公司在海外投资兴建的首个整车工厂，总投资额达4亿美元；2015年6月，专注于智能手机领域的vivo在印度尼西亚首都雅加达建立工厂，2015年12月，vivo在印度德里工厂落成等都是采用的新建方式；2021年9月，中国长城汽车正式在欧洲建立本土化的研发中心与生产基地，在慕尼黑开设德国子公司并设立欧洲总部。[①]

### 2.并购方式

并购方式指投资者通过股票市场购买外国某上市公司相当数量的股票，掌握控股权，或通过协议或产权交易市场购买外国现有某企业的部分或全部产权。

全部并购一个外国公司，可以对该公司有完全的控制权，并在国外市场迅速占有大的份额。然而，全部并购需要的投资数额较大，其风险也较大，如果全部并购后该公司经营不好，在合理的价位卖掉它可能很困难。有些公司进行部分并购，只购买外国公司一部分产（股）权，这比进行全部并购所需投资额少，因而其风险也较小，但公司对部分并购的公司不能完全控制。

近年来，我国企业开始积极利用跨国并购进入国际市场，并将跨国并购作为获取品牌和高新技术的手段。例如，2010年浙江吉利控股集团从福特汽车公司手中收购了以安全技术闻名的瑞典汽车制造商沃尔沃，通过此次收购，吉利获取了沃尔沃的品牌、技术和经销商网络；2015年，中国化工收购了意大利轮胎制造商倍耐力，并收购瑞士农用化学品公司先正达；2016年，万达集团收购美国好莱坞电影公司传奇影业；2021年7月，腾讯收购英国游戏开发商Sumo Group；2021年7月，曲美家居收购北欧地区最大的高端家具制造商Ekornes；2021年9月，中国私募股权公司方源资本收购新西兰宠物食品公司Ziwi；2021年10月，腾讯收购日本著名的出版业巨头角川集团。[②]很明显，开放的资本市场使得企业能够更便捷地通过并购方式进入国际直接投资市场，并获取被收购公司的品牌、高新

---

① 根据新浪财经、证券时报、网易新闻等网络资料整理。
② 根据新浪财经、证券时报、网易新闻等网络资料整理。

技术及管理经验等。

### （二）按对被投资企业拥有的股权比例划分，可分为独资企业和合资企业

#### 1.独资企业

独资企业是指资本输出者依据东道国的法律，在东道国境内设立的拥有全部股份的企业。投资者独享企业的经营管理权，独立承担企业所有责任和风险。独资企业又包括两种形式，即在国外成立分公司或在国外成立子公司。

#### 2.合资企业

合资企业是指两国或两国以上的投资者在选定的国家或地区投资，并按照该投资国和地区的有关法律组织建立以营利为目的的企业。其主要特点是共同投资、共同经营、共担风险和共负盈亏。

国际合资企业可分为国际股权合资企业和国际契约合资企业两种。国际股权合资企业是指投资各方无论以何种方式出资都将被折算成一定的股权比例，投资各方按股权比例分担风险、分享利益。国际契约合资企业是指投资各方的资本投入以及对风险的分担、利益的分享都依据合作契约而非股权比例决定。

### （三）按公司类型划分，可以分为分公司和子公司

#### 1.分公司

分公司是总公司为扩大生产规模或经营范围在东道国设立的不具有法人资格的经济实体，在组织上和资产上构成总公司的一个不可分割的组成部分，受总公司委托从事业务活动。分公司的主要特点是：没有自己独立的公司名称和公司章程，以其总公司的名义和委托开展业务活动，其资产属于总公司，总公司对分公司的全部债务承担无限责任。

#### 2.子公司

子公司是指由母公司出资在东道国设立的独立的法人企业。除控股关系以外，子公司和母公司可以是两个完全独立的经济实体。

分公司与子公司的主要区别是：

第一，法律地位不同。子公司是东道国的独立法人，具有东道国国籍，而分公司在东道国不是独立法人，只是总公司设在国外的一个分部，被东道国视为外国公司。

第二，创办手续不同。由于分公司不具有东道国国籍，也不具有法人资格，因此按规定程序登记，手续比较简单；而在国外设立子公司，相当于在东道国设立一家独立的法人企业，因此手续比较复杂。

第三，资本和偿债责任不同。分公司是总公司设在国外的分部，其资本全部来自总公司，因此总公司需承担分公司的全部偿债责任。而子公司不同，除非100%控股的子公司，其资本除母公司投资以外，通常还包括自己筹集的部分，因此母公司对其的偿债责任也只限于控股比例内的子公司资产。

第四，税务处理不同。分公司的利润或亏损与总公司的盈亏合并，分公司只需向东道国缴纳企业所得税，分公司的利润汇回总公司时，无须缴纳预扣税。而子公司的利润或亏损不与母公司合并，子公司必须在东道国纳税，除了缴纳企业所得税以外，在将股利汇给母公司时，还需缴纳预扣税。

# 第二节　国际直接投资财务决策

国际直接投资的财务决策应分四个方面进行，这四个方面分别为：国际直接投资环境分析、纳税因素分析、财务可行性分析以及风险分析。

## 一、国际直接投资环境分析

国际直接投资环境是指在国际直接投资过程中影响国际资本运行的东道国综合条件。与国内投资环境相比，国际直接投资环境更为复杂、多变，为了正确地进行投资决策，首先必须对有关国家的投资环境进行分析评价。

### （一）影响投资环境的基本因素

国际直接投资环境一般由硬环境和软环境两方面因素组成。

1.硬环境因素

硬环境主要包括社会基础设施和自然地理条件，是指那些具有物质形态且影响国际投资运行效果的各种外部条件和因素。

（1）社会基础设施

社会基础设施是吸引国际直接投资的基本条件，具体内容包括能源、交通、通信、原材料供应、仓储、厂房、供水供电供热系统、金融信息、生活设施、文化卫生和其他服务设施条件等。

（2）自然地理条件

自然地理条件包括地理位置、面积、地形、人口、城市的分布状况、自然资源、气候、自然风险等因素，其中人口因素是投资者评价东道国投资环境及市场规模的重要因素之一。

2.软环境因素[①]

软环境是指那些没有具体物质形态但影响国际投资运行效果的社会因素，主要包括政治环境因素、法律环境因素、经济环境因素、社会人文因素等。

（1）政治环境因素

政治环境是指东道国的政治稳定性、行政效率和关于外商投资的优惠制度安排等。稳定的政局、高效的行政管理和优惠的制度安排是跨国公司对外直接投资的前提条件。如果未能预见政治环境因素的变化，会给国际投资活动带来严重的经济损失。具体而言，跨国公司制定投资决策会受到以下因素的影响：

第一，政局的稳定性。被投资国政局的稳定性由政治制度决定，诸如政府形态、政权交接方式、各种政治利益集团的比例、制度的弹性、执政者情况（包括执政的哲学意识、原则、经验及管理能力）等。若一国政府的政策易变会给国际投资活动带来经济损失。例如，国有化风险，即东道国对外国投资的资本实行国有化、征用或没收的政策。国有化是

① 王允平，陈燕．跨国公司财务管理［M］．5版．北京：首都经济贸易大学出版社，2020：233.

指东道国政府接管某行业的所有私有企业；征用是接管某行业中个别外国企业；没收是不给予任何补偿的情况下占有外国企业的所有资产。战争风险，即由于种种原因，东道国境内发生动乱或战争给跨国公司造成的损失，这将严重影响外国投资者的经济利益。资金移动风险，即由于受到东道国政府的政策管制，跨国公司通过直接投资获得的利益无法汇回母国而遭受的经济损失。

第二，政府的行政效率。一国政府的行政效率主要由政府机构和官员的学识、能力和态度等因素决定。行政效率是影响跨国公司对外投资决策的重要因素。若一国的政府办事高效、手续简便、责权明确，就不会给外国投资者的收益带来负面影响，投资者也会有很高的积极性。

第三，政策的优惠性及连续性。投资国出台的有关对外投资的政策，基本上反映了该国政府对国外投资者的态度。优惠政策往往是跨国公司作出对外直接投资决策重要的推动力。常见的优惠政策有：①廉价的土地使用费、税收减免、公司注册登记便利等多项优惠引资政策；②对外直接投资国际协定安排，即国际互惠互利的投资安排，它为跨国公司对外投资提供了政策上的便利；③汇率的变动和利差。这些都会促进跨国公司对外投资。

然而，就投资者而言，他们不仅关心投资国政府政策的优惠性，还要考虑政策的连续性。只有计税基数、税率、征收方法、土地购买、拥有使用权时间的长短、东道国市场开放程度、行政区域等方面的优惠政策能够连续，跨国公司的投资利益才不会受到损害。

(2) 法律环境因素

针对一个国家的法律因素，跨国公司制定对外投资决策时主要从以下三方面来考虑：

第一，法律的完备性。完备性关注的是一国是否有一套完整、健全的法律体系，如金融、审计、财务、投资、专利、税收、进出口贸易等相关经济法规与政策的完整性和全面性。其具体内容有：①金融机构的借贷款能力和限额、贷款利率、外汇汇率；②对企业活动的限制、企业税制、对企业收益汇出的限制；③公司法、商法；④劳动者的雇佣条件、最低工资的规定等。这些是跨国公司投资部门考察法律环境的基本因素。

第二，法律的稳定性。法律的稳定性通常与一国的政治稳定性有关，二者相辅相成，互相影响、互为促进。它对外商直接投资的影响十分显著。

第三，执法的公平性。以上两个因素需要通过执法机关的公平执法来实现，只有公平执法，外国投资者才能真正受到法律的保护，否则，法律制定得再完备、再稳定也无济于事。被投资国法律环境的好坏不仅取决于法律是否完备、稳定，还取决于执法的公平性。此外，因为法律环境实际上体现了东道国政府对投资者的态度，所以，对法律环境的考察能为投资者提供大量信息。

(3) 经济环境因素

经济环境包含的范围很广。具体来说，跨国公司作出投资决策时，对经济环境因素的考虑主要有以下几个方面：

①经济制度和经济体制。一国的经济制度和经济体制，基本决定了该国政府对外国投资者的态度。市场经济、计划经济或混合经济体制对经济的控制程度有所差别，对跨国公司经营自由度的影响程度也必定不同。

②市场因素。市场因素指的是市场中各要素的流动性和开放性以及市场机制的完善程度，它对跨国公司投资决策的影响具体体现在以下几方面：

第一，实行市场经济体制的国家，政府干预、控制经济的现象不严重，在市场环境方面更为开放，市场机制更加完善，投资者的自由度更高。

第二，发达资本主义国家为了保护本国环境，对容易造成污染的公司进行严格的限制和治理。而在市场制度不完善的国家，市场失灵较为严重，政府对环境等问题无法进行有效的管理或干预，破坏公共产品的公司无须付出代价，故在母国生产受限制的公司会向市场制度不完善的国家进行大量的环境污染转移型投资，将污染产业转移到国外。发达国家的对外直接投资中，制造业中的石油业、化工业、冶金业和造纸业这四大污染行业占了相当高的比重，这便是很好的例证。

第三，当外国市场竞争不激烈、发展潜力大或容量较大时，公司在母国的资本就会向国外市场转移。尤其是当跨国公司母国市场竞争激烈，近似达到饱和状态或容量有限时，会发生更大规模的转移。

③经济发展水平及潜力。一国的经济发展水平指的是国民收入水平，金融、财政、物价状况，对外往来情况等几个主要方面。国民收入水平从投资的市场需求、投资规模几方面对投资决策产生影响；金融、财政及物价状况对投资环境的安全性和投资的成长性产生影响；对外往来情况则能反映出东道国经济对外开放的程度。这几个方面是投资者进行对外直接投资时不容忽视的因素。

④产业发展因素。某种产业在国与国之间发展的不均衡性，推动了跨国公司对该产业的国际直接投资。产业的发展阶段和集聚程度共同影响着跨国公司对外直接投资的决策：

第一，产业发展阶段。美国哈佛大学教授弗农和日本经济学家小岛清都认为，应根据产业发展的不同阶段，将本国的产业通过对外直接投资转到国外生产。弗农教授1966年提出产品生命周期理论，即产品进入市场后，一般经历3个发展阶段：成长期、成熟期和标准化生产期。标准化生产时，价格竞争会十分激烈，此时产品就应向低收入、低成本的国家转移，然后将部分产品返销跨国公司母国和其他地区；或者，分离生产过程，将劳动密集型的生产环节放在低成本的国家进行。

第二，产业集聚程度。产生集聚是指在某一特定领域中，在地理上邻近、有关联的公司和相关法人机构形成的，根据彼此的共通性和互补性联系起来的系统，整个系统的价值大于单个成员的价值之和。若跨国公司直接投资于这种产业集聚程度高的地区，则可以接近原料、信息、专业员工以及大量高质量的公共物品，同时与相关经济实体互补，有利于创新并获得竞争优势，从而增加公司利润。

⑤经济基础结构因素。经济基础结构有广义和狭义之分。广义的经济基础结构是指：A.交通设施，如汽车、飞机、船舶、管道等；B.建筑设施，如公路、铁路、机场、码头等；C.通信系统；D.公共设施；E.金融保险机构；F.研究和发展机构等。狭义的经济基础结构只包括运输设备、建筑设施、通信设备以及公共设施。经济基础结构直接影响着投资收益，在其他因素相同时，经济基础结构好的地区往往能吸引到更多的投资者。因而，经济基础结构是影响跨国公司对外直接投资的重要因素。

⑥经济资源因素。国外丰富廉价的经济资源是影响跨国公司对外直接投资决策的重要因素。跨国公司通过充分利用国外资源，可以大大节约成本，提高利润率。部分跨国公司对外进行资源开发型投资，即跨国公司独自投资开发资源，这种类型的直接投资可保证原

材料的及时供给以及生产的持续性和稳定性；另一部分公司的对外直接投资属于资源利用型，即在东道国投资设厂，利用其廉价的劳动力、土地及其他生产要素，降低生产成本和运输成本。

（4）社会人文环境

社会人文环境指被投资国的人文社会状况，即语言、受教育水平、文化习惯、社会风俗习惯、家庭和宗教信仰等。它对东道国的经济发展和跨国公司的投资有较大影响。

第一，语言。国际投资有赖于沟通，而语言是沟通的主要工具。尽管在商业函电、合同中使用英语作为主要书面语言的情况较为普通，但由于世界上语言种类众多，而且有时一国内便使用多种语言，这就给一些国家的国际投资带来了不少困难，增加了国际投资沟通的难度。

第二，受教育水平。受教育水平的高低决定了劳动力素质的高低和技术水平的先进程度，不同受教育程度的人在价值观上也有很大差异。实践证明，受教育水平低的国家或地区，劳动力素质差，技术水平落后，这样的投资环境必然会影响投资者的资本收益。

第三，文化习惯。跨国公司与东道国间文化习惯的差异，也会影响到投资项目的经济效益。新产品或服务的投放及推广在文化背景相同的国家较容易，而在文化背景不同的国家则比较困难。因而，跨国公司的投资部门需要考虑到当地居民的风俗习惯与价值观念能否与投资者相融合。应尽可能将新产品或新服务投放到文化背景相同、约定俗成相同、信息容易传播的文化环境中。双方文化习惯的差异越大，对投资者越不利。但相似文化背景的市场，其模仿的倾向较大。因此，制定对外直接投资决策时需要谨慎权衡。

第四，家庭。市场推销者的主要对象便是社会的基本单元——家庭。对于以占领东道国市场为目标的跨国公司而言，家庭形态的不同，必然导致每个家庭成员消费行为的差异，也会影响到家庭的购买动机和商品的选择。

第五，宗教信仰。宗教是社会文化生活的精神基础，对国民的价值观、生活态度、消费偏好等都有重大影响，从而对投资决策和生产活动会产生直接和间接影响。投资者必须尊重东道国的宗教信仰及风俗习惯，并加以利用，否则，国际直接投资很难获得成功。

（5）自然环境

第一，气候因素。气候的好坏会影响生产能否顺利进行以及产品的生产和运输。跨国公司投资者总是倾向于选择气候条件良好的国家和地区作为投资场所。

第二，地理因素。地理因素是指被投资国的地理位置是否优越，包括地理位置和资源供应的便利等方面，这对降低经营成本有重大意义。地理位置优越不仅有利于母子公司间的往来，还可以通过子公司辐射到邻近的国家和地区。总之，优越的地理位置可为跨国公司提供更多的机会。因此，跨国公司制定直接投资决策时，应注重考察东道国的地理环境。

第三，人口因素。人口因素关系到劳动力的数量和质量以及未来产品或服务的需求规模和需求种类。合理的人口结构会使投资者产生兴趣。

总之，国际投资环境是一个高度整体性和有机性的投资空间，各方面因素相互协调、互为前提，构成一个完整的投资环境系统。因而，进行决策时需要全面考察多种因素，趋利除弊，从而达到环境因素的最优组合。同时，决策者应针对不同的投资区域和阶段，对以上因素给予不同程度的重视。例如，在美国的跨国公司比较重视管理团队的素质，在韩国的跨国公司比较强调市场因素，而在日本的跨国公司则看重产品和市场。国际投资环境不仅因地、因时产生绝对性差异，而且不同行业、不同背景的投资者也可能对同一投资环境作出不同的评价和判断。此外，国际投资环境是动态发展的，这意味着各种影响因素会随时间发生变化，都有可能改善或恶化投资环境，因而必须把握国际投资环境的动态特点。

### （二）国际投资环境的分析方法

关于国际投资环境分析方法的研究，国外已进行多年，常见的国际投资环境分析方法主要有以下两种：

#### 1.冷热分析法

这种方法是由1968年美国学者伊西阿·利特法克和彼得·班廷二人在《国际商业安排的概念构架》一文中提出的。他们通过对美国、加拿大等国的大批工商界人士进行调查和对大量资料进行综合分析，把影响一国投资环境的因素归结为以下7个：政治稳定性、市场机会、经济发展和成就、文化一元化、法令阻碍、实质阻碍（指一国的自然条件、气候等）、地理及文化差距。根据上述7个因素进行分析，一国的投资环境好，即为“热国”，反之则为“冷国”[①]。

#### 2.投资环境评分法

上述冷热分析法主要关注的是宏观因素，对微观因素考虑得较少。1969年，美国学者罗伯特·斯托鲍夫提出了“投资环境评分分析法”：从东道国政府对外国投资者的限制与鼓励政策出发，对影响投资环境的八大微观因素及其若干个子因素进行具体分析，并根据各子因素对投资环境的有利程度给予评分，以表格的形式逐级评分，并相加得出总分。分数越高，表明该地投资环境越好；分数越低，表明该地投资环境越差，当低到一定程度时则不适宜在该地进行投资。

2012年，我国学者张碧琼、田晓明在此基础上，又将该指标体系进行了扩展，将指标体系扩展到了12项指标：资本抽回、外资股权、对外商的管制程度、货币稳定性、政治稳定性、给予关税保护的意愿、当地资本的可供程度、近5年的通货膨胀率、基础设施情况、劳动力供给水平、市场需求度、商务成本（包括水、电、气、土地、房屋价格及环境保护费用等）。该指标体系综合了现有主要评价方法的指标，将其分类同时设定分值，然后根据具体某个国家（地区）的相关信息对各因素打分，加总即可得出该国（地区）投资环境的总分，其分值排序可供投资者参考。投资环境评分法的指标体系及评分标准见表8-1[②]。

用总分来揭示投资环境的优劣，其评判大致可分为以下几种情况：

（1）120分及以上，投资环境为“优”，表明非常适合投资。

（2）101~119分，投资环境为“良”，表明比较适合投资。

（3）91~100分，投资环境为“中”，表明应谨慎投资。

（4）81~90分，投资环境为“差”，表明不太适合投资。

（5）80分及以下，投资环境为“很差”，表明很不适合投资。

---

① 夏乐书，李琳．国际财务管理［M］．4版．大连：东北财经大学出版社，2017：300.
② 张碧琼．国际财务管理学［M］．北京：北京大学出版社，2020：227.

表8-1 投资环境评分法的指标体系及评分标准

| 投资环境因素 | 评分 |
|---|---|
| 一、资本抽回 | 0～12分 |
| 无限制 | 12 |
| 只有时间上的限制 | 8 |
| 对资本有限制 | 6 |
| 对资本和红利都有限制 | 4 |
| 限制繁多 | 2 |
| 禁止资本抽回 | 0 |
| 二、外资股权 | 0～12分 |
| 准许并欢迎全部外资股权 | 12 |
| 准许全部外资股权但不欢迎 | 10 |
| 准许外资占大部分股权 | 8 |
| 外资最多不得超过股权半数 | 6 |
| 只准外资占小部分股权 | 4 |
| 外资不得超过股权的三成 | 2 |
| 不准外资控制任何股权 | 0 |
| 三、对外商的管制程度 | 0～12分 |
| 对外商与本国企业一视同仁 | 12 |
| 对外商略有限制但无管制 | 10 |
| 对外商有少许管制 | 8 |
| 对外商有限制并有管制 | 6 |
| 对外商有限制并严加管制 | 4 |
| 对外商严格限制并严加管制 | 0 |
| 禁止外商投资 | 0 |
| 四、货币稳定性 | 4～20分 |
| 完全自由兑换 | 20 |
| 黑市与官价差距小于一成 | 18 |
| 黑市与官价差距在一成至四成之间 | 14 |
| 黑市与官价差距在四成至一倍之间 | 8 |
| 黑市与官价差距在一倍以上 | 4 |
| 五、政治稳定性 | 0～12分 |
| 长期稳定 | 12 |
| 稳定但因人而治 | 10 |
| 内部分裂但政府掌权 | 8 |
| 国内外有强大的反对力量 | 4 |
| 有政变和动荡的可能 | 2 |
| 不稳定，政变和动荡极有可能 | 0 |
| 六、给予关税保护的意愿 | 2～8分 |
| 给予充分保护 | 8 |
| 给予一定程度保护但以新工业为主 | 6 |

续表

| 投资环境因素 | 评分 |
|---|---|
| 给予少许保护但以新工业为主 | 4 |
| 很少或不给予保护 | 2 |
| 七、当地资本的可供程度 | 0～10分 |
| 成熟的资本市场，有公开的证券交易所 | 10 |
| 少许当地资本，有投机性的证券交易所 | 8 |
| 当地资本有限，外来资本不多（世行贷款） | 6 |
| 短期资本极其有限 | 4 |
| 资本管制很严 | 2 |
| 高度的资本外流 | 0 |
| 八、近5年的通货膨胀率 | 2～14分 |
| 小于1% | 14 |
| 1%～3% | 12 |
| 3%～7% | 10 |
| 7%～10% | 8 |
| 10%～15% | 6 |
| 15%～35% | 4 |
| 35%以上 | 2 |
| 九、基础设施情况 | 2～8分 |
| 基础设施便利且维护良好 | 8 |
| 基础设施便利但老旧 | 6 |
| 基础设施不够便利 | 4 |
| 基础设施几乎没有 | 2 |
| 十、劳动力供给水平 | 0～8分 |
| 劳动力素质高、供给充足，工资水平低 | 8 |
| 劳动力素质较高、供给充足，工资合理 | 6 |
| 劳动力素质较低、供给充足，工资水平低 | 4 |
| 劳动力供给不足，工资水平较高 | 2 |
| 十一、市场需求度 | 6～12分 |
| 当地消费水平高且供给不足 | 12 |
| 当地消费水平高且有供给 | 10 |
| 当地消费水平一般 | 8 |
| 当地消费水平很低 | 6 |
| 十二、商务成本（包括水、电、气、土地、房屋价格及环境保护费用） | 0～8分 |
| 供给充足，价格低廉 | 8 |
| 供给尚可，价格较低 | 6 |
| 价格与国际持平 | 4 |
| 供给不足，价格略高 | 2 |
| 供给不足，价格昂贵 | 0 |
| 总计 | 16～136分 |

小资料

中国对外直接投资东道国（地区）环境综合评分

投资环境评分法是目前国际上较为流行的投资环境的定量评价方法，投资者只需要将表上各项评分进行比较，即可对不同投资环境作出合理评估，以确定投资环境的优劣，从而作出正确的投资决策。

## 二、国际直接投资纳税因素分析

在国内进行投资，因为所处的政治环境、法律环境等都是相同的，因此投资中的纳税因素也比较简单，大多数情况下只需考虑是否可以享受税收减免等优惠政策；但在国际范围内投资则不同，首先，世界上各国、各地区对跨国经营征收的税收种类是不同的；其次，税率多少、税基如何计算，都会直接影响投资主体的纳税负担。因此国际直接投资的纳税因素分析也是进行国际直接投资决策需要考虑的重要因素。

### （一）国际直接投资涉及的纳税种类

从世界范围来看，各国、各地区对跨国经营企业征收的税收种类是不同的，但主要包括以下几种：企业所得税、资本利得税、增值税、预扣税。

#### 1.企业所得税

所得税分为个人所得税和企业所得税。所得税是一些国家税收制度的中心，是一国税收收入的重要来源。企业所得税是以企业的收益为对象而课征的税。

每个国家都对在其境内经营的国外公司所获得的利润征税。各国所得税税率的差别较大，一般而言，发达国家的税率较高，发展中国家的税率较低，以鼓励国内外投资者在当地进行直接投资。

#### 2.资本利得税

资本利得税是指对在出售或交易资本商品时产生的收入大于支出而取得的收益（即资本利得）征收的税。资本商品主要指股票、债券、房产、土地或土地使用权等。简单说，资本利得税就是对投资者买卖价差所征收的税。有些国家（例如美国）专设资本利得税（capital gain tax）或财产收益税（property income tax），有些国家不专门设置此税种，而是将资本利得并入公司一般经营性收益或所得中一起计算所得税。

#### 3.增值税

增值税是以商品生产和流通环节的新增价值或商品附加值为征税对象的一种流转税。它由政府有关部门在产品生产或消费品销售的每个过程，根据增值情况进行征税。增值税是国际公认的一种透明度比较高的税收。按照《关税和贸易总协定》的规定，商品出口时，增值税可以退还给出口商，这样，使出口商品退税后的成本大大降低，有助于增强本国产品在国际市场上的竞争力。

不同国家的增值税税率不同，例如，丹麦为25%、芬兰为24%、希腊为23%、意大利为22%、荷兰为21%、保加利亚为20%，爱尔兰为20%、土耳其为18%，墨西哥为16%，哥斯达黎加为13%，印度尼西亚为10%、泰国为7%[①]。在许多国家和地区，增值税已成为间接税收收入的主要来源。

#### 4.预扣税

预扣税（withholding tax）是指雇主付给非居民钱，包括雇员、商业伙伴及海外代理

① 中华人民共和国商务部网站：http：//wmsw.mofcom.gov.cn/wmsw/toolBox/overviewList#。

商时应缴纳的税金。在国际直接投资的情况下，是指东道国政府对本国企业向国外的投资者或债权人支付股息或利息时征收的税金。有些国家还对支付的工业特许使用费、电影特许权使用费以及其他版权特许使用费征收预扣税。由于这笔税金是在支付股息或利息（或特许使用费）之前预先由东道国政府扣除的，因此叫作预扣税。

但各国、各地区对预扣税规定的税率有所不同。通常情况下，如果两国签订了税收条约，预扣税税率就会比较低，反之则比较高。而英国、巴哈马、百慕大、开曼群岛、巴林等“天然避税港”不征收预扣税。

**（二）国际重复征税的避免**

目前，国际上对于国际重复征税的概念，尚未形成完全统一的看法，但比较流行的观点是：国际重复征税是指两个或两个以上的国家，在同一时期内，对同一跨国纳税人或不同纳税人的同一征税对象或税源征收相同或类似的税收。国际重复征税可以分为法律性重复征税和经济性重复征税两种。

法律性重复征税，又称狭义的重复征税，是指不同国家对于同一跨国纳税人的同一课税对象所进行的重复征税，其产生的根本原因在于不同国家之间税收管辖权的冲突。例如，甲国的A公司（甲国的居民）在乙国设立了一个办事处（常设机构），并在乙国取得一部分收益。在这种情况下，一方面，乙国政府会根据地域管辖权对A公司来源于乙国的这部分收益课征所得税；另一方面，因为A公司是甲国的居民公司，所以甲国政府会通过行使居民管辖权，对A公司来源于世界各地的所得，包括从乙国取得的收益，课征所得税。这样，A公司在乙国取得的同一笔收益，就被甲国和乙国各征了一次所得税。

经济性重复征税是指不同的国家对不同纳税人的同一税源所进行的重复征税。例如，甲国的母公司A在乙国设立了一家子公司B，这两个公司分别在其所在国取得法人地位和居民身份，从而是两个相互独立的纳税主体。子公司B作为乙国的居民，必须首先就其当年取得的全部利润向乙国政府缴纳所得税，然后再从税后利润中向母公司A分派股利；母公司A收到这部分已税股利后，还要并入自己的所得中，再向甲国政府缴纳所得税。从经济来源上看，母公司A分得的股利最终来自子公司B所取得的利润。因此，对A、B两个不同纳税主体的同一税源发生了重复征税。经济性重复征税主要发生在控股公司与被控股子公司之间。

严格来讲，以下各种方法中有的并没有完全避免国际重复征税，因此可以将其视为国际直接投资项目税收筹划的不同方法。

**1.免税**

免税是指对本国居民来自国外的所得与位于国外的财产放弃居民税收管辖权，只按收入来源地税收管辖权从源征税，也就是对本国纳税人在国外取得的收益如果已向外国政府缴纳了所得税的，允许在他的应税收益中扣除而免于课税。免税的范围一般有两方面内容：一是本国纳税人的国外收入部分；二是本国纳税人在国外汇回的部分。

**【例8-1】**

A国的某总公司在某纳税年度的税前利润为1 000万A元，它在B国的分公司同年获税前利润为100万B元，该公司在A国和B国的适用所得税税率分别为40%和30%，当时汇率1B元=2A元。

要求：在免税的情况下，分别计算总公司和分公司向A国政府和B国政府缴纳的所得税。

分公司向B国政府缴纳的所得税=100×30%=30（万B元）

在免税情况下，总公司只需按在本国获得的利润向A国缴纳所得税，因此：

总公司向A国政府缴纳的所得税=1 000×40%=400（万A元）

总公司和分公司的税前利润共计1 200万A元（1 000+100×2），共纳税460万A元，总税率为38.33%（460÷1 200×100%）。

免税法有全额免税和累进免税两种。全额免税是征税国在确定纳税人总所得的适用税率时，完全不考虑免税的国外所得。累进免税是征税国对境外所得虽给予免税，但在确定纳税人总所得的适用税率时，要将免税所得并入计算。由于实行累进免税法，征税国可取得较多的税款，故目前大多数国家都采用累进免税法。

免税法简便易行，但它不能体现公平纳税原则，因为这种方法减少了投资主体本国政府的税收，而且又没有考虑收益来源国，即东道国的税率高低，因而为国际企业利用国际税负的差别逃税、避税提供了可能。

**2.税收扣除**

税收扣除是居住国政府在行使管辖权时，允许本国居民用已缴非居住国政府的所得税作为向本国政府汇总申报应税收益、所得或财产价值的一个扣除项目，就扣除后的余额，计算征收所得税，简单说就是纳税人将已向外国政府缴纳的所得税税额作为费用在应税收益中予以扣除，税后余额汇入本国所得按本国适用税率纳税，即允许纳税人在应税收益中扣除已向外国政府缴纳的部分。

【例8-2】

题目条件同【例8-1】。

要求：在税收扣除的情况下，分别计算总公司和分公司向A国政府和B国政府缴纳的所得税。

分公司向B国政府缴纳的所得税=100×30%=30（万B元）

在税收扣除情况下：

总公司向A国政府缴纳的所得税为［1 000+（100−30）×2］×40%=456（万A元）

总公司和分公司的税前利润共计1 200万A元（1 000+100×2），共纳税516万A元，总税率为43%（516÷1 200×100%）。

以税收扣除避免国际重复征税的效果并不理想，因为纳税人在国外的实际净收入是已经纳过税的税后收入，也就是说，这种方法实际上并没有避免国际重复征税。但由于可扣除的税收种类不仅限于所得税，还可以包含其他税种，因此也可以给企业带来一定的好处。但实际中采用税收扣除的国家较少。

**3.税收抵免**

税收抵免是本国政府允许本国企业在税法规定的限度内，用已缴纳外国政府的税额来抵免应汇总缴纳本国政府相应税额的一部分。

税收抵免与税收扣除的主要区别在于：税收抵免把国外已纳税款直接作为纳税人对居

住国税务负债的扣除数，而税收扣除是把国外已纳税款作为应税收益的扣除数。税收抵免与免税的主要区别在于：税收抵免对本国居民在世界范围内取得的全部收益一并计税，然后将国外已纳税款从本国应纳税额中全部或部分地予以抵免，而免税则对本国居民来源于外国的收益完全放弃居民管辖权，免予征税。

税收抵免又可以分为直接抵免法和间接抵免法。

（1）直接抵免法

直接抵免法是指纳税人在收益来源国缴纳的税款可以全额抵免向本国缴纳的税款。这种方法适用于同一经济实体的总公司和分公司之间纳税的抵免。与母子公司不同，总公司和分公司的关系非常密切，它们属于同一个经济实体，因此，分公司在国外获取的收益应视为总公司获取收益的一部分，而不论其是否汇回总公司。所以，如果分公司在国外已缴税款，则可以直接用来抵免总公司应向本国政府纳税的数额。

【例 8-3】

题目条件同【例 8-1】。

要求：在直接抵免的情况下，分别计算总公司和分公司向 A 国政府和 B 国政府缴纳的所得税。

分公司向 B 国政府缴纳的所得税=100×30%=30（万 B 元）

在直接抵免情况下：

总公司向 A 国政府缴纳的所得税=（1 000+100×2）×40%−30×2=420（万 A 元）

总公司和分公司的税前利润共计 1 200 万 A 元（1 000+100×2），共纳税 480 万 A 元，总税率为 40%（480÷1 200×100%）。

（2）间接抵免法

这种方法适用于母公司和子公司之间，通常二者是属于非同一经济实体的。间接抵免是指本国政府在征税时，允许母公司将其国外子公司取得的已纳过税的股息收入从应向本国政府缴纳的税款中扣除。

从本质上说，除控股关系外，母公司与国外子公司其实是两个独立的经济实体。子公司的资本中有一部分来源于母公司，因此其收益也仅有一部分要汇回母公司。另外，子公司在东道国已经按全部收益、按东道国的所得税税率缴纳了税收，但子公司不能独自享有全部收益，其中一部分收益需要汇回母公司，也就是说，其缴纳的税收也有一部分相当于是替母公司缴纳的，这部分已缴纳的税收可以在母公司纳税时予以抵免。

抵免额的计算公式如下：

$$\text{所得税税款抵免额} = \frac{\text{股利额}}{\text{国外子公司税后利润}} \times \text{国外所得税税额} \tag{8.1}$$

如将股利还原为税前利润数应为公式（8.2）：

$$\text{股利的税前利润} = \frac{\text{母公司所得股利额}}{1 - \text{国外所得税税率}} \tag{8.2}$$

需要注意的是，子公司被东道国视为本国公司，因此在向母公司支付股利时，应按照规定向当地税务部门支付预扣税。母公司向本国政府纳税时，这部分预扣税可以直接抵免。

【例 8-4】

A 国某母公司在 B 国有一子公司，本纳税年度母公司税前利润为 1 000 万 A 元，子公司税前利润为 100 万 B 元，A 国和 B 国的适用所得税税率分别为 40% 和 30%。每年年末，子公司将税后利润的 80% 汇回 A 国母公司，预扣税税率为 5%。纳税时汇率 1B 元=2A 元。

要求：在间接抵免的情况下，分别计算总公司和分公司向 A 国政府和 B 国政府缴纳的所得税。

子公司向 B 国政府缴纳的所得税=100×30%=30（万 B 元）

母公司向 A 国政府缴纳的所得税见表 8-2。

表 8-2 母公司应纳税额的计算

| 项　目 | 金额（万 B 元） | 金额（万 A 元） |
|---|---|---|
| 第一，抵免额的计算<br>①B 国子公司税前利润 | 100 | |
| ②已缴 B 国所得税（①×30%） | 30 | |
| ③B 国子公司税后利润（①-②） | 70 | |
| ④已向 A 国支付股利（③×80%） | 56 | |
| ⑤B 国预扣税（④×5%） | 2.8 | |
| ⑥A 国母公司股利净收入（④-⑤） | 53.2 | |
| ⑦税收抵免：<br>直接抵免预扣税（⑤）<br>所得税抵免（④÷③×②）<br>总抵免额 | <br>2.8<br>24<br>26.8 | <br>5.6<br>48<br>53.6 |
| 第二，股利的税前利润［56÷（1-30%）］ | 80 | 160 |
| 第三，母公司所得股利应缴税额（80×40%-26.8） | 5.2 | 10.4 |
| 第四，母公司利润应纳税额（1 000×40%） | | 400 |
| 第五，母公司合计纳税额 | | 410.4 |

也可以采用简便算法：

第一，子公司应纳税额=100×30%=30（万 B 元），折合为 60 万 A 元。

第二，母公司理论上应缴纳的税额=（1 000+100×80%×2）×40%=464（万 A 元）

母公司可以直接抵免的预扣税额=100×（1-30%）×80%×5%×2=5.6（万 A 元）

母公司可以间接抵免的所得税额=60×80%=48（万 A 元）

第三，母公司实际应缴纳的税额=464-5.6-48=410.4（万 A 元）

当母公司所在国的所得税税率低于子公司所在国的税率时，子公司交母公司股利向母公司所在国应纳所得税额会小于可抵免税额，此时不需要再缴纳税款。例如上例中，如果

A国所得税税率为30%，B国所得税税率为40%，其他条件不变。此时，对于在子公司获取的利润，母公司应纳税额为48万A元（100×80%×2×30%），而可抵免的预扣税为4.8万A元（100×（1-40%）×80%×5%×2），可抵免的所得税为64万A元（100×40%×80%×2），二者合计68.8万A元。由于母公司应纳税额48万A元小于可抵免的预扣税和所得税合计额68.8万A元，此时，子公司交母公司的股利不需要再向A国交税。

### （三）国际避税的常见方式

#### 1.国际避税的概念

国际避税（international tax avoidance），是指跨国纳税人利用各国税法的差别或漏洞以及有关税收协定的条款、采取种种公开的合法手段（如变更纳税人身份、改变经营地点或经营方式），以尽量减轻其国际纳税义务的行为。针对国际避税，各国税务当局一般通过完善税法以堵塞税法漏洞，或者对税收协定作出相应的补充规定等措施解决。

与国际避税既相互联系又相互区别的另一个概念是国际逃税（international tax evasion）。国际逃税是指跨国纳税人利用国际税收管理合作的困难和漏洞，采取种种隐蔽的非法手段（如匿报收入和财产，虚报成本和费用，伪造、涂改、销毁账册或票据，从事地下经济活动等）逃避国际纳税义务的行为。针对国际逃税，各国税务当局根据其国内税法或国际税收协定的规定，采取严厉措施，轻则进行补税和另处罚金，重则追究法律责任。

由此可见，国际避税与国际逃税的主要区别在于：前者是以合法的手段进行的，而后者则是以非法的手段进行的。

国际避税的起因是多种多样的。跨国纳税人减轻税收负担，争取高额利润是国际避税产生的主观原因。国际避税产生的客观原因则主要是各国的税收制度存在差异，这些差异主要体现在：各国实行的税收管辖权不同，税率高低不同，税基有宽有窄，税收优惠有多有少，税收征管水平不同等。

#### 2.常见的国际避税方式

跨国纳税人采用的避税方式多种多样，层出不穷。跨国公司常用的避税方式主要有以下几种[①]：

（1）避免成为高税国的居民公司

如果一个跨国公司被某个国家认定为居民公司，它就要对这个国家（居住国）承担全面纳税义务。换言之，跨国公司是哪个国家的法人居民，就要把来自全球各地的所得汇总到该国纳税。显然，高税国的居民公司比低税国的居民公司承担了更高的纳税义务。跨国公司可通过避免成为高税国居民公司的方式来减轻其国际税收负担。由于各国对法人居民身份的确认标准存在较大差异，所以避免成为高税国居民公司的方式也各不相同。

在适用“登记注册地标准”的国家，判断某一跨国企业是否为本国居民的唯一标准，就是看该企业是否按照本国的法律在本国登记注册。例如，美国就是采用登记注册地标准的国家；一个跨国公司若想避免成为美国的居民公司，它就不应该在美国注册登记；如果已在美国登记注册，则可撤销这一登记，而改在低税或免税的国家或地区办理登记注册。

在适用“实际管理控制中心所在地标准”的国家，判定某一跨国企业是否为本国居民

① 毛付根，林涛. 跨国公司财务管理［M］. 3版. 大连：东北财经大学出版社，2016：321.

的主要标准，就是要看该公司的实际管理和控制中心是否设在本国。一般从以下几个方面判断实际管理和控制中心：公司董事会开会的地点、公司保管各种账簿的地点、公布分红的地点、股东大会召开的地点等。因此，跨国公司若想避免成为某一高税国的居民公司，可以通过巧妙的安排，设法在该国消除使之成为实际管理控制中心所在地的象征因素，例如，不在该国召开股东大会和董事会，不在该国保存公司账册和公布公司盈余分配方案，不从该国发出经营决策指令等。

在适用“总机构标准”的国家，判断某一跨国企业是否为本国居民的主要标准，就是要看该公司的总机构是否设在本国。一个跨国公司若想避免成为此类国家的居民公司，就不应该将其总公司、总店或总事务所等设在该类国家。若已设立，可将总机构从所在国迁出，或者将总机构变为分支机构。

如果一个国家对法人居民身份的确认采用了两种或两种以上的标准，那么，跨国公司只有对症下药、若干种方法并用，才能避免成为这一国家的居民公司。

（2）利用延期纳税的规定

延期纳税是指在奉行属人原则、实行居民管辖权的国家，对本国居民公司设在国外的子公司所取得的利润等收入，在没有以股利等形式汇回母公司之前，对母公司不就其国外子公司的利润征税。母公司只有在收到子公司汇回的股利时，才向本国政府申报缴纳所得税。可见，母国政府对国外子公司的利润处理，采用的是现金收付制原则。

那么，应该如何利用这种延期纳税的规定呢？母公司可以在低税国或避税地建立一个子公司（最好是全资子公司），然后通过运用各种利润转移手段（如转移定价机制），使该子公司形成和积累大量的利润。这些利润长期积累在该子公司不予分配，或者有意拖延一段时间后才以股利形式汇回母公司。这样，对处于高税国的母公司来说，它就可以相应地推迟向本国政府纳税的时间，这无异于使该公司获得了一笔无息贷款。

（3）选择有利的国外经营形式

当一个跨国公司决定在国外投资和从事营业活动时，通常有两种不同的经营形式可供选择：建立常设机构和组建子公司。其中，常设机构多以分支机构形式为主，如分公司、分店、分行、分所等。当然，在选择国外经营形式时，不仅应考虑税收因素，还应考虑其他各种非税收因素。单从税收负担方面而言，选择分支机构和子公司各有利弊。

在税收负担方面，选择分支机构的有利条件包括：

第一，由于分支机构只是总公司在国外的附属单位或派出机构，因而不需在东道国履行复杂的注册手续，也不用交纳资本注册税和相应的印花税。

第二，由于总公司与分支机构属于同一个法人经济实体，所以分支机构向总公司支付的利息和特许权使用费等不需向东道国政府交纳预扣税。

第三，分支机构不是独立的法人，故往往可以不公布或少公布财务资料，这样就易于逃避东道国税务局的监督。

第四，按照国际税收惯例，国外分支机构的经营亏损可用以抵消总公司的全球利润。在分支机构建立之初，往往会出现亏损，用这些亏损去冲抵总公司的利润，可以降低总公司在其居住国的税收负担。

第五，可以利用避免国际重复征税的形式，如免税方法等。

在税收负担方面，选择分支机构的不利条件包括：

第一，分支机构没有独立的法人地位，因此往往没有资格享受东道国政府为子公司提供的免税期或其他税收优惠措施。

第二，由于总公司与分支机构属于同一经济实体，所以有关税务当局对它们之间发生的交易格外关注，这就限制了它们对转移定价机制的自由运用。

第三，分支机构一旦取得利润，总公司在同一纳税年度内，就要将这些利润向其母国纳税。这样一来，在外国税率低于母国税率的情况下，就无法获取延期纳税的好处。

第四，如果分支机构在日后转变为子公司，可能要对由此产生的资本利得纳税。

子公司在税收方面的利弊与分支机构恰好相反，即分支机构的有利条件是子公司的不利条件，而分支机构的不利条件则正好是子公司的有利条件。正因为两种经营形式各有利弊，所以跨国公司在进行国外投资决策时，应该反复权衡，综合考虑，作出最有利的选择。

一种较为常见的避税方案是：在国外经营的初期选择分支机构的形式，以便用分支机构开业初期的亏损冲抵总公司的应税利润。当分支机构由亏转盈之后，再及时转变为子公司，以便享受延期纳税的好处。

（4）利用国际税收协定避税

国家之间签订双边协定也是国际避税的重要形式。签订税收协定能维护各国征税的权利，提供解决税收管理权的措施，减少和避免国际重复征税的影响。在这些税收协定中，缔约国双方往往都要作出相应的约束或让步，如降低来源国对居住国居民投资所得的预扣税税率，或对某些项目所得减税或免税等。这些优惠规定只有缔约国居民才有资格享受。但是，非缔约国的居民，即本来无资格享受协定待遇的第三国居民，可以通过各种巧妙的安排，从另外两个国家签订的税收协定中获取好处。

例如，甲国的A公司打算在丙国建立一家全资子公司C，因为甲、丙两国尚未缔结税收协定，所以A公司每年从子公司C收取股利时，将按高达30%的税率向丙国政府交纳预扣税。假设甲国和乙国、乙国和丙国之间已分别缔结了税收协定。其中，甲国和乙国缔结的税收协定规定，甲国居民来源于乙国的股利所得按5%的税率缴纳预扣税，而乙国和丙国缔结的税收协定则规定，乙国居民来源于丙国的股利所得可以免征预扣税。

这种情况下，甲国的A公司为减轻其股利收益在丙国承担的税负，可以在乙国组建一个子公司B（乙国的居民），并使B公司持有丙国C公司的全部股份。这样，B公司在向C公司收取股利时，无须向丙国缴纳预扣税。然后，B公司将收取的股息转付给甲国的母公司A，而根据甲、乙两国之间的税收协定，这些股利仅需向乙国交纳5%的预扣税。可见，B公司的介入，使得甲国A公司来源于丙国所得的总税负大大减轻了。显然，A公司组建B公司的真正意图，并不是出于生产经营的实际需要，而是为了利用甲、乙和乙、丙的双边税收协定，获取在丙国本来无法获得的税收利益。

根据国家税务总局的资料，截至2022年6月底，我国已与109个国家（地区）正式签署了避免双重征税协定，其中与105个国家（地区）的协定已生效，和中国香港、中国澳门两个特别行政区签署了税收安排，与中国台湾签署了税收协议。[①]

---

① 国家税务总局网站：http：//www.chinatax.gov.cn/chinatax/n810341/n810770/common_list_ssty.html。

小资料

“一带一路”国家的税收优惠

（5）利用国际避税地避税

国际避税地（tax heavens），又称国际避税港或避税乐园，它是跨国公司从事国际避税活动的重要场所。对于国际避税地的内涵及外延，至今尚未形成完全一致的看法。在广义上，可以把避税地的定义简单地归纳为一句话：避税地是指通过免税或压低税率等办法，为跨国投资者提供特别优越的税收环境的国家或地区。

一般来说，避税地具有以下主要特征：税率明显偏低，或者应税收益的范围偏窄；常常放弃双边对等的原则，单方面给予税收上的特殊便利；有着严格的保守银行秘密和商业秘密的传统；本身财政预算支出不沉重，不必依靠重税；实行宽松的海关条例、银行管理条例、工商企业管理办法和外汇管理办法等；有一个安定的政治环境；通信设施完备，交通便利；往往是很小的国家或地区，在地理位置上靠近欧、美等经济发达国家或地区。

国际避税地通常可分为以下四种类型：

第一，完全不开征所得税和一般财产税的国家和地区，如巴哈马、百慕大群岛、开曼群岛、新赫布里底、特克斯和凯科斯群岛等。

第二，只征收较低的所得税和一般财产税的国家和地区，如瑞士、列支敦士登、所罗门群岛、英属维尔京群岛、新加坡等。

第三，完全放弃居民管辖权，只行使地域管辖权的国家和地区，如巴拿马、马来西亚、阿根廷、委内瑞拉、海地、利比里亚等。

第四，正常的税收制度，但提供某些特殊税收优惠的国家和地区，如希腊、卢森堡、荷兰、爱尔兰、菲律宾等。

跨国纳税人利用国际避税地避税的主要手段是在避税地建立“基地公司”（base company），通过虚构的中介业务，并借助低进高出的转移定价机制，向基地公司转移财产、利润和其他所得，以减轻或规避母公司或其他子公司所在国的高额税负。

小案例

沃尔玛、谷歌、辉瑞避税案例

跨国公司在避税地设立基地公司往往并不是基于工商业经营活动的真实需要，所以，“信箱公司”（letter box company），或称招牌公司，便成为基地公司的基本形式。信箱公司是指在基地国（即避税地）完成登记注册手续，具有法人资格，但并没有组织机构，也不从事真实营业活动，而仅仅存在于注册文件上、有一个信箱号，或在某个办公室外挂块牌子的公司。信箱公司的主要作用是把跨国公司在其他国经营活动产生的营业收入和其他所得，通过虚构的中介业务归集在自己名下，以达到避税的目的。在实践中，信箱公司可以采取贸易公司、控股公司、金融公司、信托公司等形式。

## 三、国际直接投资财务可行性分析

国际直接投资的环境分析和纳税因素分析可以视为国际直接投资财务决策的特殊步骤，因为一般在国内进行直接投资时是不对环境和纳税因素进行单独分析的。接下来应对国际直接投资的财务可行性进行分析，这与国内财务可行性分析是一致的，都是在市场销售和生产两项均具有可行性的基础上，对投资项目的现金流入量和现金流出量进行测算，然后通过资本预算决策方法对项目的可行性作出决策，因此也可以将其称为国际投资的现金流量分析。

### （一）国外投资现金流量分析应注意的问题

从方法论上讲，国外投资现金流量分析与国内投资现金流量分析并无差别，但国外投资面临的实际情况更为复杂。在分析时，应注意以下几个问题：

第一，跨国公司对外直接投资后形成了分处两个国家中的不同经济实体，以及母公司的现金流量和国外投资项目的现金流量。两种不同的现金流量因其国别不同，性质也不同，因此投放在项目上的现金流量与流向母公司的现金流量必须严加区分。

第二，在分析时要充分认识各国在税收体系、金融机构、外汇管制、会计准则以及金融资产流动的限制等方面对现金流量的影响。

第三，汇率、利率、通货膨胀率变化不仅会改变国外投资项目的竞争地位，还会改变母公司与子公司之间的现金流量的价值，因此，在投资分析中应给予充分的重视。

第四，跨国资本市场之间的隔离，既可以创造财务利得的机会，也可能引起财务成本的增加，因此在分析时要注意研究投资项目的筹资结构及其变化对现金流量的影响。

第五，在跨国投资中，政治风险会使对外投资的价值发生很大变化。

### （二）国外投资现金流量分析应编制的表格

进行国外投资项目财务可行性分析，要编制各种预测表，主要包括：

#### 1.投资额（费用）和资金来源预测表

与在国内进行投资相同，国外投资的费用包括两部分：固定资产投资和流动资产投资，其中，固定资产投资指在国外兴建的厂房、购买的设备等；流动资产投资指原材料、现金、应收账款等。各项费用要按当时汇率加以折算，用东道国货币来表示。各项投资费用总额确定之后，应规划其资金来源，除了用自有资本投资以外，还可以使用各种借入资金。投资总额和资金来源确定以后，就可以编制期初资产负债表。对长期负债还应编制还本付息计划。

#### 2.项目损益计划

编制项目损益计划的目的是预测对外投资项目的损益，并据此测算出国外投资项目的现金流量。项目损益计划需要进行以下预测分析：

（1）预计利润表。如果以净利润为基础测算现金流量，首先要根据预测的销售收入、成本费用及税负情况，编制预计利润表，计算息税前利润、利润总额和净利润。

其中，销售收入的预测主要取决于两个方面：销售量和销售价格。销售量可以根据公司计划获得，相对来说比较容易；但预测销售价格时，应注意考虑计价货币通货膨胀率对价格水平的影响。如果产品向其他国家销售，其外币收入还会受到各年汇率的影响。

成本费用的预测主要取决于产品生产成本、销售费用、管理费用等，其中预测产品生产成本应注意考虑各年变动成本受通货膨胀的影响。

（2）贷款还本付息计划，一般归还投资贷款的资金来源主要是项目投产后的利润和提取的折旧，因此，要根据“预计利润表”和“固定资产折旧额预测表”，预测贷款还本付息的进度和时间。

#### 3.现金流量计划

现金流量计划是预测国际直接投资项目现金流入量、现金流出量，进而测算各个不同时点现金净流量的表格。与国内直接投资不同，在国外进行直接投资时，通常是通过设立子公司或分公司的形式进行的，因此在进行财务可行性分析时，首先要从子公司的角度出发，对投资项目的财务可行性进行分析，对投资项目的效益进行预测、分析和评价。子公司效益的好坏是母公司对外投资效益好坏的基础。其次，对该投资项目进行可行性分析还应站在母公司的角度进行，因为母公司投资效益的好坏不仅取决于子公司效益的好坏，还受汇率、预扣税等的影响，有时还会受到子公司利润汇出的限制，因此还应从母公司角度出发对投资项目进行财务可行性分析。为此，需要编制以下两张现金流量表：

（1）国外子公司现金流量计划表

按子公司所在国的货币计算，反映国外子公司在建设和生产经营期间各年的现金流入量、现金流出量和净现金流量，据以计算内部收益率和净现值（以东道国类似项目的税后投资报酬率作为折现率）。当净现值大于或等于零，内部收益率大于或等于在东道国类似项目的税后投资报酬率时，可以认为投资项目在财务上是可行的。

（2）母公司与国外子公司有关的现金流量计划表

其现金流入主要是子公司付给母公司的股利和许可证费等。现金流出主要是母公司对子公司的投资，以及母公司从子公司所得投资收益应向本国政府缴纳的各种税款等。现金净流量是现金流入量与现金流出量之差，是母公司可以运用的净收益，是据以计算母公司进行国外投资的净现值和内部收益率的基础。当净现值大于或等于零，内部收益率大于或等于在本国类似项目的税后投资报酬率时，投资项目在财务上是可行的。

**（三）利用资本预算决策方法对项目财务可行性进行评价**

国际直接投资必须站在两个角度对现金流量进行分析，但在现金流量计划完成之后，利用资本预算决策方法对项目财务可行性进行评价时，其方法、决策标准等是完全一样的。

根据是否考虑货币的时间价值，资本预算决策方法可以分为两类：折现的方法和非折现的方法。其中，折现的方法有净现值（NPV）、内部收益率（IRR）、获利指数（PI）等；非折现的方法有投资回收期（PP）、会计收益率（ARR）等。由于具体计算方法及决策标准与国内投资项目完全一致，此处不再赘述。

但要注意的是，以NPV为例，如果站在子公司和母公司的角度，两个NPV都是大于零的，则该投资项目确定可行；如果两个NPV都是小于零的，则该投资项目确定不可行；如果两个NPV一个为正、一个为负，则此时应结合其他因素对该项目的财务可行性进行判断。

## 四、国际直接投资风险分析

在国际市场上进行直接投资时，必须考虑投资的风险。国际直接投资风险是指国际投资在特定的环境和特定的时间内，各种不确定因素的存在，客观上导致国际投资项目的实际收益与预期值之间发生偏差或造成国际投资的经济损失。

通常，人们将国际直接投资风险的种类划分为两种：一类为商业风险，另一类为国家风险。

国际直接投资的商业风险是指由于经营环境、企业经营战略、经营决策等的变化导致的投资经济损失。其通常包括以下几种：（1）自然风险，即自然灾害、自然环境的突变等引起的投资经济损失。例如，由于西太平洋海流突然变化，鱼群绕道而行，急剧减少了秘鲁海域的可捕捞资源，给日本三井物产公司设在秘鲁的一家专营鱼粉、鱼油等产品制造和加工的公司带来了巨大的经济损失。这种风险主要来自大自然的变化，人们现在还很难控制。（2）外汇风险，又称汇率风险，指因汇率变化导致投资者资产价值发生变化。（3）利率风险，是指一定时期内由于利率的变化导致的国际投资者资产价值的变化。（4）经营风险，指在商品（包括物质产品与非物质产品）的生产与销售过程中，由于市场条件和生产技术的变化而引起的风险。国际直接投资的商业风险在本书第四章及其他章节中已经有详细讨论，在此不再赘述。本章将主要探讨国际直接投资的国家风险。

近年来，跨国公司在发展中国家和发达国家遇到的国家风险，不论是类型还是程度都显著增加。

### （一）国家风险的种类和特征

国家风险是指由于国家主权行为的不确定性造成经济主体损失的可能性。在国际经济活动中，国家作为交易的一方，可能通过其违约行为（例如停付外债本金或利息）直接构成风险，也可能通过经济政策和法规的变动（例如调整汇率和税率政策等）间接构成风险。

#### 1.国家风险的种类

按照引发风险的事故性质，可将国家风险划分为政治风险和经济风险。

（1）政治风险

政治风险是指东道国发生的政治事件或东道国与其他国家的政治关系发生变化对跨国公司造成不利影响的风险。

通常一提到政治风险，人们就想到征用风险（征用，或国有化，是指政府通过有偿或无偿的方式将国外产权收归国有），这是最极端的政治风险形式。除了征用风险以外，还有很多形式的政治风险，例如东道国对货币和贸易的控制，对跨国公司监管更加严格等。这些风险的共同点是政府参与到经济生活中，对企业的价值产生重大影响。

根据影响的范围，政治风险可分为宏观政治风险和微观政治风险。

第一，宏观政治风险。这里是指影响到所有外国公司的政治风险。宏观政治风险包括东道国消费者对跨国公司的态度、东道国政府政局的稳定性以及东道国与其他国家发生战争的可能性等。

东道国消费者对跨国公司的态度是一种温和的政治风险。东道国的消费者可能只喜欢购买本国的产品，如果跨国公司准备进入国外市场，必须分析消费者对本国制造商品的忠实度。如果消费者非常忠实于当地产品，那么跨国公司应该与当地企业合资，而不是采用出口策略。东道国的内战、骚乱、边境战争等政治事件，将会影响跨国公司员工的人身安全。饱受战火威胁的国家，其商业活动也很不稳定，跨国公司从该国所获的现金流量也有很大的不确定性。

小案例

委内瑞拉的“新国有化”政策

第二，微观政治风险。这里是指仅对国际业务的某个领域或特定的跨国公司有影响的政治风险。例如，澳大利亚政府以“国家安全”为由，禁止华为竞标国家宽带计划（NBN），之后又以同样的理由禁止华为参加其国家5G建设。

（2）经济风险

经济风险是指东道国经济上的因素对跨国公司造成不利影响的风险。例如，欧洲经济衰退对福特汽车、迪士尼等美国著名跨国公司在欧洲的业务造成了严重的影响。

根据影响的范围，经济风险也可分为宏观经济风险和微观经济风险。

第一，宏观经济风险。宏观经济风险包括东道国的整体经济状况、市场供求和价格状况、税收调整等因素带来的风险。

东道国经济状况将对跨国公司的经营产生重要影响。利率、汇率和通货膨胀率是跨国公司应重点考虑的因素。较高的利率会抑制经济增长，减少对跨国公司产品的需求；较低的利率会刺激经济，增加对跨国公司产品的需求。汇率将严重影响一国的进口，最终影响生产和收入水平。通货膨胀会影响消费者的购买力，因此也会影响跨国公司产品的需求量。利率、汇率和通货膨胀率三者之间也是相互影响的，在分析时必须综合考虑。另外，同一产品在不同国家的市场供求和价格状况是不一样的。供过于求将使产品价格被迫下调，减少跨国公司的营业利润。因此，跨国公司应该密切关注东道国市场供求状况的变动，适时调整自己的产品策略。此外，税收也是影响跨国公司净利润的重要因素，跨国公司必须了解各国的税收法规以及最新调整。另外，东道国与母国之间是否签订税收减免条约、东道国是否有吸引外资的税收优惠政策等，也是跨国公司应当密切关注的。

第二，微观经济风险。微观经济风险是指仅对某个跨国公司的经营有影响的经济风险。如公司可能面临的行业风险、公司的原材料供应情况发生变化等。

#### 2.国家风险的特征

国家风险的特征具体体现在以下几个方面：

第一，国家风险是和国家主权有密切关系的风险，表现为东道国制定的有关法律、法令对外国投资者或外国经营者造成不利限制或歧视待遇。

第二，国家风险存在或产生于跨国的经济活动中，属于国家之间经济交往的风险。

第三，国家风险是一国的个人、企业或机构作为投资者或债权人所承担的风险，这种风险是由不可抗拒的国外因素造成的。

第四，国家风险可能源于东道国法律和法规的强制执行，并非合同或契约条款所能改变或免除。

### （二）国家风险评估中应考虑的因素

国家风险的评估是一项很艰难的工作，因此跨国公司在进行国际直接投资的财务决策中必须要考虑以下因素[①]：

#### 1.政治因素

考察一国的政治因素，主要从国家制度和国家政策两方面入手。其中，国家政策还可以分为需求调节政策、供给政策、外汇政策、国有化政策和其他政策等。

（1）国家制度

国家制度又称国家体制，是确立一国阶级统治关系的基本制度。广义的国家制度是指国体与政体的制度，包括国家的管理形式、结构形式、选举制度、政党制度、决策制度、司法制度、官吏制度等，通常主要体现在以下方面：政府是集体领导还是个人领导；依靠人民支持还是利益集团或军队支持；领导人的领导能力如何，政绩如何；最高领导人更选频率及现任领导人的执政年限、感召力；接班人情况；反对党力量；发生政变、工人运动、罢工、示威等的可能性大小。

---

① 张碧琼．国际财务管理学［M］．北京：北京大学出版社，2020：218.作者有删改。

（2）需求调节政策

需求调节政策包括需求总量调节政策和需求结构调节政策两大类。需求总量调节政策主要包括财政政策和货币政策。常见的货币、财政政策模式有：双紧政策、双松政策、一紧一松政策。当经济过度繁荣、通货膨胀严重时，可以配合使用双紧政策。相对应，双松政策能更有力地刺激经济。一紧一松政策包括两种组合：一是扩张性财政政策和紧缩性货币政策，这种模式在刺激总需求的同时又能抑制通货膨胀。松的财政政策通过减税、增加支出，有助于克服总需求不足和经济萧条；而紧的货币政策会减少货币供给，进而抑制由于松的财政政策而引起的通货膨胀压力。二是紧缩性财政政策和扩张性货币政策，这种模式在抑制通货膨胀的同时又能保持经济适度增长。紧的财政政策通过增加税收、控制支出规模，有助于压缩总需求，抑制通货膨胀；而松的货币政策会增加货币供给，以保持经济适度增长。

（3）供给政策

供给政策是指政府为实现宏观经济政策目标而采取的影响总供给的政策，包括提高生产要素（资本、劳动力和土地）的使用效率，并在竞争性部门之间进行资源的有效分配，以提高近期的产出量；促进国内储蓄和投资，提高教育水平，鼓励技术革新，以提高长期的产出增长率。

（4）外汇政策

外汇政策是一国为实现国际收支平衡、维持汇价基本稳定而在外汇管理方面制定的有关准则，是货币政策的一种。外汇政策的主要手段有：制定和选择适当的汇率制度，干预外汇市场，实施外汇管制。外汇政策的变动会给国际投资和贷款带来很大影响，使一国经济在相对价格和财富状况发生变化时，无法作出灵活反应，导致贸易条件恶化。

（5）国有化政策

国际经济中的国有化，是指将外国投资及资产收归投资地国家所有。国有化是政府的强制措施，它严重威胁投资者的利益，同时增加了投资者的顾虑。

（6）其他政策

例如美国，2001年9月24日，冻结27个组织和个人在美财产；古巴，1959—1960年废除所有对美银行债务；尼加拉瓜，1980年反美斗争推迟对美债务等。

**2.经济因素**

经济因素主要包括资源、经济体制、经济管理水平、对外经济和金融地位等。

（1）资源

资源是生产力形成的重要基础，一国的经济发展状况与其资源密切相关。资源主要包括自然资源、人力资源和资金资源等。自然资源是指一定的时间和技术条件下，能够产生经济价值、提高人类当前和未来福利的自然环境因素的总称，包括生物资源、农业资源、森林资源、国土资源、矿产资源、海洋资源、气候气象以及水资源等。一般来说，充足的人力资源有利于生产的发展。资金泛指资本，是指用于发展国民经济的物资或货币。资金的投入是发展生产的保障。一国资金的积累程度和国民储备水平关系到能否满足本国资金需求，并直接牵涉到该国是否需要以及在多大程度上需要向国外筹资。

（2）经济体制

经济体制是一国国民经济的管理制度及运行方式，是一定经济制度下国家组织生产、流通和分配的具体形式。经济体制是资源占有方式与资源配置方式的组合，资源占有方式可抽象为公有制和私有制两种，资源配置方式可抽象为计划配置与市场配置两种。因此，经济体制通常可以划分为四大类：公有制计划经济体制、私有制计划经济体制、公有制市场经济体制和私有制市场经济体制。

（3）经济管理水平

国家对经济的管理是一种积极的、主动的干预，具体表现为国家采取各种手段和措施，积极主动地通过各种方式对市场主体的经济行为进行干预，以保证经济政策目标的实现。国家在进行经济管理或经济干预的过程中，要经常性地采取一些宏观经济政策，如财政政策、货币政策、汇率政策、外贸政策和产业政策等。

（4）对外经济和金融地位

一国对外经济和金融地位最终决定了其国际清偿能力，主要衡量指标包括国际收支、国际储备、外债和通货膨胀等。国际收支是指一国在一定时期内，由于对外经济交往而发生的，必须立即结清的外汇收入与支出，分为顺差和逆差两种。国际储备包括黄金储备、外汇储备、在国际货币基金组织中的储备头寸（普通提款权）和特别提款权，可体现一国具有的现实对外清偿能力。外债是国际收支的一个重要内容，国际上一般以生产能力和资源转换能力来衡量外债偿还能力。而不同程度的通货膨胀会对汇率、国际贸易、股票市场、公司盈利、社会财富分配甚至社会安定等，都造成不同程度的影响。

#### 3.社会因素

社会因素是指社会上各种事物，包括社会制度、社会群体、社会交往、道德规范、国家法律、社会舆论、风俗习惯等。它们的存在和作用是强有力的，影响着人们态度的形成和改变。东道国的社会因素重点涉及：单一民族还是多民族；是否有按宗教、语言和其他特征区分的团体；社会财富分配方式；就业状况；城乡人口比例等。

#### 4.外部因素

地缘政治是影响中国乃至全球经济最主要的外部非经济因素。东道国与其他国家的关系、与邻国有无边界之争，以及有无受到侵略或卷入战争的危险，这些都可能给外国经济主体或投资者的经营活动带来影响。

### （三）国家风险的评估方法

国家风险的评估①，是采用科学的方法量化测评国家风险事件或事物可能带来的影响或损失程度。目前，国家风险的评估已形成一个巨大的行业，除国际上最具影响的三大评级机构的国家主权信用评级外，还包括国内外机构、学者针对特定国家提出的国家风险打分法。

#### 1.国外的国家风险评级体系

国家主权信用评级是指评级机构按照一定的程序和方法对主权机构的政治、经济和信用等级进行评定，并用一定的符号来表示评级结果，其实质是对中央政府作为债务人履行偿债责任的信用意愿与信用能力的一种判断。目前，国际上被市场普遍认可的是穆迪（Moody’s）、标准普尔（Standard & Poor’s）和惠誉（Fitch）三家机构的国家主权信用

① 严格来讲，“国家风险”和“主权信用风险”是不同的，但因为国家风险是国家主权行为所引起的，或与国家社会变动有关，二者都是从国家或政府的角度出发，因此本文对二者不做区分。

评级[①]。

（1）三大评级机构

穆迪、标准普尔和惠誉评估的是主权债务的综合风险，并且都采用定性与定量相结合的方法。以穆迪为例，穆迪的主权债务评级指标体系主要包括定性因素（考察社会关系结构）、经济基本面和外债这三大部分，其考察指标见表8-3。

表8-3　**穆迪主权债务评级指标体系**

| 定性因素 | 经济基本面 | 外债 |
| --- | --- | --- |
| 种族问题 | 财政、货币政策 | 外债余额/GDP |
| 财富分配 | 国际资源及开发 | 外债余额/出口 |
| 文化和意识形态差异 | 进出口 | 还本付息/出口 |
| 利益集团 | | |

（2）经济学家情报社

经济学家情报社（economist intelligence unit，EIU）是英国一家旨在帮助公司开辟和管理跨国业务的研究出版和咨询机构。近年来，它已经成为有关全世界商业开发、经济和政治趋势、政府法规以及公司实践和专有技术信息的源泉，对影响跨国经营的关键问题提供高质量的信息、分析和建议。经济学家情报社是由经济学家集团全资拥有的分支机构。EIU研究报告的作者是通过一系列广泛的职业和学术原则优选出来的。

EIU将国家风险分为直接金融敞口风险和非直接金融敞口风险。其中，直接金融敞口风险包括主权风险、货币风险、银行部门风险；非直接金融敞口风险包括政治风险和经济结构风险。EIU用五套指标模板，从政治、经济政策、经济结构、经济周期、融资和流动性五个角度，分别对以上五种风险进行评价，每种风险分别对应一套不同的指标权重。为避免评级变动过于频繁，EIU设置了缓冲区，允许分析员在一定区间内进行调整。

（3）美国政治风险服务集团

美国政治风险服务集团（political risk services，PRS）下属的国际国别风险指南（international country risk guide，ICRG）将国家风险分为政治风险、经济风险和金融风险三个部分。其影响因素见表8-4。

在ICRG的综合评分中，政治风险占50%，经济与金融风险各占25%。从权重可以看出，ICRG在评级过程中更加侧重对政治风险的评估。

（4）环球透视

环球透视（global insight，GI）侧重于对直接投资风险的评估，其风险模块包括政治风险、经济风险、安全风险、法律风险、税务风险及运营风险，权重分别为25%、25%、10%、15%、15%和10%。其细分指标见表8-5。

**2.国内的国家风险评级体系**

国内比较有影响力的国家风险评价机构有中国社会科学院世界经济与政治研究所、大公国际资信评估有限公司和中国出口信用保险公司等。

---

① 张碧琼．国际财务管理学［M］．北京：北京大学出版社，2020：222.作者有删改。

表 8-4　　国际国别风险指南评级指标体系

| 政治风险（100） | | 经济风险（50） | 金融风险（50） |
|---|---|---|---|
| 政局稳定状况（12） | 军队在政治中的影响（6） | 人均GDP（5） | 外债余额/GDP（10） |
| 社会经济条件（12） | 宗教状况（6） | 经济增长率（10） | 外债余额/出口商品与服务（10） |
| 投资执行状况（12） | 法律与秩序（6） | 年通货膨胀率（10） | 经常项目/出口商品与服务（15） |
| 有无内部冲突（12） | 种族状况（6） | 财政收入/GDP（10） | 国际资本流动比率（5） |
| 有无外部冲突（12） | 民主问责（6） | 国际收支/GDP（15） | 汇率稳定状况（10） |
| 政府腐败状况（6） | 行政效率（4） | 注：括号内为分值 | |

表 8-5　　环球透视评级指标体系

| 政治风险 | 经济风险 | 安全风险 | 法律风险 | 税务风险 | 运营风险 |
|---|---|---|---|---|---|
| 制度稳健性 | 市场导向程度 | 国内冲突 | 完善程度 | 清晰度 | 对外国投资的态度 |
| 代表性 | 政策连贯性和前瞻性 | 犯罪 | 透明度 | 公平性 | 基础设施质量 |
| 内部认同 | 经济多样性和稳健度 | 恐怖主义威胁 | 独立性 | 税务负担 | 劳动力质量 |
| 外部认同 | 宏观经济基础 | 外部冲突威胁 | 从业人员经验 | 有效性 | 官僚主义和腐败 |

（1）中国社会科学院世界经济与政治研究所

中国海外投资国家风险评级体系（country-risk rating of overseas investment from china，institute of world economics and politics，CROIC-IWEP）由中国社会科学院世界经济与政治研究所公布，重点关注直接投资，兼顾主权债投资。该评级体系在综合考量经济、政治和社会因素的基础上，还引入"对华"关系一类指标作为其特色指标。五大类指标包括经济基础、偿债能力、社会弹性（社会应对危机的能力）、政治风险和对华关系。

在五大类指标中，经济基础和偿债能力为定量指标，政治风险、社会弹性和对华关系为定性指标。定性指标中除投资受阻程度和双边正式关系两项为专家打分外，剩余指标采用其他权威机构的量化结果。

该评级体系的优势在于考虑了影响国家风险的政治、经济、金融和社会等因素间错综复杂的关系，结合定性与定量指标，且定性指标大都采用了其他权威机构的量化结果，大大提高了评估结果的有效性。缺陷是在对五个大类指标进行加权平均时，每类都采用相同的权重，且每年评级报告中各大类指标权重保持不变。

（2）大公国际

大公国际国家信用评级体系的特点是站在不同于西方发达国家国际评级机构的立场，努力超越意识形态，避免以西方政治生态为标杆，强调国家财务创造力是一国债务偿还能力的基础，国家经济增长能力依赖于国家管理能力。

大公国际从以下四个方面对国家信用进行评价：偿债环境、财富创造能力、偿债来源和偿债能力。信用级别确定综合运用这四个方面的研究成果，把多维度的分析信息浓缩为一致的评级符号，对中央政府的偿债能力作出判断。这四个方面具体指标见表 8-6[①]。

① 摘自大公国际资信评估有限公司官网。

表8-6　　大公国际国家信用评级指标体系（基于2015年报告）

| 第一层次 | 第二层次 | | 第三层次 |
|---|---|---|---|
| 偿债环境 | 政治法律环境 | 国家权力稳定性 | 政局稳定性 |
| | | | 政策连续性 |
| | | 政府管理能力 | 国家发展战略 |
| | | | 政府治理水平 |
| | 信用环境 | 信用供给 | 信用政策 |
| | | | 信用工具 |
| | | 信用关系 | 评级体系 |
| | | | 信用体系 |
| | 偿债环境指数 | | |
| 财富创造能力 | 税收收入 | | 规模与结构 |
| | | | 稳定性 |
| | | | 增长潜力 |
| | 收费收入 | | 稳定性 |
| | | | 可持续性 |
| | 其他收入 | | 可得性 |
| | 财富创造能力指数 | | |
| 偿债来源 | 初级偿债来源 | | 财政收入 |
| | 财政支出 | | 财政支出水平 |
| | | | 财政支出弹性 |
| | 可用偿债来源 | | 初级财政平衡 |
| | | | 可变现资产 |
| | | | 债务融资 |
| | | | 外部支持 |
| | | | 货币发行 |
| | 可用偿债来源偏离度指数 | | 存量可用偿债来源偏离度指数 |
| | | | 新增可用偿债来源偏离度指数 |
| 偿债能力 | 债务管理安全指数 | | 债务负担 |
| | | | 债务期限结构 |
| | | | 偿债负担 |
| | | | 债务用途 |
| | 外币级别调整指数 | | 外债负担 |
| | | | 外部流动性 |
| | | | 汇率稳定性 |
| | 存量债务偿还能力 | | |
| | 新增债务偿还能力 | | |
| | 总债务偿还能力 | | |
| | 外币债务偿还能力 | | |

小资料

大公国际主权信用评级结果展示

偿债能力的信用级别符号用大写英文字母表示，分为A、B、C、D四等，除D级别外每等分为三级，即AAA、AA、A；BBB、BB、B；CCC、CC、C。除AAA和CCC（含）以下级别外，每一信用级别可用“+” “-”符号进行微调。D级别是违约级，分为SD和D两个等级。每个信用级别表达的是由可用偿债来源与财富创造能力偏离度所决定的偿债能力安全度。信用级别展望分为“正面”“稳定”“负面”三种。每种展望表达的是由可用偿债来源与财富创造能力偏离度所决定的偿债能力安全度变化趋势。

（3）中国出口信用保险公司

第一，《国家风险分析报告》。

中国出口信用保险公司于2003年、2013年先后成立了资信评估中心、国别风险研究中心，从2005年12月8日首次发布起，每年发布《国家风险分析报告》。该报告以评价指标模型为导向，从政治风险、经济风险、商业环境风险和法律风险四个维度，对国家风险进行分析并作出评级判断。评级划分为1至9级（共9级），风险水平依次降低。《国家风险分析报告》为国内行业和企业分析、识别和管理风险，增加国际竞争力，合理规避贸易投资风险提供了有力的技术支持。

中国出口信用保险公司2020年11月12日发布的2020年《国家风险分析报告》，对国家风险水平和主权信用风险水平分别进行的评估，共有61个国家风险水平较高，93个国家为中等，38个国家较低；32个国家主权信用风险水平较高，83个国家为中等，60个国家较低，17个国家出现风险事件。《国家风险分析报告》研究结果显示，有4个国家未来国家风险展望为正面，171个国家为稳定，17个国家为负面；116个国家未来主权信用风险展望为稳定，59个国家为负面。

第二，中国短期出口贸易信用风险指数。

中国出口信用保险公司于2012年2月28日正式推出中国短期出口贸易信用风险指数（export risk index，ERI）。ERI指数是采用指数评分的方式来反映我国短期出口贸易的主要贸易国（地区）、重点出口行业的信用风险变化趋势。ERI指数是国内首次对主要贸易国（地区）、重点出口行业以指数化形式进行信用风险研究的崭新尝试和重大突破，是中国信保继《国家风险分析报告》之后的又一类高技术、高附加值的海外信用风险管理的标志性成果。

小资料

ERI指数信用水平分级及主要国家（地区）ERI指数水平

ERI指数采用指数评分的方式，从我国短期出口贸易的主要贸易国（地区）和重点出口行业两个角度，分别反映海外进口商（买家）整体信用风险及其变化趋势。根据量化分析的结果，把信用风险水平分为A、B、C、D、E 5个信用等级，并对指数运行趋势进行预测。ERI指数从影响短期出口贸易信用风险的因素出发，以中国信保长期积累的相关业务数据为基础，以国别（地区）、行业、交易主体等多个维度的信用信息为依托，充分借鉴现代指数编制理论和国内外信用风险的研究方法，运用统计、计量等相关数理工具，确保指数编制原理和方法的科学性、先进性和准确性。同时，ERI指数基本实现了指数体系内的横向与纵向可比，既可以比较各国、各行业短期出口贸易信用风险相对位次，也可以考察每个国家、每个行业短期出口贸易信用风险的历史进程，具有一定的先行性，可以起到一定的预警作用。

### （四）国家风险的管理

国家风险的管理[①]是指如何在有国家风险的环境里把风险可能造成的不良影响降到最低的管理过程。国家风险的管理对跨国公司而言十分重要。国家风险的管理可以用于监控正在经营的跨国企业所在国家的经济和政治环境，避免选择高风险国家，帮助其完善长期投资决策。

#### 1.投资前的管理

（1）回避

管理国家风险最简单的办法就是回避，很多企业不在政治不稳定的国家投资就是采用这一策略。但是，所有的政府都会作出影响经营项目盈利的决策，所有的投资都面临一定程度的国家风险。问题的关键在于跨国公司能够容忍何种程度的国家风险，要求获得多大的投资收益。放弃到国家风险高的国家投资往往等于放弃了可能得到的高投资回报，同时也放弃了控制国家风险的任何努力。跨国经营本身就是一项冒险的事业，因此，只要国家风险可以识别、控制并能够得到相应的补偿，就不应该回避。

（2）保险

跨国公司可以通过购买保险来应对国家风险。在美国，投资保险和担保是由海外私人投资公司（overseas private investment corporation，OPIC）承担的。该公司是美国按照1964年制定的对外援助法案成立的公司，于1971年开始运营，其目的是方便和促进美国私营资本在发展中国家的投资。它对四种政治风险提供保险：外国货币不可兑换；海外资产被征用；国外的战争、革命和其他暴力政治事件导致的财产毁损；政治风波给企业收入造成的损失。

1993年，俄罗斯设立了一个保险基金来保护跨国公司免受各种形式的国家风险的影响。世界银行的一个附属机构——多边投资保险机构——为在欠发达国家有直接投资的跨国公司提供政治保险。

小案例

政治风险变幻莫测，企业苦了保险业火了

（3）特许协议

除了保险以外，企业可以在投资前通过谈判与东道国政府达成谅解，以特许协议的方式明确双方的权利和义务。20世纪六七十年代，一些企业在投资于欠发达地区时经常采用这种方式，尤其是在母国的殖民地。不过，随着这类国家的独立或旧政府被推翻，新的执政者往往会废止以前的特许协议。虽然这种特许协议现在仍然存在，但是由于其违约率高，许多跨国公司都在寻求更积极的措施来控制国家风险。

（4）策略调整

企业一旦决定在一个国家投资，可以通过调整经营策略和财务策略来尽可能减轻国家风险的受险程度。

第一，控制市场或原料供给。这一调整策略是指增强东道国公司对其他子公司的依赖（例如，把关键原材料的货源或销售控制在其他子公司手中），使东道国政府因成本太高而不会轻易征用公司。

第二，限制技术转移。跨国公司可以通过将研究与开发设备、专利技术的使用权留在母国，提高东道国实行国有化的成本。这一策略成功的前提是，其他获得许可证的跨国公

① 王建英，支晓强，许艳芳，等. 国际财务管理学［M］. 5版. 北京：中国人民大学出版社，2019：218. 作者有删改。

司也不向被国有化的子公司提供同一技术。另外，跨国公司可以建立一个在法律上东道国政府不能复制的全球统一的唯一商标。子公司被征用后如果使用其他商标势必会有很大的损失，这样可削弱东道国征用的动机。

第三，提高资产负债率。如果跨国公司能够从东道国的银行获得贷款，提高资产负债率，则东道国政府的政策变化会因考虑银行资金的回收问题而对这一行为持慎重态度。

第四，多渠道筹资。如果投资项目必须在东道国以外筹资，跨国公司最好从多个国家的银行借款，而不是仅从母国银行借款，这样可以在东道国与母国之间出现政治冲突时，不至于被置之不顾。

第五，分享所有权。与当地投资者分享所有权可以使当地投资者与企业的利益结合在一起，发生政治事件时很可能获得当地人的帮助。

**2.投资后的管理**

跨国公司一旦在国外进行了投资，它对国家风险的防范和抵御能力就会大大降低。不过，下列措施可以帮助跨国公司捕捉各种成功的机会。

（1）有计划撤资

有计划撤资是指跨国公司将自己对国外投资的全部或大部分所有权分阶段地出售给当地投资者。不过这种方式很难让各利益相关者都满意。如果项目的盈利性差，将难以吸引当地投资者。而且，如果在谈判期间面临被征用的威胁，则难以达成公平的转让价格。

（2）短期利润最大化

当需要从东道国撤资时，跨国公司可以设法从东道国的经营中尽快提取大量现金，以减少留在当地的资本数额。提高短期现金流量的具体方法有：推迟设备维修，削减营销开支，只进行维持规模的投资，降低对产品的质量要求，制定较高价格，取消培训计划等。这些政策的采用表明跨国公司已无意在当地长期经营，所以这种行为可能会激起东道国政府征用的欲望。故此，跨国公司必须认真制定撤资的时间表，并考虑到与东道国的关系及其可能采取的措施，在国家风险急剧上升之前将资金转移。

（3）改变征用的成本收益比

如果东道国政府是理性的，那么它在采取征用政策前一定要考虑征用的成本与收益，只有征用的收益大于征用的成本时，它才会采用这一政策。所以跨国公司防止被征用的最好办法就是增加东道国征用的成本，或减少征用的收益。增加东道国征用成本的措施主要是控制出口市场、运输线路、技术、商标或在其他国家制造的部件。减少征用收益的主要措施是降低所有权当地化的潜在利益，具体可通过在当地建立研发机构、为子公司的产品拓展出口市场、培训当地员工和管理者、扩大生产设施以及生产一系列进口替代产品来实现。

（4）发展当地的利益相关者

发展当地的利益相关者是一项比较积极的策略。如果跨国公司在东道国的子公司能否持续存在影响到东道国的个人或团体的利益，就可以降低被征用的风险。潜在的利益相关者包括消费者、供应商、公司的当地雇员、当地的银行及其合资企业的合伙人等。这些利益相关者会出于自身利益的考虑而反对政府征用。例如，消费者担心征用会改变产品的品质，供应商担心征用会影响生产计划，当地银行担心征用会影响跨国公司子公司的现金流量进而影响债务的清偿。

（5）适应性调整

适应性调整是更为激进的国家风险管理措施。这一政策认为潜在的征用是不可避免的，因此跨国公司可通过特许证和管理合同的方式从东道国的资源中获利。例如，委内瑞拉政府与子公司被国有化的外国石油公司签订了管理协议，允许这些公司继续从事开采、提炼和营销业务。从这个角度看，并不一定只有拥有或控制某项资产才能盈利。

**【思政专栏】　投资必须关注被投资方的感受**

要想在其他国家或地区的投资取得成功，必须考虑对方的感受。当我们说一句话、做一件事的时候，是否考虑过它的负面作用？海外投资往往是利益对冲的过程，任何一个不经意的行为都有可能引起对方的反感和质疑。

21世纪初，蒙古国开始实行放开资源开发的政策，世界各大国闻讯纷纷加入对蒙古国资源的开发行列，其中以奥尤陶勒盖金铜矿项目最为引人注目。该矿是全世界迄今为止最大的金铜矿，包括紫金、中铝在内的六七家中国公司积极参与到了奥尤陶勒盖项目的开发当中。

然而，就在中国企业踌躇满志的时候，事情却节外生枝。当时很多国内媒体为了突出报道主题，在措辞方面很不注意，这让蒙古国觉得奥尤陶勒盖项目的背后还有着强烈的政治色彩。另外，政府层面的介入，让对方很反感，也伤了蒙古国人的自尊心。2009年10月初，在连续数年的冗长谈判后，澳大利亚矿业巨头力拓集团、加拿大艾文雷矿业与蒙古国政府签署了在该国南部戈壁沙漠开发奥尤陶勒盖金铜矿工程的协议。①

# 第三节　国际直接投资业绩评价

## 一、国际直接投资业绩评价的复杂性

跨国公司②的经营目标是在全球范围内实现利润的最大化。在经营过程中，母公司或总公司通过对其国外附属公司，包括子公司和分公司，实施财务控制和财务监督，使附属公司的目标与跨国公司的整体目标保持一致。为使这种财务控制和财务监督充分有效，就必须有一套有效衡量国外附属公司经营业绩的方法。在实践中，跨国公司通过建立某种形式的业绩评价系统，对附属公司的经营业绩进行考核和评价。国外附属公司的经理人员负责监控本企业的日常营业活动并向总部管理人员定期汇报，总部管理人员则负责对国外附属公司提供的财务报告和非财务报告进行比较、解析和评价，以便对各附属公司的获利能力是否充足、财务状况是否良好、经营管理是否健全、业务前景是否光明等，作出有根据的判断，并在此基础上对附属公司的经理人员采取相应的奖惩措施。

① 引自搜狐新闻，2017年3月24日。

② 本章的国际直接投资是指通过投资设厂的方式在国外建立子公司或分公司，其投资主体为跨国公司，被投资的客体为国外附属公司。因此，本章中对业绩评价的主体使用了“跨国公司”的提法，客体使用了“国外附属公司”“子公司”“分公司”“境外企业”等几种提法，但含义相同。

与仅在国内市场上投资相比，对国际直接投资进行业绩评价是非常复杂的，主要体现在：

1.国际直接投资的多目标性

如本章第一节所述，由于投资者在进行对外投资时既受企业本身特有的，诸如资金、技术、管理、规模经济、市场销售技能等优势的影响，也受企业所处的客观社会经济环境，诸如自然资源禀赋、国内市场规模、经济发展水平、产业结构、技术水平、劳动力成本、政府政策等的制约，而这两方面在内容上存在相当大的差异，所以导致不同企业的对外投资动机以及同一企业的不同投资项目的动机不同，因此其目标也会随着不同的投资动机而有所区别。这种多目标性，就决定了跨国公司在对其附属公司进行业绩评价时，必须采用多重的评价标准和评价形式，这就大大增加了业绩评价的复杂性。

2.经营环境的特殊性

在进行国际直接投资时，东道国可以是世界上的任意国家或地区，各国不同的传统、商业惯例和政策法规都会对国际直接投资的经营业绩产生直接影响。例如，东道国政府对商品价格的最高限制或对工资水平的最低限制将会对附属公司的经营业绩产生不利影响。在对国际直接投资进行业绩评价时必须将这些因素考虑在内。

3.总部集中决策的影响

有时候，总部管理当局基于跨国公司的全球战略目标或谋求集团公司整体效益最大化的目的，往往会对某些重大决策进行集中控制和实施，例如转移价格的制定、公司内部往来款项的提前或延期结汇等。这些基于公司整体利益考虑的战略决策，超出了各附属公司的控制权限，但会对其经营业绩产生重要的影响。如果不消除这些战略决策的影响，那么会使国际直接投资的业绩评价变得毫无价值。

4.通货膨胀的存在

世界各国的通货膨胀程度是不一样的，但都会或高或低地存在。而通货膨胀的存在会直接影响到附属公司资产和负债的当地通货价值，影响到成本、费用、收入和收益的计量，从而使企业的财务状况、经营成果和现金流情况被扭曲。这也给国际直接投资的业绩评价增加了很大困难。

5.汇率的变动

由于世界各国政治、经济条件的相对变化以及国际金融市场上各种错综复杂关系的存在，各国货币的相对价值总是在频繁地变动。汇率的波动可能会影响到国外附属公司的资产和负债的价值，影响它的当期利润和未来现金流量。以当地货币计量的经营成果，如果改用投资主体所在国货币来计量，其结果会因为折算汇率的不同而不同，有时甚至会导致完全相反的结论。因此，汇率的频繁变动也大大增加了国际直接投资业绩评价的复杂性。

## 二、国际直接投资业绩评价的基本形式

在每个经营期结束后，母公司（或总公司）都需要采用一定的形式对其国际直接投资，即附属公司的当前经营业绩进行考核和评价。一般来说，国际直接投资业绩评价的基本形式有以下三种[①]：

① 毛付根，林涛. 跨国公司财务管理［M］. 大连：东北财经大学出版社，2016. 作者有删改。

1. 纵向比较

纵向比较就是将海外附属公司的本期业绩同其历史业绩相比较。在附属公司前后各期的经营环境变化不大的情况下，纵向比较便于发现经营业绩变化的情况和原因。但纵向比较是一种“向后看”的比较方法，它主要强调的是“本年的经营业绩不能比往年差”。因此，如果附属公司前后各期的经营环境发生了很大变化，使用纵向比较就会得出令人误解的结果。

2. 横向比较

横向比较又可以分为两种形式：

（1）与东道国竞争对手进行对比

这种方式是将国外附属公司的本期业绩与东道国竞争对手的同期业绩进行对比，以确定国外附属公司与竞争对手的差距，并据此采取改进措施。但是，由于海外附属公司的经营活动在很大程度上会受母公司（总公司）的统一安排和支配，因而其经营成果与竞争对手在独立经营条件下的经营成果往往缺乏可比性。另外这种比较进行起来可能也会比较困难，因为有关竞争对手经营业绩的详细资料属于商业秘密，很难通过正常渠道获取。

（2）不同国家或地区的各附属公司进行对比

这种方式是将跨国公司分布在不同国家或地区的各附属公司的同期业绩进行对比。在大多数情况下，这种对比的意义不是很大。首先因为各附属公司分布在不同的国家或地区，它们是在不同的政治、经济、社会和文化环境中从事经营活动的，因而其经营业绩往往缺少可比性；另外由于各附属公司的战略目标也不同，因此将服从于不同战略目标的各附属公司的经营业绩进行对比，往往揭示不出重要的问题。

3. 同预算比较

同预算比较是将国外附属公司的本期实际业绩与同期预算，即预定的业绩标准进行对比。这是一种“向前看”的对比分析方法。预算的指标通常是根据各附属公司的具体经营目标，以其历史业绩水平为基础，参照东道国同行业竞争对手的有关资料，并在对经营环境的变化进行了预测的基础上编制的。将预算指标同实际经营业绩相比较，就可以揭示出二者的差异。根据这一差异，可以发现生产经营和管理方面存在的薄弱环节，并及时采取有效措施加以纠正。这种比较方法集中了横向和纵向比较的优点，并在很大程度上克服了二者的缺陷，可以有效地发挥事前预测、事中控制和事后反馈的管理控制功能。因此，同预算比较是跨国公司最常用的国际直接投资业绩评价形式。

## 三、国际直接投资业绩评价的指标体系

国际直接投资活动的多目标性和经营环境的复杂性，决定了对国际直接投资进行业绩评价时不能采用单一指标，而必须采用多指标体系，即包含财务和非财务两大类指标的体系。其中，财务指标是以附属公司提交的财务报告为基础进行加工、计算得出的指标；非财务指标是适应国际直接投资多目标性和经营环境的复杂性而设置的指标。但应注意的是，非财务指标的可度量性不如财务指标，因而在采用时，必须对它们进行严格的定义和量化，给出具体的度量方法。例如，市场占有率应该用销售额在市场总销售额中所占的比重来计量；人力资源开发情况可以用提升的人数占总人数的比重来计量；顾客的满意度可以用订货的撤销、销货的退回以及产品返销的次数或频率来衡量等。

但在对特定的国际直接投资进行业绩评价时，指标体系中具体应包括哪些财务指标和非财务指标，对此理论界和实务界都没有形成一致的结论。不同的投资主体在进行评价时都可以选择自己认为比较适合的指标，并且许多专家和学者都对跨国公司的业绩评价指标体系进行了实证研究。在此，我们仅介绍其中的一项。

20世纪80年代，美国两位专家F.D.S.乔伊和I.J.契科维奇曾对64家美国跨国公司和24家非美国跨国公司的业绩评价标准进行了实况调查。结果表明[①]：跨国经营业绩的评价采用了多重标准，其中财务指标为13个，非财务指标为11个，财务指标占了主导地位。这次调查采用的是分级打分制，评分等级共有四个，分别用1、2、3、4来表示。每个数字表示的含义为："1"表示"最重要"；"2"表示"重要"；"3"表示"重要性不大"；"4"表示"不采用"。F.D.S.乔伊和I.J.契科维奇通过这次调查得出的财务指标和非财务指标及其评价结果分别见表8-7和表8-8。

表8-7 跨国经营业绩评价财务指标及重要性评级

| 财务指标 | 美国跨国公司（64家） | | 非美国跨国公司（24家） | | 合计（88家） | |
|---|---|---|---|---|---|---|
| | 对单位的业绩评价 | 对单位经理的业绩评价 | 对单位的业绩评价 | 对单位经理的业绩评价 | 对单位的业绩评价 | 对单位经理的业绩评价 |
| 投资收益率（ROI） | 1.8 | 2.2 | 2.1 | 2.2 | 1.9 | 2.2 |
| 产权收益率（ROE） | 3.0 | 3.0 | 2.9 | 3.0 | 3.0 | 3.0 |
| 资产收益率（ROA） | 2.3 | 2.3 | 2.2 | 2.4 | 2.3 | 2.3 |
| 销售利润率 | 2.2 | 2.1 | 1.9 | 2.1 | 2.1 | 2.1 |
| 每股平均收益 | 2.8 | 3.2 | 3.5 | 3.4 | 3.0 | 3.2 |
| 子公司的经营现金流量 | 2.5 | 2.7 | 2.2 | 2.5 | 2.4 | 2.7 |
| 母公司的经营现金流量 | 2.3 | 2.8 | 2.5 | 2.6 | 2.3 | 2.7 |
| 剩余收益 | 3.4 | 3.3 | 3.4 | 3.2 | 3.4 | 3.3 |
| 实际销售额同预算比较 | 2.0 | 1.6 | 1.9 | 1.8 | 1.9 | 1.7 |
| 实际利润额同预算比较 | 1.5 | 1.4 | 1.4 | 1.3 | 1.5 | 1.3 |
| 实际ROI同预算比较 | 2.3 | 2.4 | 2.4 | 2.5 | 2.3 | 2.4 |
| 实际ROA同预算比较 | 2.6 | 2.7 | 2.7 | 2.2 | 2.7 | 2.5 |
| 实际ROE同预算比较 | 3.1 | 2.9 | 3.2 | 3.1 | 3.1 | 3.0 |

从表8-7可以看出，无论是美国跨国公司还是非美国跨国公司，都将实际利润额（或销售额）同预算的比较、投资收益率和资产收益率作为重要的财务评价指标。进一步观察还会发现：美国跨国公司认为"母公司的经营现金流量"比"子公司的经营现金流量"更加重要，而非美国公司则持相反的看法。

① EITEMAN, STONEHILL, MOFFETT. Multinational business finance［M］. sixth edition. BOSTON: Addision-Wesley Publishing Company, 1992: 596-597. 转引自毛付根，林涛. 跨国公司财务管理［M］. 3版. 大连：东北财经大学出版社，2016: 336.

表 8-8　　跨国经营业绩评价非财务指标及重要性评级

| 非财务指标 | 美国跨国公司（64家） | | 非美国跨国公司（24家） | | 合计（88家） | |
|---|---|---|---|---|---|---|
| | 对单位的业绩评价 | 对单位经理的业绩评价 | 对单位的业绩评价 | 对单位经理的业绩评价 | 对单位的业绩评价 | 对单位经理的业绩评价 |
| 市场占有率的提高 | 1.8 | 1.5 | 1.7 | 1.6 | 1.8 | 1.5 |
| 产品质量控制 | 2.2 | 1.9 | 2.4 | 2.0 | 2.3 | 1.9 |
| 与母公司和其他子公司的协作情况 | 2.4 | 2.0 | 2.5 | 2.1 | 2.4 | 2.0 |
| 与东道国政府的关系 | 2.1 | 1.8 | 2.4 | 1.9 | 2.1 | 1.9 |
| 环境适应性 | 2.4 | 2.3 | 2.5 | 2.4 | 2.4 | 2.3 |
| 人才开发情况 | 2.4 | 2.0 | 2.4 | 2.2 | 2.4 | 2.0 |
| 劳动力流动状况 | 2.7 | 2.5 | 2.8 | 2.7 | 2.8 | 2.6 |
| 研究与开发情况 | 3.1 | 3.2 | 2.8 | 2.7 | 2.8 | 2.6 |
| 生产率的提高 | 2.2 | 2.1 | 1.7 | 1.6 | 2.0 | 2.0 |
| 雇员安全情况 | 2.4 | 2.2 | 2.2 | 2.3 | 2.4 | 2.2 |
| 社会服务 | 2.9 | 2.8 | 2.8 | 2.5 | 2.9 | 2.7 |

从表 8-8 可以看出，对于美国跨国公司来说，“市场占有率的提高”是最为重要的非财务指标；而在非美国跨国公司看来，“生产率的提高”和“市场占有率的提高”是同等重要的。

另外，表 8-7 和表 8-8 都将“对单位的业绩评价”和“对单位经理的业绩评价”区分开来，在进行跨国经营业绩评价时，是否应将“附属公司的业绩”（也就是“单位的业绩”）和“附属公司经理人员的业绩”（也就是“单位经理的业绩”）区分开来，目前存在着以下两种对立的观点：

一种观点认为：应该把单位的业绩与单位经理的业绩看作一回事，因为国外单位的经营活动采取的是经理负责制，经理人员的工作质量和工作成绩自然会体现在本经营单位的经营成果上，因而脱离单位成果来评价单位经理的业绩是不现实的。

另一种观点认为，应该把单位的业绩与单位经理的业绩明确区分开来，否则就无法有效地发挥业绩评价的激励和控制作用。其理由是：国外附属公司作为一个经营实体，其实际经营成果可能受各种内部和外部因素的影响，这些因素不是附属公司的经理人员所能完全控制的。例如，东道国政府的外汇管制、不合理的工资和价格政策等，都可能有损附属公司的经营业绩，但这些因素却超出了附属公司经理人员的可控范围。因此在评价单位经理的业绩时，应该消除这些不可控因素的影响。这种观点还认为，在衡量国外经营单位的经营业绩时，应着重看它对跨国公司整体所做贡献的大小，而在衡量单位经理人员的业绩时，应着重分析其尽职尽责的程度以及工作质量的高低。在实践中，很多跨国公司根据投资报酬率以及其他衡量指标来评价国外单位的经营业绩，而对单位经理人员的评价，则主要看他预算执行得如何。

从理论上讲，如果单位经理能够对与本单位经营业绩有关的所有因素施加影响，那么将单位业绩与单位经理的业绩视为一体，是比较合适的。然而在实践中这种情况是比较少见的。因此，在大多数情况下，还是需要将单位经理的业绩与单位的业绩区分开来。也就是说，对单位经理人员，只能以他可以控制的资产、负债、收入和费用项目为基础来进行评价，剔除其无法控制的因素的影响。在实务中，可以通过把资产负债表和利润表上的项目分为可控的和不可控的两部分来达到上述目的。

20世纪80年代以来的很多实证研究表明，在跨国公司的业绩评价指标体系中，财务指标占了主导地位，而非财务指标则受到了不同程度的忽视。这种做法是不够妥当的。因为一般来说，各种财务指标都是着眼于短期利润，而非财务指标则具有长期性和战略性的特点。非财务指标中的许多指标，表面看来，似乎与企业的财务成果没有直接的联系；但从更深的层次来看，它们完成得好坏，对企业整体的盛衰、成败影响极大，因而要引起充分的重视。因为如果不扎实地在这些方面下功夫，企业就不可能在全球激烈的竞争中处于有利地位，就不可能长期保持较高的盈利能力与适应能力。

## 四、国际直接投资业绩评价应注意的问题

如前所述，总部管理当局基于跨国公司的全球战略目标或谋求整体效益最大化的目的，会对某些重大决策进行集中控制和实施，因此会对附属公司的经营业绩产生影响。例如，母公司利用转移价格使有关子公司的利润增多或减少：母公司运用提前或推迟结算的方式，使有的子公司受益，有的子公司受损等。宏观方面因素的影响，例如子公司所在国的税率、通货膨胀率或汇率等的变化，都会对子公司的经营业绩产生直接影响。因此，在对子公司经营业绩进行评价时，必须要扣除子公司不可控的因素，这样的评价结果才公平。

下面对影响境外企业经营业绩的主要因素和处理方法加以说明。

### 1.转移价格对经营业绩的影响

跨国公司内部转移价格，又称为内部划拨价格、内部结算价格等，是指在跨国公司内部，母公司与子公司之间，或各计算盈利的部门之间，结转中间产品或劳务所定的价格。因此内部转移价格直接决定了子公司净收益。但出于战略高度的考虑，跨国公司通常把内部转移价格的定价权保留在母公司，各子公司对此不能进行选择或者干涉，只能执行。也就是说，对子公司来说，由于内部转移价格的存在会使得子公司的利润人为地增多或减少，但却是子公司自身不可控的。因此，在评价各子公司的财务业绩时，应将这一因素剔除，在实践中常运用以下一些方法：

（1）利润分摊。不管采用的是高价还是低价，不管人为确定的内部转移价格给子公司带来的是利润还是损失，只要内部转移价格与市场价格不一致，二者差额导致的影响就在交易双方均摊。

（2）分别设置账册。设置两套账册，向税务部门纳税的，按内部转移价格核算；用于业绩评价的，按市场价格核算，但这种方法会增加公司的成本。

（3）预算中考虑。在对子公司下达的预算任务或预算指标中充分考虑内部转移价格对

子公司的影响，然后用子公司实际实现的金额同预算金额进行比较，据此进行业绩评价。

2.通货膨胀因素

各国通货膨胀水平存在较大的差异，直接影响到境外各子公司的财务业绩，主要表现在以下几个方面：

（1）在存在通货膨胀的情况下，子公司的资产可能被低估，利润可能被高估，会使其资产收益率不能反映子公司的实际情况。

（2）各国通货膨胀的程度是不一样的，会造成不同国家的子公司经营业务缺乏可比性，无法依照提供的报表数据对各子公司进行评价。

因此，必须采用合理的方法对子公司的有关财务指标进行物价指数调整，才能正确评价各子公司的财务业绩。其中最常见的方法是提供按物价指数调整后的通货膨胀补充会计报表，包括一般物价水平报表、现行成本报表、现行成本/等值货币报表等。

3.汇率变动因素

由于各子公司提供的财务报表及其他数据都是以外币计价的，而在进行业绩评价时主要以母公司所在国货币为基础进行，因此有时汇率的变动会歪曲子公司外币折合为本币表示的业绩。例如我国某公司在美国有一家子公司，2020年12月和2021年1月的销售收入分别为180万美元和182万美元，汇率分别为1美元=6.6141元人民币和1美元=6.4895元人民币。如果按美元计算，该子公司的销售收入是增长的，增长率+1.11%；但如果折合为人民币，两个月的销售收入分别为1 190.54万元人民币和1 181.09万元人民币，此时销售收入是下降的，增长率为-0.79%。很明显，根据折合为人民币的销售收入金额对子公司的业绩进行评价是不公平的。为了避免汇率变动因素的影响，可采用以下两种方法对境外子公司的财务业绩进行评价：

（1）不予折算，即对直接以外币表示的财务成果进行评价。支持这种方法的理由是：子公司的经营活动是在子公司所在国特定的经营环境中进行的，受东道国货币及其他因素的影响。如果对其进行折算，相当于以母公司所在国的经营环境为标准对子公司进行评价，是不公平的。而且从长远看，按当地货币能取得好业绩，按本国货币同样能取得好业绩。反对这种方法的理由是：除非采用的评价标准是相对数，否则无法对处于不同国家的子公司进行比较。

（2）折算后评价。支持这种方法的理由是：母公司所关心的是按本国货币表述的财务成果，所汇回的股利最终将折算为本国货币，因而应采取本国货币来评价，而且也只有折成本国货币后，各子公司的经营业绩才能比较，判别优劣。

为消除汇率变动的影响，通常采取以下两种方法：

第一，定基汇率法，即以某一时点的汇率作为基准评判境外企业经营业绩的增长情况。假设上例以第1个月的汇率作为定基汇率，折算后两个月的销售收入分别为：1 190.54万元人民币和1 203.77万元人民币，增长率为+1.11%，与按美元计算的增长率相同。

第二，预算汇率法。将财务指标的实际数与预算数进行比较，应采用何种汇率呢？由于财务指标可以分为预算指标和实际指标两种，汇率可以分为期初汇率、计划汇率和期末汇率三种，因此将财务指标与汇率进行组合就会出现很多种不同的结果。其中，实务中较为常用的是，确定预算指标和评价预算指标都使用计划汇率，这样有利于母公司对整个集团公司的指标进行协调；另外，预算用期初汇率、实际按期末汇率；或者预算和实际指标都用期末汇率在实务中也都有所使用。

具体应选择哪种组合，可以根据国外经理人员的权限来决定。如果国外经理人员被授权对汇率变动进行决策，则应根据其责任大小，采用预算用期初汇率或计划汇率、实际用期末汇率的组合，这样的授权可以保障国外经营对母公司的经济价值，并可激励国外经理人员采取套期保值等积极措施来消除外汇风险。如果外汇风险是由总部集中管理的，则应采用预算和实际保持统一的组合，例如都使用期初汇率、都使用计划汇率，或都使用期末汇率的组合，或者直接采用当地货币进行评价。

## 【本章小结】

◇ 国际投资是指国际直接投资，也称对外直接投资，即某国的一家公司到另一国甚至更多的国家建立分支机构或扩大其分支机构，进行投资并参与经营。投资者进行对外直接投资的动机很多，不同公司的投资动机也各不相同。

◇ 国际直接投资的财务决策应分四个方面进行，这四个方面分别为：国际直接投资环境分析、纳税因素分析、财务可行性分析以及风险分析。

◇ 财务可行性分析是在市场销售和生产两项可行性分析的基础上进行的，主要是对投资项目的现金流入量和现金流出量进行测算，然后通过资本预算决策方法，如净现值及内部收益率，对项目的可行性作出决策，因此也可以将其称为国际投资的现金流量分析。

◇ 在国际市场上进行直接投资时，必须考虑投资的风险。国际直接投资风险是指国际投资在特定的环境和特定的时间内，各种不确定因素的存在，客观上导致国际投资项目的实际收益与预期值之间发生偏差或造成国际投资的经济损失。国际直接投资风险中最重要的是国家风险。

◇ 在进行国际直接投资业绩评价时，应注意剔除以下因素的影响：转移价格、通货膨胀及汇率变动。

## 【关键概念】

国际直接投资

国际直接投资环境

国际直接投资纳税

免税

税收扣除

税收抵免

国际直接投资风险

商业风险

国家风险

国际直接投资业绩评价

## 【思考题】

1.进行国际直接投资决策需要进行哪些分析？

2.避免国际重复征税的方法有哪些？各有什么优缺点？

3.国际直接投资的财务可行性分析与国内投资的有什么区别？为什么？

4.对国际直接投资项目进行业绩评价时可以利用哪些指标？需要注意什么问题？

5.本章中主要讲述的是通过海外投资设厂方式进行的国际直接投资，但在实务中，国际直接投资还可以通过跨国并购的方式进行，而且目前其规模有越来越大的趋势。请上网搜索近期发生的我国公司跨国并购海外公司的例子，并归纳其并购的动机、过程及效果，同时总结出在进行海外并购中，应该注意哪些问题？

## 【计算题】

1.我国甲公司在A国办一分公司，上年税前利润200万A元，A国企业所得税税率为20%，我国企业所得税税率为25%，汇率1A元=2元人民币。

要求：计算分公司应向我国缴纳的企业所得税税额（采用税收抵免法）。

2.我国甲公司在B国办一子公司，上年税前利润2 000万B元，B国企业所得税税率20%，子公司将税后利润的60%汇给甲公司作为股利，B国征收股利汇出税税率为5%，我国企业所得税税率为25%，汇率1B元=8元人民币。

要求：计算该公司应向我国缴纳的企业所得税税额（采用税收抵免法）。

3.某跨国公司，其总部设在A国，准备在B国进行一项投资。目前，项目分析小组已经收集到如下资料：

（1）该跨国公司准备在B国建立一个独资公司，以便生产和销售B国市场上急需的电子设备。该项目的固定资产需投资12 000万B元，另需垫支营运资金3 000万B元。采用直线法提折旧，项目使用寿命为5年，5年后固定资产残值预计为2 000万B元。5年中每年的销售收入为8 000万B元，付现成本第1年为3 000万B元，以后随设备陈旧，逐年将增加修理费400万B元。

（2）B国企业所得税税率为30%，A国企业所得税税率为34%。如果B国子公司把税后利润汇回A国，则在B国交纳的所得税可以抵减A国的所得税。

（3）B国投资项目产生的税后净利可以全部汇回A国，但折旧不能汇回，只能留在B国补充有关的资金需求。A国母公司每年可从B国子公司获得1 500万B元的特许费及原材料的销售利润。

（4）A国母公司和B国子公司的资本成本均为10%。

（5）投资项目在第5年年底时出售给当地投资者继续经营，估计售价为9 000万B元。

（6）在投资项目开始时，汇率为1A元=800B元。预计B元相对A元将以每年3%的速度贬值。

要求：根据以上资料分别以B国子公司和A国母公司为主体评价投资方案是否可行。

4.假设甲子公司每年要向乙子公司提供某种产品50 000单位，该产品的正常单位售价为100美元，但总部基于整个集团公司的利益考虑将此转让价格确定为95美元。另外假定，如果不改变信用期限，甲子公司内部应收账款的平均余额为250 000美元，但如果总部要求甲子公司向乙子公司延长信用期限，那么甲子公司内部应收账款的平均余额则会提高到750 000美元。

要求：请将下面的表8-9空白处补充完整，从而归纳出转移定价和推迟结算对甲子公司有关财务指标的联合影响。

表8-9　　转移定价与推迟结算的联合效应　　单位：美元

| 利润 | A | B |
|---|---|---|
| 单价 | 100 | 95 |
| 销量 | | |
| 总收入 | | |
| 经营成本 | 3 000 000 | 3 000 000 |
| 其他费用 | 1 500 000 | 1 500 000 |
| 总成本 | | |
| 税前利润 | | |
| 所得税（50%） | | |
| 税后利润 | | |
| 销售利润率 | | |
| 资产 | C | D |
| 内部应收款 | 250 000 | 750 000 |
| 其他资产 | 1 000 000 | 1 000 000 |
| 总资产 | | |
| 资产收益率 | | |
| 利润 | A（250 000） | B（125 000） |
| 资产C（1 250 000） | | |
| D（1 750 000） | | |

5.假设某国外子公司期初编制的用东道国货币B元表示的年度经营预算见表8-10。

表8-10　　某国外子公司年度经营预算　　单位：B元

| 项目 | 金额 |
|---|---|
| 营业收入 | 100 000 |
| 营业成本 | 75 000 |
| 营业费用 | 10 000 |
| 营业利润 | 15 000 |

其他条件如下：

(1) 该子公司的预算执行结果，如果用当地货币B元表示，则与经营预算完全相同，没有差异。

（2）该子公司“受汇率变动影响的净资产”，即“暴露资产”为50 000B元。

（3）当地货币B元与母公司所在国货币A元之间的汇率变动情况如下：

第一，预算期期初，金融市场上的即期汇率（即“期初汇率”）为1A元=20B元；

第二，预算期期初，金融市场上为期一年的远期汇率（即“计划汇率”）为1A元=25B元；

第三，预算期期末，金融市场上的即期汇率（即“期末汇率”）为1A元=30B元。

（4）为简便，不考虑所得税。

要求：将该子公司的经营预算及预算执行结果转化为用母国货币，即A元表述。根据本章中三种汇率的不同组合，分别按（1）、（5）、（7）、（8）、（9）五种可行的汇率组合进行业绩评价，完成表8-11。

表8-11　　不同汇率组合方案下的预算差异　　单位：A元

| | (1) | | (5) | | (7) | | (8) | | (9) | |
|---|---|---|---|---|---|---|---|---|---|---|
| | 预算用期初汇率 1A元=20B元 | 实际用期初汇率 1A元=20B元 | 预算用计划汇率 1A元=25B元 | 实际用计划汇率 1A元=25B元 | 预算用期初汇率 1A元=20B元 | 实际用期末汇率 1A元=30B元 | 预算用计划汇率 1A元=25B元 | 实际用期末汇率 1A元=30B元 | 预算用期末汇率 1A元=30B元 | 实际用期末汇率 1A元=30B元 |
| 营业收入 | | | | | | | | | | |
| 营业成本 | | | | | | | | | | |
| 营业费用 | | | | | | | | | | |
| 暴露资产损失 | | | | | | | | | | |
| 营业损益 | | | | | | | | | | |
| 预算差异 | | | | | | | | | | |

案例分析

埃塞俄比亚
撤侨

# 第九章

# 国际证券投资管理

**【学习目标】**

本章主要阐述了对国际证券投资进行的管理，通过对本章内容的学习，应达到以下目标：

1. 了解国际证券投资的含义和目的；了解国际证券投资的分类和方式；了解国际证券组合投资的渠道。

2. 熟悉国际证券组合投资的目的、策略和方式。

3. 掌握国际证券投资的收益分析和风险分析；掌握国际证券组合投资的障碍。

## 第一节 国际证券投资概述

### 一、国际证券投资的含义和目的

国际证券投资（international securities investment）是指投资者在国际证券市场上购买外国政府、金融机构和公司发行的债券以及股票，以期获得收益的经济行为。与第八章中讨论的国际直接投资相对的投资是国际间接投资，它们是以是否能对被投资企业形成控制权为标准进行分类的。国际间接投资包括但不局限于国际证券投资，还包括国际信贷投资等。国际证券投资属于国际间接投资，但投资于国际市场上的股票比较特殊：如果投资者在国外股票市场上购买外国公司相当数量的股票，掌握该公司的控制权，参与该公司的经营决策与管理，则属于国际直接投资；如果购买股票数量少于一定的比例，没有该公司的控制权，不能参与其经营决策与管理，只能按规定获得股息，则属于国际间接投资。

投资者进行国际证券投资可以较为灵活地运用资本，便于资本的随时调动和转移，投资被冻结或没收的风险较小。因此，在国际经济日趋一体化和国际金融市场日渐发达的情况下，国际证券投资已成为跨国投资者普遍采用的一种方法。

企业进行国际证券投资，其最终目的是要通过持有证券获取经济利益，使投资资金增值。其具体目的主要有以下几个：

#### （一）避免浪费闲置外汇资金

在正常经营中，企业有时会有暂时多余或闲置的外汇资金，为了避免浪费，企业可以用其进行短期证券投资，以获取比银行存款利息更高的收益。

### （二）为特定目的积累外汇资金

企业有时会在某一特定时间点有大额外汇资金需求，例如取得外汇借款后的到期还款日，此时可以建立外汇偿债基金，按期拨出一定金额的外汇资金，用于购买变现能力强、风险较小的短期国际证券，为未来某项特定的外汇资金支出积累金额。

### （三）控制外国股份公司

如果想获取对某外国公司的控制权，企业可以通过进行长期国际证券投资中的国际股票投资进行。当所购入的股份数量达到控股比例时，被投资公司便成为该企业的子公司，企业可以以所有者的身份参与子公司的经营决策和管理，扩大经营，增加收益。

### （四）分散投资风险

由于国际证券投资是在具有不同经济环境的国家进行的，因此可供投资的证券相关性较低，投资国际市场发行的证券比只投资国内市场发行的证券可获得更多的机会，进行国际范围内的证券组合投资还能带来更多的收益和更少的风险。

## 二、国际证券投资的分类

国际证券投资可按不同标志进行分类：

### （一）按证券投资的对象划分

按证券投资的对象划分，国际证券投资可分为国际股权投资和国际债权投资。

#### 1.国际股权投资

国际股权投资包括股票投资、基金投资、国家篮子和世界股权基准股票投资等。

进行国际股权投资最直接的途径就是直接在外国股票市场上购买外国股票。但直接购买外国股票涉及一些问题，包括最终购买需要的外汇、存放证书的保管人、托收及收回股息和分配的银行账户，以及能够得到配股与其他事项通知的能力等。对于大的机构投资者而言，这些问题比较容易解决，但对于相对较小的投资者而言则比较困难，因此这些投资者可以投资于存托凭证（depositary receipts，DR），例如美国存托凭证等。

另外，进行国际股权投资还可以通过投资共同基金的方式。共同基金是一种间接的证券投资方式。基金管理公司通过发行基金单位，集中投资者的资金，由基金托管人（即具有资格的银行）托管，由基金管理人管理和运用资金，从事股票、债券等金融工具投资，然后共担投资风险、共享投资收益。共同基金为投资者投资外国股票提供了另一个非常有用的工具。共同基金实行专业化管理，成为小投资者克服投资障碍和快速达到较广泛证券投资的一个有效途径。从本国的角度来看，投资于外国股票的共同基金包括以下几种类型：

第一，全球型。一般的基金都专注于某一特定区域的股票或债券，例如日本。全球型基金没有区域限制，基金管理者可以购买全球任何地方（包括本国）的股票或债券来达到盈利的目的。

第二，国际型。国际型基金的投资范围比全球型要小，它仅投资于外国的股票或债券，而不在投资者本国市场进行投资。

第三，地区型。地区型基金是指在某一个特定的地理区域进行投资的基金，例如东亚、北美等。

第四，国家型。国家型基金的投资范围是某一个单一的国家，即其主要投资于某一国的股票和债券市场，例如日本。

第五，专业型。专业型基金的投资范围主要是某一个产业群，例如远程通信，或者特别题材，例如重新私有化的公司等。

外国股票型共同基金还可以分为开放型和封闭型。开放型共同基金随时准备以反映基础外国股票净资产价值的价格发行和赎回股票。封闭型共同基金发行与首次资本发售相对应的固定数量的股票，封闭型共同基金的股票可以在二级市场上交易（通常在交易所上市），交易价格反映了其相对于基础外国股票净资产价值的溢价或折价。

随着经济全球化进程的加快，越来越多的中国公司正在积极谋求投资国际市场。合格的境内机构投资者（qualified domestic institutional investor，QDII）是人民币资本项目不可兑换、资本市场未完全开放条件下有控制地允许境内机构投资境外的制度安排。根据中国人民银行公告〔2006〕第5号，我国允许符合条件的基金管理公司等证券经营机构在一定额度内集合境内机构和个人自有外汇，用于在境外进行的包含股票在内的组合证券投资。2006年9月，首只针对个人投资者的QDII产品——华安国际配置基金正式推出，共募集了1.97亿美元。截至2022年9月30日，已获得投资额度的QDII机构共176家，总投资额度达1 597.29亿美元。[①]目前，QDII主要集中于美股、港股，少数产品对标德国、印度市场。

延伸阅读

QDII境外证券投资管理

国家篮子（country baskets，CBS）和世界股权基准股票（world equity benchmark shares，WEBS）是1996年出现的两个新型国际投资工具，结合了封闭型和开放型共同基金以及ADR的特点。它们都代表一个指数基金的股份，这个基金是用来追踪单个国家指数绩效的。

这两种证券都依靠“创建单位”（creation units）开始发起基金，投资者购买指数基金的一个创建单位要支付一笔巨款，CBS大约需要200万美元或者更多，而WEBS则需要50万美元或者更多。基金经理人使用这些基金购买那些绩效与指数绩效相匹配的股票。每个创建单位被分解为特定数量的股份，投资者可以在这些股份上市的证券交易所将其出售或者转让。因此，与开放型共同基金一样，CBS和WEBS的规模可以无限增加，但是交易所交易的股份在任何时候都与封闭型共同基金一样。由于CBS和WEBS是作为被动的指数基金来运作的，而其他国际或者国家基金的运作策略是主动的，并且试图操纵指数，因此CBS和WEBS的管理费用预期低于其他国际或者国家基金。

2.国际债券投资

国际债券投资是指投资于国际债券，即一国政府或居民（金融机构、企业等）为筹措外币资金，在国外发行的以外币计价的债券，具体包括外国政府发行的国库券、外国债券和欧洲债券等。

外国债券和欧洲债券的相关信息在本书第六章“国际证券筹资”中已经做过详细的探讨，在此不再赘述。

### （二）按投资者持有证券的时间长短划分

按投资者持有证券的时间长短划分，国际证券投资可分为短期证券投资和长期证券投资。

---

① 国家外汇管理局网站：http：//www.safe.gov.cn/safe/2018/0425/16849.html。

短期证券投资是指能够随时变现并且持有时间不准备超过1年（含1年）的证券投资，是企业以暂时多余的闲置资金购入不准备长期持有、可随时变现的证券，借以获取一定收益的短期性质的投资。长期证券投资是指持有时间准备超过1年的证券投资，是企业以积累整笔资金或对其他企业进行控股而购入的准备长期持有的各种有价证券。

一般而言，短期证券投资的风险较小，变现能力较强，但报酬率相对较低；长期证券投资的报酬率一般较高，但时间较长，风险较大。

### （三）按证券投资收益是否固定划分

按证券投资收益是否固定划分，国际证券投资分为固定性收益证券投资和变动性收益证券投资。

固定性收益证券投资是指证券投资的收益是固定的，因为投资的证券票面上规定的是固定的收益率，如债券的票面利率或优先股的股利率等；而变动性收益证券投资是指证券投资的收益不是固定的，因为其收益情况是根据企业的实际经营情况确定的，例如普通股的股利。普通股股票是最典型的变动性收益证券。

一般来说，固定性收益证券投资的风险小，报酬低；而变动性收益证券投资的风险较大，报酬较高。

## 三、国际证券投资的方式

投资者向境外证券市场进行投资，可以采用以下两种方式：

### （一）直接投资方式

直接投资方式是指投资者直接在国际证券市场上买卖证券，而不是通过机构投资者进行的。

通常情况下，与发展中国家的证券市场相比，在发达国家的证券市场上进行直接投资较为容易，因为发达国家的证券市场比较完善。

### （二）间接投资方式

间接投资方式是指投资者不是直接进入国际证券市场，而是通过机构投资者，例如证券公司或基金管理公司等，买卖证券，并从机构投资者手中获取收益的方式。对于机构投资者来说，它们是向广大的普通投资者募集资金，然后将募集到的资金进行投资，并将投资收益向普通投资者分配。

21世纪初，我国开始逐步对外开放资本市场，最初实行的是合格境内机构投资者境外证券投资制度，《合格境内机构投资者境外证券投资管理试行办法》于2007年7月5日开始实施。其中规定，“合格境内机构投资者”是指经中国证券监督管理委员会批准在中华人民共和国境内募集资金，运用所募集的部分或者全部资金以资产组合方式进行境外证券投资管理的境内基金管理公司和证券公司等证券经营机构。我国的普通投资者将资金投资于这种机构投资者，便实现了以间接投资方式进行的境外证券投资。其中，证券投资基金具有集合理财、专业管理、组合投资、分散风险、利益共享、风险共担、严格监管、信息透明、独立托管、保障安全的特点。

## 【思政专栏】 证券信用评级机构应公正、公平地履行自己的职责

证券信用评级机构是专门从事有价证券评级业务的机构，一般是独立的非官方机

构。首先从投资者的角度看，投资者要进行最佳投资组合，必然要对各种证券进行比较和分析；其次从证券发行方的角度看，证券发行后能否被批准上市、已上市证券的继续发行对投资者是否有吸引力等，都与证券的等级评定结果有着直接的联系。

我国《证券公司债券管理暂行办法》规定，证券资信评级机构对评级结果的客观、公正和及时性承担责任。因此，信用评级机构要被市场认可，要取得公信力，必须严格遵循独立、客观、公正的原则，公正、公平地履行自己的职责，应尽可能客观地反映证券发行者及证券本身的资信情况，为承销商确定发行价格、发行方式、承销费用等提供所需信息；为自营商评定经营风险的大小、调整证券投资组合提供佐证材料。

## 第二节　国际证券投资的收益与风险

企业进行国际证券投资，是为了获得收益。投资收益是未来的，事先难以确定。证券未来收益的不确定性就是证券投资的风险。投资者总是既希望回避风险，又希望获得较高的收益。但是收益和风险总是并存的，通常收益越高，风险越大，投资者只能在收益与风险之间加以权衡，即在风险相同的各种证券中选择收益较高，或在收益相同的各种证券中选择风险较小的证券进行投资。

### 一、国际证券投资的收益分析

国际证券投资的收益就是从国际证券投资中获取的报酬，一般由两部分组成：一个是利息或股利收入，另一个是卖出证券与买入证券的价格差异，即资本利得。证券的投资收益通常用百分比表示，即证券投资收益占投资成本，证券购买价格的比率。一般情况下，投资者可以设定自己要求的最低收益率，只要证券投资收益率高于要求的最低收益率（即必要报酬率），投资就可以进行。

#### （一）国际证券投资收益的衡量指标

债券收益率的衡量指标主要有认购者收益率、最终收益率和持有期间收益率等。

**1.认购者收益率**

认购者收益率是指投资者购买新发行的债券并持有至到期日所获得的收益率。其计算公式为：

$$认购者收益率=\frac{年利息+(债券面值-购买价格)\div 持有期限}{购买价格}\times 100\% \tag{9.1}$$

**2.最终收益率**

最终收益率是指投资者购买已上市发行的债券并持有至到期日所获得的收益率。其计算公式为：

$$最终收益率=\frac{年利息+(债券面值-购买价格)\div 残存期限}{购买价格}\times 100\% \tag{9.2}$$

#### 3.持有期间收益率

持有期间收益率是指投资者购买债券后，在持有期间内获得的收益率。其计算公式为：

$$持有期间收益率=\frac{年利息+(出售价格-购买价格)\div持有期限}{购买价格}\times100\% \tag{9.3}$$

### （二）国际股票投资收益的衡量指标

股票投资收益率的衡量指标主要有每股盈利、每股股利、股利支付率、每股现金流量和市盈率等。

#### 1.每股盈利

每股盈利是指公司税后利润减去优先股股利后除以流通在外的普通股股数得到的普通股平均每股的利润。其计算公式为：

$$每股盈利=\frac{公司税后利润-优先股股利}{流通在外的普通股股数} \tag{9.4}$$

#### 2.每股股利

每股股利是指每股普通股分配的股利。其计算公式为：

$$每股股利=\frac{公司税后利润-盈余公积-优先股股利-年末未分配利润}{流通在外的普通股股数} \tag{9.5}$$

#### 3.股利支付率

股利支付率是指普通股每股股利占每股盈利的百分比。其计算公式为：

$$股利支付率=\frac{普通股每股股利}{每股盈利}\times100\% \tag{9.6}$$

#### 4.每股现金流量

每股现金流量是指经营活动现金净流量扣除优先股股利后的余额与流通在外的普通股股数的比率。其计算公式为：

$$每股现金流量=\frac{经营活动现金净流量-优先股股利}{流通在外的普通股股数} \tag{9.7}$$

#### 5.市盈率

市盈率是指普通股每股市价与每股利润的比率。其计算公式为：

$$市盈率=\frac{每股市价}{每股盈利} \tag{9.8}$$

### （三）汇率变动对国际证券投资收益的影响

进行国际证券投资，投资者可以按投资所使用的外币币种衡量投资收益率。但大多数情况下，投资者更关心的是以本币表示的投资收益率。在将以外币表示的收益率折算成本币表示的收益率时，汇率的变动必然会对其产生影响。若以 $R_1$ 表示本币收益率，$R_2$ 表示按外币计算的收益率，r表示外币对本币汇率变动的百分比，外币证券投资的本币收益率可按以下公式计算：

$$R_1=(1+R_2)(1+r)-1 \tag{9.9}$$

如果忽略 $R_2r$，上列公式可简化为：

$$R_1=R_2+r \tag{9.10}$$

【例 9-1】

某投资者购买英国某公司债券，按英镑计算的持有期间收益率为16%。购买债券时1英镑=8.9239元人民币，出售债券时1英镑=8.9701元人民币。

要求：计算以人民币表示的债券投资收益率。

首先计算英镑的升值率为：（8.9701−8.9239）÷8.9239×100%=0.52%，然后按公式（9.9）计算以人民币表示的收益率为：

$R_1$=（1+16%）×（1+0.52%）−1=16.60%

由于英镑升值0.52%，使收益率提高0.60%。如果英镑贬值，则以人民币表示的收益率将低于以英镑计算的收益率。

当然，对于以人民币表示的收益率，还可以先将债券所有的收益和成本都用发生时的汇率折算为人民币，然后用人民币表示的债券各项条件计算收益率进行验证。

## 二、国际证券投资的风险分析

风险是指未来结果不确定的不利情况，如未来收益、资产或债务价值的波动性或不确定的不利情况。

### （一）国际证券投资风险的种类

国际证券投资的风险是指跨境投资标的未来收益不确定的不利情况，它直接与金融市场的波动性有关。可以从不同角度对国际证券投资的风险进行分类，从而得到不同类型的风险。

#### 1.按照风险的来源划分

按照风险的来源，可以将证券投资风险分为经营风险、市场风险、国家风险、违约风险、利率风险、购买力风险、流动性风险和汇率风险等。[①]

（1）经营风险

经营风险是指投资决策和管理人员在经营过程中发生失误从而导致企业经营亏损的可能性。这种风险主要包括三类：一是自然原因引起的非正常性破坏事件，如地震、火灾等；二是企业生产的产品已过时，不能满足消费者的需要，而且也无法推出新产品占领市场，因而造成损失；三是在顾客竞争方面失败，从而失去市场，濒临破产。

（2）市场风险

市场风险是指证券市场行情变化而引起的风险，如股票价格、利率、汇率价格波动使投资标的价值缩水。证券市场行情变化可用证券价格指数或平均价格指数来衡量。一旦价格指数达到一个高峰点，便开始呈现下跌趋势，跌到一定程度又会回升。常用的价格指数主要有道琼斯指数、标准普尔500指数、纽约证券交易所综合股价指数等。

（3）国家风险

与国际直接投资中的国家风险相同，国际证券投资的国家风险指东道国政治、经济、社会环境等发生变化（如爆发战争、内乱，政府实行征用、没收企业的国有化政策，变更外汇管理政策，或因经济政策失败、国际收支恶化而拒绝偿还外债）给投资者带来的收益

① 张碧琼. 国际财务管理学［M］. 北京：北京大学出版社，2020：178. 作者有删改。

损失的可能性。例如拉丁美洲主权债务危机、海湾战争、南斯拉夫内战等，都给在这些地区投资的跨国企业造成巨大损失。

（4）违约风险

违约风险是指发行证券的公司由于财务状况不佳，不能按时支付债务本金和利息的可能性。一般而言，工商企业、金融机构等发行的证券均或多或少地存在这种风险，政府债务虽然安全性相对较高，但也有政府违约的情况发生，如拉丁美洲主权债务危机和欧洲主权债务危机。

（5）利率风险

利率风险是指不同类型的不确定性因素引起的利率变动直接或间接造成投资收益降低的风险。国际市场上利率的变动是很平常的，引发利率变动的原因可能是一国政府为了实现其宏观经济目标运用利率手段对经济进行调节，也可能是通货膨胀及汇率波动的影响，例如当一国物价上涨同时货币贬值时，该国的实际利率水平下降。另外，国际货币市场上利率的变动也可能引发利率风险。一些发达国家为了提高本国的国际竞争力或者改善本国的国际收支状况，往往通过提高利率达到降低通货膨胀率和吸引外国投资的目的，这种竞争成为国际货币市场利率变动的重要原因。利率变动引发的跨国投资风险主要体现在两个方面：

第一，利率变动会对投资者在国际货币市场上的筹资成本产生影响。如果投资者在国际货币市场上按照固定利率借款，到期时借款货币的市场利率下降，而投资者仍要按照原有利率还款，则投资者会承受筹资成本提高的损失；如果投资者使用浮动利率借款，则投资者所需支付的利息会随着市场利率水平的变化而变化，市场利率上升将直接导致投资者筹资成本提高。

第二，利率变动会影响投资者跨国投资的收益。一般情况下，证券价格与利率水平成反比，当利率上升时，证券价格下降，如果这时投资者出售证券则会遭受损失；而当利率下降时，证券价格上升，投资者出售证券就可能获得较高收益。

（6）购买力风险

购买力风险主要是指由于通货膨胀的影响，证券投资收益率低于物价上涨指数，使得投资者获得的收益低于实际购买力，得不偿失。

（7）流动性风险

流动性是指金融资产转变成现金的速度，流动性风险是指在变现过程中出现损益的可能性。当证券持有者急需资金，需要出售证券时，证券的价格可能高于购买价，带来收益；也可能低于购买价，造成损失。尤其是股票投资，其风险更大。

（8）汇率风险

汇率风险是指货币兑换的不确定性，即投资者在投资外国证券时，其未来的以外国货币计价的投资收益在兑换成本币时面临的不确定性。

例如，假设美国投资者打算投资于英国债券，投资初期，英镑与美元汇率为1英镑=1.50美元，该美国投资者拥有150万美元，可以兑换100万英镑。又假设英国债券半年收益率为10%，投资半年后，该投资者可以获得110万英镑，如果英镑与美元汇率不发生变化，则投资者可以兑换到165万美元（1.50×110），从而获得15万美元的利润；但是，如果到期时英镑与美元汇率发生了不利于投资者的变化，例如变成了1英镑=1.20美元，则该投资者到期只能兑换到132万美元（1.20×110），与期初投资的150万美元相比，非但没有获利，反而由于汇率变动亏损了18万美元（150-132）。

2.按照风险的可分散性划分

按照风险的可分散性，可以将投资风险分为系统性风险和非系统性风险。

（1）系统性风险

系统性风险是由影响整个金融市场的因素引起的，包括经济因素、国家宏观经济政策变动等。这些风险是不能通过投资组合分散的。也就是说，投资者无论持有怎样的投资组合，都必须承担这部分风险。

（2）非系统性风险

非系统性风险是投资者可以通过投资组合分散的风险。这种风险与经济、政治以及影响金融变量的其他因素无关，主要与特定企业或行业相关，投资者可以通过投资组合分散这部分风险。

（二）国际证券投资风险的衡量

1.标准差

国际证券投资风险最常用的评价指标是均值-方差分析，以方差或标准差来衡量风险大小。标准差表示某一变量围绕其期望值的离散程度。这里指收益率围绕预期收益率的离散程度。标准差越大，说明离散程度越大，其期望值的代表性越弱，风险越大；反之，标准差越小，说明离散程度越小，期望值的代表性越强，风险越小。方差是标准差的平方，二者在评价风险大小上是等价的。标准差一般用σ表示，其计算公式为：

$$\sigma = \sqrt{\sum_{i=1}^{n}[R_i - E(R)]^2} \tag{9.11}$$

其中，σ表示标准差，$R_i$表示收益率，E（R）表示期望收益率。

2.年度价差率

年度价差率是利用某一年内证券的最高值和最低值的差异率来衡量风险。价差率越高，证券的收益就越分散，其风险就越大；价差率越低，证券的收益就越集中，其风险就越小。年度价差率的计算公式为：

$$年度价差率 = \frac{年度证券最高价 - 年度证券最低价}{(年度证券最高价 + 年度证券最低价) \div 2} \times 100\% \tag{9.12}$$

另外，在国际股票投资中，投资者还可以用股票的市盈率衡量证券投资价值的变动和风险程度。理论上来说，市盈率越大，风险越大，投资价值越小；市盈率越小，风险越小，投资价值越大。

## 第三节　国际证券组合投资

### 一、国际证券组合投资目的

与国内证券组合投资相同，进行国际证券组合投资的目的也是分散风险。但由于国际证券组合投资面临的市场更大、环境更复杂，因此能够比国内证券组合投资获取的效果更好。进行国际证券组合投资可以达到以下目的：

**（一）具有明显的分散风险的效果**

证券组合投资能够分散风险的效果取决于各种证券之间的相关性。如果相关性为正，表示组合投资中各证券的收益率变动的趋势相同，此时分散风险的效果较差。极端情况下，相关系数为+1，则完全不能分散风险。如果相关性为负，表示各种证券相关性较差，则分散风险的效果更强。但要注意的是，证券组合投资并不能消除所有风险，因为系统风险是宏观的、全局性因素，对所有证券的收益都产生影响，不能通过证券组合投资来消除。

根据国际证券组合投资理论，与仅投资于一国证券市场相比，投资于多个国家的证券能够在保持收益水平不变的前提下更加有效地分散风险。因为在国际范围内，各国、各地区经济发展水平、经济波动周期、制度等均有差异，而且当前国际证券市场一体化程度较低，此时投资者如果在不同国家进行分散投资，则国际证券组合投资将具有更明显的风险分散的效果。

向不同国家进行证券投资，其投资收益的相关性小于同一国家内证券投资收益的相关性①。表9-1提供了国际股票市场上相关性结构的历史数据。具体而言，该表的斜对角线代表国内个股收益两两之间的平均相关性，在对角线以外则显示了国与国之间股票收益的平均相关性。这些相关系数是以美元为基准的，利用1973—1982年的每周收益数据计算得来。

表9-1　　　　国际股票之间的收益相关性

| 股票市场 | 澳大利亚 | 法国 | 德国 | 日本 | 荷兰 | 瑞士 | 英国 | 美国 |
|---|---|---|---|---|---|---|---|---|
| 澳大利亚（AU） | 0.586 | | | | | | | |
| 法国（FR） | 0.286 | 0.576 | | | | | | |
| 德国（GM） | 0.183 | 0.312 | 0.653 | | | | | |
| 日本（JP） | 0.152 | 0.238 | 0.300 | 0.416 | | | | |
| 荷兰（NL） | 0.241 | 0.344 | 0.509 | 0.282 | 0.624 | | | |
| 瑞士（CH） | 0.358 | 0.368 | 0.475 | 0.281 | 0.517 | 0.664 | | |
| 英国（UK） | 0.315 | 0.378 | 0.299 | 0.209 | 0.393 | 0.431 | 0.698 | |
| 美国（US） | 0.304 | 0.225 | 0.170 | 0.137 | 0.271 | 0.272 | 0.279 | 0.439 |

根据表9-1的结果，各国国内股票平均相关系数为：德国0.653，日本0.416，英国0.698，美国0.439。与之相对应，国际上不同国家间股票平均相关系数为：美国与德国0.170，美国与日本0.137，美国与英国0.279，英国与德国0.299，英国与日本0.209。显而易见，股票收益的国际相关性小于国内相关性。

图9-1也印证了这一说法。此图源自Solnik（1974）的研究。图9-1首先表明随着证券组合所包含的股票种类的增多，证券组合的风险稳步下降，并最终降至系统风险的水

① 尤恩，雷斯尼克．国际财务管理［M］．赵银德，刘瑞文，赵叶灵，译．8版．北京：机械工业出版社，2018：306.

平。如图9-1上半部分所示，一个充分分散的美国国内证券组合的风险是普通个股的27%，而一个充分分散的国际证券组合的风险却只是普通个股的12%。这表明在充分分散的情况下，国际证券组合的风险还不到纯美国国内证券组合的一半。

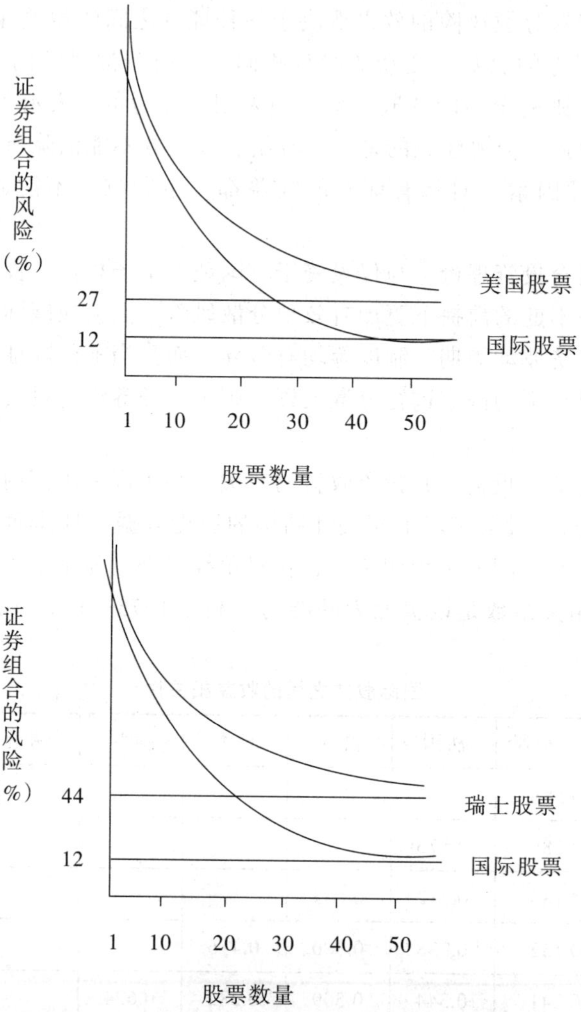


**图9-1 风险减少：国内与国际分散投资的比较**

图9-1下半部分从瑞士的角度也验证了这一结论。可以看出，一个完全分散的瑞士国内证券组合的风险是普通个股的44%。然而，这种方式的证券组合风险是充分分散的国际组合的3倍多。这表明，如果从国际投资的角度看，瑞士的风险大多数实际是非系统风险。此外，与美国投资者相比，瑞士投资者将更多地获益于国际分散投资。总而言之，图9-1提供了强有力的证据，证明国际组合投资比纯粹的国内组合投资更有利。

## （二）比单纯国内证券组合投资收益更高

从风险方面来看，国际证券组合投资比国内证券组合投资更能分散风险。但进行证券投资不能仅考虑风险，更重要的是投资的收益率。同样，与国内证券组合投资相比，充分有效的国际证券组合投资收益率可能更高。国际证券组合投资的好处如图9-2所示[①]。

① 夏乐书，李琳. 国际财务管理［M］. 4版. 大连：东北财经大学出版社，2017：406.

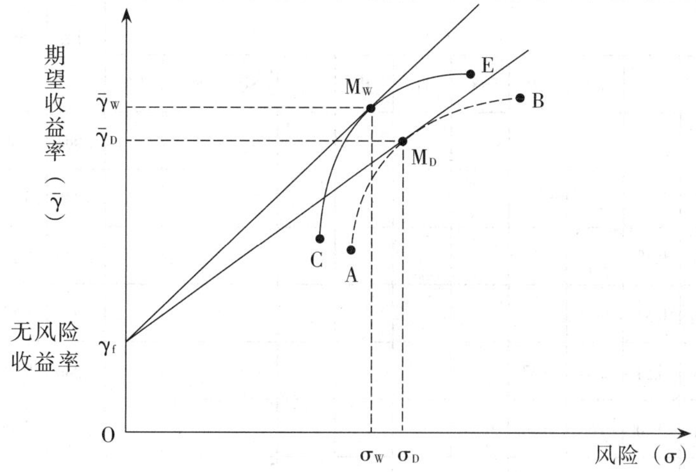


**图 9-2　国际证券组合投资的好处**

图 9-2 中，$AM_DB$ 曲线表示国内证券组合投资的效率边缘；$CM_WE$ 曲线表示国际证券组合投资的效率边缘；$M_D$ 为国内证券的最优投资组合；$M_W$ 为国际证券的最优投资组合。

图 9-2 展示了国际证券组合投资是如何使投资者受益的。图中曲线 $AM_DB$ 是当投资者受限于购买国内证券时存在的受限效率边缘，这时受限于国内的最优投资组合是 $M_D$。曲线 $CM_WE$ 是国际证券组合投资的效率边缘，$M_W$ 是国际证券的最优投资组合，通过 $M_W$ 的资本市场线是一个较陡的斜线。可以看出，投资效用明显增加：$M_W$ 比 $M_D$ 有较高的收益率和较低的风险。

## 二、国际证券组合投资策略

### 1.国际证券组合投资的绩效评估指标

进行证券组合投资时必须同时考虑收益和风险两个因素。最优的投资组合既不是投资收益最大化，也不是投资风险最小化，而是要实现收益与风险的合理平衡。为了将收益和风险二者结合起来，通常人们采用夏普绩效评估值（sharpe performance measure，SHP）作为组合投资的绩效评估指标。

夏普绩效评估值的计算公式如下：

$$SHP = \frac{R_i - r_f}{\sigma_i} \tag{9.13}$$

其中，$r_f$ 表示无风险收益率，$R_i$ 表示第 i 个组合投资收益率的均值，$\sigma_i$ 表示第 i 个组合投资收益率的标准差。夏普绩效评估值代表的是每一标准差所带来的超额收益（即超过无风险收益率的部分）。

表 9-2 给出了 1980—2015 年 12 个主要股票市场上月收益率①（单位：美元）及 SHP 的汇总统计表。在计算表中 SHP 时，以美国短期国库券的月平均收益率作为无风险收益率。

① 尤恩，雷斯尼克．国际财务管理［M］．赵银德，刘瑞文，赵叶灵，译．8版．北京：机械工业出版社，2018：308.

表 9-2　12个主要股票市场月度收益率情况及SHP汇总：1980年1月至2015年12月

| 股票市场 | 相关系数 | | | | | | | | | | | 均值（%） | SD（%） | $\beta^*$ | $SHP^{**}$ | 排名 |
|---|---|---|---|---|---|---|---|---|---|---|---|---|---|---|---|---|
| | AU | CN | FR | GM | HK | IT | JP | NL | SD | SW | UK | | | | | |
| 澳大利亚（AU） | | | | | | | | | | | | 1.067 | 6.89 | 1.07 | 0.100 | （8） |
| 加拿大（CN） | 0.68 | | | | | | | | | | | 0.895 | 5.48 | 0.99 | 0.094 | （9） |
| 法国（FR） | 0.55 | 0.58 | | | | | | | | | | 1.046 | 6.25 | 1.11 | 0.107 | （7） |
| 德国（GM） | 0.51 | 0.57 | 0.79 | | | | | | | | | 0.922 | 6.57 | 1.14 | 0.083 | （11） |
| 中国香港（HK） | 0.55 | 0.54 | 0.44 | 0.47 | | | | | | | | 1.280 | 8.21 | 1.07 | 0.110 | （5） |
| 意大利（IT） | 0.42 | 0.50 | 0.65 | 0.60 | 0.38 | | | | | | | 1.022 | 7.39 | 1.06 | 0.087 | （10） |
| 日本（JP） | 0.39 | 0.38 | 0.45 | 0.38 | 0.31 | 0.40 | | | | | | 0.728 | 6.10 | 0.96 | 0.057 | （12） |
| 荷兰（NL） | 0.60 | 0.70 | 0.79 | 0.81 | 0.54 | 0.63 | 0.47 | | | | | 1.076 | 5.53 | 1.08 | 0.126 | （3） |
| 瑞典（SE） | 0.58 | 0.59 | 0.65 | 0.69 | 0.51 | 0.59 | 0.44 | 0.71 | | | | 1.097 | 6.67 | 1.13 | 0.107 | （6） |
| 瑞士（SW） | 0.53 | 0.55 | 0.72 | 0.74 | 0.44 | 0.51 | 0.48 | 0.77 | 0.63 | | | 1.047 | 4.97 | 0.85 | 0.134 | （2） |
| 英国（UK） | 0.66 | 0.69 | 0.70 | 0.66 | 0.57 | 0.57 | 0.48 | 0.80 | 0.66 | 0.69 | | 1.029 | 5.32 | 1.02 | 0.122 | （4） |
| 美国（US） | 0.58 | 0.77 | 0.63 | 0.63 | 0.50 | 0.46 | 0.38 | 0.73 | 0.61 | 0.59 | 0.69 | 1.043 | 4.36 | 0.88 | 0.152 | （1） |

* β代表的是一国或地区的股票市场指数相对于国际股票市场指数的系统风险。全部统计数据都是使用摩根士丹利资本国际指数，而不是个人股票指数计算得出的。

**SHP为夏普绩效评估值，每个市场按照SHP的排名在括号中列示。每月无风险收益率 $r_f$ 为0.38%，它是样本期1980—2015年美国国库券的月平均收益率。这里采用的是用平均无风险收益率估计样本期间股票市场的历史业绩。

从表9-2中可以看出，夏普绩效评估值SHP从日本的0.057到美国的0.152不等。其中，美国市场表现最好，瑞士市场稍次一些，荷兰市场位列第三。美国市场的强劲绩效主要是由于其低风险，而日本市场绩效最差主要是由于其低收益率。这里在计算夏普绩效评估值时采用月度平均无风险收益率来估计样本期间股票市场的历史业绩。中国香港的收益率在样本市场中位列第一，但其夏普绩效评估值在样本市场中仅位列第五，原因在于其风险较高。

再来看一下这些市场之间的相关系数，与之前利用表9-1得出的结论基本相同。表9-2中，美国股票市场与国外股票市场之间的相关系数分布在与日本的0.38和与加拿大的0.77之间。除加拿大外，荷兰和英国的股票市场都与美国股票市场具有相对较高的相关性，其相关系数分别为0.73和0.69。事实上，荷兰的股票市场与很多市场都存在着相对较高的相关性。例如，与德国的相关系数为0.81，与法国和英国的相关系数分别为0.79和0.80，这很可能归因于荷兰经济具有较高的国际化程度。相比之下，意大利和日本的股票市场与其他市场的相关性相对较低。一般来说，相邻国家，如美国和加拿大、德国和荷兰，都会呈现最高的两两相关性，这大多是因为两国的经济依赖性较高。

最后再来看一下表9-2中给出的每个市场月度收益率的均值和标准差SD以及国际β值，国际β值表示的是一个国家的市场对国际市场波动的敏感性。例如，如果某一市场的国际β值为1.20，就意味着当国际市场上下波动1%时，该市场将随之波动1.20%。国家股票市场有着显著的风险-收益特征。月度平均收益率在日本的0.73%（年收益率8.76%）到中国香港的1.28%（年收益率15.36%）间波动，而标准差范围却介于美国的4.36%和中国香港的8.21%之间。德国的β值最高（1.14），而瑞士则最低（0.85）。这意味着德国的股票市场对国际市场波动最敏感，而瑞士的市场最不敏感。

### 2.最优国际证券组合投资的选择

投资者一般通过对比不同投资策略下风险调整后的夏普绩效评估值，选取指标最高的投资策略作为最佳投资组合，并按照相应的组合比例进行投资。

夏普绩效评估值增加额计算公式为：

$$\Delta SHP = SHP_f - SHP_d \tag{9.14}$$

其中，$SHP_f$表示国际组合投资的夏普绩效评估值，$SHP_d$表示国内组合投资的夏普绩效评估值。若ΔSHP为正值，则表明进行国际组合投资比国内组合投资带来的收益更高或风险更小，则这种国际组合投资优于国内组合投资。

国际证券组合投资与国内证券组合投资SHP的比较见表9-3[①]。

表9-3　国际证券组合投资与国内证券组合投资SHP的比较（月收益：1980—2015年）

| 投资者所在地 | 国内组合 | | | 最优国际组合 | | | ΔSHP |
|---|---|---|---|---|---|---|---|
| | 均值（%） | SD（%） | SHP | 均值（%） | SD（%） | SHP | |
| 澳大利亚（AU） | 1.06 | 5.13 | 0.106 | 1.18 | 3.95 | 0.169 | 0.063 |
| 加拿大（CN） | 0.88 | 4.34 | 0.148 | 1.10 | 3.77 | 0.230 | 0.082 |
| 法国（FR） | 1.10 | 5.58 | 0.137 | 1.16 | 4.15 | 0.200 | 0.063 |
| 德国（GM） | 0.89 | 5.96 | 0.090 | 1.17 | 4.16 | 0.196 | 0.106 |
| 中国香港（HK） | 1.37 | 8.02 | 0.133 | 1.19 | 4.24 | 0.208 | 0.075 |
| 意大利（IT） | 1.17 | 6.93 | 0.072 | 1.21 | 4.44 | 0.121 | 0.049 |
| 日本（JP） | 0.53 | 5.35 | 0.067 | 1.01 | 5.29 | 0.160 | 0.093 |
| 荷兰（NL） | 1.06 | 5.06 | 0.137 | 1.17 | 4.17 | 0.191 | 0.054 |
| 瑞典（SE） | 1.37 | 6.41 | 0.155 | 1.23 | 4.09 | 0.209 | 0.054 |
| 瑞士（CH） | 0.91 | 4.37 | 0.155 | 0.98 | 4.54 | 0.165 | 0.010 |
| 英国（UK） | 1.09 | 4.57 | 0.134 | 1.18 | 4.42 | 0.159 | 0.025 |
| 美国（US） | 1.04 | 4.36 | 0.152 | 1.07 | 4.20 | 0.164 | 0.012 |

以美国投资者为例，从表9-3的最后一行可以看出，其最优国际证券组合的月收益率均值为1.07%，标准差为4.20%，而美国国内证券组合的月收益率均值为1.04%，标准差

① 尤恩，雷斯尼克. 国际财务管理［M］. 赵银德，刘瑞文，赵叶灵，译. 8版. 北京：机械工业出版社，2018：311. 作者有删改。

为4.36%。由此可见，最优国际证券组合的风险略低于国内证券组合，其收益略高于国内证券组合。其结果是，夏普绩效评估值从0.152增加到了0.164，增加了7.9%。

小资料

按投资者定居地统计的最优国际证券组合的构成

对于某些国家或地区的投资者，特别是澳大利亚、加拿大、意大利、德国、中国香港和日本的投资者，他们从国际证券组合的分散化投资中所获得的利益尤其显著，其夏普绩效评估值增长率都在50%以上。例如，日本投资者的夏普绩效评估值增长率为139%，德国的增长率为118%。同时从表9-3中还可以看出，英国、瑞士和美国投资者从国际证券组合的分散化投资中获得的利益一般。总的来说，表中列示的所有国家$\Delta SHP$都为正值，即在所有国家中，国际证券组合投资均优于国内证券组合投资。

## 三、国际证券组合投资的方式

投资者进行国际证券组合投资的方式主要有以下几种：

### 1.不同国家不同种类证券的组合投资

对不同国家（如美国、英国、日本等）不同种类证券进行投资组成投资组合，如股票与债券组合，普通股与优先股组合，股票与不同种类的债券，如政府债券、公司债券等组合等。

### 2.不同国家不同行业证券的组合投资

对不同国家（如美国、英国、日本等）不同行业进行投资组成投资组合，如投资于房地产业、高科技企业、公用事业等；或者同时投资于传统行业或新兴行业等。

### 3.不同国家不同期限的证券组合投资

对不同国家（如美国、英国、日本等）不同到期日的证券进行投资组成投资组合，如短期债券和长期债券组合，债券和没有到期日的股票组合等。

## 四、国际证券组合投资的渠道

当前，我国投资者的国际投资方式主要是通过前已述及的合格境内机构投资者进行，由这些证券经营机构以组合方式进行境外证券投资。[①]

以最为发达的美国证券市场为例，美国投资者进行国际证券组合投资的渠道主要包括：

### 1.通过国际共同基金进行分散化投资

目前，美国投资者仅通过投资于以美元为基准的国际共同基金就可在美国实现国际分散化投资。近年来，国际共同基金增长迅速。通过投资于国际共同基金，投资者可以：第一，节约直接投资于国外市场所必须负担的交易成本和信息成本；第二，避免直接在国外市场进行证券组合投资所遇到的法律和制度壁垒；第三，从职业基金管理者的专业技能中获得潜在利益。

延伸阅读

国际共同基金的历史绩效

### 2.通过国家基金进行国际分散化投资

近年来，在美国及其他发达国家，国家基金已经成为国际投资的最流行方式之一。顾名思义，国家基金仅对一国股票进行投资。通过投资于国家基金，投资者可以：第一，以最小的成本投资于单个国外市场；第二，以国家基金为基础，构建其个人的国际投资组合；第三，进入其他方式几乎无法进入的新兴市场。

---

① 尤恩，雷斯尼克．国际财务管理［M］．赵银德，刘瑞文，赵叶灵，译．8版．北京：机械工业出版社，2018：316．作者有删改。

很多新兴市场，例如印度和俄罗斯，在很大程度上仍然处于市场分割状态。因此，通过投资于国家基金，投资者就可以顺利地进入这些以往难以进入的国外市场。但是，大部分的国家基金仍是封闭型的。就像其他封闭基金一样，封闭型国家基金（close-end country fund）也可以发行一定量的股份，像个股一样在东道国的股票交易所交易。与开放型共同基金股份不同，封闭型国家基金的股份不能按基金本土市场所确定的标的净资产价值进行赎回。目前，大约有30个国家和地区提供封闭型国家基金。在美国，大多数的封闭型国家基金都在纽约证券交易所上市交易，仅有少数在美国股票交易所上市交易。

### 3.利用美国ADR进行国际分散化投资

延伸阅读

封闭型国家基金的平均溢价

美国投资者使用美国存托凭证（ADR）就像使用国家基金一样，可以不出国门实现国际分散化投资。如前所述，美国存托凭证代表美国银行的外国分支机构或受托人所持有的国外股份的收据。与封闭型国家基金一样，美国存托凭证也可以在美国股票交易所像美国本土的有价证券一样进行交易。这样，美国投资者既可以节约交易成本，还可以享受快速而又可靠的披露、结算和保管服务。另外，英国和欧洲地区的投资者也可以像美国投资者一样，利用全球存托凭证（GDR）不出国门就可实现国际分散化投资，这里的全球存托凭证是代表在伦敦证券交易所上市的国外股票所有权的一种凭证。

曾有研究对利用美国存托凭证进行国际分散化投资的潜在收益进行了调查。Officer和Hoffmeister（1987）发现，在国内组合中加入美国存托凭证可以极大地降低风险。一个典型的美国股票证券组合中仅需包含4种美国存托凭证，就可在预期收益不变的情况下，将其收益的标准差降低25%，这就意味着风险降低了25%。

### 4.利用交易所交易基金进行国际分散化投资

1996年4月，美国股票交易所创立了一类有价证券，即世界权益基准股份（World Equity Benchmark Shares，WEBS），最初由巴克莱（Barclays）全球投资集团设计和经营管理。在本质上，世界权益基准股份就是交易所交易基金，被设计用来密切跟踪国外股票市场指数。目前，世界权益基准股份跟踪以下国家和地区的摩根士丹利资本国际（MSCI）指数：澳大利亚、奥地利、比利时、巴西、加拿大、智利、中国、法国、德国、中国香港、印度尼西亚、爱尔兰、以色列、意大利、日本、韩国、马来西亚、墨西哥、荷兰、秘鲁、波兰、新加坡、南非、西班牙、瑞典、瑞士、中国台湾、泰国、土耳其和英国。作为开放式基金，世界权益基准股份以非常接近其净资产价值的价格进行交易。除了单一国家指数基金外，投资者仅通过持有标准普尔全球100指数基金的股份，就可以立即实现全球分散化投资。该指数基金同其他世界权益基准股份一样，也在美国股票交易所进行交易。后来，世界权益基准股份改名为埃雪基金并且在多个交易所上市，包括纽约证券交易所、伦敦证券交易所和中国香港交易所。世界权益基准股份是替代国际共同基金、美国存托凭证和封闭型国家基金等传统工具的重要手段。

### 5.利用对冲基金进行国际分散化投资

对冲基金是指私人筹集的投资基金，近年来呈现迅猛的增长速度。与传统的共同基金依靠“买入并持有”的策略不同，它采用灵活而动态的交易策略，积极地使用杠杆、卖空和衍生工具合约来实现投资目标。这些基金会投资于各种证券，如货币、国内外债券以及股票、商品、不动产等。许多对冲基金的目标就是在任何市场行情下实现绝对收益。

对冲基金与各种股票市场指数之间的相关性较低，这样，投资者就可以通过对冲基金来分散自己的证券组合风险。而且，对冲基金也使得投资者有机会进入本来难以进入的国外市场。同样，对冲基金也使得投资者能从一些全球性宏观经济事件中获利。

实际上，许多对冲基金被归类为“全球/宏观”基金，例如乔治·索罗斯（George Soros）的量子基金（Quantum Fund）、朱利安·罗伯逊（Julian Robertson）的美洲豹基金（Jaguar Fund）及路易斯·培根（Louis Bacon）的摩尔全球基金（Moore Global Fund）等。

## 五、国际证券组合投资的障碍

随着世界经济一体化的发展和国际资本市场的全球化进程，投资者更容易进入外国市场进行国际组合投资并从中获益。但是，投资者在进行国际组合投资选择时，还是面临一些障碍，导致其偏好国内组合投资。研究表明，投资者进行国际组合投资的障碍主要有以下几种：

### 1.可能存在税收和法律限制

例如，许多国家过去经常限制外国投资者持有本国公司的股份[①]。在芬兰，外国投资者最多只能拥有任何芬兰国内公司股票的30%。在韩国，外国投资者拥有任何本国公司股份的比例被限制在20%以内。结果是，外国投资者必须为取得当地股票支付额外费用，从而减少了在那些国家投资所获得的收益。同时，按照“谨慎法则”，一些机构投资者对海外的投资不会超过一定比例。例如，日本保险公司和西班牙养老基金最多把其基金的30%投资于国外有价证券。这些流入与流出的限制可能是导致实际证券组合投资中出现本国偏好的原因。

另外，投资者在外国市场上所获得的利息和股利在离开国境前要征收预扣税，而收到这些利息和股利时，在本国还要再缴纳所得税，这种对国外投资收益的重复征税会影响投资者跨国投资的积极性。大多数国家对股利的预扣税为15%，而墨西哥则为50%以上，这种税收制度的差异，使得在进行国际证券投资时必须考虑税收因素，尽可能使企业缴纳的税额最小化。

### 2.交易和信息成本

投资于外国证券，特别是投资于那些只在国内挂牌上市的证券时，投资者必须花费大量的成本搜集相关信息，进行交易。此外，在一些国家，交易费用是可以协商的，交易费用随着交易额的增大而减少，这就意味着小额投资者不能像大公司或机构投资者以及大型国际银行那样获得较低的交易成本，这也在很大程度上限制了小额投资者的国际证券组合投资活动。

### 3.可能遇到外汇风险和政府外汇管制

在外国市场上进行交易通常是用外币计价的，而投资者的收益是用本币衡量的，在外国市场上获得的收益最终也需要兑换成本币。在这个过程中，投资者的收益很容易受到汇率变动的影响，特别是在缺乏避险工具的国家进行投资，有效的外汇风险管理是很困难的。但随着金融衍生工具的发展，出现越来越多的保值工具，外汇风险对国际证券组合投资的影响越来越小。

---

① 夏乐书，李琳. 国际财务管理［M］. 4版. 大连：东北财经大学出版社，2017：411.

另外，如果外国政府实行外汇管制措施，如限制外汇自由汇出国境、货币不能自由兑换等，则国际证券组合投资势必受到影响。同时，国际证券组合投资有时也会面临政治风险的影响。

4.国际金融市场一体化的进程加快

国际金融市场一体化的进程，一方面给投资者顺利进行跨国投资带来了便利，但另一方面也削弱了国际证券组合投资的好处。因为各国市场的相互影响逐渐增强，各国市场之间的相关度不断提高，通过国际证券组合投资获取收益的程度因此逐渐缩小。

## 【本章小结】

◇ 国际证券投资是指投资者在国际证券市场上购买外国政府、金融机构和公司发行的债券以及公司股票，以期获得收益的经济行为。国际证券投资可按不同标志进行分类。投资者可以采用直接投资方式和间接投资方式进入国际证券市场。

◇ 国际证券投资的收益就是从国际证券投资中获取的报酬，一般由两部分组成：一个是利息或股利收入，另一个是卖出证券与买入证券的价格差异，即资本利得。国际债券可以通过认购者收益率、最终收益率和持有期间收益率衡量投资收益；国际股票可以通过每股盈利、每股股利、股利支付率等衡量投资收益。

◇ 按照风险的来源，可以将证券投资风险分为经营风险、市场风险、国家风险、违约风险、利率风险、购买力风险、流动性风险和汇率风险等。按照风险的可分散性，可以将证券投资风险分为系统性风险和非系统性风险。

◇ 进行国际证券组合投资可以达到以下目的：具有明显的分散风险的效果；比单纯国内证券组合投资收益更高。但国际证券组合投资也存在一定的障碍。

◇ 夏普绩效评估值代表的是每一标准差所带来的超额收益，即超过无风险收益率的部分，可以作为组合投资的绩效评估指标。

## 【关键概念】

国际证券投资
国际股权投资
国际债权投资
国际证券投资收益
国际证券投资风险
系统性风险
非系统性风险
标准差
国际证券组合投资
夏普绩效评估值

## 【思考题】

1.为什么要进行国际证券投资？为什么要进行国际证券组合投资？

2. 与国内证券组合投资相比，国际证券组合投资可以达到什么目的？存在哪些障碍？

3. 如何理解国际证券投资中的系统风险和非系统风险？二者在国际证券组合投资中的影响分别是什么？

4. 如何衡量单个国际证券投资及国际证券组合投资的收益和风险？

5. 国际证券投资主要通过国际金融市场进行，国际金融市场是国际资金流动或金融产品买卖和交易的场所。典型的国际金融市场包括欧洲货币市场、国际信贷市场、国际证券市场、国际黄金市场以及国际金融衍生品市场等。请说明国际证券投资主要是通过哪种国际金融市场进行的？国际证券组合投资可以在哪几种国际金融市场进行？

## 【计算题】

1. 美国某公司发行债券，金额100美元，券面利率9%，期限6年。我国有3家公司分别对该种债券进行了投资，其中：甲公司在债券发行时购买此债券，购入价格86美元，持有6年；乙公司在该种债券发行后1年半时购买此债券，购入价格90美元，持有至债券到期日；丙公司在该种债券发行时购买此债券，购入价格86美元，持有4年零5个月后将其卖出，卖出价格98美元。

假设债券发行时汇率为1美元=6.20元人民币，预测该债券到期时1美元=6.23元人民币；乙公司购买债券时1美元=6.21元人民币；丙公司卖出债券时1美元=6.15元人民币。

要求：（1）分别计算以美元表示的我国甲、乙、丙三家公司的债券投资收益率。

（2）分别计算以人民币表示的我国甲、乙、丙三家公司的债券投资收益率。

2. 我国某公司拟进行证券投资，有以下两种证券可供选择：

（1）美元债券，年利率10%，期限1年；

（2）英镑债券，年利率12%，期限1年。

投资时的即期汇率为1英镑=1.35美元，一年期远期汇率为1英镑=1.28美元。

要求：计算购买哪一种债券比较有利。

3. 我国某基金管理公司进行证券组合投资，根据对国内外证券投资信息的搜集和整理计算，已搜集下列信息：

国内证券组合投资平均收益率为6.17%，国内证券组合投资的标准差为6.03%；国际证券组合投资平均收益率为7.26%，国际证券组合投资的标准差为5.12%。国内、国际投资的无风险收益率均为5%。

要求：分别计算国内证券组合投资和国际证券组合投资的夏普绩效评估值，并说明是否应进行国际证券组合投资。

案例分析

俄罗斯某石油公司发行欧洲债券

# 第十章
# 国际营运资金管理

**【学习目标】**

本章主要阐述了对国际营运资金存量和流量的管理，通过对本章内容的学习，应达到以下目标：

1. 了解国际应收账款管理和国际存货管理；了解资本冻结条件下的资金转移策略。
2. 熟悉国际企业内部资金转移的类型和作用。
3. 掌握国际现金管理和国际流动负债管理；掌握国际企业内部资金转移的一般方式。

## 第一节　国际营运资金的存量管理

### 一、国际营运资金管理概述

国际营运资金管理是指国际企业对营运资金的管理，是国际财务管理中的一项重要工作。一般情况下，营运资金是指企业的流动资产和流动负债的差额，也称净营运资金，它是分析判断企业流动资金运营情况和财务风险的重要依据。净营运资金的来源是否充足、运用是否合理，金额是否适当，决定着企业的日常生产经营活动能否顺利有效地进行。国际财务管理面向的是国际市场，其经营和财务活动涉及不同的政治、经济、社会、文化等环境，因此，与国内财务管理中的营运资金管理不同，国际营运资金管理具有特殊性。从总体上看，国际营运资金管理可以分为“存量管理”和“流量管理”两个方面。

从存量的角度看，营运资金管理的重点在于各种类型的资金处置，即如何处理好各种资产的组合关系，使母（总）公司及其各子（分）公司在流动资产的配置上实现最优，也就是如何确定现金、应收账款、存货等项目的最佳持有水平。另外，营运资金的存量管理还应着眼于公司的短期资金来源，即流动负债的管理，确定应采用何种方式获取流动负债？选择何种币种？应该维持在何种持有水平为最佳？

从流量的角度看，国际营运资金管理的目的应该是通过资金在集团公司内部，即母公司和子公司之间，或不同的子公司之间合理的流动，实现流动资产持有水平的最优化，降低流动资产余额，保证公司全球战略目标的实现。

## 二、国际现金管理

### （一）国际现金管理的目标和内容

现金是国际企业正常运转的“润滑剂”，流动性强，盈利能力差。企业持有现金的动机一般可以分为三种：第一，交易性动机，用于满足日常交易的需要；第二，预防性动机，用于应对意外事件对现金的需求；第三，投机性动机，用于在有利的条件下从事投机活动。

#### 1.国际现金管理的目标

国际现金管理的目标主要针对的是其流动性和盈利性。流动性要求企业建立准确、及时的预报系统，提高现金收支的效率，降低子公司间现金调拨的成本；盈利性则要求尽量减少现金和银行存款的持有量，优化投资组合，即在企业资金使用最优化的前提下使企业持有的现金数量达到最少。国际现金管理的目标就是要在流动性和盈利性之间进行权衡，以最低的机会成本满足企业经营周转的需要，即确定最佳现金持有量，充分利用资金获取更多收益。

#### 2.国际现金管理的内容

国际现金管理的内容至少应包含以下两个方面：

（1）确定现金的持有形式、持有时间以及币种

首先，国际企业的情况比较复杂，各子公司所持有的现钞、活期存款、存单及有价证券等现金项目的数量和组合会因东道国的金融市场情况而异，这需要对东道国的金融市场情况有充分的了解，只有这样才能正确地确定现金的持有形式。其次，持有时间。企业要根据各子公司的环境确定不同形式的现金要持有多长时间。最后是持有币种，国际企业的分支机构遍布全球，必须处理多种货币，而同时各种货币币值高低起伏，汇率变动很大，因此财务管理部门还应考虑如何规避风险，抓住机遇。

（2）合理调度和转移现金

在国内，现金转移仅仅涉及转移成本和利息损失，但在国际范围内，现金转移还要面临汇率风险。因此，国际企业需要设计符合全球业务活动需要的现金转移网络，以便能从企业整体利益出发，统一调度现金，使风险降至最低。

### （二）国际现金管理模式

常用的现金管理模式包括分散化管理模式和集中化管理模式两种。分散化管理模式，即每个子公司都有自己的现金管理。集中化管理模式，即母公司从企业整体利益出发将各子公司的现金集中统一管理。

#### 1.分散化管理模式

在分散化管理模式下，一方面，子公司单独进行现金管理，能够及时满足其流动性需要。另一方面，由于子公司资金的局限性，很难满足投资差异化的需求，而投资组合的缩小会影响投资收益，同时会提高国际企业整体的投资成本。子公司的投资选择还可能与国际企业的整体策略相背离。当国外子公司所在国政府实行外汇管制或其他控制时，还可能给国际企业的整体利益带来较大的损失。

由于分散化管理模式存在很多的不足之处，同时还会在国际环境下受到汇率和利率波动等复杂因素的影响，因此大型的跨国企业通常都不会选择分散化管理模式，而是选择另

外一种，即集中化管理模式。

### 2.集中化管理模式

集中化管理模式是指信息、报告、分析，尤其是现金流动、转移与投资的决策过程都采用集中化的方式进行，即国际企业从整体利益出发，对母、子公司的现金进行统一调度，集合所有子公司的超额现金进行最有利的投资。

（1）建立现金管理中心

在集中化管理模式下，国际企业一般会设立现金管理中心，要求每个子公司所持有的现金余额仅以满足日常交易需要为限，超过此最低需要的现金余额都必须汇往现金管理中心，该中心是国际企业中唯一有权决定现金持有形式和持有币种的现金管理机构。

同时，现金管理中心所在国也必须具有其自身的优势，例如政治稳定；允许资金自由流入流出，货币坚挺，能迅速兑换成其他货币；有发达的、能提供风险较小的中长期投资机会的资本市场，有活跃的、能提供任何期限的临时投资的货币市场，有包括远期外汇市场在内的有效外汇市场；在税收方面比较宽松，只按收入来源课征所得税，对现金资产不课征资本税；鼓励国际企业的子公司在当地发展；有便捷高效的通信网络等。

（2）实行净额结算制度

净额结算也是现金集中化管理的一种表现形式，它是国际企业集中化的现金管理组织或子公司联合采用的优化现金流动的技术方法，在所有子公司间互相抵消彼此的应收款和应付款，最后仅将销售净额在互相间进行转移。

这一体系建立的原因是许多国际企业的产品零部件生产分布在不同国家和地区，随着生产经营活动的进行，必将导致大量的企业内部交易。此时国际现金流动的成本就会随之大量增加，从而会降低企业的总利润。在净额结算制度下，即使各子公司之间的交易频繁也不需要每笔业务即期计算并支付，而只需在一段时间以后支付交易净额。

根据涉及主体的多少，净额结算还可以分为双边净额结算和多边净额结算。

①双边净额结算

双边净额结算是指两家公司有业务往来，需要进行结算，公司间仅就净额部分进行支付。

例如，美国的一家跨国公司在英国和澳大利亚均设有子公司。某月，英国子公司向澳大利亚子公司销售商品一批，价格2万美元；同时，澳大利亚子公司又向英国子公司销售了一批商品，价格1万美元。如果不采取双边净额结算，将会发生3万美元的资金流动；而采用双边净额结算，只要澳大利亚子公司向英国子公司支付1万美元就可以结清账目了。

一般来说，国际金融市场上的资金转移成本是资金转移数额的0.25%~1.5%，包括汇费、手续费等交易成本，以及在途汇款的机会成本。假设本例中资金转移成本率为1%，则通过双边净额结算可以节约资金转移成本200美元（（30 000−10 000）×1%）。

②多边净额结算

多边净额结算是双边净额结算的扩展，是指有业务往来的多家公司参加的往来款项的抵消结算。国际企业的内部贸易结构比较复杂，多个公司之间相互有业务往来，款项很大，有时双边净额结算制度难以有效运行，此时需要采用多边净额结算的方式。

【例10-1】

假设某集团公司中，母公司A在A国，在三个国家各有一家子公司B、C、D。母公司A与三家子公司及三家子公司之间业务往来所形成的现金收付情况见表10-1。表10-1中的货币单位是母公司的报告货币A元，各子公司的功能货币为当地货币。假设资金转移成本为1%。

表10-1 **某集团公司现金收付情况** 单位：万A元

| 收入 | 支出 | | | | | |
|---|---|---|---|---|---|---|
| | A公司 | B公司 | C公司 | D公司 | 收入合计 | 净额* |
| A公司 | — | 3 | 3.5 | 6 | 12.5 | 5.5 |
| B公司 | 2 | — | 1 | 4 | 7 | (1.5) |
| C公司 | 1 | 2.5 | — | 3 | 6.5 | 0 |
| D公司 | 4 | 3 | 2 | — | 9 | (4) |
| 支出合计 | 7 | 8.5 | 6.5 | 13 | 35 | 0 |

*每个公司的净额等于收入合计减去支出合计。以B公司为例，净额为-1.5万A元（7-8.5）。

要求：分以下三种情况计算该集团公司的资金转移成本总额：不采用净额结算、采用双边净额结算、采用多边净额结算。

下面对这三种情况进行分析：

（1）不采用净额结算

从表10-1可以看出，在收入方面，A公司将从B子公司收到价值3万A元的B元，从C子公司收到价值3.5万A元的C元，从D子公司收到价值6万A元的D元，A公司将通过公司内部交易共计收取12.5万A元。在支出方面，A公司将支付2万A元给B子公司，支付1万A元给C子公司，支付4万A元给D子公司，A公司将在公司内部交易中共计支付7万A元。其他三个子公司发生的交易与此类似。

如果没有净额结算制度，四个公司之间将发生12笔外汇交易①，如图10-1所示。母公司及三个子公司之间的12笔内部交易将引起35万A元的资金流动，则资金转移成本为3 500A元（35万A元×1%）。

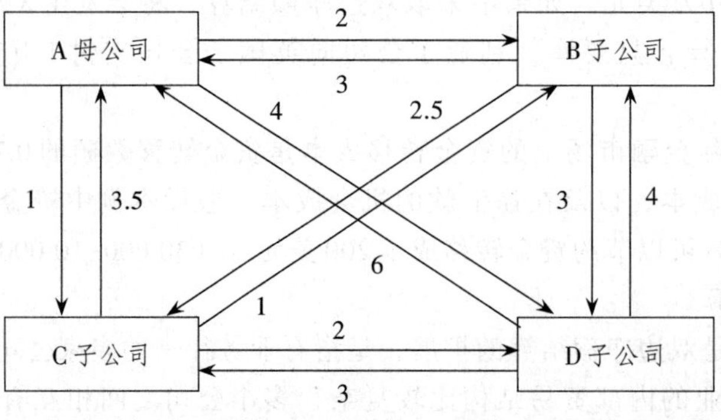


**图10-1 不采用净额结算的集团公司内部交易（单位：万A元）**

① 一般来说，如果有N个分支机构，最多可能有N（N-1）笔交易。本例中为4×（4-1）=12。

（2）采用双边净额结算

如果该公司采用了双边净额结算制度，则至少可以削减一半的交易，具体情况如图10-2所示。在双边净额结算制度下，该公司的6笔内部交易将引起9万A元的资金流动，资金转移成本为900A元（9万A元×1%），节约了2 600A元（3 500-900）的资金转移成本。

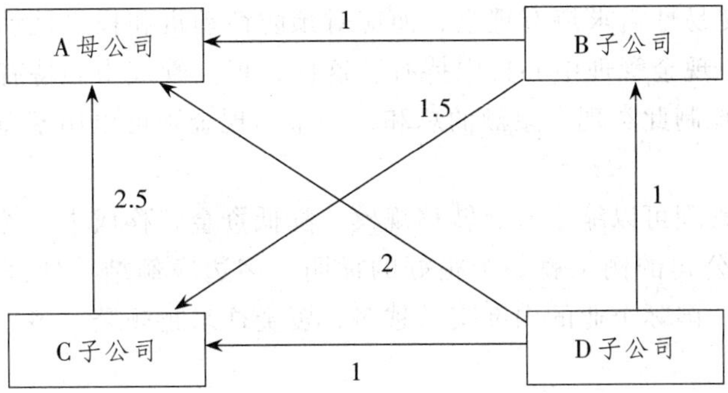


图10-2　采用双边净额结算的集团公司内部交易（单位：万A元）

（3）采用多边净额结算

如果该公司采用多边净额结算，情况会更好。从表10-1可以看出，如果将各公司间的现金收支互相抵消，公司内部资金转移金额仅为5.5万A元，C子公司的现金收支净额为零，只需B子公司和D子公司分别向A母公司支付相当于1.5万A元和4万A元的资金，如图10-3所示。资金转移成本为550A元（5.5万A元×1%），比不采用净额结算节约了2 950A元（3 500-550）。

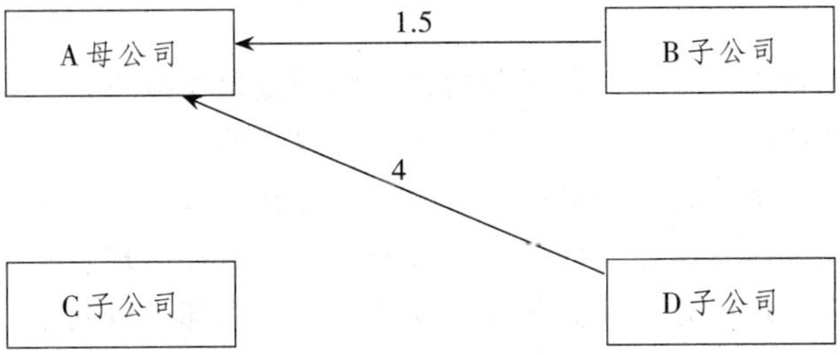


图10-3　采用多边净额结算的集团公司内部交易（单位：万A元）

在图10-3所示的多边净额结算下，每个分支机构都有一名当地的现金管理人员来负责处理现金余缺。但在集中化管理模式下，国际企业大多会设立现金管理中心来负责现金的集中管理。如果该公司也采用了这一体制，则其现金收付情况如图10-4所示。

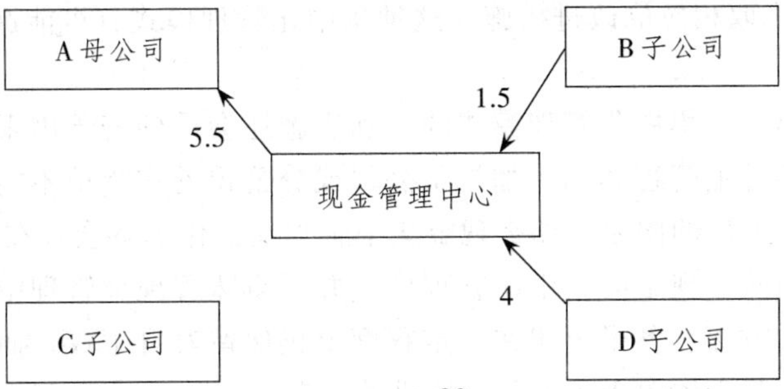


98

图10-4　拥有现金管理中心的多边净额结算（单位：万A元）

延伸阅读

多边净额结算下的多国现金调度系统

（3）集中化管理模式的优缺点

集中化现金管理模式具有以下优点：

第一，通过集中对现金进行管理，可以使整个国际企业现金持有量达到最少，提高资金利用效率。因为在集中化管理模式下，每个子公司只需要为应对交易性需求持有现金，而应对预防性动机和投机性动机所需要的现金全部交由现金管理中心集中持有。这样，现金管理中心持有的现金余额要远远低于各子公司独立控制此类现金余额的总和，剩余的现金则可以用于短期投资，以期获取利润。

第二，集中化管理可以缩小资金转移规模，降低资金转移成本，尤其在多边净额结算的情况下。上述A公司的例子就是个很好的证明，多边净额结算使该公司节约了2 950A元的资金转移成本。国际企业的内部交易越多，资金往来越频繁，多边净额结算就越能体现优势。

第三，在集中化管理模式下，现金管理中心负责监控整个国际企业的活动，这样有利于发现单个子公司无法意识到的问题以及无法捕捉到的机会。

第四，由于采用集中化现金管理，企业现金管理中心的现金交易大大增加，尤其是外汇交易，这样更容易获取银行的重视，为企业提供更优质的服务。因为银行往往会对大客户提供更好的服务，对大额存款支付更高的利息。

第五，在集中化现金管理模式下，可以对各子公司之间的资金余缺进行调剂，减少子公司直接从外部市场进行资金筹集的活动，因此可以降低整个集团公司的筹资成本，提高营运资金的效益。

第六，在集中化管理模式下，各子公司持有的现金余额减少，当国外子公司所在国政府实行外汇管制或其他控制时，国际企业的损失可以降低。

集中化管理模式的优势是很明显的，但同时也存在一些不足，主要体现在：

第一，集中化管理模式可能会使子公司或分公司的财务经理丧失工作上的主动性和积极性，过分依赖现金管理中心。为克服这一缺陷，公司总部可以制定以现金管理中心业务往来为基础的资金借贷利率，通过这一利率反映各子公司或分公司上交或借用现金的机会成本，借以评估其在现金运用上的业绩。

第二，集中化管理模式可能会引发国际企业的内部矛盾。不论是集中存储，还是跨国调度，都将不可避免地削弱各子公司在现金管理及调度方面的自主权。因此，如果不能在业绩评价制度方面采取相应的改进措施，这种集中化管理模式有可能遭到子公司经理人的抵制。

小资料

我国跨国公司跨境资金集中运营管理规定

第三，集中化管理模式的顺利实施还会受到若干因素的制约，例如各东道国的外汇管理体制。如果子公司或分公司处在货币不能自由兑换、现金不能自由汇出的国家，那么现金集中管理在操作上就会存在很大的困难。

当然，现金的集中化管理模式并不意味着现金管理中心要控制现金管理的所有方面，各子公司在一定程度上仍保留着自主权，而且现金管理中心的有效决策也依赖于各子公司提供的信息。

## 三、国际应收账款管理

应收账款是企业生产经营过程中应收未收的款项，是企业营运资金的重要组成部分。国际企业的应收账款按产生的来源可分为两类：一是国际企业内部某个成员单位与外部的独立客户之间的应收账款；二是企业内部关联单位之间的应收账款。这两种应收账款在管理方法上也有一定的区别。

### （一）独立客户应收账款

对于独立客户的应收账款，大部分管理内容与国内财务管理中的应收账款管理相同，例如确定合理的信用政策，应收账款的让售、贴现等。但在国内应收账款管理中，一般不涉及交易货币的选择，而在国际企业应收账款中，结算币种与付款条件是需要进行决策的两个关键因素。

在国际商业实践中，销售结算可以采用出口方货币或者第三国的货币。一般来说，出口方愿意采用硬货币结算，而进口方希望采用软货币支付到期款项。销售商为了获得硬货币，往往会在价格和付款条件上做一定让步。如果采用软货币支付，则销售商希望付款越早越好，以最大限度地减少销售日与付款日之间的汇兑损失。如果国际企业的某子公司预计所在国货币急剧贬值，而且所在国政府要求将即期外汇收入兑换成本国货币，则该子公司应尽可能鼓励进口方推迟以硬货币标价的应收账款的支付。

另外需要注意的是，在应收账款管理中还要注意应收账款对业绩评价体系的影响。因为一般情况下，销售经理应该对本地货币结算的应收账款的贬值负责。例如，如果目前的汇率是1美元=6.20元人民币，但是预计9个月之后的汇率是1美元=6.10元人民币，那么如果经理提供了9个月的信用条件，按照目前汇率记录的每1美元的销售额就只能确定为6.10元人民币。

### （二）企业内部应收账款

在国际企业的内部，某经营实体向其他成员单位销售商品、提供劳务等，其未立即收取的款项，就形成了企业内部应收账款。由于企业内部各成员单位的生产经营活动都应以实现企业全局利益最大化为共同目标，所以对企业内部的应收账款管理不反映赊销政策，交易双方在选择开票货币和确定支付条件时无须考虑资信问题，而是应充分考虑企业在全球范围内的税务规划、财力配置和资金调动等需求，根据企业的全球战略作出决策。

国际企业内部应收账款管理通常采用两种技巧：提前或推迟付款和再开票中心。

#### 1.提前或推迟付款

很多情况下，为了提高企业的整体利益，交易双方将内部应收账款的结算时间提前或推迟，这样做不仅人为地改变了各单位应收账款的资金占用水平，而且由于付款方和收款方的资金机会成本不同，可以有效地实现资金转移，达到税负最小、风险最小、利润最大的目标。

对应收账款采用提前或推迟付款最主要的经济原因是能够规避利率风险和汇率风险。

（1）规避利率风险

在企业内部交易成员单位所在国之间存在利率差异时，可以使用提前或推迟付款策略。一般情况下，如果赊销方资金充裕，那么收到的账款可以存入银行或通过其他投资获利；如果资金紧缺，那么收到的账款可用来偿还银行借款等负债，从而减少银行利息等筹资成本。因此，如果从自身利益出发，赊销方总是希望缩短付款期限，尽早收回应收账款，而赊购方总是希望放宽信用期限，延迟支付账款。但是作为同一国际企业控制下的成员单位，上述选择可能会损害国际企业的整体利益。此时，企业应该根据交易双方的机会成本，来决定采用提前或推后付款策略。如果赊销方提早收到款项所获的收益大于赊购方因此遭到的损失，此时应提前付款；反之，则应推后付款。

【例 10-2】

甲、乙两公司是属于同一母公司的子公司，其所在地分别位于A、B两国。表10-2列示了A、B两国银行存、贷款利率。甲公司有一笔来自乙公司的应收账款，价值100万美元，赊销期可视情况提前或推后。[①]

表10-2　A、B两国的存、贷款利率

| 国家 | 存款利率 | 贷款利率 |
|---|---|---|
| A | 3.50% | 4.00% |
| B | 3.20% | 3.60% |

要求：试分析甲、乙两公司应采取的应收账款还款策略。

分析：甲、乙两公司的资金余缺情况可能有四种组合，在不同的组合情况下应使用不同的还款策略。

第一种：甲、乙两公司资金都充裕。

此时，两国存款利率差为0.30%（3.50%-3.20%），乙公司应提前付款给甲公司，企业可获得更多的利息收入。

第二种：甲公司资金充裕，乙公司资金紧缺。

此时，A国的存款利率与B国的贷款利率差为-0.10%（3.50%-3.60%），乙公司应推迟付款，企业可节省利息支出。

第三种：甲公司资金紧缺，乙公司资金充裕。

此时，A国的贷款利率与B国的存款利率差为0.80%（4.00%-3.20%），乙公司应提前付款，企业可节省利息费用。

第四种：甲、乙两公司资金均紧缺。

此时，两国贷款利率差为0.40%（4.00%-3.60%），乙公司应提前付款，企业可节省利息费用。

当然，应收账款的提前或推迟支付常常会受到一些限制。首先，只有在母公司对子公司拥有绝对控制权的情况下，这种技巧才具有可行性。因为款项的提前或推迟支付会影响各公司的报酬率，如果各子公司有属于企业外部的少数股权，那么少数股东无法得到此策略带来的收益。其次，子公司所在国政府可能会对应收账款的提前或推迟支付进行限制，通常情况下政府都希望出口提前收款、进口推迟付款，这样才可以提前收到当地出口商的外汇收入、推迟付汇的具体日期。

① 王满，宋淑琴. 国际财务管理［M］. 北京：清华大学出版社，2014：244. 作者有删改。

（2）规避汇率风险

利用提前或推迟付款的方式规避汇率风险，在第四章中已经有所述及，其原理基本一致，不同的是，在国际企业内部使用该策略，应站在集团公司的角度来考虑。如果国际企业某子公司所在国家的货币正面临贬值，那么企业一般会要求该子公司提前支付其他内部成员的货款；反之，则要求推迟付款。

如果某国际企业的子公司甲正在扩张，且需要另一个乙子公司所生产的设备。传统方式是母公司汇款给甲子公司，增加母公司的股权，然后由甲子公司向乙子公司购买设备，母公司根据预测的未来汇率，在以后的几年里逐渐收回这一投资。如果出现货币贬值、政治上的变动或不确定的外汇管制等情况，母公司可以推迟对甲子公司的投资，并指挥乙子公司以较长期的信用将设备卖给甲子公司，并由母公司在这一期间内提供资金给乙子公司。例如一般情况下，乙子公司的赊销期是45天，那么这笔内部交易可以有弹性地设为在两年内偿还。这样，乙子公司增加了应收账款，甲子公司增加了应付账款，但从企业整体来看并没有什么影响。

**2.再开票中心**

再开票中心是由国际企业资金管理部门设立的贸易中介公司，是国际企业的一个资金经营子公司，它专门处理各子公司之间内部商品交易的发票和结算。当国际企业内部成员之间进行交易时，商品或劳务直接由出口方提供给进口方，但是有关货款的收支都通过再开票中心进行。例如，某国际企业的美国子公司向法国子公司销售了一批货物，该国际企业设有一家再开票中心，那么，美国子公司向法国子公司直接提供货物，而将发票开给再开票中心，然后由再开票中心重新向法国子公司开具发票。收到再开票中心的发票后，法国子公司将货款支付给再开票中心，由再开票中心向美国子公司支付货款。也就是说，美国子公司开具的发票和法国子公司支付的货款都要经过再开票中心，经过该中心的统一管理再传递到对方手中。

提前或推迟付款虽然可以在一定程度上规避风险，但这种技巧在应用上缺乏灵活性，因为两个子公司只有在发生赊销业务时才适用此方法，而再开票中心可以对本没有业务联系的子公司之间进行资金的融通。

**【例10-3】**

某国际企业的四家子公司发生了如下的业务关系：A国子公司向B国子公司赊销商品，D国子公司向C国子公司赊销商品，A、B两子公司正处于资金紧缺状态，而C、D两子公司资金充裕。在没有设立再开票中心的情况下，应该由本就处于资金紧缺状态的B公司向同样处于资金紧缺状态下的A公司付款，由资金充裕的C公司向同样资金充裕的D公司付款，如图10-5所示，不利于资金在各子公司之间进行调剂。①

要求：请说明如何利用再开票中心对上述应收账款进行管理。

如果企业通过再开票中心管理上述两项应收账款，则可以通过使用多边净额结算，更灵活地调配所有子公司的资金。其运作原理如图10-6所示。

① 王满，宋淑琴．国际财务管理［M］．北京：清华大学出版社，2014：245．作者有删改。

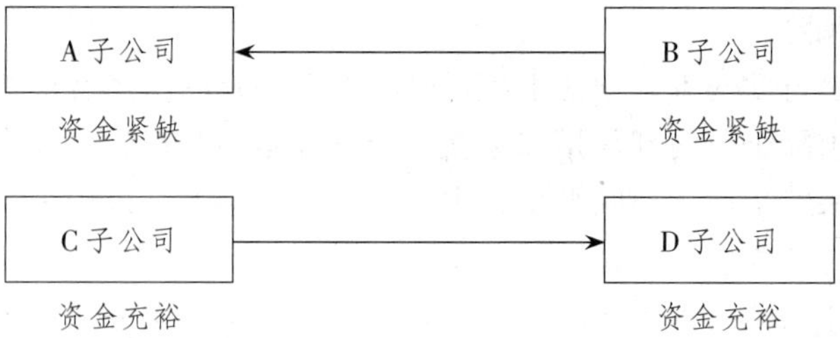


图 10-5　没有再开票中心的情况下子公司应收账款支付情况

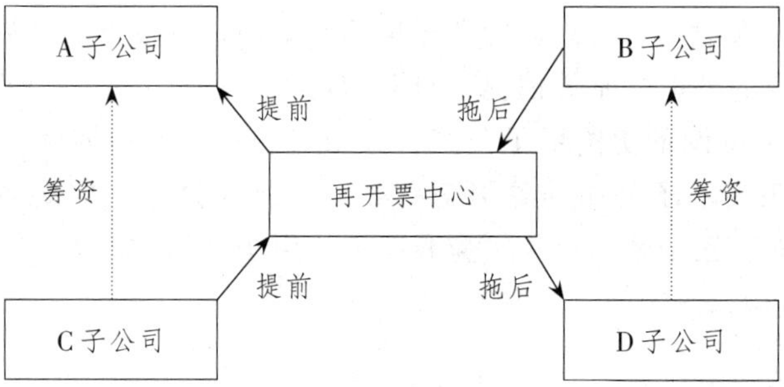


图 10-6　通过再开票中心的子公司应收账款支付情况

通过再开票中心管理营运资金，具有以下优点：

（1）有利于集中管理国际企业内部的应收、应付款项。再开票中心的作用是把国际企业内部成员不同地区的贸易活动和应收应付账款集中起来统一管理，从而有效地促进了国际企业内部的贸易往来，减少了相关费用。

（2）有利于提高国际企业整体的税后利润水平。再开票中心一般都设立在税率较低的国家或地区，这样国际企业可以通过转移价格把利润转移到税率较低的地方，从而提高企业整体税后利润。

（3）有利于国际企业统一调度资金。再开票中心对国际企业统一调度资金的好处表现在：通过再开票中心，国际企业可以更灵活、有效地使用多边金额结算，减少资金的转移费用；再开票中心的财务控制功能和齐全的统计数据，可以帮助资金管理部门制订更合理的长期资金计划；再开票中心不仅可以加强有贸易关系的子公司间的资金流通，还可以通过统一的筹资政策使资金在以往没有联系的子公司之间调配流动。这一点比提前或推迟付款更加灵活，通过【例 10-3】可以得到很好的证明。

（4）有利于国际企业有效地进行汇率风险管理。国际企业资金管理部门通过再开票过程，可以将再开票中心指定的货币作为所有的贸易货币，从而把交易风险集中起来进行管理。同时，再开票中心还可以采用套期保值等手段进行汇率风险管理。

## 四、国际存货管理

与国内企业相似，国际企业存货管理的目标也是在保证企业生产经营活动对存货需要的前提下，尽可能降低存货成本。但是，国际企业的存货管理要比国内企业复杂得多，这主要是因为：一是国际企业的大多数子公司在通货膨胀的环境下从事经营活动，因此币值变动的因素迫使其对传统的存货管理策略进行改进；二是对于那些主要依靠进口存货的子公司来说，存货的供应要跨越国界，运输距离遥远，到货时间可能受多种不确定因素（如灾害天气及突发事件）的影响。此外，存货进口还要遵守有关国家的外汇管理制度和进出口条例。出于避险的考虑，国际企业在海外的子公司或分支机构的存货水平通常相对要高些，相应也要多付出存货的持有成本。另外，如果东道国币值预计将发生贬值，则子公司应提前增加进口原材料的库存量。只要存货占用资金的机会成本及有关费用低于存货升值额，这种举措就是有利的。

### （一）存货超量购置

存货管理中的经济订货量模型是国际企业存货购置决策的理论基础，但是由于通货膨胀、原材料短缺、汇率波动、各国管制、战争和冲突的影响，国际企业往往会保持远高于最优水平的存货量，这种现象被称为存货的超量购置。

#### 1.存货超量购置的重要性

作为国际企业一种重要的存货管理策略，存货超量购置的重要性主要体现在以下三个方面：

第一，当预计国际市场某项存货供求关系将发生重大变化，该项存货的需求量和价格将大幅上扬时，超量购置存货能以较低的代价获得将来所需存货，从而有利于降低存货成本。

第二，如果某子公司所在国能够提供某种质优价廉的原材料，而该原材料是母公司或其他子公司急需的，那么该子公司的存货超量购置策略将作为国际企业全球战略的重要组成部分，起到不可忽视的作用。

第三，如果子公司的多余资金在当地没有适当的投资机会，且汇出外汇或将外汇兑换成硬货币又受到东道国政府的限制，则超量购置存货后再低价出口能绕开东道国政府的外汇管制。

#### 2.存货超量购置应遵循的原则

一般而言，存货超量购置应遵循以下原则：

第一，如果子公司主要依赖进口获取存货，在预期当地货币贬值的情况下，应提前购置存货，并且尽可能多地购置。因为货币贬值后，进口成本会大大增加。

第二，如果子公司主要从当地购置存货，在预期货币贬值时，应尽量降低原材料、半成品等的存货水平。因为如果本地货币贬值实际发生，会大大减少以母公司本土货币表示的当地存货的价值。

第三，如果子公司既从国外进货，又在东道国进货，在预期当地货币贬值的情况下，应减少当地进货量，同时超量购置进口存货。如果不能精确地预见货币贬值的幅度和时间，那么子公司应设法保持等量的进口存货和当地存货，以避免外汇风险。

第四，如果从一个国家或地区进口的存货受进口商政府的限制，在这种情况下，超量购置可以使企业有更多的时间去寻找可供选择的其他货源。

第五，如果汇率波动减轻，存款利率有上升趋势，东道国外汇管制将放松，运输有保障，或拥有国内货源供应时，就不应再进行存货的超量购置了。

### （二）存货提前购置

在存货经济订货量模型中，要求存货发出订单后立即一次性到货入库，这是不符合实际情况的。现实中，企业从订货到收到货物需要若干天，所以为避免停工待料情况发生，企业必须计算出自订货至收到货所需的天数，并以该天数为提前量，提前订货。

对国际企业而言，许多发展中国家不存在期货外汇市场，外汇不准自由汇出，也不能兑换成硬货币，同时国际企业往往在通货膨胀的条件下经营，为了防止因货币贬值而带来的损失，国际企业应将多余的资金预先购置将来要用的货物，特别是进口货物。国际企业存货提前购置涉及的成本包括投资于存货的资金利息、保险费、储存费和存货损耗，通货膨胀或货币贬值导致的较高成本，因运输等导致存货供应不及时造成的损失等。因此，在进行存货提前购置决策时应将以上成本全部纳入考虑范围之内。

但要注意，存货的提前购置有时会带来误购风险，如所采购的存货将来企业不需要，或将来需要时已经在技术上被淘汰，或购置量大大超过将来实际需求量等。这些损失可能非常大，因此要采用存货提前购置策略必须加强存货采购预测、提前幅度限制以及存货类型限制的管理等。

## 五、国际流动负债管理

流动负债又称为短期筹资，是企业流动资产的临时性资金来源。流动负债的高低直接影响企业营运资金存量的多少，因此流动负债的管理是国际企业营运资金管理的一个重要方面。

从总体上看，国际企业对流动负债的管理与国内企业对流动负债管理大体相同，例如同样可以采用稳健型流动负债管理策略或激进型流动负债管理策略；都可以采用应付账款、短期借款和商业票据等短期筹资方式进行筹资等，对上述内容本文不再赘述。但国际企业流动负债渠道的选择涉及汇率变动、税率差异以及资本管制等因素，管理难度较大，本部分仅简要地探讨对于国际企业来说比较常用的短期筹资渠道。[①]

### （一）国际企业内部筹资

国际企业内部筹资是指子公司之间以及母公司与子公司之间的资金融通。与国内企业相同，内部筹资不仅包括未分配利润，还包括内部积累的折旧资金。同时，在子公司创建初期，母公司会投入足够的股权资本，也因此保持了对该子公司的所有权和控制权。另外，母公司还可以用内部贷款的方式向子公司提供资金，这样汇回的利息可以免税，可以降低公司的经营成本。对于国际企业来说，通过内部筹资这种渠道进行资金筹集是非常有利的，既不需要支付筹资费用，又可以降低筹资成本。有关内部贷款的具体形式在下一节中会有详细的介绍。

但是，由于官方利率控制的存在，国际企业内部筹资的数量和期限可能会受到限制。因此在利用国际企业内部筹资时，要分析提供贷款的子公司或母公司的机会成本、税率以及贷款制度等因素的具体影响。

### （二）东道国当地筹资

东道国当地筹资是国际企业在子公司所在国进行的筹资，一般适用于国际企业内部以及母公司的资金不能满足其生产经营需要，或国际企业有本地筹资偏好的情况。

国际企业有本地筹资偏好的主要原因在于：一方面，国际企业的子公司为了方便管理，对营运资金的筹集选择在公司所在地进行，即进行本土化筹资；另一方面，国际企业选择直接在东道国当地筹资可以避免汇率变动风险和国家风险。

---

① 张碧琼．国际财务管理学［M］．北京：北京大学出版社，2020：331．作者有删改。

通常情况下，发达国家或地区当地经济基础较好，资本市场发育程度较高，因而资本相对充裕，因此如果东道国属于这样的发达国家或地区，国际企业应善于利用这种优势，选择对实现其自身筹资战略目标最有利的筹资方式进行筹资。例如，美国证券市场较为健全，国际企业可以多利用美国市场进行证券筹资；德国金融业务较为发达，国际企业则可以尽可能多地采用银行贷款的筹资方式。

对于发展中国家或地区，由于当地经济发展相对落后，资本市场不是很健全，此时通过资本市场融通的资金数量就会相对有限，因此，如果东道国处于发展中国家或地区，国际企业应主要通过当地的银行进行筹资。

**（三）欧洲债券市场筹资**

如前所述，欧洲债券是在债券标价货币所属国家以外发行的债券，例如在日本发行美元债券，是一种非银行的短期筹资渠道。欧洲债券市场是在20世纪60年代初随着欧洲货币，也就是货币发行国以外国家银行的定期存款的发展而发展起来的。

与其他短期筹资渠道相比，欧洲债券筹资有着自身显著的优势，具体表现为：

第一，它不会受任何国家金融当局的干预，这是欧洲债券市场的一个最有利的特点。例如，发行欧洲美元债券不需要向美国证券交易委员会登记申请，也不会受到其管制。

第二，发行欧洲债券的筹资成本低。与国内债券市场相比，由于欧洲债券市场不存在法规的管制，其手续费和其他费用都很低。另外，由于欧洲债券市场存在采用不记名方式发行、二级市场发达、税收方面存在便利等好处，投资者能够接受比较低的收益率，这也降低了国际企业的筹资成本。

第三，欧洲债券市场上的资金金额大、币种多，可供企业选择的机会较多。尤其在筹资需求量较大时，欧洲债券市场能够满足国际企业对币种和数量的要求。

第四，可以利用欧洲债券市场资金调拨迅速的便利。由于欧洲债券市场上的国际银行大多历史悠久、业务经验丰富、筹资类型繁多，因此在该市场上进行资金调拨十分方便。如果企业在筹资后需要将货币转换成其他币种，可以在最短的时间内完成调换，并可以任意调拨到世界上大多数的国家或地区。

**【思政专栏】　贷款展期和贷款逾期对企业征信的影响是不同的**

贷款展期是借款人在贷款到期时无法按时偿还，因此主动向贷款机构申请，经批准办理延长归还时间的手续，将还款日延后，并重新确定每月还款额。从法律角度来说，贷款展期实际上是对借款合同还款期限的变更，属于借款合同变更的范畴。如果成功申请贷款展期，那么在贷款展期期间不会额外增加借款人的贷款利息。而贷款逾期则是借款人在贷款到期后未按规定及时偿还贷款的行为，二者性质完全不同。贷款逾期从逾期第二天就会开始计算罚息，且贷款机构罚息的计算都是以倍数计算的。

二者对于企业征信的影响也是不同的。对于贷款展期，一般在企业信用报告的“特殊交易”项中会记录展期信息，但这样的信息不一定是负面的。有的机构认为贷款展期是一种正常的业务流程，也有的机构认为展期意味着企业还款能力存在一定问题。但对于贷款逾期，会以“不良记录”被记录在企业信用报告里，会成为借款人以后申请贷款的阻碍。所以在还款确实出现困难时，要积极争取与放贷机构沟通，尽量获取展期信用，避免贷款逾期。

# 第二节 国际营运资金的流量管理

在国际企业内部，投资关系、借贷关系、服务关系、买卖关系等形成了种类繁多、金额庞大的跨国资金流动。跨国资金的流动方式及其管理，在很大程度上影响着资金的配置和使用效益。从财务管理的角度看，国际企业的显著特征就在于通过各种内部转移机制和方法，使资金和利润在公司内部各公司之间流动。因此，国际营运资金流量管理的目标可概括为：在国际企业总部的统一协调下，使营运资金按最合适的流量、流向和时机进行转移，从而最大限度地提高公司整体效益。

## 一、国际企业内部资金转移的类型和作用

### （一）国际企业内部资金转移的类型

国际企业内部资金转移大体有以下三种类型：

1.母公司向子公司转移资金

这种方式主要包括母公司对子公司的股权投资，母公司向子公司提供贷款，母公司按转移价格从子公司购进商品等。

2.子公司向母公司转移资金

这种方式主要包括子公司偿还母公司的贷款本息，子公司向母公司支付股利，子公司向母公司支付各种专利权使用费、许可证费、管理费及出口佣金等，母公司从子公司抽回部分投资的资本等。

3.子公司之间转移资金

子公司之间转移的资金包括相互间贷款的发放与回收、利息的收入与支付、按转移价格买卖货物时转移的资金等。

### （二）国际企业内部资金转移的限制因素

在国际企业经营中，公司会面临大量的资金转移障碍或限制。这些限制因素包括：

1.政治限制

东道国政府实行外汇管制，使该国货币不可兑换，将资金转移完全封锁；对外资公司的股利汇回征收带有没收性质的税款；通过各种制度拖延向外资公司发放必要的许可证明；实施索要高额费用等法律性限制等。

2.税收限制

在税收方面，一方面，东道国政府可以对资金流出课以重税；另一方面，许多国家税种繁多，税务部门重叠交叉，纳税程序错综复杂，也使资金流出十分困难，有时甚至出现同一笔外资收入被多次征税的情况。

3.交易成本

交易成本包括通过银行进行外汇交易和资金转移时所需要支付的费用，还包括当地管理部门的一些规定，例如，要求国际资金的转移必须交由当地指定银行办理，或禁止跨国公司对内部成员公司之间应收、应付账款进行国际冲兑等。

4.流动性限制

在跨国经营中，母公司通常对子公司或分公司资金的流动性提出要求，以确保母公司将来及时收回自己的贷款。这种流动性要求在很大程度上降低了子公司或分公司将自己的流动资金以最佳的币种存放于最安全项目上的能力。

**（三）国际企业内部资金转移的套利效应**

虽然国际经营给公司内部资金转移带来了很多不利因素，但也给国际企业带来获利的可能。国际企业可以通过建立资金内部转移机制获取至少以下三种新的套利机会：

1.税收套利

国际企业可以将利润从高税率国家的子公司转移到低税率国家的子公司，或从那些处于应税状态的子公司转移到处于亏损状态的子公司，这样可以减轻其总的税收负担。

2.金融市场套利

内部资金转移可使国际企业绕过外汇管制，为母公司或子公司的过剩资金寻找投资场所、为资金不足的子公司寻找新的资金来源。

3.管理体制套利

当国际企业子公司的利润不受市场影响，而受政府或工会的影响时，国际企业可以通过内部转移价格等方式重新分配利润，进而粉饰其真实的获利水平，这样可以使国际企业在与当地政府谈判时有一定的优势。

另外，内部资金转移管理还可以让国际企业的子公司不受东道国信贷管制的影响。如果政府对当地的借款有限额，那么子公司利用内部资金转移管理获得外部资金，就可能给子公司带来较高的短期利润，并且能使其在长期竞争中占据良好的市场地位。

## 二、国际企业内部资金转移的一般方式

国际企业内部资金转移的方式有很多，以下介绍几种常用的方法。

**（一）股利**

股利是跨国公司的子公司向母公司转移资金的最重要方式。股利将影响到母公司与母公司所在国、子公司与子公司所在国以及股东的利益，所以跨国公司应详细考察各种因素，对各方的利益进行平衡，认真制定股利政策。股利支付率是股利政策的核心要素。例如，如果母公司规定子公司的股利支付率为30%，那么国外子公司就应将30%的利润交给母公司。跨国公司采取股利方式汇出资金时，应着重考虑以下几个因素：

1.税收因素

东道国与本国的税法都会对跨国公司的股利政策有重大影响。因此跨国公司应该了解各国的实际税率，通过调整各子公司的股利支付率可以大大降低跨国公司的整体税负水平。

2.外汇风险因素

如果可以预计汇率变动的趋势，那么跨国公司就能通过股利政策的调整将资金从弱币区转至强币区。也就是说，当子公司所在国的货币将贬值时，跨国公司可以通过增加股利汇出的数量达到减少当地的货币资产的目的；反之，当子公司所在国的货币将升值时，跨国公司则可以采用减少股利汇出数量或推迟股利发放时间的策略等。

### 3.外汇管制因素

通常情况下，国际收支持续恶化的国家会采取一定措施限制外资公司支付股利，如只允许按注册资本的一定百分比汇出股利等。为了降低外汇管制的影响，一些跨国公司会采取相对稳定的股利支付率，以表明股利支付是既定股利支付计划的一部分，而不是对东道国货币的投机，即使股利不能汇出，也照常宣布分配。这样就可以建立一个将来放松或取消管制时汇出股利的基础。如果一国发生政局变动或外汇危机时，母公司会要求子公司尽快转移剩余资金，这时一般可以通过增加股利汇付来实现资金的转移。

### 4.筹资因素

确定股利支付政策时还应考虑各子公司资本的机会成本和筹资能力。例如，与持有剩余资金的子公司相比，一个必须借入资金的子公司通常具有更高的机会成本。也就是说，有些子公司拥有低成本的筹资来源，而另一些子公司则只能按相对较高的利率借入资金。一般情况下，母公司要给资本机会成本相对较低的子公司确定一个较高的股利支付比例，同时只从借入成本较高或面临有利投资机会的子公司提取较少的股利。

### 5.子公司具体状况

通常情况下，小型子公司很少制定股利汇出的基本原则，往往是随机应变；中型子公司在运用股利政策配置资金方面具有较大的灵活性；大型子公司一般在确定股利汇出政策后就不再随意变更。同时，跨国公司在制定股利政策时还应考虑子公司的建立时间：如果子公司的建立时间较长，一般会将利润的很大一部分作为股利汇回母公司；反之，建立时间不长的子公司向母公司转移的资金相对少些。

### 6.其他股东的态度

国外子公司中的当地股东也会影响跨国公司股利政策的制定和调整。跨国公司更多的是从全球长期战略出发，更关心的是全球范围内资金的最佳配置，而当地股东追求的是较短的投资回收期。

## （二）特许权费、服务费及管理费

子公司向母公司支付或子公司之间支付的特许权费、服务费与管理费，也是国际企业内部转移资金的一种基本方式。因为各种服务、管理建议、专利等基本没有市场参考价，所以这种方式给了国际企业更大的调节空间，子公司所在国一般难以控制。

### 1.特许权费

特许权费是指子公司为获取技术、专利或商标的使用权而向拥有该技术、专利、商标权的母公司或子公司支付的报酬，通常是通过签订许可证合同的方式进行的。特许权费可以用每单位产品支付一定金额的方法进行支付，也可以按提成方式进行。如果使用提成方式，一般不需要规定提成费的具体金额，但要约定提成年限、提成基础、提成比例、交费币种和时间。提成的具体金额取决于子公司引进技术、专利或商标使用权后所产生的实际经济效果。

子公司以支付特许权费的方式向母公司转移资金主要有以下优点：第一，因为特许权费在许可证合同中具有明确的支付标准，故当由此形成的资金从子公司向母公司转移时，东道国一般无法施加限制。在拉丁美洲等实行严格外汇管制的国家，当地子公司经常以支付特许权费的名义打破东道国政府的资金封锁。第二，特许权费属于子公司的正常营业费用，因此可以抵减应在东道国缴纳的所得税，同时该所得税可以在母公司所在国得到抵免。如果子公司不是以特许权费的方式，而是以股利的形式向母公司转移资金，那么不仅在分派股利之前需要在当地缴纳所得税，而且在股利汇出时还要缴纳股利预扣税。在这种情况下，如果包括东道国所得税税率和预扣税税率在内的联合税率高于母公司所在国的所得税税率，那么该项股利已在东道国缴纳的税金就可能无法在母公司得到完全抵免，从而加重跨国公司整体的税收负担。

2.服务费

服务费是指由于母公司向子公司提供修理、安装、人员培训、技术指导和咨询等专业性服务而向子公司收取的补偿费。由于服务费是针对向某子公司提供的特定服务而收取的，因此一般是按照服务的类型、时间和等级确定费用的支付标准。

3.管理费

管理费是母公司对国际经营活动进行全面管理而发生的一般性费用，如现金的集中管理成本、宣传或公关费用、最高管理层的工资费用等。管理费通常按规定的标准或比率在各子公司之间平均分摊。

由于服务费和管理费不像专利权、商标权、版权和专有技术的特许权费那样明确和具体，因此通常会受到东道国政府和当地合作经营者的密切监督，过高的收费标准必然会遭到它们的反对。但是，这些费用的收取一般没有可比的外部标准做参考，因此只要母公司与子公司事先为此签订明确的书面协定，并且前后一贯地执行，东道国政府也就很难提出反对意见。

（三）内部贷款

内部贷款是跨国公司在全球范围内转移资金的一种主要方式。内部贷款是指境内母公司与境外子公司之间以及各子公司相互之间提供的贷款。内部贷款主要有四种形式：直接贷款、背对背贷款、平行贷款及存贷调换等。

1.直接贷款

顾名思义，直接贷款就是两家公司直接进行借贷款的业务，例如母公司向子公司提供贷款，也可以是子公司向母公司提供贷款，还可以是一家子公司向另一家子公司提供贷款等。借贷的货币可以是任何一方或第三国的货币。直接贷款的优点是简便易行，由于贷款利息率可以高于或低于市场利息率，使得跨国公司可以有效利用转移价格的优势。其缺点是可能存在资金汇回限制和外汇风险。

由于直接贷款方式存在资金汇回限制或外汇风险，因此当预测资金移动将受到限制，并且外汇风险较大时，跨国公司可以选择使用以下各种间接贷款的方式。

2.背对背贷款

背对背贷款是指两个国家企业的母公司通过协议分别向对方在本国的子公司发放贷款，如图10-7所示。

在上例中，A国的某母公司在B国有一子公司，B国的某母公司在A国有一子公司。A的子公司和B的子公司都需要一定数量的资金。如果采用上述直接贷款的方式，由母公司向各自的子公司直接提供贷款，由于跨越了国界，因此可能受到本息汇回的限制，还要承受相应的外汇风险，因此，经过两家母公司协议，双方可以采用背对背贷款的方式给各自的子公司提供贷款。采用这种贷款方式，贷款与还本付息的货币相同，货币收付不跨越国界，因而避免了上述的外汇风险和转移风险。

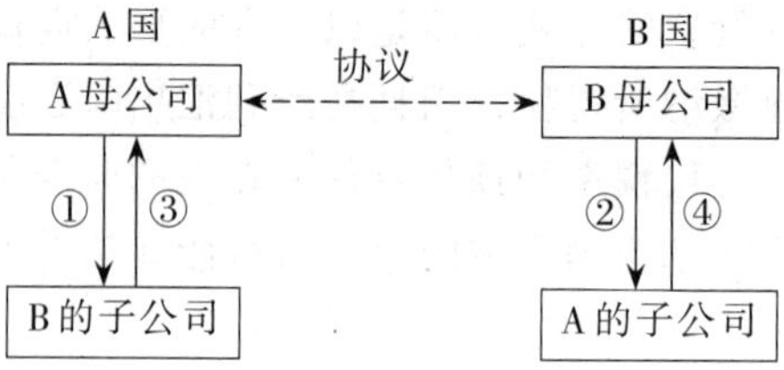


注：

①A母公司给B的子公司提供A元贷款；

②B母公司给A的子公司提供B元贷款；

③到期时，B的子公司用A元还本付息；

④到期时，A的子公司用B元还本付息。

图10-7　背对背贷款

### 3.平行贷款

平行贷款是在两个母公司之间、两个子公司之间分别贷款，解决资金余缺的问题，如图10-8所示。

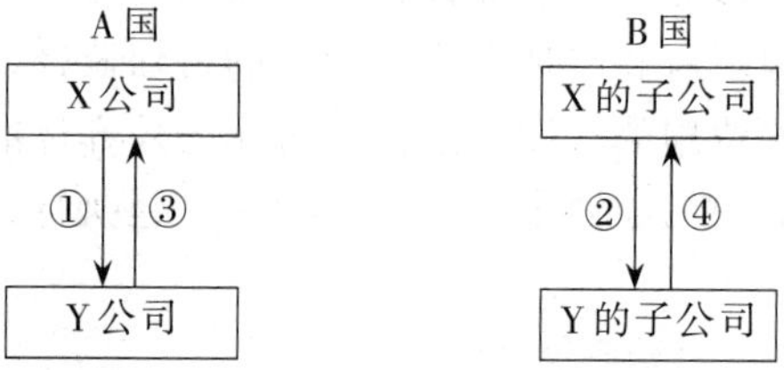


注：

①X公司给Y公司提供A元贷款；

②Y的子公司给X的子公司提供B元贷款；

③到期时，Y公司用A元还本付息；

④到期时，X公司的子公司用B元还本付息。

图10-8　平行贷款

在上例中，A国的两家母公司都在B国有子公司，它们的资金余缺刚好相反，X公司的资金有多余，而它在B国的子公司资金短缺；相反，Y公司资金短缺，但它在B国的子公司资金有多余，但由于东道国实行外汇管制，这些多余的资金无法汇回。在这种情况下，经第三方介绍，A国的两家母公司就可以商定采用平行贷款的方式，两笔贷款期限相同，利息率由借贷双方商定，到期时，借方向各自的贷方还本付息。从图10-8可以看出，平行贷款的资金不跨越国界，因而也可以避免外汇风险和转移风险。

### 4.存贷调换

各国政府冻结资金的重点对象是外国的跨国公司，而对银行，特别是对有国际威望的金融机构，一般不会严加限制。因此，当母公司预计向境外子公司贷款，其本息汇回将受到限制时，可以采用存贷调换的方式。也就是说，母公司向境外子公司提供资金时，不是由母公司直接贷款给子公司，而是由母公司事先在某国际金融机构存入一笔资金（等于是向该国际金融机构提供贷款），再由该国际金融机构向子公司提供相应金额的贷款。期满时，先由子公司向国际金融机构还本付息，再由国际金融机构向母公司归还存款的本金和利息。存贷调换的具体过程如图10-9所示：

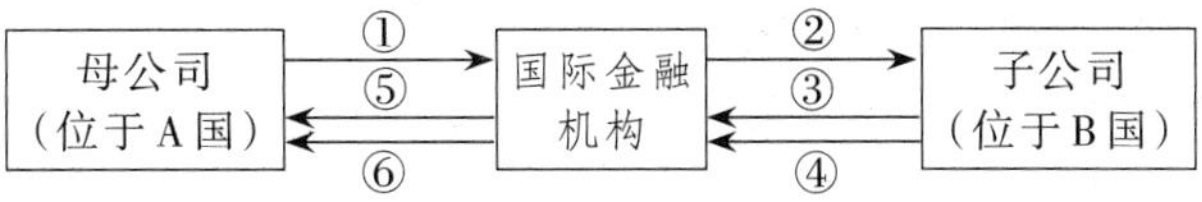


注：汇率为1A元=8B元。

①母公司向国际金融机构存款200万A元，存款利率5%；

②国际金融机构为子公司提供贷款1 600万B元，贷款利率7%；

③子公司定期向国际金融机构支付112万B元贷款利息；

④到期时，子公司向国际金融机构偿还本金1 600万B元；

⑤国际金融机构定期向母公司支付10万A元存款利息；

⑥到期时，国际金融机构向母公司归还本金200万A元。

图10-9　存贷调换

通过上述贷款方式，既能及时满足境外子公司对资金的需求，又保障了母公司的资金本息能够顺利收回，避免受到子公司所在国的限制。由于上述存贷款都不经过外汇市场，因此也避免了外汇风险。由于在向子公司提供贷款之前国际金融机构已有母公司的存款作为保证，因此这种贷款也叫前向贷款。这种贷款方式也可以不通过金融机构，而是通过子公司所在国的银行，或该银行在母公司所在国的分行来进行。

### （四）转移价格

如前所述，转移价格是指跨国公司管理当局从全球经营战略出发，为谋求公司整体利益最优，在母公司与子公司、子公司与子公司之间购销商品以及提供劳务时所采用的内部价格。对于跨国公司来说，转移价格既可以加速跨国公司内部的资金转移，又可以降低整个公司的税负并保持外汇平衡。其作用主要表现在：

#### 1.优化资金配置

母公司或其他子公司为了能从某一子公司吸收或转移资金，可以通过转移价格将其所赚取的利润调回母公司或其他子公司。如果母公司要从某国转出资金，则可以提高卖给该国子公司产品的价格；反之，母公司也可以通过压低价格的方式来为该子公司提供资金。同样，资金的这种配置方式还可以通过调节子公司卖给母公司产品的价格以及各子公司之间的交易来实现。

#### 2.降低整体税负

降低公司整体税负是跨国公司在制定转移价格策略时需要考虑的一个主要问题。跨国公司希望利用转移价格尽可能地减少或逃避有关主权国家征收的所得税和关税。

第一，降低所得税。当产品在不同的国家间转移时，出口国和进口国企业的所得税都将受到影响。在出口国的企业中，转移价格是应税收益；在进口国的企业中，转移价格是可抵税的费用。跨国公司应在税法允许的范围内制定出能使在这两个国家的整体税负最小的价格作为转移价格。各国的税率是不一样的，跨国公司通过转移价格降低所得税负担的原则是：将尽可能多的利润转移到税率较低的国家。

如果有关国家或地区的税率相近，跨国公司还可以利用避税港来进一步加大转移价格，降低所得税负面影响的程度。避税港是指单方面向其他国家和地区的投资者提供无税、低税或其他优惠条件的国家和地区，如百慕大群岛、卢森堡等。除了税负很低，甚至不需要纳税外，避税港的当地政府对外国公司的法律管制也较松，公司的资金调拨与利润分配比较自由。跨国公司可以在避税港设立象征性的分支机构，利用转移价格，将其他子公司的利润调入避税港，就能够最大限度地降低公司的整体税负。

第二，降低关税。进口关税一般采用从价计征的比例税率，也就是按照进口货物的到岸价格乘以进口关税税率计算。跨国公司可以通过转移价格调整进口产品的到岸价格。在关税税率既定的前提下，调整到岸价格就可以调整进口国子公司的关税负担。例如向位于高关税国的子公司销售产品时，就可以采取低价出售策略减轻关税负担。

3.调节利润水平

跨国公司可以根据经营需要，通过调高或调低转移价格来影响子公司的利润水平。如果某一子公司在当地获得较高的利润，这不但会引起东道国政府的注意或反感，也可能会导致更多的竞争对手进入同一市场，因此跨国公司可以利用调整转移价格、降低利润的方法，掩盖子公司获利的真实情况。又如，跨国公司为使其在某国新建的子公司在竞争中具有较高的资信水平，在东道国树立良好的形象，易于在当地出售股票、债券或获取信贷，可以通过调整转移价格的方法使该子公司获得较高的利润水平。

## 三、资本冻结条件下的资金转移策略

当一国政府遇到外汇短缺而又不能通过借债或吸引外国投资获得资本时，就会限制外汇从该国流出。有的国家政府会要求一切外汇流出都需要报经当地外汇管理部门审查批准，有的可能只允许资金部分汇出，而更严重的，有的国家政府可能强行规定本国货币不能自由兑换，从而完全封锁资金转移。因此，当东道国推行较为严格的外汇管制政策时，跨国公司就很有可能会遭遇资本被冻结在东道国而无法调回国内使用的风险。冻结资本长期滞留在国外，不但使其无法得到充分利用，而且其实际价值很可能因东道国的货币贬值而受到侵蚀。因此，在国际财务管理中，一项区别于国内财务管理的特殊工作就是要想方设法对冻结资本采取各种可能的预防和善后措施。根据实施的时间不同，这些措施可以分为投资之前的策略、冻结之前的策略和冻结之后的策略三种。[①]

### （一）投资之前的策略

跨国公司在向海外子公司投资之前，就应充分考虑资本被冻结的可能性及其程度，并在投资资本预算中进行敏感性分析。某项海外投资是否可行取决于考虑到资本冻结后的期望净现值是否大于零。一旦母公司决定在当地投资，就应事先采取措施对该项投资的各个重要方面作出安排，以增加未来资金转移的弹性，并且削弱资本被冻结的潜在危害。公司可采取的措施主要有：

第一，与其他子公司建立贸易关系。这样做可以使跨国公司在日后能够通过内部转移定价机制从该国转移资金。

第二，尽量在当地借款。这样做可使该子公司降低当地货币贬值的风险。此外，当地筹资比重越大，需要向母公司汇回的利润就越少，这样即使在东道国政府禁止股利汇回的情况下，跨国公司的损失也不会过大。

第三，利用特殊的筹资方式，如背对背贷款、平行贷款、存贷调换等。这些筹资方式在上一部分的“内部贷款”中已有详细论述，此处不再赘述。

第四，投资前与东道国政府谈判达成特殊协议。例如如果投资项目属于东道国优先鼓

① 刘淑莲，任翠玉. 高级财务管理［M］. 3版. 大连：东北财经大学出版社，2020：406.

励发展的高科技行业项目，对东道国很有吸引力，则跨国公司可以以此为砝码与东道国政府事先协商，达成允许资本汇回和防止冻结的协定。

第五，母公司以债务方式投资代替股权方式投资。与股利汇出和股本返还相比，东道国可能更愿意允许贷款的偿还，因此如果母公司初始资本全部为股权资本，日后投资的收回可能就会遇到困难。

**（二）冻结之前的策略**

进入生产经营期以后，跨国公司必须密切注意东道国的国际收支状况和宏观金融政策的变化。当有迹象表明该国政府可能会采取严格的外汇管制手段来改善其日益恶化的国际收支状况时，跨国公司就必须尽快采取一切可行的直接或间接的资金转移手段，将多余资金从该国调出，只保留最低限度的维持生产经营所必需的资金。其中，直接转移手段包括利用转移价格调整、特许权使用费、提前或延迟结汇以及支付股利等；间接转移手段包括平行贷款或背对背贷款，为向外转移资金购买商品，为整个公司范围内的使用而购买商品和当地的服务，进行研究和开发工作以及举行公司大会、度假等消费性活动等。当然，跨国公司在从该国抽逃资金时，最好以隐蔽的方式进行，否则很可能会增加其面临的政治风险，或招致资本的提前冻结。

**（三）冻结之后的策略**

如果跨国公司在采取上述各种方法进行资本转移后，仍有相当多的现金无法汇出，在这种情况下，跨国公司就只能考虑将资金在当地进行再投资，以确保这部分资金的实际价值不会因当地货币贬值而遭到侵蚀。这种被迫进行的再投资可以分为短期投资和长期投资两种：

1.短期投资

如果预计资本冻结只是暂时性的，就应该在当地进行短期投资，以便在资本解除冻结后迅速将它们撤回。可供选择的短期投资方式有：

第一，投资于当地货币市场工具，如购买企业债券、国库券、定期存单等。但通常情况下，在实行外汇管制的国家，其金融市场往往不健全，货币市场工具种类和数量较少，流通性也较差，某些货币市场工具的实际收益率甚至还有可能低于当地的通货膨胀率。在这种情况下，跨国公司应选择其他的短期投资方式。

第二，大量购买存货。在通货膨胀情况下，存货可以起到保值的作用。虽然大量购买存货会导致资金占用成本和仓储费用的增加，但在当地货币大幅贬值后，存货的价值增值一般会弥补这些成本和费用。

第三，向当地的公司提供短期贷款。在通货膨胀率较高和实行外汇管制的国家，政府往往会严格控制银行放款的规模，因此会令当地公司筹资困难。如果跨国公司可以将冻结的资本贷款给当地的其他公司使用，则有可能赚取较高的利息收入。

2.长期投资

如果跨国公司无法在资本被冻结的国家进行短期投资，或者跨国公司仍然希望能够在东道国进行长期经营，那么它可以考虑将冻结资本进行长期投资，例如扩大现有的生产规模、兴办新的生产投资项目、收购濒临破产的企业，或购买公司并不需用的土地、写字楼或通用厂房等，以达到资本保值增值的目的。

## 【本章小结】

◇ 国际营运资金管理是指国际企业对营运资金的管理，从存量的角度看，营运资金管理的重点在于各种类型的资金处置。从流量的角度看，国际营运资金管理的目的应该是通过资金在集团公司内部之间合理的流动，实现流动资产持有水平的最优化，降低流动资产余额，保证公司全球战略目标的实现。

◇ 国际现金管理的目标是要在流动性和盈利性之间进行权衡，以最低的机会成本满足企业经营周转的需要，内容包括：确定现金的持有形式、持有时间以及币种；合理调度和转移现金。常用的现金管理模式包括分散化管理模式和集中化管理模式两种。

◇ 国际企业的应收账款按产生的来源可分为两类：独立客户应收账款和企业内部应收账款。这两种应收账款在管理方法上有一定的区别。国际企业内部应收账款管理通常采用两种技巧：提前或推迟付款和再开票中心。国际存货管理主要应关注存货超量购置和存货提前购置。

◇ 对于国际企业来说，较常用的短期筹资渠道包括：国际企业内部筹资、东道国筹资以及欧洲债券市场筹资。

◇ 国际企业内部资金转移的方式主要包括股利、特许权费、服务费及管理费、内部贷款和转移价格几种。根据实施的时间不同，资本冻结条件下的资金转移措施可以分为投资之前的策略、冻结之前的策略和冻结之后的策略三种。

## 【关键概念】

国际营运资金
集中化管理模式
现金管理中心
净额结算制度
再开票中心
内部贷款
直接贷款
平行贷款
存贷调换
转移价格

## 【思考题】

1. 现金的集中化管理模式有什么好处？是否存在缺陷？

2. 国际企业应收账款应该如何分类？其管理各有什么特点？

3. 国际企业的存货管理与国内企业的存货管理有什么不同？为什么？

4. 国际企业的流动负债通常可以从哪些渠道获得？如果你是国际企业的筹资负责人，在选择流动负债获取渠道时，应该考虑哪些因素？

5. 登录一家你感兴趣的跨国公司网站，查看近期的年度报表及相关信息，总结一下该公司是否有内部交易？是否存在转移价格？是否存在其他形式的内部资金转移？

## 【计算题】

1. 设某美国公司在英国、德国、法国和瑞士各设有一家子公司，各子公司之间的业务往来如下：

英国子公司：应收法国子公司账款，价值60万美元；
应收瑞士子公司账款，价值30万美元；
应付德国子公司账款，价值80万美元；

德国子公司：应收英国子公司账款，价值80万美元；
应付法国子公司账款，价值60万美元；
应付瑞士子公司账款，价值50万美元；

瑞士子公司：应收德国子公司账款，价值50万美元；
应付英国子公司账款，价值30万美元；
应付法国子公司账款，价值20万美元；

法国子公司：应付英国子公司账款，价值60万美元；
应收德国子公司账款，价值60万美元；
应收瑞士子公司账款，价值20万美元。

假设资金转移成本为1%。

要求：根据上述资料绘制资金转移情况图，并分别计算采用双边净额结算及多边净额结算情况下该集团公司资金转移成本总额。

2. 假定甲国子公司和乙国子公司两地的存款和贷款利率分别为：

甲国：银行存款利率2.90%，贷款利率3.80%

乙国：银行存款利率2.70%，贷款利率3.60%

设甲国子公司向乙国子公司出售了价值20万美元的货物，赊销期可视情况提前或延期到90天。

要求：如何根据两国子公司的资金余缺情况进行组合，并据此作出提前或延期结算的决策？

3. 设某跨国公司的子公司A位于A国，税率为50%，子公司B位于B国，税率为30%。A子公司从B子公司购买一批商品，转移价格最初定为100 000美元，B子公司生产产品的成本为60 000美元，而A子公司将产品卖给非关联企业的公平价格为160 000美元。假设A、B子公司的营业费用各自为10 000美元。假设跨国公司总部出于降低整个跨国公司整体税负的考虑，将A子公司的转移价格提高到130 000美元。

要求：计算分析这一策略将使该跨国公司整体税负降低多少？

案例分析

离岸公司的
设立和用途

# 主要参考文献


［1］张碧琼．国际财务管理学［M］．北京：北京大学出版社，2020.

［2］王允平，陈燕．跨国公司财务管理［M］．5版．北京：首都经济贸易大学出版社，2020.

［3］夏乐书，李琳．国际财务管理［M］．5版．大连：东北财经大学出版社，2020.

［4］刘淑莲，任翠玉．高级财务管理［M］．3版．大连：东北财经大学出版社，2020.

［5］王勇，关晶奇，隋鹏达．金融风险管理（升级版）［M］．北京：机械工业出版社，2020.

［6］王建英，支晓强，许艳芳，等．国际财务管理学［M］．5版．北京：中国人民大学出版社，2019.

［7］王满，程廷福．财务管理基础［M］3版．大连：东北财经大学出版社，2022.

［8］刘胜军，陈旭．国际财务管理［M］．2版．北京：科学出版社，2018.

［9］胡奕明．跨国公司财务案例［M］．2版．北京：中国财政经济出版社，2018.

［10］尤恩，雷斯尼克．国际财务管理［M］．赵银德，刘瑞文，赵叶灵，译．8版．北京：机械工业出版社，2018.

［11］王满，宋淑琴．国际财务管理［M］．北京：清华大学出版社，2014.

［12］毛付根，林涛．跨国公司财务管理［M］．3版．大连：东北财经大学出版社，2016.

［13］夏皮罗，沙林．跨国公司财务管理基础［M］．蒋屏，译．6版．北京：中国人民大学出版社，2010.

［14］罗菲．公司理财［M］．2版．北京：经济科学出版社，2015.